¡VAMOS DE FIESTA!

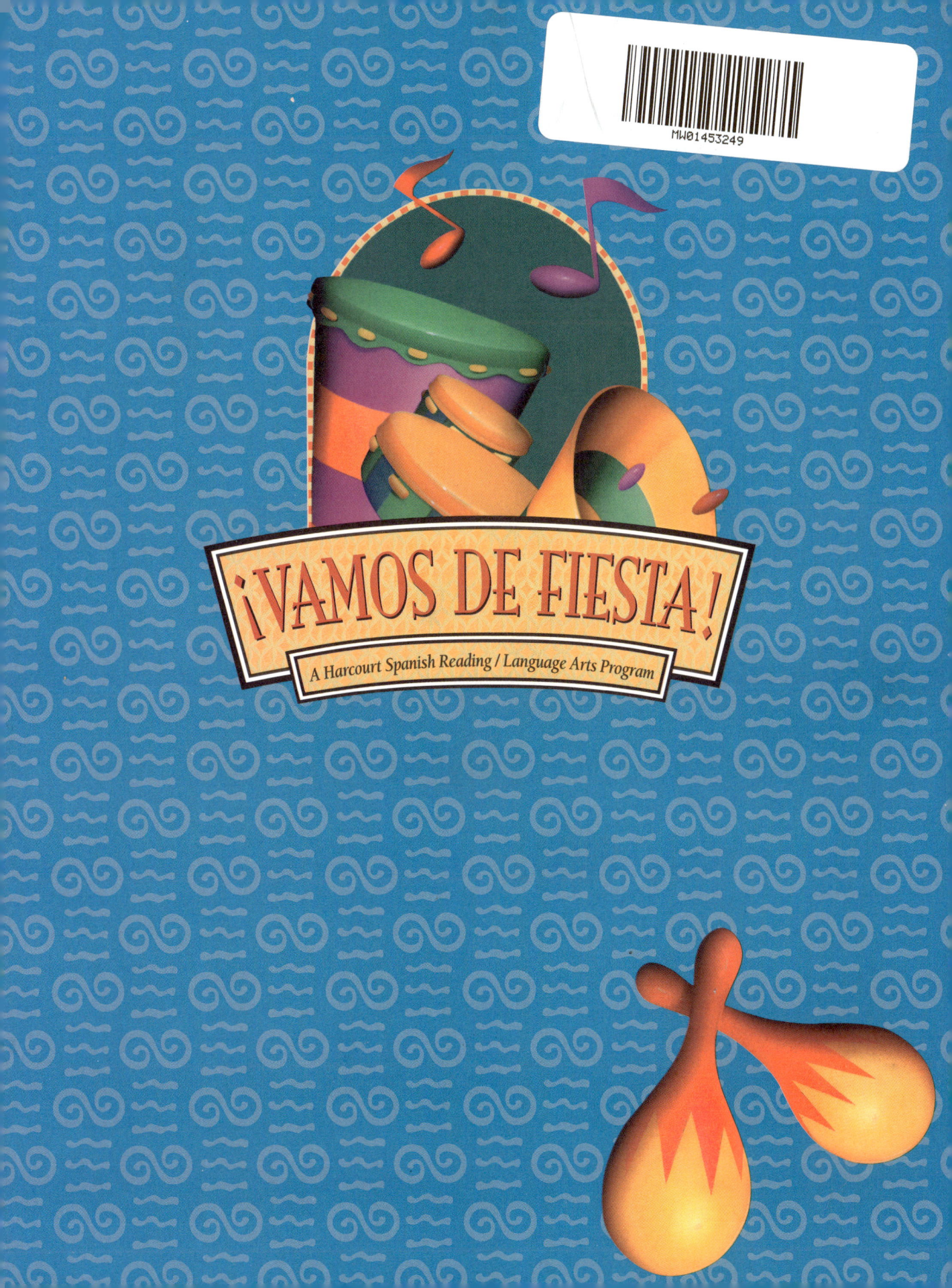

A Harcourt Spanish Reading / Language Arts Program

¡VAMOS DE FIESTA!

A Harcourt Spanish Reading / Language Arts Program

Bailes y fiestas

AUTORES
Alma Flor Ada • F. Isabel Campoy • Juan S. Solis

CONSULTORA
Angelina Olivares

Harcourt

Orlando   Boston   Dallas   Chicago   San Diego

Visita *The Learning Site*
www.harcourtschool.com

Copyright © 2002 by Harcourt, Inc.

All rights reserved. No part of this publication may be reproduced or transmitted in any form or by any means, electronic or mechanical, including photocopy, recording, or any information storage and retrieval system, without permission in writing from the publisher.

Requests for permission to make copies of any part of the work should be mailed to the following address: School Permissions, Harcourt, Inc., 6277 Sea Harbor Drive, Orlando, Florida 32887-6777.

HARCOURT and the Harcourt Logo are trademarks of Harcourt, Inc.

Acknowledgments appear in the back of this work.

Printed in the United States of America

ISBN 0-15-313298-1

1 2 3 4 5 6 7 8 9 10 048 2003 2002

Bailes y fiestas

Querido lector,

A todos nos gusta la alegría de los bailes y las fiestas. Son parte de un mundo lleno de personas, imágenes y hechos que nos dan diversas emociones. Por medio de la lectura también nos llenamos de estas imágenes y sentimientos. Podemos conocer y hasta vivir experiencias inolvidables.

Vamos entonces a celebrar la vida al leer cuentos que nos llevarán a diversas partes del mundo y a diversas épocas en la historia. Algunos son el producto de la imaginación y otros están basados en hechos verídicos, pero todos están escritos con mucho cariño para ti. En **Bailes y fiestas** conoceremos a niños, animales y deportistas fantásticos. Viajaremos a lugares espectaculares y veremos imágenes que nos asombrarán. Sabremos de las estupendas aventuras que el descubrimiento, el cambio, la creatividad y la exploración nos pueden traer. Aprenderemos que ser parte de la comunidad, ya sea un vecindario o el mundo entero, nos puede traer premios inestimables.

¡Prepárense ya! Nos espera una gran fiesta de lectura.

Los autores
Los autores

¡TÚ SÍ PUEDES!
TEMA

CONTENIDO

Cómo usar las estrategias de lectura...16
Presentación del tema......................18
Los favoritos de los lectores.............20

Los pájaros de la cosecha............22
Cuento popular mexicano/Ciencias
texto de Blanca López de Mariscal
ilustraciones de Linda Cane
Conoce a la autora y a la ilustradora

PRUEBA TU DESTREZA:
Elementos narrativos......................48

Donavan y su jarrón de palabras...50
Ficción realista/Artes del lenguaje
texto de Monalisa DeGross
ilustraciones de Antonio Cangemi
Conoce a la autora

**Me encanta el aspecto de
las palabras**...................................70
Poema/Artes del lenguaje
texto de Maya Angelou
ilustraciones de Tom Feelings

El problema de Lorena..................74
Ficción realista/Educación física
texto de Cecilia Beuchat
ilustraciones de Priscilla Burris
Conoce a la autora y a la ilustradora

PRUEBA TU DESTREZA:
Prefijos y sufijos............................94

**Lou Gehrig:
El hombre más afortunado**............96
Biografía/Educación física
texto de David A. Adler
ilustraciones de Terry Widener
Conoce al autor y al ilustrador

Las alas de la esperanza.............110
Artículo de revista
texto de Marianne J. Dyson

**Frida María: Un cuento del
sudoeste de antes**.......................114
Ficción histórica/Estudios sociales
texto de Deborah Nourse Lattimore
Conoce a la autora

El caballo..................................126
Ensayo fotográfico/Estudios sociales
texto de Alma Flor Ada y F. Isabel Campoy

Conclusión del tema....................132

4

Donavan y su jarrón de palabras
por Monalisa DeGross
ilustrado por Antonio Cangemi
LOU GEHRIG
EL HOMBRE MÁS AFORTUNADO
por David A. Adler
ilustrado por Terry Widener
Los pájaros de la cosecha
por Blanca López de Mariscal
ilustrado por Linda Cane
El problema de Lorena
por Cecilia Beuchat
ilustrado por Priscilla Burris
Frida María
UN CUENTO DEL SUDOESTE DE ANTES
Deborah Nourse Lattimore

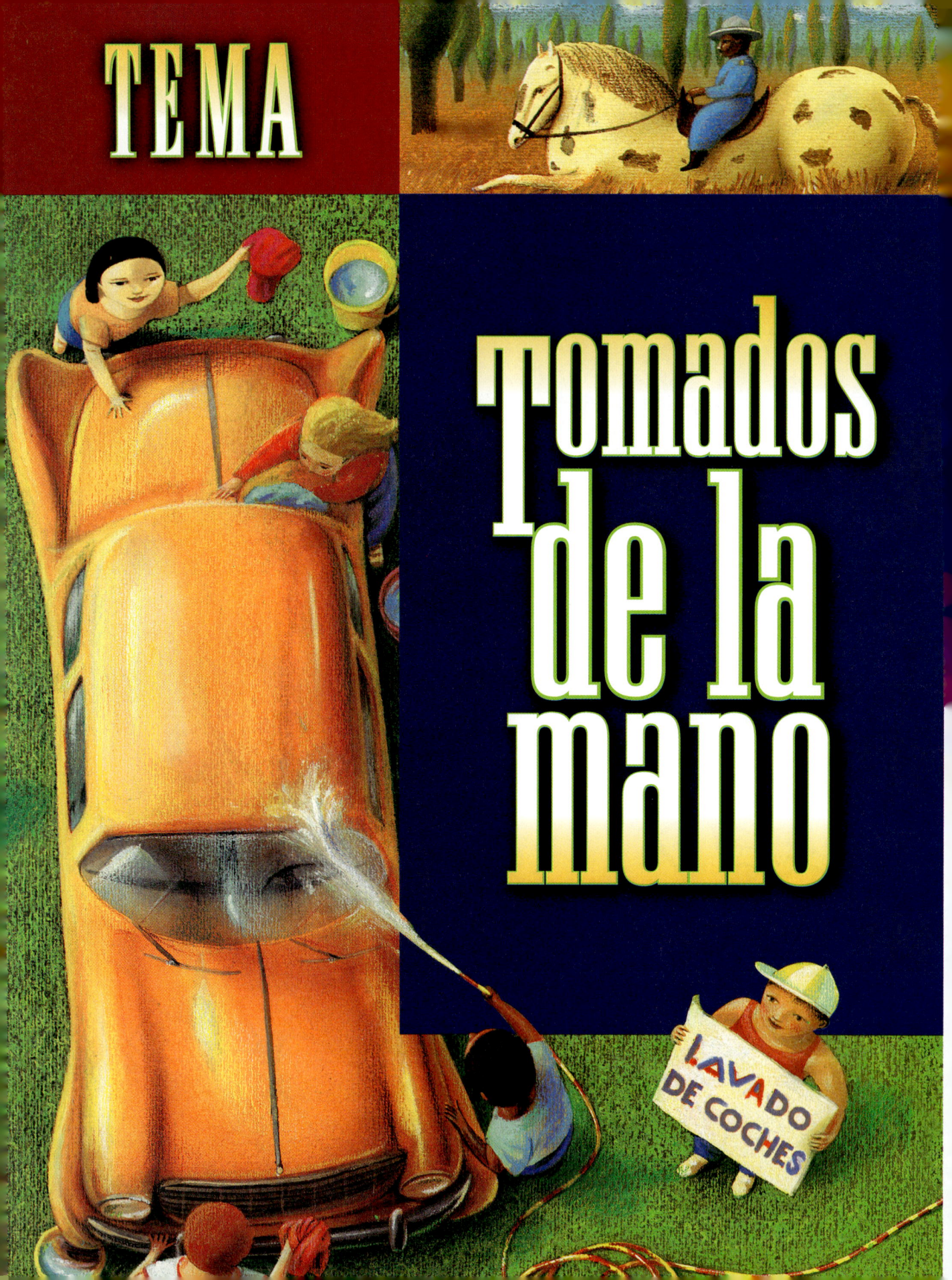

TEMA

Tomados de la mano

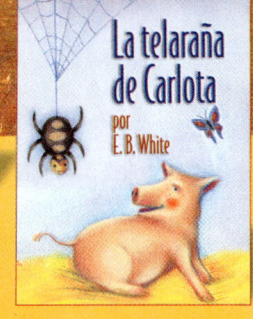

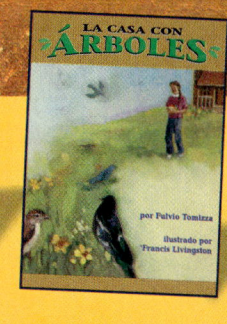

CONTENIDO

Presentación del tema...............134

Los favoritos de los lectores.......136

Los siete niños......................138
  Fábula/Estudios sociales
  texto de Linda y Clay Goss
  ilustraciones de Greg Tucker
  Conoce a los autores

PRUEBA TU DESTREZA:
Predecir resultados..................150

La casa con árboles...............152
  Ficción realista/Ciencias
  texto de Fulvio Tomizza
  ilustraciones de Francis Livingston
  Sobre el autor/Conoce al ilustrador

Jitomates risueños................166
  Poema/Ciencias
  texto de Francisco X. Alarcón
  ilustraciones de Rhonda Voo

Oda al maíz.........................167
  Poema/Ciencias
  texto de Francisco X. Alarcón
  ilustraciones de Rhonda Voo

El tapiz de Abuela................170
  Ficción realista/Arte
  texto de Omar S. Castañeda
  ilustraciones de Enrique O. Sánchez
  Sobre el autor

PRUEBA TU DESTREZA:
Causa y efecto......................184

La telaraña de Carlota..........186
  Drama/Artes del lenguaje
  adaptación de Joseph Robinette
  ilustraciones de Tom Saecker

La telaraña de Carlota..........204
  Fantasía
  texto de E. B. White
  ilustraciones de Garth Williams
  Sobre el autor

**Cómo cuidar de
un orangután**......................212
  No ficción/Ciencias
  texto y fotografías de Tara Darling y
  Kathy Darling
  Conoce a la autora y a la fotógrafa

Conclusión del tema................230

7

TEMA MI CASA ES TU CASA

CONTENIDO

Presentación del tema.................232

Los favoritos de los lectores........234

El paraíso de Abuelita............236
   Ficción histórica/Estudios sociales 🌎
   texto de Carmen Santiago Nodar
   ilustraciones de Lori Lohstoeter
   Conoce a la autora

   PRUEBA TU DESTREZA:
Sacar conclusiones......................252

Juan y Taco.................254
   Ficción realista/Estudios sociales 🌎
   texto de Guillermo Wild
   ilustraciones de James Henry
   Conoce al ilustrador

Cancioncita del perro Sonie..............................272
   Poema
   texto de Dulce María Loynaz
   ilustraciones de Deborah Schilling

Un grillo en Times Square..........................276
   Fantasía/Música 🎵
   texto de George Selden
   ilustraciones de Garth Williams
   Conoce al autor

8

PRUEBA TU DESTREZA:
Secuencia..................................296

El asombroso armadillo.........298
  Narración informativa/Ciencias
  texto de Dee Stuart
  traducido del inglés por Carmen Gómez
  Conoce a la autora

Mamá Zunzuna......................316
  Poema/Ciencias
  texto de Nersys Felipe Herrera

El cacto saguaro.......................320
  No ficción/Ciencias
  texto y fotografías de
  Paul y Shirley Berquist
  Conoce a los autores

Saguaro....................................336
  Poema/Ciencias
  texto de Frank Asch
  fotografías de Ted Levin

Conclusión del tema.....................340

9

TEMA

PENSAMIENTOS CREADORES

CONTENIDO

Presentación del tema.................342

Los favoritos de los lectores.........344

**Flor Garduño:
Una mujer fotógrafa**...............346
  No ficción/Arte
  texto de Sylvia Wolf
  fotografías de Flor Garduño
  Conoce a la artista

**PRUEBA TU DESTREZA:
Idea principal y detalles**..............364

El caso de la nariz de Pablo...366
  Misterio/Arte
  texto de Donald J. Sobol
  ilustraciones de Matthew Archambault
  Conoce al autor

La gallina y el manzano.........374
  Fábula
  texto e ilustraciones
  de Arnold Lobel

En los días del rey Adobe.......378
  Cuento popular/Estudios sociales
  narración de Joe Hayes
  ilustraciones de Gerardo Suzán
  Conoce al autor

**PRUEBA TU DESTREZA:
Resumir y parafrasear**................390

¡Arriba el telón!.....................392
  No ficción/Arte
  texto de Alma Flor Ada y F. Isabel Campoy

Los dos hermanos...................400
  Drama/Arte
  texto de Alma Flor Ada y F. Isabel Campoy
  ilustraciones de Stacey Schuett
  Conoce a las autoras

Un grano de arroz.................406
  Cuento popular de la India/Matemáticas
  narración e ilustraciones de Demi
  Conoce a la autora e ilustradora

Es simplemente matemáticas...426
  Artículo de revista/Matemáticas
  texto de Linda O. George
  ilustraciones de Barbara Emmons

Conclusión del tema....................430

11

Tema
Lazos comunitarios

Contenido

Presentación del tema 432

Los favoritos de los lectores 434

¡Fuego! 436
   No ficción/Estudios sociales
   texto de Joy Masoff
   Conoce a la autora

   PRUEBA TU DESTREZA:
   Hecho y opinión 452

Un día muy importante 454
   Narrativa informativa/Estudios sociales
   texto de Maggie Rugg Herold
   ilustraciones de Catherine Stock
   Conoce a la autora y a la ilustradora

El misterio del tiempo robado 472
   Ficción/Ciencias
   texto de Sarah Corona
   ilustraciones de Sally Wern Comport
   Conoce a la ilustradora

   PRUEBA TU DESTREZA:
   El propósito y la perspectiva del autor 490

El sauce azul 492
   Ficción realista/Estudios sociales
   texto de Doris Gates
   ilustraciones de Robert Crawford
   Conoce a la autora

Lagartija con cuernos 506
   Poema/Ciencias
   texto de Pat Mora
   ilustraciones de Steve Jenkins

En mi familia 510
   Autobiografía/Estudios sociales
   texto e ilustraciones de
   Carmen Lomas Garza
   Conoce a la autora e ilustradora

Mi pueblo 522
   Poema/Estudios sociales
   texto de Isaac Olaleye
   ilustraciones de Stéphan Daigle

Conclusión del tema 526

Tema
NUEVAS TIERRAS

Contenido

Presentación del tema 528

Los favoritos de los lectores 530

He oído hablar de una tierra 532
  Ficción histórica/Estudios sociales
  texto de Joyce Carol Thomas
  ilustraciones de Floyd Cooper
  Conoce a la autora y al ilustrador

  PRUEBA TU DESTREZA:
  Vocabulario en contexto 558

Pepino 560
  Fantasía/Estudios sociales
  texto de Berta A.G. López
  ilustraciones de Jennifer Bolten
  Conoce a la ilustradora

El tango 574
  Poema/Música
  texto de E. Argüero Tilghman
  ilustraciones de Mike Reed

**Dos tierras, un corazón:
El viaje de un niño
americano al Vietnam
de su madre** 578
  No ficción/Estudios sociales
  texto de Jeremy Schmidt y Ted Wood
  fotografías de Ted Wood
  Conoce a los autores

  PRUEBA TU DESTREZA:
  Fuentes gráficas 596

Ecología para los niños 598
  Narrativa informativa/Ciencias
  texto de Federico Arana

El árbol 614
  Leyenda/Ciencias
  texto de la Dra. Silvia Nogués Garrido
  ilustraciones de Susan Tolonen

**Antiguas culturas de
las Américas** 618
  No ficción/Estudios sociales
  texto de Alma Flor Ada
  y F. Isabel Campoy

Artefactos arqueológicos 632
  Artículo de revista/Estudios sociales
  tomado de la revista *Kids Discover*

Conclusión del tema 638
Manual de destrezas de estudio 640
Glosario 672
Índice de títulos y autores 684

Cómo usar las **estrategias de lectura**

Una estrategia es un plan que te ayuda a hacer algo bien.

Tal vez ya usas algunas estrategias al leer. Quizás **observas el título y las ilustraciones antes de iniciar la lectura.** A lo mejor, **mientras lees piensas en lo que quieres saber.** Si aplicas las estrategias correctas, te convertirás en un mejor lector.

Consulta la lista de estrategias en la página 17. Aprenderás a usarlas cuando leas los cuentos de este libro. Consulta la lista cuando leas un cuento para ayudarte a recordar **las estrategias que usan los buenos lectores.**

Estrategias de los buenos lectores

- Usar los conocimientos previos
- Hacer predicciones y confirmarlas
- Ajustar el ritmo de lectura
- Autopreguntarse
- Crear imágenes mentales
- Analizar el contexto para confirmar el significado
- Examinar la estructura y el formato del texto
- Usar elementos gráficos
- Consultar fuentes de referencia
- Hacer una lectura anticipada
- Releer
- Resumir y parafrasear

Sigue estos consejos para comprobar tu comprensión:

✔ Copia la lista de estrategias en una tarjeta y úsala como marcador de libros.

✔ Ten la tarjeta a mano mientras lees los cuentos.

✔ Al terminar la lectura, habla con un compañero acerca de las estrategias que usaste y por qué las usaste.

¡TÚ SÍ PUEDES!
TEMA

CONTENIDO

Los pájaros de la cosecha 22
por Blanca López de Mariscal

PRUEBA TU DESTREZA:
Elementos narrativos 48

Donavan y su jarrón de palabras 50
por Monalisa DeGross

Me encanta el aspecto de las palabras 70
por Maya Angelou

El problema de Lorena 74
por Cecilia Beuchat

PRUEBA TU DESTREZA:
Prefijos y sufijos 94

Lou Gehrig: El hombre más afortunado 96
por David A. Adler

Las alas de la esperanza 110
por Marianne J. Dyson

Frida María: Un cuento del sudoeste de antes 114
por Deborah Nourse Lattimore

El caballo 126
por Alma Flor Ada y F. Isabel Campoy

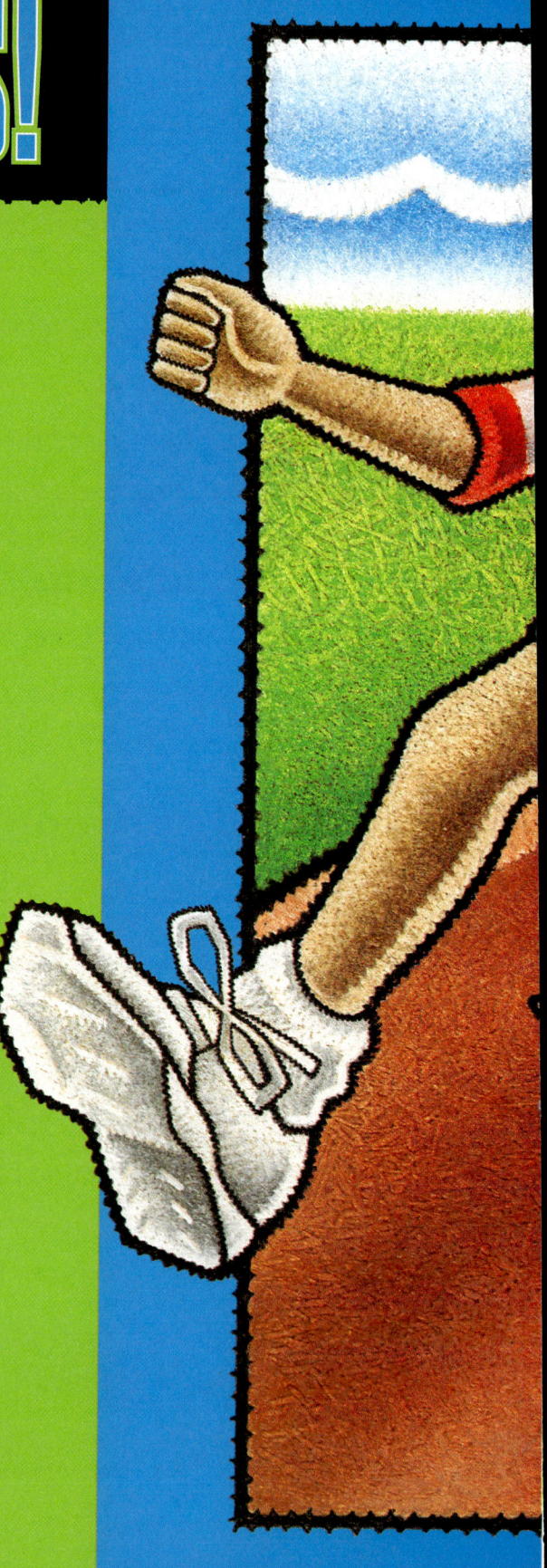

19

Los favoritos de los lectores

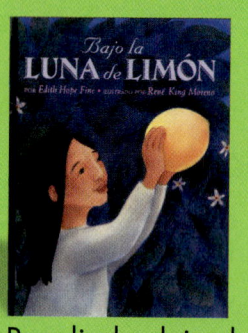

Bajo la luna de limón
por Edith Hope Fine

CUENTO POPULAR HISPANO

El árbol de limón de Rosalinda deja de crecer luego de que alguien le arranca todos los limones. Mientras busca ayuda para salvar el árbol de limón, Rosalinda aprende una lección muy valiosa sobre saber perdonar.

COLECCIÓN DE LECTURAS FAVORITAS

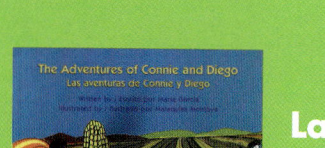

Las aventuras de Connie y Diego
por María García

FANTASÍA

Connie y Diego son gemelos que nacieron con cuerpecitos diferentes a los de los demás seres humanos. Tratan de huir para evitar la burla de todo el mundo pero después comprenden que su lugar está al lado de sus hermanos y hermanas.

La ratoncita presumida
por Aquiles Nazoa

FÁBULA

Una ratoncita desprecia la propuesta de matrimonio de un ratón porque es pequeño. Después de mucho buscar se da cuenta que los pequeños también tienen cualidades buenas.

Preparadas . . . listas . . . ¡ya!
por Jeannine Atkins

FICCIÓN REALISTA

El equipo de natación de Jessenia se prepara para competir en otra escuela. Jessenia se siente nerviosa pero logra enfocarse en las palabras del entrenador y en el apoyo de su madre para ganar la última carrera.

Autora premiada
COLECCIÓN DE LECTURAS FAVORITAS

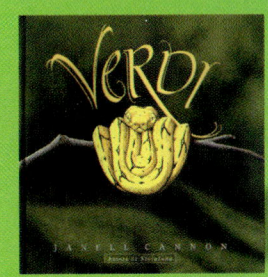

Verdi
por Janell Cannon

FANTASÍA

Verdi no quiere ser verde ni aburrida como los demás pitones. A pesar de sus esfuerzos, su piel cambia de color pero su espíritu alegre se mantiene igual.

Autora premiada

Los pájaros de la cosecha

por Blanca López de Mariscal
ilustrado por Linda Cane

LOS PÁJAROS DE LA COSECHA

**por Blanca López de Mariscal
ilustrado por Linda Cane**

En un pueblecito donde toda la gente se conocía, vivía un joven que todos llamaban Juan Zanate. Lo llamaban así porque siempre estaba acompañado de uno o varios zanates.

A Juan le gustaba sentarse bajo un árbol y ponerse ahí a soñar y planear su vida. Él quería tener su propia tierra, como su padre y su abuelo. Pero cuando murió su padre, la pequeña tierra que se repartió sólo alcanzó para los dos hermanos mayores. Por eso Juan se vio obligado a trabajar haciendo muchos oficios en el pueblo.

"Si tan sólo tuviera mi propia tierra, mi vida sería tan diferente", pensaba Juan. Un día fue a ver a don Tobías, el rico del pueblo, y le pidió que le prestara un pequeño pedazo de tierra.

Don Tobías se echó a reír a carcajadas y su esposa se rió con él: —¿Por qué debiera darte tierra? Tú no sabes ni sembrar el campo.

Juan se retiró triste y molesto a la sombra de su árbol. Era el único lugar en que se encontraba realmente feliz. En las enormes ramas vivía una parvada de zanates que estaban tan acostumbrados a su presencia, que ya lo consideraban un amigo.

Había un zanate en especial que se preocupaba por Juan y quería que éste encontrara su camino en la vida. Estaba siempre muy cerca de Juan, se paraba en su hombro o en el ala de su sombrero. Juan lo llamaba Grajo.

Después de pensar y pensar por mucho tiempo, Juan decidió ir a platicar con el viejo del pueblo. "Los viejos, porque han vivido más, saben mucho", pensó. "Seguramente él me podrá aconsejar, y puede ser que hasta me dé su ayuda".

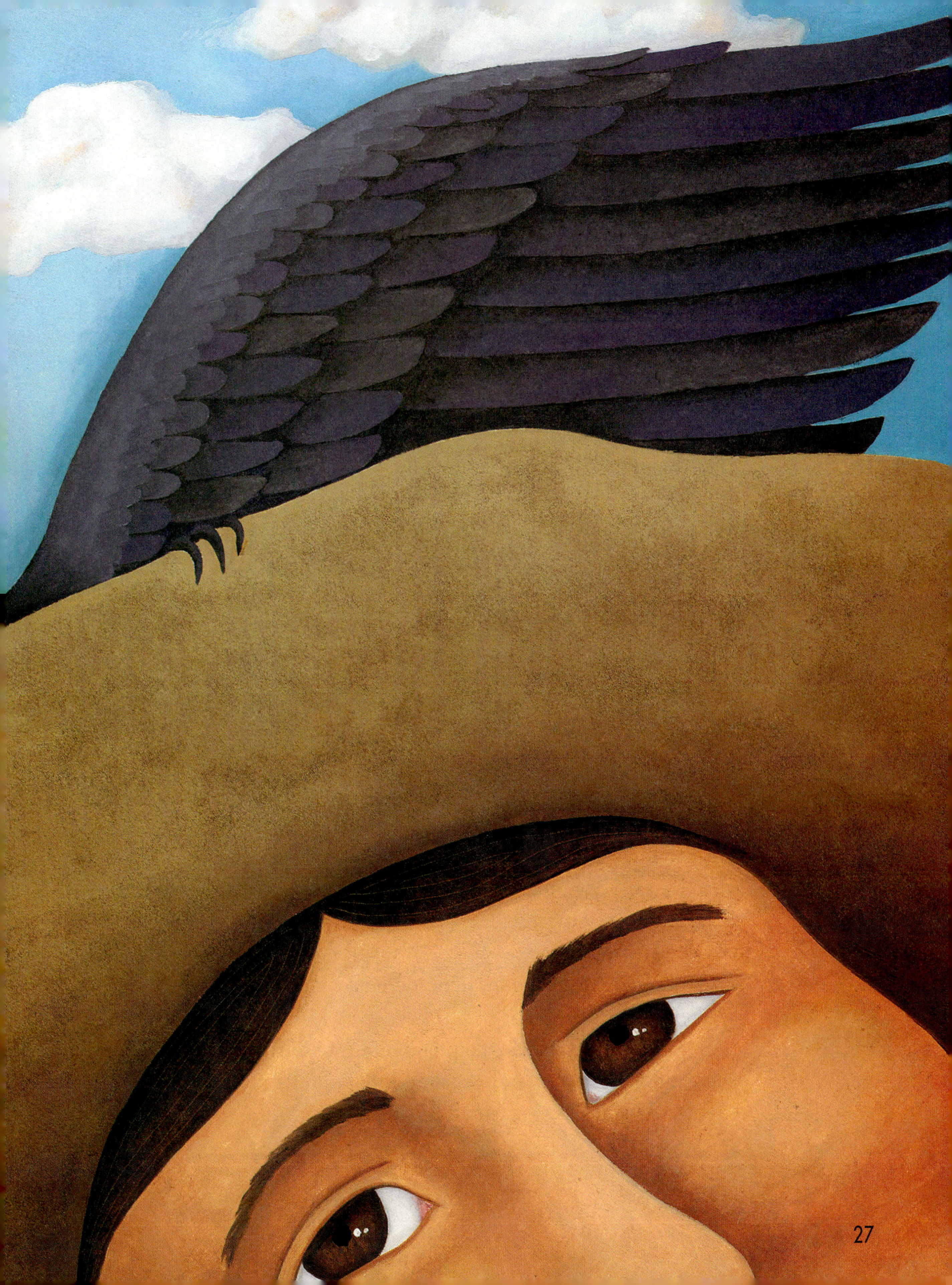

Juan saludó al viejo, al que todos llamaban Tata Chon, con respeto. "Tata" significa abuelo. El viejo se le quedó viendo por unos instantes y luego le preguntó: —¿Juan, vienes de estar sentado bajo tu árbol?

—Sí —constestó Juan, lleno de curiosidad—. Pero, ¿cómo lo supo?

—Cuando vivas más, pequeño Juan, te darás cuenta de que observando, observando, uno llega a saber muchas cosas —respondió Tata Chon.

—Sí, ¿pero cómo lo supo? —insistió Juan—. Mi árbol está muy lejos de aquí.

—Fíjate en tu sombrero Juan. Bien se nota que los zanates han estado revoloteando encima de ti —Tata Chon echó a reír, sólo que esta vez la risa no era de burla, como la de don Tobías y su esposa, sino que era una risa de amistad.

Al darse cuenta Juan del buen humor del abuelo, se atrevió a pedirle un pedazo de tierra:

—Déjeme que le demuestre que yo puedo ser un buen campesino y cultivar la tierra —le imploró Juan.

Tata Chon se puso serio. —Te voy a ayudar —le dijo el viejo—. Te voy a prestar la tierra pero con una condición: si fracasas, me vas a pagar con trabajo el tiempo que ocupes mi terreno.

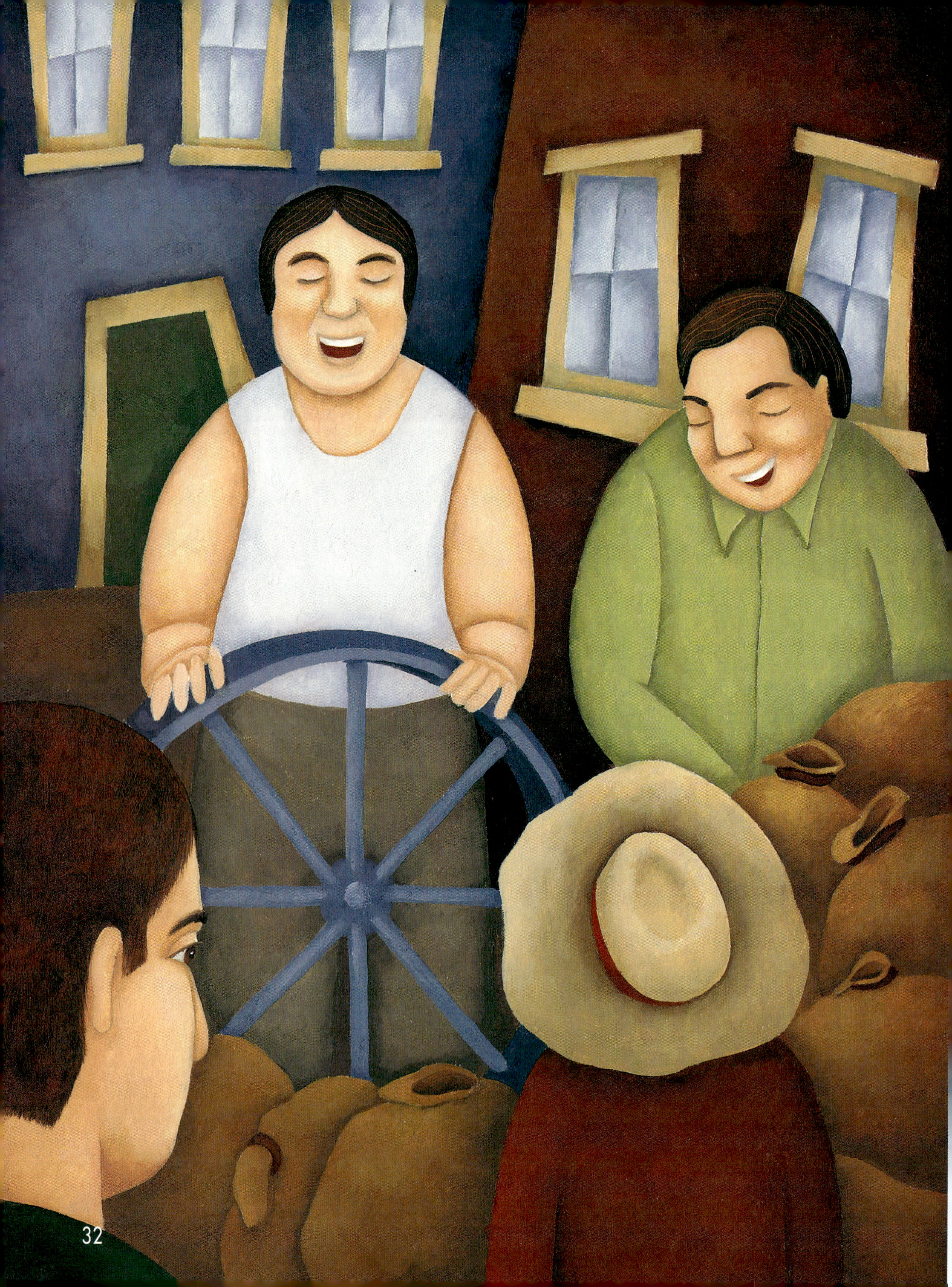

Juan corrió de gusto, gritando la noticia. Pero en vez de compartir su alegría, la gente se burló de él.

—¡Mejor ven a arreglar mi taller, porque donde tú siembres, ni flores del campo se van a dar! —le gritó el carpintero.

—¡No pierdas el tiempo Juan, y ven a trabajar en esta rueda! —le dijo el herrero.

—¡Ayúdame con estos sacos de harina, y deja ya de soñar! —le ordenó el panadero.

Juan decidió que lo que pensaran los demás no lo iba a detener. "Llegó el momento de ponerme a trabajar", se dijo. Así empezó a preparar el terreno para cultivarlo. Era muy pequeño y no daba muchas esperanzas de una gran cosecha. Pero Juan siguió trabajando acompañado de sus inseparables amigos, los zanates.

"Mi cabeza también es pequeña y en ella

caben muchos sueños", pensó Juan.

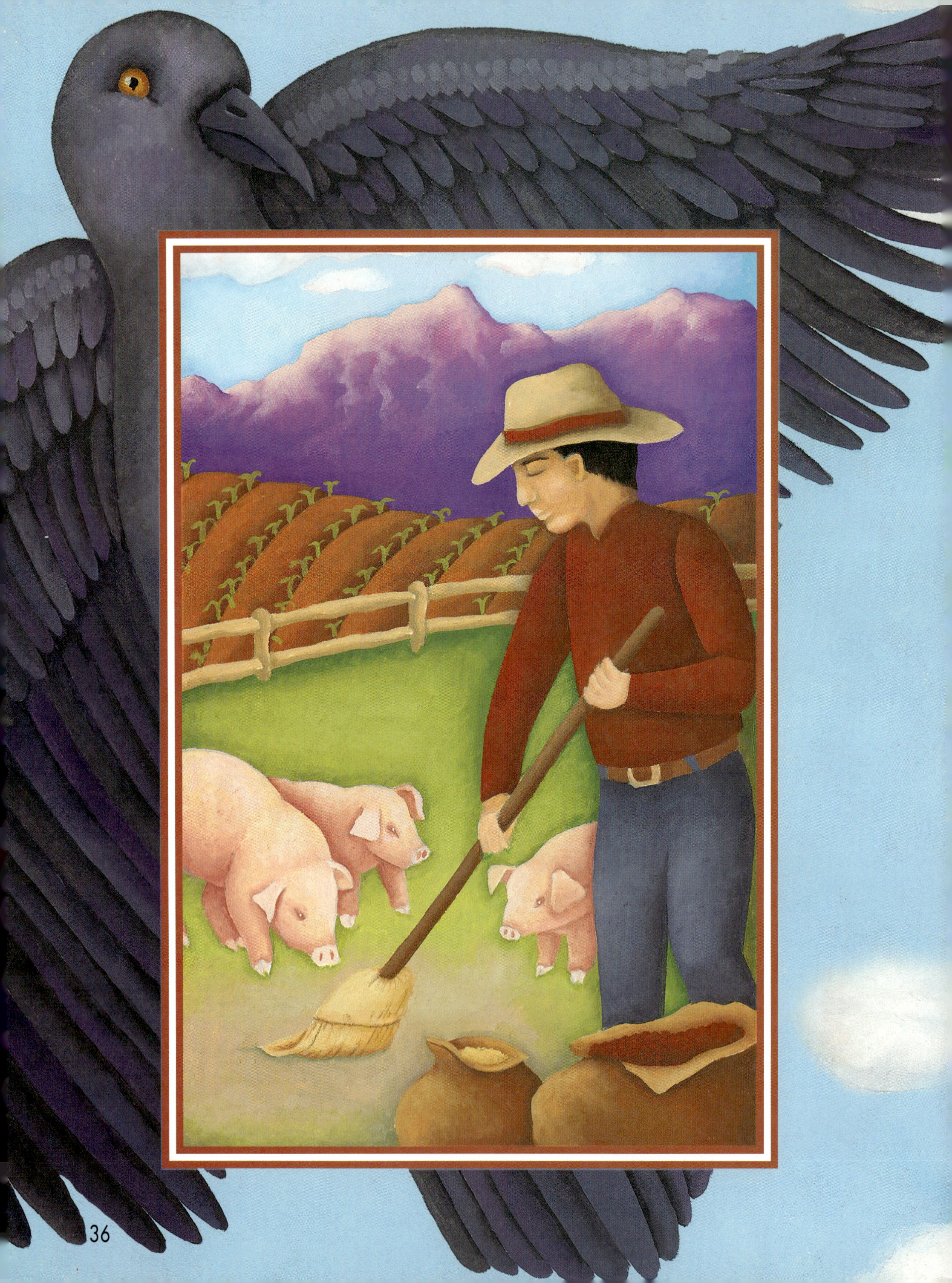

Como Juan necesitaba semillas para plantar y no tenía dinero para comprarlas, fue a ver al tendero y le pidió algunas semillas fiadas.

—Juan, barre los granos de maíz, los frijoles y las semillas de calabaza que han caído al suelo y dáselas a mis puercos. Y si te sirven algunas de estas semillas, te las puedes llevar.

Juan estaba feliz pues ya tenía semillas para plantar. No corrió a los zanates como lo hace la mayoría de los campesinos. En vez de eso, decidió apartar algunas de las semillas que sobraron para que los zanates tuvieran qué comer y no se robaran las que estaba plantando en los zurcos. Después de todo, los zanates eran sus amigos y sus acompañantes, y Juan se preocupaba mucho por ellos. Grajo, que estaba siempre junto a Juan, le daba consejos con su áspera voz.

Pasaron los días y los zanates guiaban la labor de Juan. Cuando comenzaron a salir las pequeñas plantas y con ellas los brotes de hierbas silvestres, los zanates le dijeron a Juan que no las arrancara ni las tirara a la basura como lo hacían los otros campesinos.

—Siémbralas en los bordes del terreno —le dijeron los zanates.

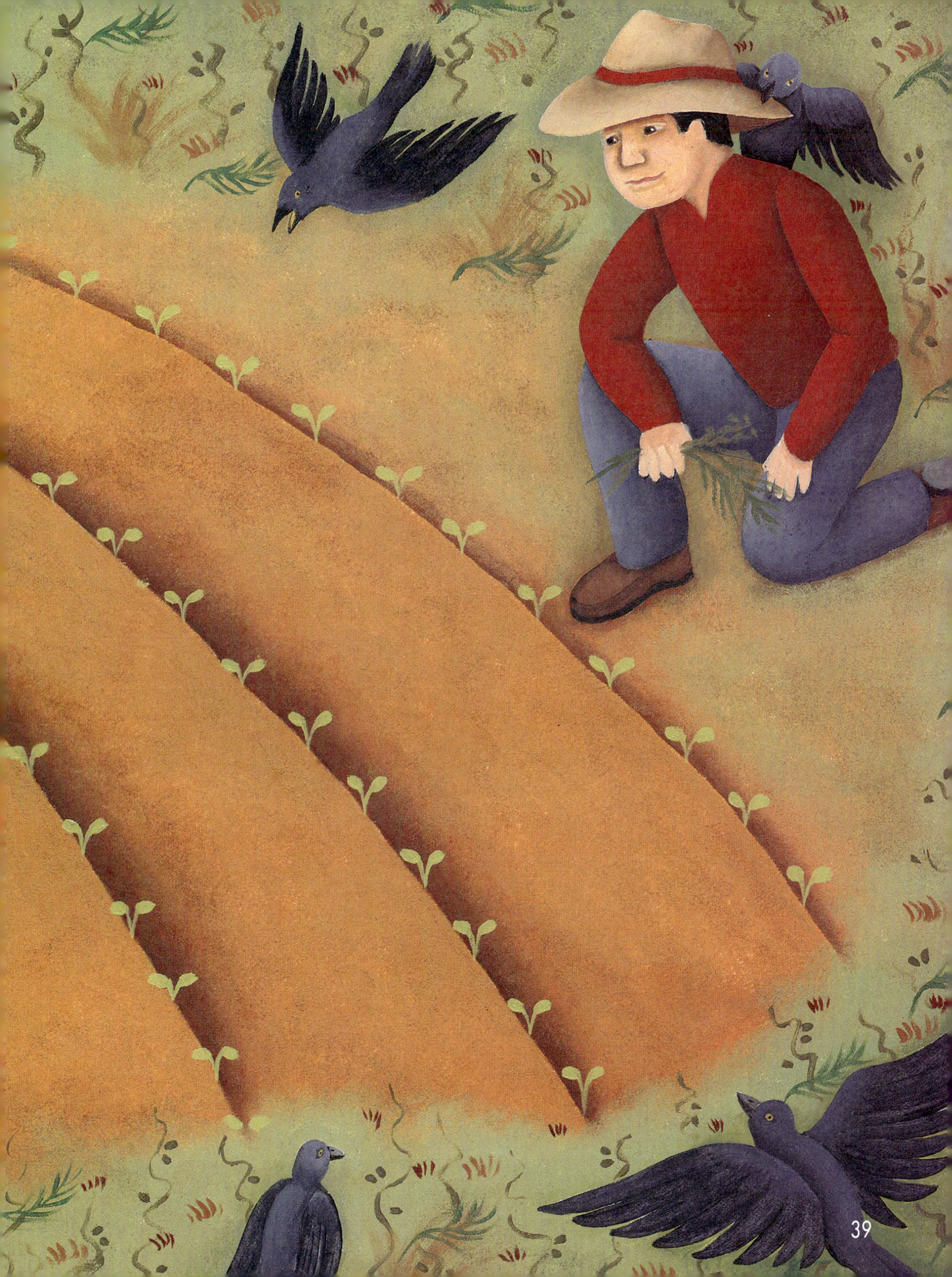

Cuando los otros campesinos supieron lo que Juan hacía, se burlaron de él: —¡Qué locura, dejar crecer hierba silvestre en la parcela!

Cuando llegó el tiempo de la cosecha, todos esperaban burlarse de Juan una vez más. Todos estaban seguros que él iba a fracasar. Pero cuando Juan llegó al pueblo todos quedaron maravillados. En su cargamento Juan traía una magnífica cosecha: enormes mazorcas, calabazas de colores brillantes y apetitosos frijoles.

—¿Cómo lo había logrado? —todos querían saber. Juan se sonrió y respondió: —Con la ayuda de mis amigos los zanates, los pájaros de la cosecha; observando, observando he sabido escuchar la voz de la naturaleza.

—¡Trabaja conmigo Juan! —decían todos a voces—. ¡Enséñanos tus secretos!

—No —contestó el viejo—, Juan ya no trabajará para nadie, porque le voy a regalar el terreno que cosechó.

Después de vender toda la cosecha a muy buen precio, Juan y Tata Chon caminaron hacia la parcela que ahora era de Juan. El abuelo le preguntó a Juan por su secreto.

—Los zanates me enseñaron que todas las plantas son como hermanos y hermanas —replicó Juan—. Si uno las aparta, se ponen tristes y no crecen fuertes y sanas. Pero si uno las respeta y las deja juntas, crecen muy felices y contentas.

Piénsalo

1. ¿Qué hizo Juan para conseguir un pedazo de terreno para sembrar?

2. ¿Te gustaría tener amigos como los zanates? ¿Por qué sí o por qué no?

3. ¿Por qué crees que el autor hace que se le regale a Juan el pedazo de terreno al final y no al principio del cuento?

CONOCE A LA AUTORA

Blanca López de Mariscal es escritora y oradora de una variedad de temas mexicanos. Actualmente enseña literatura en la Universidad de Monterrey, México. Su mayor interés es divulgar las tradiciones de sus ancestros. "Los pájaros de la cosecha" es su primer libro para niños. A través de este cuento, Blanca intenta exponer a todos los niños al arte de la tradición oral de México.

CONOCE A LA ILUSTRADORA

Linda Cane vive en el campo con su hija de 17 años, dos perros, un caballo, un gato y dos pavos reales. Le encanta estar al aire libre y disfruta de hacer excursionismo a pie, andar en bicicleta montar en kayak, esquiar y montar a caballo. Ha viajado por Europa, ha acampado por Estados Unidos y Alaska, y ha hecho caminatas por Perú y Nepal. En el mes de septiembre del año 2000, Linda piensa mudarse a Nepal por tres meses para enseñar inglés.

Blanca López de Mariscal

Linda Cane

Visita *The Learning Site*
www.harcourtschool.com

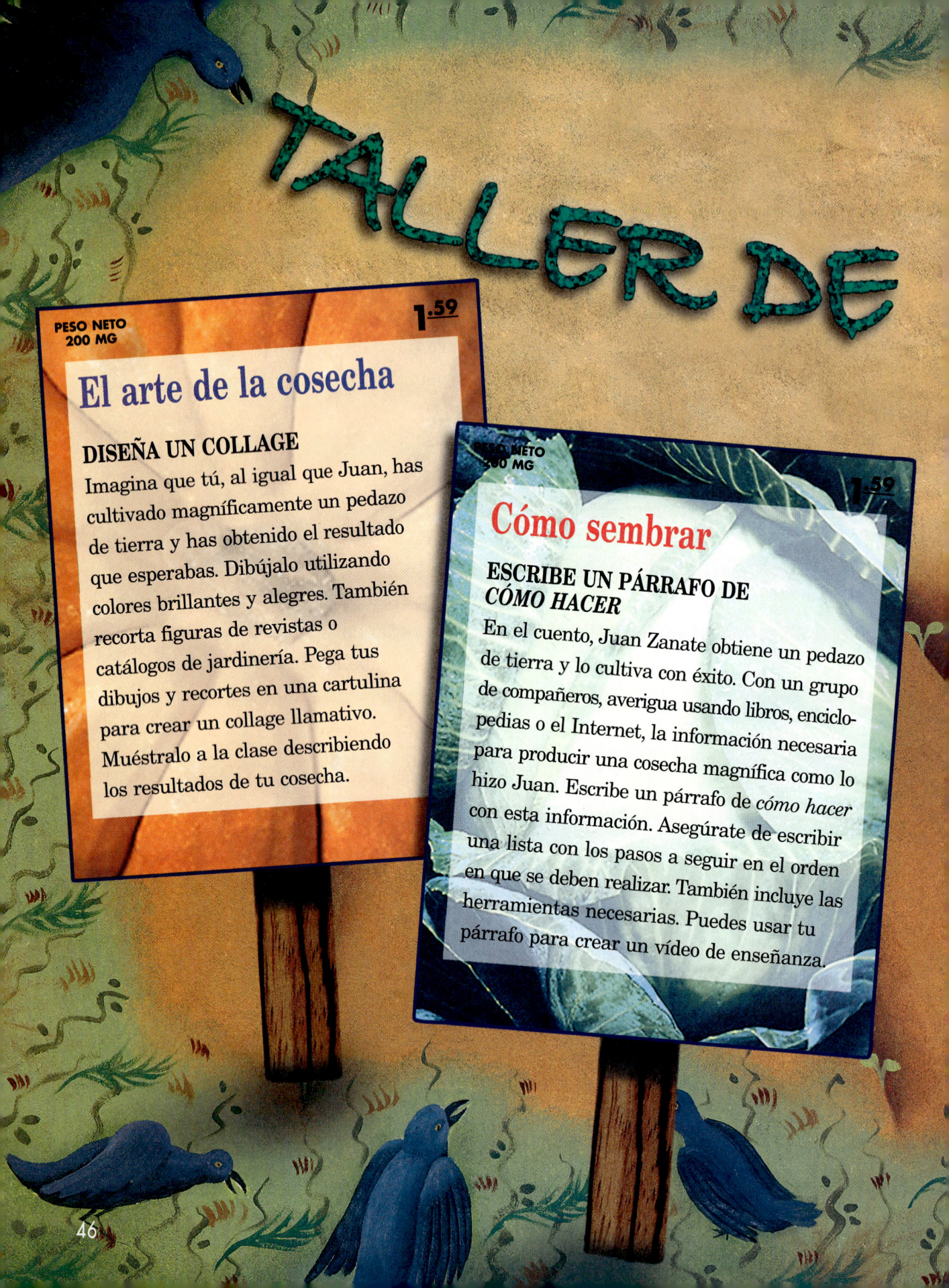

TALLER DE

El arte de la cosecha

DISEÑA UN COLLAGE

Imagina que tú, al igual que Juan, has cultivado magníficamente un pedazo de tierra y has obtenido el resultado que esperabas. Dibújalo utilizando colores brillantes y alegres. También recorta figuras de revistas o catálogos de jardinería. Pega tus dibujos y recortes en una cartulina para crear un collage llamativo. Muéstralo a la clase describiendo los resultados de tu cosecha.

Cómo sembrar

ESCRIBE UN PÁRRAFO DE CÓMO HACER

En el cuento, Juan Zanate obtiene un pedazo de tierra y lo cultiva con éxito. Con un grupo de compañeros, averigua usando libros, enciclopedias o el Internet, la información necesaria para producir una cosecha magnífica como lo hizo Juan. Escribe un párrafo de *cómo hacer* con esta información. Asegúrate de escribir una lista con los pasos a seguir en el orden en que se deben realizar. También incluye las herramientas necesarias. Puedes usar tu párrafo para crear un vídeo de enseñanza.

ACTIVIDADES

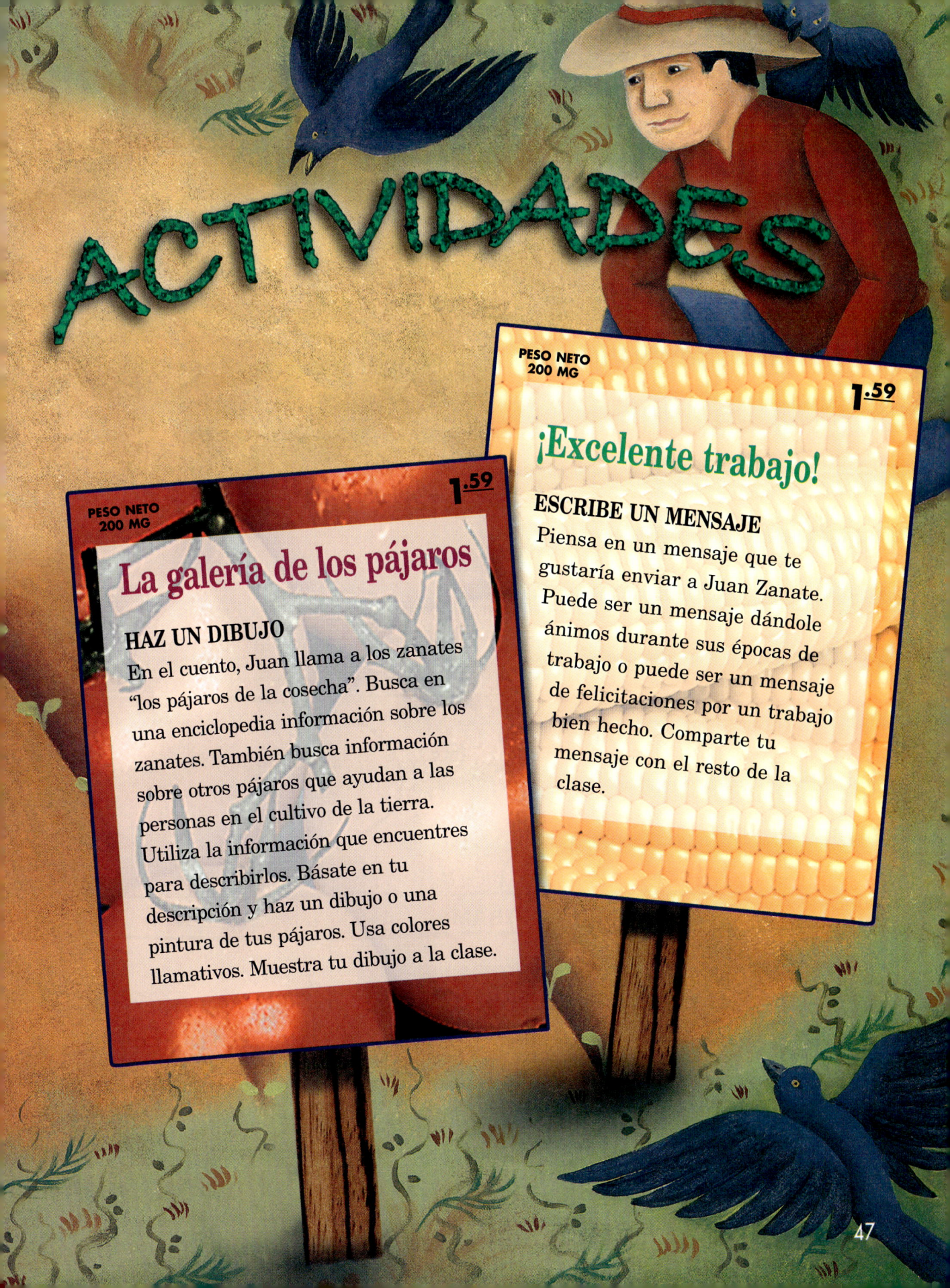

La galería de los pájaros

HAZ UN DIBUJO

En el cuento, Juan llama a los zanates "los pájaros de la cosecha". Busca en una enciclopedia información sobre los zanates. También busca información sobre otros pájaros que ayudan a las personas en el cultivo de la tierra. Utiliza la información que encuentres para describirlos. Básate en tu descripción y haz un dibujo o una pintura de tus pájaros. Usa colores llamativos. Muestra tu dibujo a la clase.

¡Excelente trabajo!

ESCRIBE UN MENSAJE

Piensa en un mensaje que te gustaría enviar a Juan Zanate. Puede ser un mensaje dándole ánimos durante sus épocas de trabajo o puede ser un mensaje de felicitaciones por un trabajo bien hecho. Comparte tu mensaje con el resto de la clase.

PRUEBA TU DESTREZA

Elementos narrativos

Los elementos narrativos o partes del cuento más importantes, son los **personajes**, el **escenario** y la **trama**. Para escribir "Los pájaros de la cosecha", el autor tuvo que decidir

- quiénes serían las personas en el cuento (personajes).
- dónde y cuándo el cuento se llevaría a cabo (escenario).
- qué pasaría (trama).

Este mapa del cuento da información sobre los elementos narrativos de "Los pájaros de la cosecha".

> La trama generalmente incluye un problema que el personaje principal enfrenta. La trama muestra cómo este personaje resuelve el problema.

Personajes
Juan Zanate, Tata Chon, Grajo, los zanates, don Tobías y su esposa y la gente del pueblo

Escenario
un pueblito agricultor

TRAMA

Problema
Juan Zanate quiere tener su propia tierra para cultivarla.

Solución
Juan consigue que Tata Chon le preste un pedazo de terreno y, con la ayuda de sus amigos los zanates, lo cultiva y obtiene una magnífica cosecha. Como consecuencia de su logro, Tata Chon le regala el pedazo de terreno.

Todos los cuentos tienen los tres elementos narrativos: los personajes, el escenario y la trama. Tú puedes conocer a los personajes por lo que dicen y hacen y por lo que otros dicen de ellos. A veces debes usar pistas para deducir la época y lugar en que el cuento se lleva a cabo.

Lee el siguiente párrafo. Busca pistas acerca de los personajes, el escenario y la trama. Emplea un mapa del cuento como el de la página 48 para indicar lo que aprendiste.

Sam miró las estrellas desde el ático de su tía. "Es tan tranquilo aquí en el campo", pensó, pero supo que pronto se acostumbraría a la granja y se divertiría. ¡Mañana su prima Alicia lo llevaría a montar a caballo!

¿QUÉ HAS APRENDIDO?

1. ¿Quiénes son los personajes principales en "Los pájaros de la cosecha"? ¿Cómo supiste de ellos?

2. ¿Qué importancia tiene el escenario de "Los pájaros de la cosecha" en su trama? ¿Podría desarrollarse este cuento en algún otro lugar? Explica.

Visita *The Learning Site*
www.harcourtschool.com

INTÉNTALO • INTÉNTALO

Crea un cuento. Puede estar situado en el pasado, el presente o el futuro, aquí o en un lugar lejano. Los personajes pueden ser como tú y tus amigos, o pueden ser diferentes. La trama debe mostrar a los personajes tratando de solucionar un problema. Haz un mapa del cuento e incluye detalles de tu cuento.

Donavan y su jarrón de Palabras

por Monalisa DeGross
ilustrado por Antonio Cangemi

Donavan y su jarrón de palabras
por Monalisa DeGross
ilustrado por Antonio Cangemi

A todos los amigos de Allen les gusta coleccionar cosas. Por ejemplo, Pablo colecciona botones. La colección de Donavan es diferente. Él colecciona palabras. Pronto su jarrón de palabras estará lleno. Quiere seguir coleccionándolas, pero no tiene espacio. Donavan decide ir a ver a Abuelita, esperando que ella pueda ayudarlo a resolver su problema. Su hermana, Niki, tiene un resfrío, y antes de salir, Donavan le muestra algunas de sus palabras para hacerla sentir mejor.

Donavan estaba leyendo cuando oyó los pasos de su padre en el pasillo. No quería que Niki se despertara. Habían jugado con sus palabras hasta que ella escogió la palabra NANA. Para ayudarla Donavan le cantó una canción. Niki estaba tan cansada de jugar que se durmió.

El padre de Donavan abrió la puerta y echó una mirada al cuarto de Niki. Donavan se puso el dedo a la boca para que su padre no hablara. Levantó su jarrón y siguió a su padre por las escaleras bajando a la cocina.

—¿Cómo estás, compañero? —dijo el padre.

—Bien, y Niki se siente mucho mejor —dijo Donavan rápidamente. Antes de que su padre pudiera hacer otra pregunta, Donavan siguió apresuradamente. —¿Puedo ir al apartamento de Abuelita para visitarla? Es muy importante—. Donavan no quería perder otro momento. Se había divertido acompañando a Niki, pero ahora quería resolver su problema.

—Bueno, pero cuídate cruzando las calles en la lluvia —dijo su papá—. Y Donavan, ¿por qué no le preguntas a tu abuela si está libre para venir a cenar esta noche? Dile que cocino yo esta noche.

—Lo haré —dijo Donavan por encima de su hombro. Ya se estaba poniendo el impermeable de lona encerada verde, el sombrero para la lluvia y las botas amarillas. Se puso el jarrón de palabras en el pliegue del codo. Pensó que si su abuela pudiera ver su problema, posiblemente se le ocurriría a ella una gran idea. Donavan abrió la puerta de la cocina y salió bajo la llovizna constante.

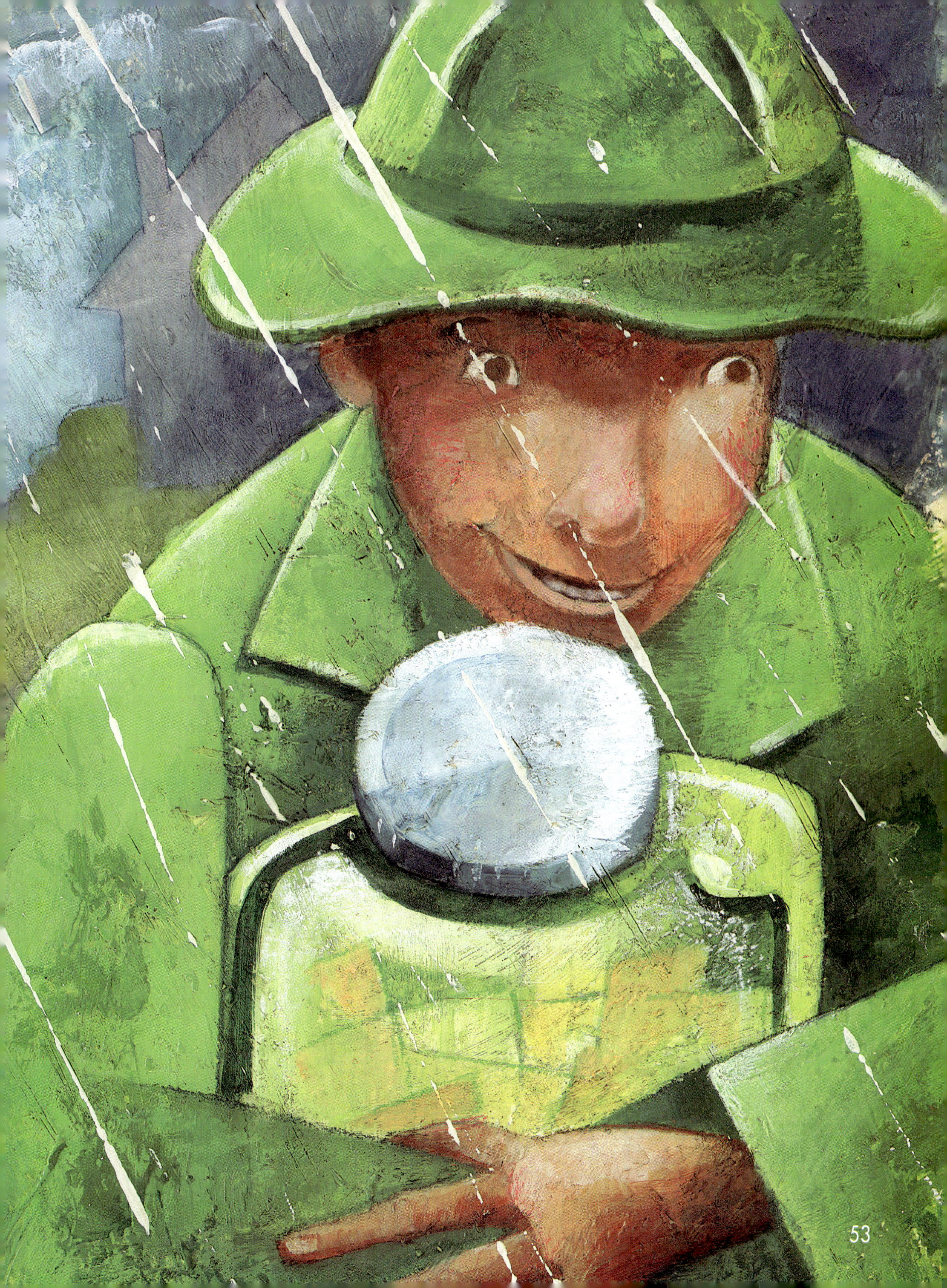

Donavan empujó las puertas de vidrio pesadas de los apartamentos Vista Tranquila y le sonrió al Sr. Bill Gut, el guardia de seguridad, mientras firmaba su nombre en el libro de huéspedes. Donavan empujó el botón y entró al ascensor. Su abuela vivía en el cuarto piso. A Donavan no le gustaba donde vivía Abuelita ahora. Todos ahí parecían tan tristes. Se preguntaba si todos los edificios de apartamentos de los ciudadanos de la tercera edad eran así. Extrañaba la casa grande en que Abuelita vivía antes, con su jardín delantero y su patio trasero. Abuelita había decidido que su vieja casa era demasiado grande después de que murió Abuelo, así que la vendió y se mudó. Ahora Abuelita vivía en el edificio de ciudadanos de la tercera edad, a unas pocas cuadras de donde vivía Donavan. Él podía verla cuando quería, y eso era lo mejor de su nuevo apartamento.

Donavan tocó con la mano a la puerta del apartamento y esperó. Cuando su abuela abrió la puerta y lo vio, sonrió.

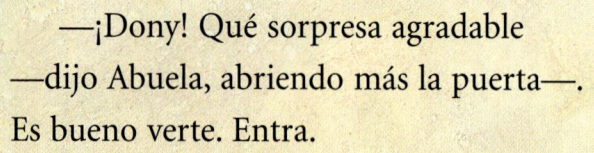

—¡Dony! Qué sorpresa agradable —dijo Abuela, abriendo más la puerta—. Es bueno verte. Entra.

Donavan entró y empezó a quitarse el abrigo. Donavan echó una mirada por el apartamento de Abuelita. Su abuela era coleccionista también. Coleccionaba cualquier cosa que le daban su familia y amigos. Donavan pensó que ésta era una idea tonta la primera vez que ella se lo explicó. Pero entonces decidió que le gustaba la forma en que las diferentes colecciones de Abuelita se combinaban. Su apartamento le hacía recordar un edredón de trozos multicolores—lleno de colorido, cálido y confortable. Había muñecas anticuadas en vestidos guarnecidos de encaje apoyadas contra un surtido de teteras bonitas. Había caracoles extraños de distintas formas y tamaños alrededor de macetas pequeñas de filodendro, hiedra y violetas africanas. Latas viejísimas con etiquetas descoloridas compartían un estante con animales de cerámica. Abuelita también coleccionaba sombreros viejos de lujo. Tenía un sombrero de fieltro grande con muchas plumas de pavo real. Otro sombrero tenía forma de caja y estaba cubierto con un velo. El velo estaba rociado con estrellas brillantes. En las franjas de algunos de sus sombreros Abuelita había puesto tarjetas postales que le habían mandado amigos de lugares lejanos. Una tarjeta postal la invitaba a "Acapulco, graciosa y soleada". Otra tarjeta decía que todo era simplemente "divertidísimo en Dixieland".

El lugar preferido de Donavan en el apartamento de Abuelita era su pared de fotos. Aquí exhibía fotografías de personas que conocía y que le gustaban. Abuelita dijo que si no había visto a una persona por mucho tiempo la veía en su pared. Así que en cualquier momento, cuando extrañaba a su abuelo, Donavan iba a la pared y lo visitaba.

—Dony —llamó Abuelita de la cocina —¿te gustaría almorzar?

—¿Es sopa? —A Donavan le encantaba la sopa de Abuelita.

—Sí, es tu favorita, y tengo muchas galletas —contestó Abuelita—. ¿Llamaste a tu papá para decirle que llegaste bien? —preguntó Abuelita.

—Todavía no, estoy por hacerlo. Le diré a Papá que me quedo para almorzar —dijo Donavan. Se preguntaba cuál de sus sopas favoritas había preparado Abuelita. ¡Ella tenía tantas!

Después del almuerzo Donavan puso su jarrón en la mesa del comedor y le explicó a su abuela el problema. Cuando terminó de hablar se acomodó en la silla y esperó su solución.

Abuelita se inclinó y sacó algunas tiras de papel del jarrón de Donavan. Miró una de las tiras y se rió.

—Dony —dijo Abuelita —¿recuerdas la vez que Pablo cambió tu helado por una cometa rota?

—Nunca me olvidaré de eso —dijo Donavan, frunciendo el entrecejo. Abuelita le mostró la palabra EMBAUCAR, y los dos se rieron. —Y esta palabra EMPORIO me hace recordar cuando era niña, hace mucho tiempo. Solía comprar regaliz en la tienda del Sr. McCready. Seleccionó otra palabra del jarrón. —Dony, ¿de dónde sacaste esta palabra? —preguntó. Le sorprendió ver la palabra CALIDOSCOPIO escrita en la tira de papel. —No he visto uno de ésos en muchos años. Me pregunto si los niños todavía juegan con ellos.

—Nunca he visto un calidoscopio, Abuelita, pero vi una foto de uno en un catálogo viejo. Fue ahí que encontré la palabra —contestó Donavan.

Abuelita leyó varias palabras más antes de mirar a Donavan por encima de la montura de sus anteojos.

—Dony —dijo —tú sí que tienes un tesoro aquí. Es una colección de palabras fantástica. Donavan sonrió y se puso un poco más derecho.

Las alabanzas de Abuelita lo alegraron, pero Donavan todavía necesitaba una solución para su problema.

—¿Ves mi problema, Abuela? —preguntó—. Pensé en comprar un jarrón más grande, pero entonces se llenaría ése también.

—Pues, querido, ¿qué hacen otros coleccionistas cuando sus colecciones llegan a ser demasiado grandes? —preguntó ella.

—No sé —dijo Donavan. Lo pensó por un minuto. —Pues, Pablo colecciona botones, pero nunca obtiene demasiados porque los cambia por otras cosas.

—¿Cómo qué? —preguntó Abuelita.

—A veces los cambia por un cartel o por libros de muñequitos. Una vez cambió tres botones por una camiseta —explicó Donavan.

—¿Te parece que podrías hacer eso? —preguntó Abuelita.

—No, Abuelita, no se me ocurre nada que podría cambiar por mis palabras —dijo—. Y verdaderamente no quiero regalar mis palabras —agregó.

Abuelita se acomodó en su silla. No dijo nada por un largo rato y Donavan empezó a sentirse un poco inquieto. Tal vez, posiblemente, su abuela no tenía una solución.

Ella volvió a poner la mano en el jarrón y sacó unas palabras más.

—Hay algunas palabras en este jarrón que yo sé que la gente que vive aquí podría usar —dijo ella. Donavan se bajó hacia el borde de su silla y se preguntó qué iba a decir su abuela. Ella siguió.

—Ahora, me gusta la palabra QUISQUILLOSA. Esa palabra le quedaría muy bien a la Srta. Mary Lou. Esa mujer tiene que tener todo lo que hace de forma perfecta. Abuelita sacó otra palabra del jarrón. —PENDENCIERO—Es una palabra perfecta para nuestro guardia de seguridad, Bill Gut. Apuesto que se pone a discutir con las moscas.

Abuelita se rió y Donavan rió con ella. A él le encantaba el sonido de la risa de su abuela. Después de calmarse, Abuelita dijo —Disfruté de tus palabras, Dony. Creo que mucha gente disfrutaría de ellas. Ella le sonrió y esperó a ver si él tenía algo que decir.

—Abuelita, yo estaría contento de permitir que cualquiera de tus amigos viera mis palabras. Pero no se las podrían guardar. Me las tendrían que devolver para mi colección. La voz de Donavan era firme.

—Pues, lo lamento si no te ayudé.

—Ay, Abuelita, está bien —contestó Donavan, tratando ferozmente de no mostrar su desilusión. No quería lastimarle los sentimientos a su abuela. —Además —dijo al levantarse de la mesa, —si no tenemos una solución hoy, tal vez se te ocurra algo mañana.

Abuelita lo ayudó con las botas, el sombrero y el abrigo. Donavan levantó su jarrón de palabras y se lo puso firmemente debajo del brazo. Abuelita caminó con él hasta la puerta.

—Cuídate, Coleccionista de palabras —dijo ella, abrazándolo con fuerza.

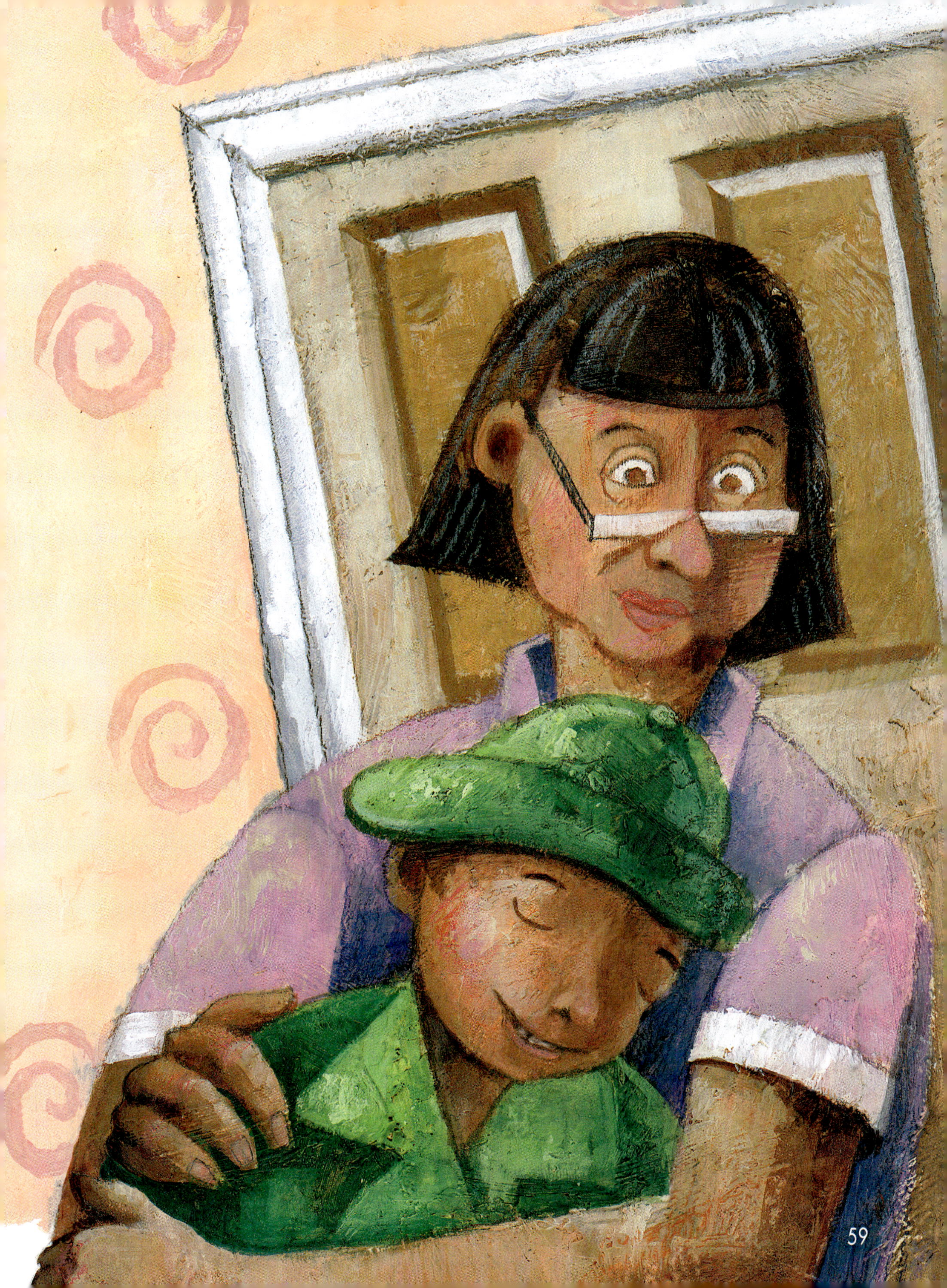

En el ascensor, Donavan pensó en su jarrón de palabras. Le había tomado meses, semanas y horas llenarlo. Decidir qué palabras guardar era difícil. Entonces Donavan se aseguraba de la ortografía y de que él comprendía el significado de cada nueva palabra. ¿En qué había estado pensando su abuela? Parecía que ella quería que él regalara sus palabras. Le encantaba su colección de palabras. Pero tenía que encontrar una forma de manejarla ahora que se ponía tan grande.

Las puertas del ascensor se abrieron y Donavan salió al salón. Vio a tres de los vecinos de Abuelita sentados alrededor del televisor. No les parecía interesar mucho lo que pasaba. Y ahí estaba el Sr. Perkins, sentado al lado de la ventana, mirando las gotas de lluvia que golpeaban en el vidrio. La Srta. Milly tenía una revista abierta sobre su regazo, pero no la leía. El Sr. Crawford, el cartero, estaba sentado en un colchoncillo frotándose los pies. Parecía que no podía dar otro paso. Nadie que estaba en el salón hablaba. Nadie se miraba excepto la Srta. Marylou y el Sr. Bill Gut.

Estaban en el escritorio del guarda de seguridad discutiendo en voz muy alta. Nadie les prestaba atención. Al acercarse Donavan podía oír cada palabra que decían.

—Srta. Marylou, este salón abrirá o cerrará cuando yo lo mande —dijo el Sr. Billy Gut en una voz áspera.

—Y yo te digo Bill, que es un error. Eso lo deberían decidir las personas que viven aquí —contestó ella.

—Yo soy el agente de seguridad, y yo digo lo que pasa en este salón —bramó el Sr. Bill Gut.

—Pues, yo vivo aquí y yo digo que la gente que vive aquí debe poner las horas —dijo la Srta. Marylou en voz casi tan alta.

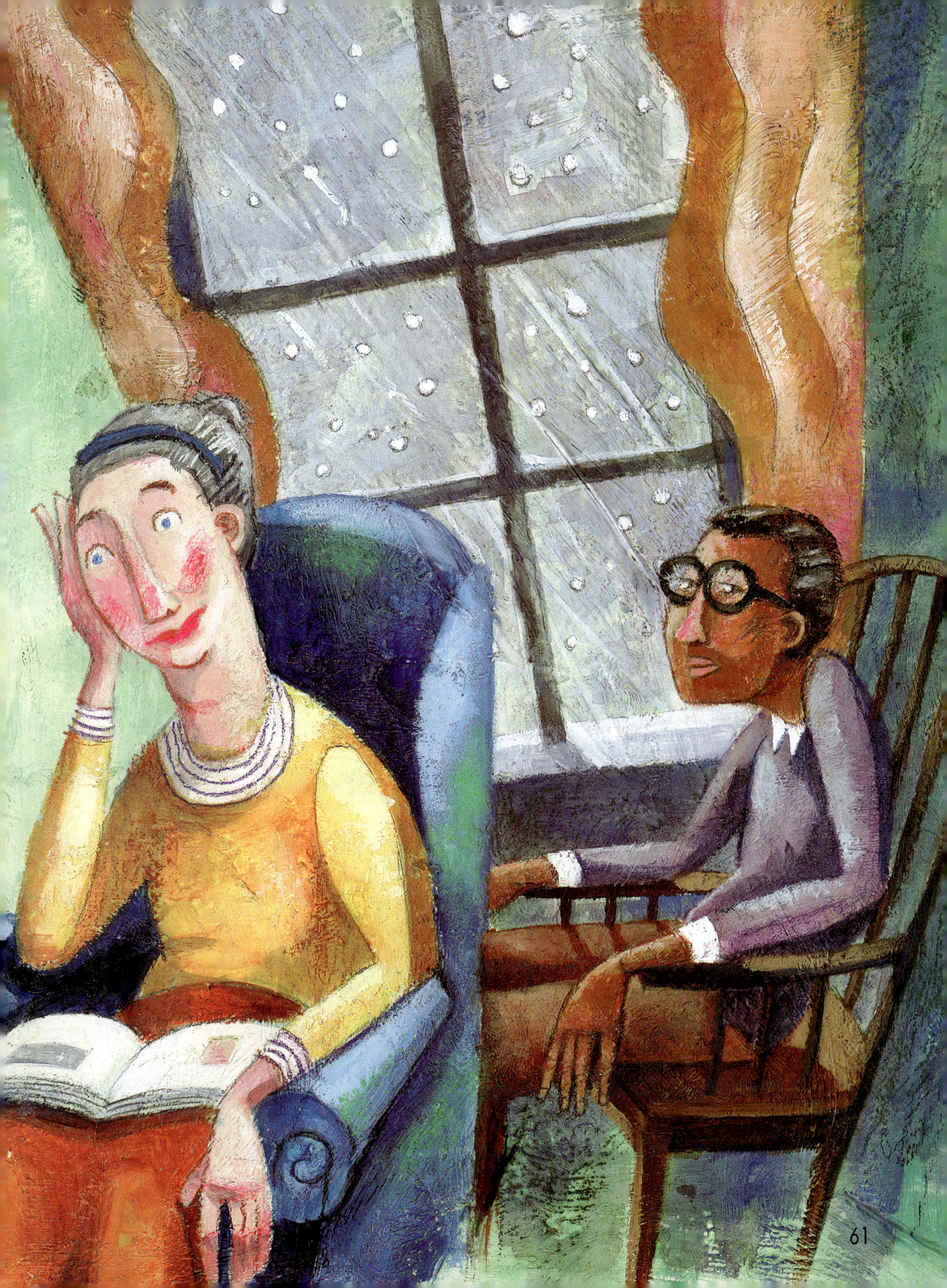

Donavan miró de uno al otro. Los dos empezaron a gritar a la misma vez, ya que ninguno escuchaba lo que decía el otro. Donavan puso su jarrón en la esquina del escritorio y metió la mano en él buscando cierta palabra. Tiró de la manga de la Srta. Marylou y después de la chaqueta del Sr. Bill. Los dos miraron hacia abajo, sorprendidos de ver a Donavan parado ahí.

—Creo que ustedes dos necesitan esta palabra —dijo Donavan con voz severa.

Los dos miraron la tira de papel en la mano de Donavan. La Srta. Marylou se rió con una risilla sofocada y el Sr. Bill Gut sonrió.

—Pues, Marylou, ¿cuál crees que es una buena hora para abrir? —preguntó el Sr. Bill, rascándose la cabeza.

—Bill, yo hablé con varias personas y sugirieron que a las diez sería buena hora. ¿Qué piensas de eso? —preguntó Marylou, sonriendo al Sr. Bill Gut.

Donavan soltó un suspiro de alivio. Había venido justo a tiempo—necesitaban la palabra CONCESIÓN. La Srta. Marylou y el Sr. Bill ya no estaban gritando. Se hablaban en voces bajas; llegaban a un acuerdo. Eso sí que lo hacía sentir bien a Donavan. Su palabra había sido justo lo que necesitaban.

De pronto Donavan recordó que su padre le había pedido que invitara a Abuelita a cenar. Corrió de vuelta al ascensor y empujó el botón SUBIR.

—¿De vuelta tan pronto? —preguntó Abuelita, abriendo la puerta—. Yo pensé que te habías ido a casa.

—Me olvidé de invitarte a cenar esta noche. Papá va a cocinar. ¿Quieres pasar por casa? —preguntó Donavan.

Abuelita no tardó mucho en decidirse. Le encantaba la cocina del padre de Donavan.

Concesión

—Pues, claro que sí —de hecho, ¿por qué no agarro mi abrigo y camino contigo? —sugirió Abuelita—. Quizás podríamos hablar más de tu jarrón de palabras —dijo ella.

Donavan esperó mientras Abuelita fue por su abrigo y cerró con llave la puerta del apartamento. Llevaba una bolsa de papel marrón grande, y él se preguntaba lo que habría dentro de ella. Mientras caminaban por el pasillo, Donavan empezó a decirle a Abuelita cómo él había ayudado a la Srta. Marylou y al Sr. Bill Gut.

Cuando Abuelita y Donavan llegaron al salón, Donavan no podía creer lo que veía. Los vecinos de Abuelita estaban de pie, dando vueltas, riéndose y hablando. Todos parecían emocionados. Miró a ver qué pasaba. Donavan vio que agitaban tiras de papel amarillas con las manos.

—¡MIS PALABRAS! ¡TIENEN MIS PALABRAS! —gritó Donavan.

Algunos tenían una tira de papel y otros tenían dos. El Sr. Avery ya no estaba tirado delante de la televisión. Estaba colocando una de las palabras de Donavan en el tablero de anuncios con una tachuela. La Srta. Millie estaba buscando la palabra de su tira de papel en un diccionario de bolsillo. Donavan miró hacia el escritorio y vio a la Sra. Agnes metiendo la mano en el jarrón de palabras. Había personas que hacían cola detrás de ella que hablaban y reían. Esperaban su turno para sacar una palabra de su jarrón.

—¿QUÉ PASA AQUÍ? —preguntó Donavan en voz tan alta como podía—. ABUELITA, PÁRALOS. ¡SE ESTÁN LLEVANDO MIS PALABRAS! —Se volvió para mirar a su abuela, pero ella parecía tan sorprendida como él.

—Dony, cálmate. Ellos no sabían. Tú dejaste el jarrón en el escritorio —dijo calladamente.

—VOY A LLEGAR A MI JARRÓN DE PALABRAS —dijo Donavan con firmeza—. CON PERMISO —gritó—. CON PERMISO, ¿PODRÍA PASAR? —gritó, moviéndose por el grupo. Empujó un poco, hasta empujó con un poco más de fuerza. No importaba. Donavan no podía parar lo que estaba ocurriendo.

El Sr. Crawford, el cartero, pasó a Donavan y agitó su palabra por encima de su cabeza: —PERSEVERANCIA —gritó—. Es justo la palabra que necesito. Algunos días me canso tanto que

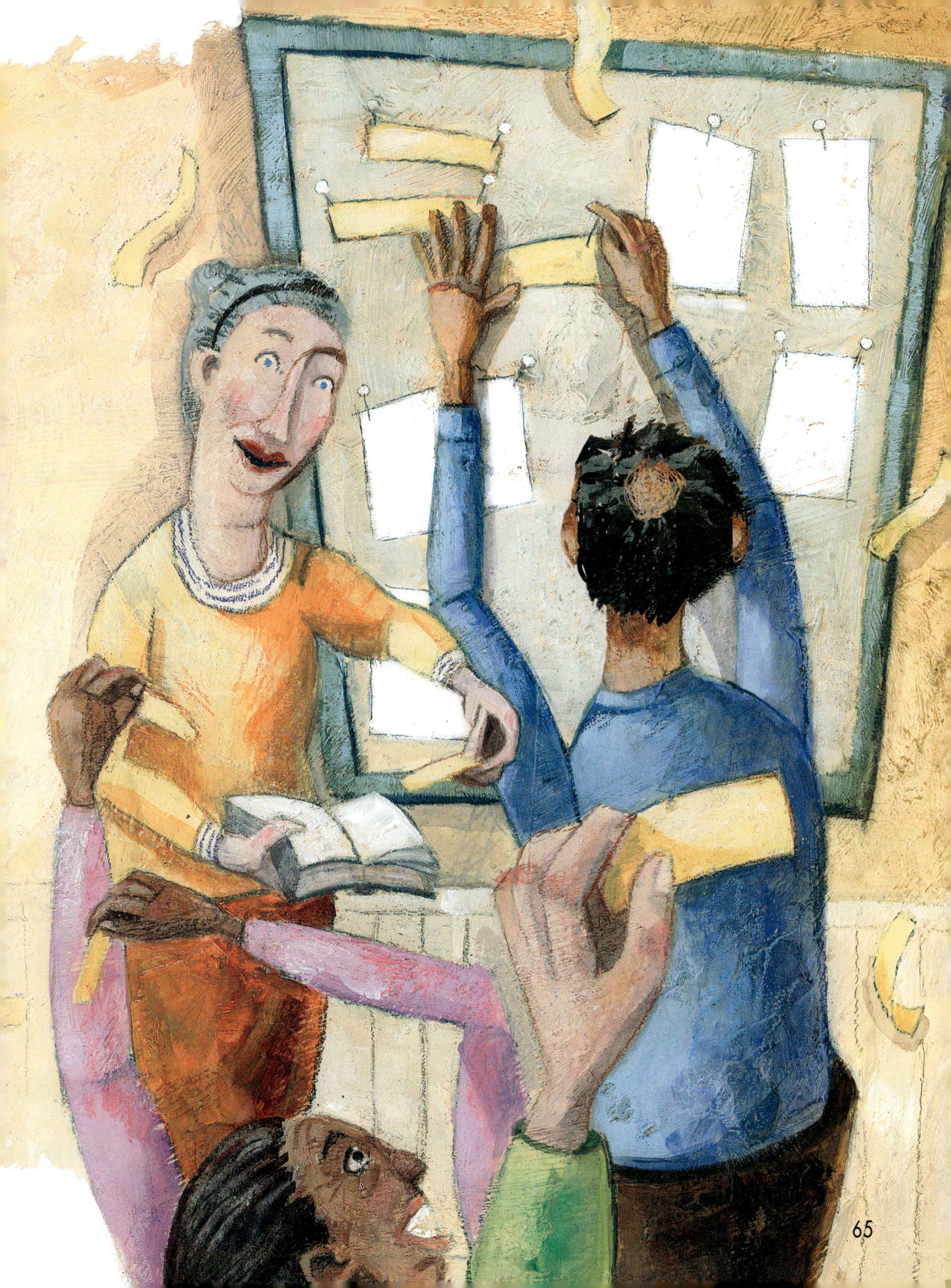

casi no puedo seguir. Voy a hacer un esfuerzo más grande —dijo, poniéndose la palabra en el bolsillo de la camisa.

Donavan dejó de empujar y se quedó quieto.

—¡Caray! Una de mis palabras hizo sentir mejor al Sr. Crawford —dijo Donavan. Dio la vuelta y vio a la Srta. Milly hablando con el Sr. Foote. Donavan estaba sorprendido.

—BULLICIOSO —oyó decir a la Srta. Milly en su voz suave. Abuelita siempre le decía a Donavan que la Srta. Milly era tan tímida que casi no le hablaba a nadie.

El Sr. Foote, por otra parte, hablaba con todo el mundo.

—Pues, no lo puedo creer —dijo el Sr. Foote con sorpresa—. ¡Mi palabra es TÍMIDO!

—Quizás deberíamos cambiar palabras —sugirió la Srta. Milly.

—Ay, no. Tal vez necesite tranquilizarme un poco. A veces hablo demasiado —dijo el Sr. Foote suavemente.

—Usted tiene razón. Creo que me quedaré con mi palabra también. Voy a empezar a hablar más con la gente. Voy a cambiar mi forma de hacer las cosas. La voz de la Srta. Milly dio a entender que hablaba en serio.

—¿Mis palabras hicieron eso, que ellos quisieran cambiar? —Donavan se preguntó con sorpresa.

Alrededor de él los vecinos de Abuelita se reían y se hablaban entre ellos. Nunca habían estado tan animados antes.

—Niki tenía razón. Las palabras pueden hacer sentir mejor a la gente —dijo Donavan calladamente.

—¡Donavan! —llamó la Srta. Marylou, mientras venía a pararse delante de él—. Tus palabras son fantásticas. No pude resistir, después de que nos diste a Bill y a mí una palabra, yo . . . yo . . . pues, me entusiasmé y simplemente le di al Sr. Kincaid la palabra OCIO. Ese hombre trabaja verdaderamente demasiado —dijo sonriendo.

—Y Donavan, todos empezaron a pedir palabras, y si no recibían una que querían, simplemente la cambiaban por otra. Parecía estar tan encantada que le fue difícil a Donavan no sonreír.

El Sr. Bill Gut vino y le pellizcó una mejilla a Donavan. El Sr. Perkins le palmeó los hombros. Todos querían agradecerle por haber compartido sus palabras. Donavan se sintió como si el sol hubiera salido dentro de él. El Sr. Bill señaló con el dedo el jarrón vacío sobre el escritorio y dijo —Parece que te hemos dejado limpio, jovencito.

Cuando Abuelita llegó, empujando a todos para poder pasar, parecía preocupada.

—Dony, ¿no queda ni una de tus palabras? —preguntó.
—Querido, lo siento mucho, yo sé que tú no querías regalar tus palabras. ¿Tal vez puedas pedir que te las devuelvan? —dijo.

Donavan levantó los ojos para mirarla y sonrió.

—Abuelita, les encantan mis palabras. Las palabras hicieron que se hablaran. Mira —dijo, indicando con el dedo al Sr. Foote y a la Srta. Milly. —Se están hablando. —Donavan estaba tan emocionado. —Y Abuelita, el Sr. Crawford, el cartero, ya no parece tan cansado. Abuelita miró a su alrededor y sonrió.

—Dony, sabes que el Sr. Mike sacó la palabra RISOTADA y en serio, lo oí reír —dijo riéndose. —Pero, Dony, ellos no te dieron nada por tus palabras. Abuelita todavía estaba preocupada.

—Sí, Abuelita, sí que me dieron algo. Me hicieron sentir como un mago. Mis palabras los cambiaron. La luz del sol que Dony sentía dentro de sí mismo le brillaba en toda la cara.

Piénsalo

1 ¿Qué descubre Donavan sobre las palabras que ha coleccionado? ¿Cómo hace este descubrimiento?

2 ¿Piensas que Donavan muestra fuerza o debilidad cuando encuentra que los vecinos se llevan sus palabras? Explica.

3 ¿Qué idea crees que el autor quiere dar a los lectores con este cuento?

Conoce a la autora

Monalisa DeGross

¿Cómo se interesó usted en escribir?

Cuando era menor siempre trataba de crear algo. Como persona mayor, encontré que cuando creaba cuentos en la mente y los anotaba, creaba cuentos para libros con dibujos y capítulos.

Usted escribió sobre la relación entre Donavan y su abuela. Su libro nuevo es "Grandaddy's Street Songs". ¿Hay algún mensaje en ése?

Sí, quiero que los niños entiendan las maravillosas y poderosas relaciones que se pueden encontrar al relacionarse con personas de otra generación. Es una forma excelente de aprender cómo eran las cosas en otros tiempos.

Monalisa De Gross

Visita *The Learning Site*
www.harcourtschool.com

Me encanta el aspecto de las palabras

Las rosetas de maíz saltan, saltan del piso
de una sartén negra caliente
y a mi boca.
Las palabras negras saltan,
apartándose de la página
blanca. Corriendo a mis ojos. Resbalándose
hacia mi cerebro que se las come
de la misma forma que mi lengua y mis dientes
mastican las rosetas untadas con mantequilla.

Cuando he dejado de leer,
las ideas de las palabras se quedan pegadas
a mi mente, como el olor dulce de mantequilla
perfumándome los dedos mucho después
que se acabaron las rosetas.

Me encantan el libro y el aspecto de las palabras,
el peso de las ideas que saltaron a mi mente.
Me encantan en mi mente las huellas del
nuevo pensar.

por Maya Angelou
ilustrado por Tom Feelings

Libro notable ALA

Premio Coretta Scott King

Taller de actividades

A los coleccionistas

HAZ UNA ENCUESTA

Donavan colecciona palabras y su abuela colecciona sombreros, fotos y muchas otras cosas. Averigua lo que coleccionan algunos de tus compañeros de clase. Pregúntales cómo y por qué empezaron una colección. Muestra lo que descubres en una tabla. Para cada compañero de clase, incluye la siguiente información: nombre, tipo de colección y propósitos para la colección.

Hacer conexiones

ESCRIBE UN POEMA

En "Me encanta el aspecto de las palabras", el poeta usa palabras para formar imágenes en la mente del lector. Donavan usa palabras para expresar ideas. Elige una de las palabras de Donavan y escribe un poema sobre ella. Haz que tu poema exprese el significado de la palabra.

En la escena

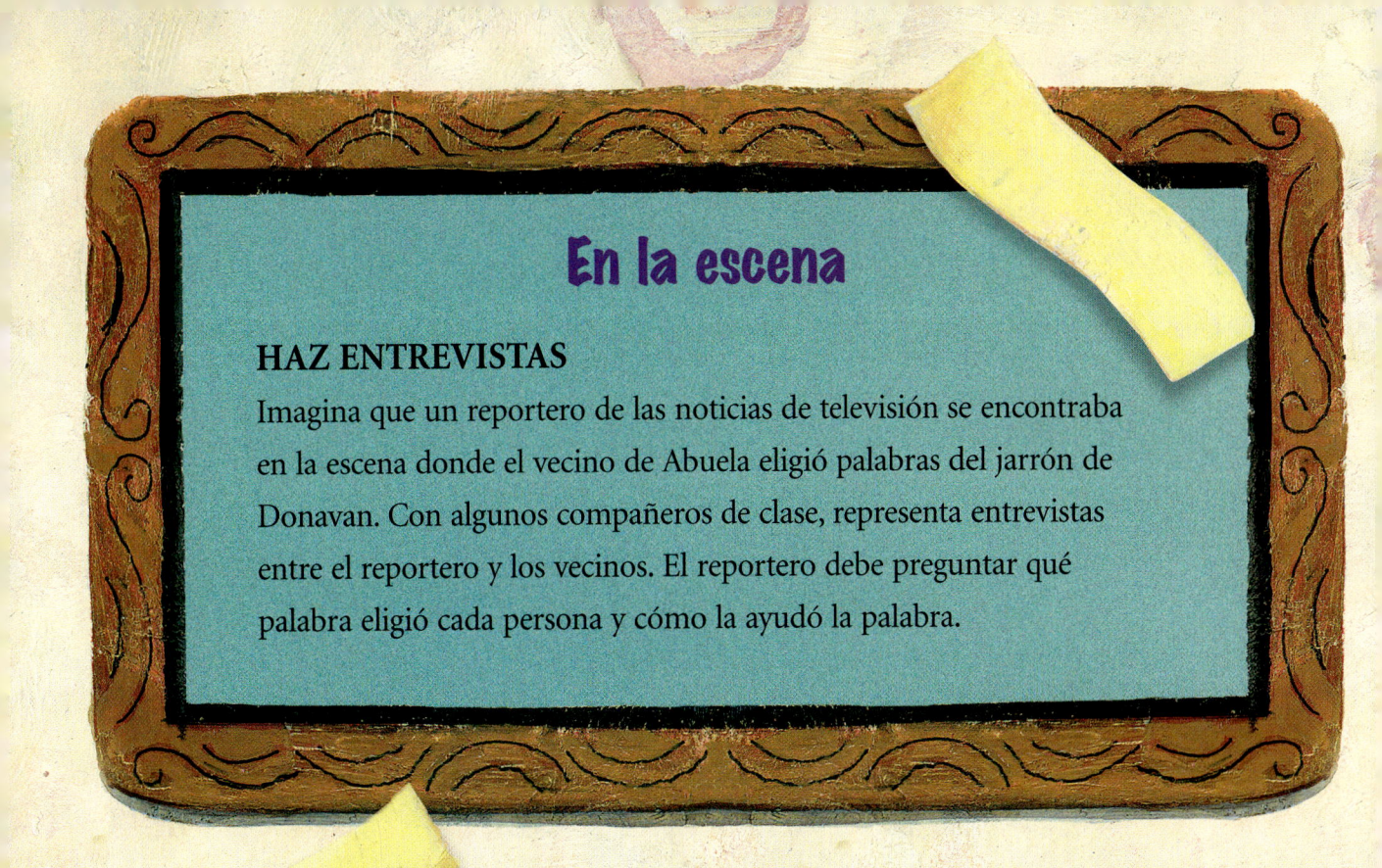

HAZ ENTREVISTAS

Imagina que un reportero de las noticias de televisión se encontraba en la escena donde el vecino de Abuela eligió palabras del jarrón de Donavan. Con algunos compañeros de clase, representa entrevistas entre el reportero y los vecinos. El reportero debe preguntar qué palabra eligió cada persona y cómo la ayudó la palabra.

Serpiente quisquillosa, canguro pendenciero

DIBUJA LA CARICATURA DE UN PERSONAJE

Donavan coleccionó algunos adjetivos muy descriptivos, como *quisquillosa* y *pendenciero*. Busca tu propio adjetivo para poder usarlo en la descripción de la caricatura de un personaje que dibujes tú mismo. Asegúrate de que entiendes el significado exacto de tu adjetivo. Luego, dibuja tu personaje. Escribe una oración debajo del dibujo que incluya ese adjetivo.

El problema de Lorena

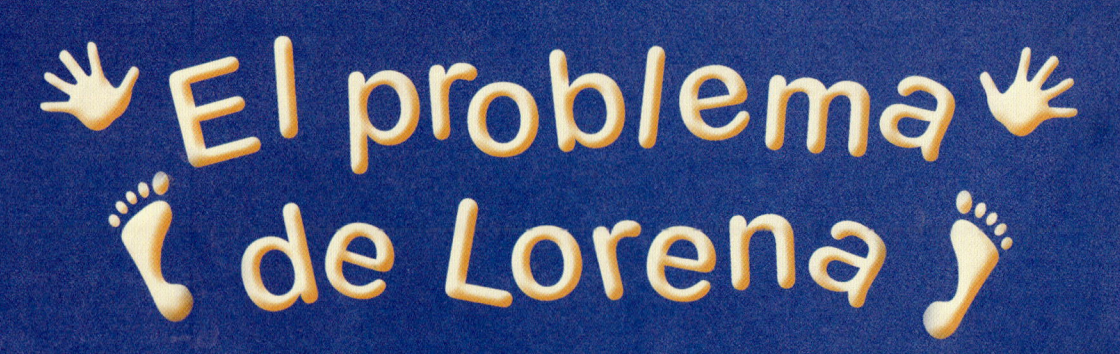

por Cecilia Beuchat
ilustrado por Priscilla Burris

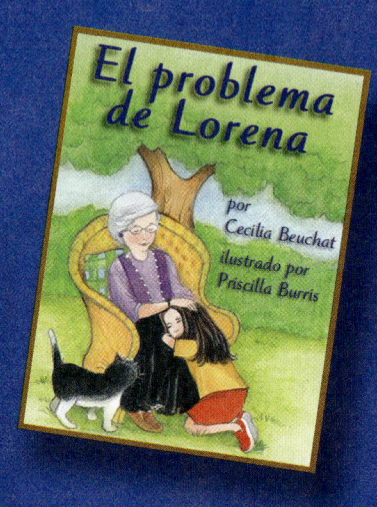

Lorena tenía un gran problema, y cada vez que pensaba en él, su estómago se recogía y el corazón comenzaba a latirle mucho más a prisa; era como un martilleo que le oprimía el cuerpo. Y se comía las uñas pensando en cómo deshacerse de él. ¿Por qué no se podía eliminar de alguna manera rápida? A veces, en las noches, Lorena imaginaba que su problema era como un rollo de papel arrugado que ella lanzaba lejos, muy lejos . . .

Pero, no era tan fácil... La señorita Úrsula lo había dicho claramente, aunque usando su inconfundible acento germano:

—Niñas, para alcanzar la nota cuatro, deben ustedes hacer perfectamente la voltereta hacia adelante, atravesar la barra de equilibrio, bajar y luego dar otra voltereta. ¿Entendido? De otro modo no les va a ir bien... Así que a ensayar, a ensayar...

Y allí estaba la pobre Lorena sin saber qué hacer. Sencillamente no podía... No le resultaban los ejercicios y cada vez que intentaba hacer la voltereta le bajaba un susto tremendo. No alcanzaba ni siquiera a apoyar la cabeza sobre la colchoneta cuando, ¡plum!, caía a un lado.

—¡Pareces un saco de papas! —le dijo un día la señorita Úrsula, medio en broma, pero para Lorena fue lo peor que había escuchado en su vida. ¡Qué culpa tenía ella de ser un poco más torpe que las demás!

¡Ah! Y cuando había que subirse a la barra. Eso era un suplicio. Subirse no costaba nada, pero atravesar y llegar hasta el otro extremo era tan imposible como llegar en bicicleta a la luna.

—¡Pero, niña! Si no es nada del otro mundo —le insistía la señorita Úrsula—. Anímate y pasa. Es tan sencillo...

"Sí, sencillo", pensaba Lorena con pena, mirando a Soledad que no se demoraba nada en atravesar. Y Claudia, ¡ésa sí que lo hacía bien! Hasta se había atrevido a realizarlo caminando hacia atrás.

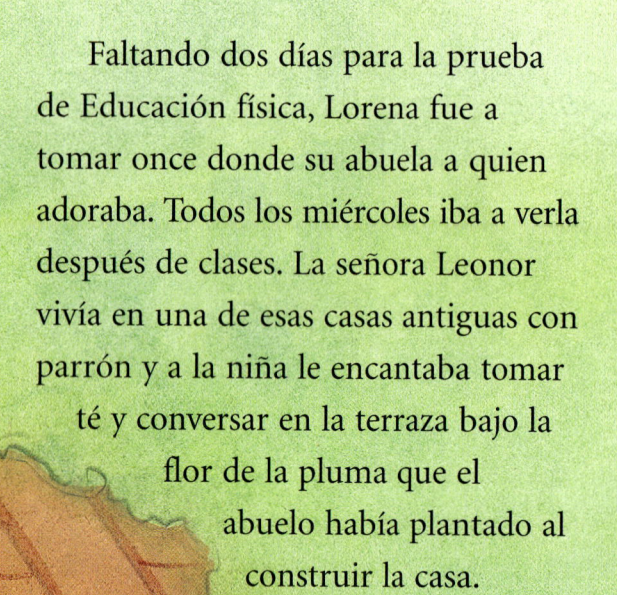

Faltando dos días para la prueba de Educación física, Lorena fue a tomar once donde su abuela a quien adoraba. Todos los miércoles iba a verla después de clases. La señora Leonor vivía en una de esas casas antiguas con parrón y a la niña le encantaba tomar té y conversar en la terraza bajo la flor de la pluma que el abuelo había plantado al construir la casa.

En el invierno se sentaban junto a la chimenea en la biblioteca, y Lorena podía hojear los maravillosos tomos de la enciclopedia.

La abuela la regaloneaba mucho. Siempre le preparaba algo rico para comer: sopaipillas pasadas con chancaca, "calzones rotos" con azúcar flor, panqueques, en fin, todo lo que su nietecita le pidiera.

Esa tarde había preparado unas ricas galletas rellenas con mermelada. Pero cuál no sería la sorpresa de la señora cuando la nieta le dijo:

—Perdona, Abuela, pero no voy a servirme nada. No tengo apetito . . .

—¡Cómo! —exclamó la señora sin creer lo que escuchaba—. ¿Qué te pasa hija? ¡Tu dulce favorito! Acaso, ¿estás enferma?

—No, Abuela . . . disculpa, estoy sin apetito. No quiero comer nada. Gracias . . .

—¡Agüita de bailahuén! —exclamó entonces la abuela tomando el plato con el postre—. Esto es lo que te voy a dar . . . o mejor todavía manzanilla . . . Debe ser enfriamiento. ¡Seguro que estuviste desabrigada!

La señora Leonor observó a Lorena. ¿Qué le sucedía a su nieta siempre tan risueña y alegre? Se sentó en uno de los sillones de mimbre y dijo después de un rato:

—A mí no tienes para qué engañarme... A ti te pasa algo. Tienes un problema... ¿Por qué no me lo cuentas?

Lorena suspiró. A la abuela no se la podía hacer lesa. Lo adivinaba todo. A través de esos ojos inocentes y tranquilos que se asomaban por las ventanitas de cristal captaba todo lo que sucedía alrededor. Se había dado cuenta aquella vez en que ella estaba triste porque el papá y la mamá habían discutido; y también, cuando Julián, su hermano, había chocado con la moto.

—¡Abuela!... el problema es que soy un saco de papas... —dijo por fin Lorena a punto de llorar.

—¿Qué? ¿Un saco de papas? ¿Quién ha dicho eso? —exclamó indignada la señora.

Entonces la nieta se sentó a sus pies y apoyando su cabeza sobre su falda, le contó lo que le sucedía. ¡Qué rico era poder sacar ese rollo de papel apretujado en el corazón! ¡Qué bueno era tener a alguien que escuchara en silencio!

Cuando terminó, la señora Leonor se levantó enérgicamente y dijo:

—Lo que tú necesitas no es agüita de bailahuén ni de manzanilla. ¡Tenemos que trabajar! ¡Manos a la obra! —Y sacando unas llaves del bolsillo se dirigió, con paso decidido, a la casita al fondo del jardín, donde guardaba muebles viejos y otros cachureos.

Lorena creyó que la abuela se había vuelto loca cuando la vio arrastrar un viejo colchón.

¡Ven, ayúdame! Construiremos un gimnasio. Verás qué divertido. Vamos a buscar unos cajones y una tabla. Haremos nuestra propia barra de equilibrio.

La señora Leonor, pese a sus canas y a su cuerpo delgado, se movía con gran agilidad.

—Por algo fui campeona de atletismo —explicaba llena de entusiasmo.

Lorena la miraba con una mezcla de temor y alegría. Se sentía orgullosa de ella. Cuando todo estuvo listo, la abuela se sentó sobre el colchón y tomando aire, le dijo:

—Mira, Lorena. Te voy a mostrar cómo se hace.

—¡Por favor! ¡No! —gritó ésta asustada, pero ya era demasiado tarde. La señora Leonor, levantándose, se recogió su larga falda negra, e hizo, en un dos por tres, una perfecta voltereta hacia adelante. Su ancha enagua blanca llena de blondas se abrió como un frondoso clavel.

Lorena cerró los ojos y pensó:

"La abuela se mató . . . se quebró el cuello . . . ¡Dios santo! Habrá que llevarla al hospital."

Pero no. Con una amplia sonrisa en los labios observaba a su nieta.

—¡Mira! Si es divertidísimo. Por unos segundos ves el mundo al revés. Sientes cómo el movimiento de tu cuerpo te impulsa a seguir. Cada músculo se extiende y se contrae. Es maravilloso . . .

Lorena la miraba y no se atrevía a hablar.

—¿Quieres que lo haga de nuevo? —preguntó la señora disponiéndose nuevamente a recogerse la falda.

—¡No! ¡Por favor, no! ¡Abuela! ¡No lo hagas!

Pero fue demasiado tarde. Apoyando la cabeza sobre el desteñido colchón, la ágil señora tomó impulso y ¡zas! ya estaba al otro lado.

—¡Uf! Esta vez no salió tan bien —dijo colocándose los lentes. ¡Ahora te toca a ti!

Lorena quedó paralizada.

—¡No puedo! Soy muy grande y pesada. Soy un espanto, me voy para un lado. Parezco un pan de manteca de esos que hace don Luis en la panadería.

—¡Tonterías! ¡Estás loca! Tú puedes hacerlo perfectamente. ¡Ven! ¡Inténtalo! ¿O quieres que lo haga yo de nuevo para que tú veas cómo se hace?

—¡No, Abuela! Por lo que más quieras . . . ¡No lo repitas! Voy a tratar . . .

Lorena apoyó la cabeza sobre el colchón. Una vez más sintió esa sensación de ahogo que la invadía, flectó las piernas e intentó despegarse del suelo. Pero ¡zas! perdió el equilibrio y cayó con todo el peso de su cuerpo.

Con la cara roja de rabia se sentó.

—¡Te lo dije! —exclamó—. La señorita Úrsula tiene toda la razón, ¡los sacos de papas no pueden hacer volteretas!

La abuela se la quedó mirando en silencio.

La niña continuó:

—Me va a ir mal. El cuatro no me lo va a dar por nada del mundo.

La señora Leonor se acercó a su nieta.

—Mira, hijita. Cuando uno tiene un problema, debe enfrentarlo y no echarse a morir. Ven, te mostraré cómo se hace.

—No, por favor, no lo hagas más . . .

—¡Entonces, hazlo tú! —ordenó la abuela con firmeza.

Lorena corrió a la colchoneta y lo hizo.

—Mmm . . . no está mal. Otra vez . . . —dijo la abuela muy seria. La niña intentó otra vez pero cayó hacia un lado.

Antes de que alcanzara a levantarse, la abuela se subió a los cajones donde había apoyado la tabla, y moviéndose suavemente con la falda recogida, se equilibró sobre la tabla puesta en altura y comenzó a atravesarla.

—¡Abuela! —gritó Lorena horrorizada.

—¡Anda, sígueme! Ven detrás de mí . . .

Lorena subió rápidamente, pero en cuanto se paró sobre la tabla, comenzó a tambalearse y cayó. La señora Leonor perdió el equilibrio con el movimiento y, de un gran salto, aterrizó también sobre el colchón.

Al verse ambas en el suelo no pudieron aguantar la risa.

—¿Qué hacer contigo, hijita? Tiene que haber solución. ¡Ya sé! Imagínate que hay cocodrilos y serpientes abajo y que tienes que llegar hasta el final.

—¡Ay, Abuela! Estás loca . . .

—¡Ah! ¡Mejor no! Piensa que hay un príncipe esperando al extremo de la barra . . . uno parecido a . . . ¿cómo se llama tu vecino tan simpático?

—Jaime Andrés.

—Ése. Jaime Andrés está al otro lado.

—¡Ay, Abuela!, no sigas, ¡por favor! —dijo Lorena sin saber si reír o llorar. La abuela pensó un rato y luego dijo:

—Mira, chiquilla, lo que tú tienes es miedo y el miedo hay que combatirlo. No hay que dejar que te invada. Tú puedes subir y pasar la barra, pero como tienes miedo, te caes . . . ¿Quieres pasar la barra? ¿Quieres demostrarte a ti misma que puedes? Pues, bien. Sube y repite fuerte: Yo soy capaz . . . yo soy capaz . . .

—No es tan fácil, Abuela . . .

—¿Lo has intentado?

—No . . .

—¡Inténtalo! Ven, yo lo haré primero.

—¡Por favor, no subas! Te vas a caer y te vas a romper los huesos. ¡Piensa en tu cadera!

Pero la señora Leonor ya estaba arriba y, con pasos seguros y los brazos extendidos, atravesaba la barra. Lorena subió. La figura delgada de la anciana se alzaba delante de ella. La abuela tenía razón. Debía tratar. Apretó los dientes y comenzó a avanzar. La sensación de inseguridad la invadió nuevamente.

—¡No caerás! —le gritó la abuela desde el otro extremo—, seguirás porque "tú" quieres seguir. Quieres llegar a la meta y lo vas a lograr.

Mientras más hablaba la abuela, más avanzaba la niña.

Nunca supo Lorena cuánto se demoró ni cómo lo hizo, pero llegó . . .

—¡Bravo! ¡Fantástico! —aplaudió la abuela desde abajo. ¡Lo has logrado! ¡Hazlo de nuevo!

Lorena logró pasar por segunda vez y cuando a la tercera, casi pierde el equilibrio, la abuela le repitió con energía:

—¡No te vas a caer! ¡Tú no quieres caerte y vas a llegar!

Lorena no cabía en sí de felicidad. Cada vez que lo hacía, saltaba a abrazar a su abuela que la miraba con atención.

Después ensayaron la voltereta. No era fácil, pero, poco a poco, Lorena fue logrando el movimiento y la posición adecuados.

Cuando el viejo reloj del comedor anunció, desde lejos, las seis de la tarde, se sentaron bajo la vieja flor de la pluma a descansar. La abuela puso de nuevo, ante la mirada feliz de Lorena, el plato de galletas que fue devorado en un santiamén.

Al ver aquello, la señora Leonor se echó a reír con ganas.

—¿De qué te ríes? —quiso saber Lorena.

—Estoy pensando que el saco de papas se ha convertido en una galleta de mermelada...

Cuando el viernes llegó la hora de Educación física y la señorita Úrsula fue llamando a las alumnas, Lorena recordó a su abuela.

Subió a la barra y avanzó decididamente. En sus oídos resonaba la voz firme de la anciana y ante ella creyó ver su figura inconfundible. Así, atravesó sin vacilar aunque su corazón latía con fuerza. Luego hizo la voltereta dos veces.

La señorita Úrsula bajó el cuaderno donde estaba colocando las notas y dijo sorprendida:

—¡Vaya, vaya! ¡Quién lo creyera! ¿Qué ha sucedido con nuestro saco de papas?

Lorena la miró y dijo:

—El saco de papas se convirtió en una galleta con mermelada.

La señorita Úrsula se levantó de hombros y las compañeras pensaron que Lorena se había vuelto loca.

Al sonar la campana, Lorena corrió hacia el teléfono y marcó el número de su abuela . . .

Piénsalo

1. ¿Cuál era el gran problema de Lorena y cómo pudo finalmente encontrarle una solución?

2. ¿Te gusta la gimnasia? ¿Crees que es difícil hacer volteretas?

3. ¿Por qué crees que la abuela hizo todo lo que pudo para ayudar a su nieta? ¿Cómo se siente Lorena al final del cuento?

Conoce a la autora
Cecilia Beuchat

Cecilia Beuchat lleva más de 20 años dedicada a la educación. Es Licenciada en Educación y Filología Española y Magister en Letras. Imparte clases en la Facultad de Educación de la Pontificia Universidad Católica de Chile.

Ha sido investigadora en trabajos de literatura para niños en la televisión y también ha traducido libros infantiles. Entre sus libros para niños se encuentran "Caracol, caracol, saca tu librito al sol", "Pablito aprende ortografía solito", "Cuentos con olor a fruta" y "Cuentos de perros, gatos y canarios".

Conoce a la ilustradora
Priscilla Burris

Priscilla Burris disfrutó ilustrar "El problema de Lorena" ya que revivió recuerdos de Wita, su propia abuela.

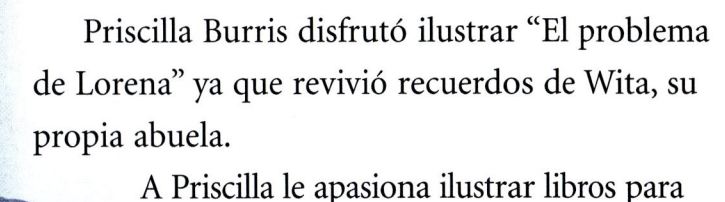

A Priscilla le apasiona ilustrar libros para profesores y niños, y al hacerlo, plasma sus emociones en sus dibujos. Su amor por los libros y literatura para niños viene principalmente de haber pasado su niñez frente a una biblioteca pública en una comunidad predominantemente hispana en Los Ángeles.

Priscilla valora su descendencia hispana y las tradiciones compartidas con su familia y amigos. Una de sus tradiciones favoritas es reunirse todas las Navidades para hacer tamales caseros. Todos, desde Nana, la madre de Priscilla, hasta el nieto menor de 6 años, se reúnen alrededor de una mesa para hacer tamales de carne, pollo, cerdo, ají verde, queso y dulce. "Hacer tamales es complicado, divertido y desordena la cocina, pero al transcurrir el día, disfrutamos el aroma que expiden a medida que se cocinan".

Visita *The Learning Site*
www.harcourtschool.com

Taller de

¡Ayúdame!

HAZ UNA PRESENTACIÓN

Imagínate que un amigo te ha contado su problema con la esperanza de que lo puedas ayudar. Él tiene que hacer una presentación pero tiene miedo de hablar enfrente de la clase. Júntate con un compañero y escriban en una lista las recomendaciones que le darían para hacer la presentación. Incluyan cosas como el tono de voz que debe usar y si debe presentar ilustraciones y láminas con diagramas, tablas, etcétera para apoyar su presentación. Luego ensayen una presentación en la clase.

La práctica nos lleva al éxito

ESCRIBE UN PÁRRAFO

Lorena logró mejorar sus ejercicios después de practicarlos una y otra vez con su abuela. ¿Recuerdas alguna vez que hayas tenido que practicar para mejorar alguna destreza? Escribe un párrafo sobre tu experiencia explicando lo que significa practicar y por qué crees que es importante. Intercambia tu párrafo con el de otro estudiante.

actividades

Grandes deportistas

ESCRIBE UN REPORTAJE

Muchos deportistas famosos han realizado sus sueños gracias a la ayuda y apoyo de familiares, amigos y entrenadores. Elige a un deportista que tú admiras y haz una investigación sobre él o ella en la biblioteca o en Internet. Escribe un reportaje para tu clase en el que incluyas cómo el apoyo que recibió este atleta le ayudó a lograr sus metas. Lee tu reportaje a la clase.

Un poema de agradecimiento

ESCRIBE UN POEMA

Lorena demuestra que cualquier persona puede ser tu amigo, desde compañeros de clase hasta familiares y vecinos. No importan ni la edad ni las apariencias. Escribe un poema de dos o tres estrofas acerca de la amistad. Puedes pensar en alguien especial como tus padres, hermanos, compañeros de clase o abuelos, que sea tu amigo o amiga. Dedica tu poema y entrégalo a esa persona como regalo.

PRUEBA TU DESTREZA

Prefijos y sufijos

Presta atención a las palabras subrayadas en las siguientes oraciones tomadas de "El problema de Lorena".

1. ¡Seguro que estuviste desabrigada!
2. ¡Mira! Si es divertidísimo.

Las palabras subrayadas contienen un prefijo o un sufijo. Un **prefijo** es un elemento que se pone al principio de una palabra. Un **sufijo** es un elemento que se pone al final de una palabra.

Palabra del cuento	Significado del prefijo o sufijo	Significado de la palabra
desabrigada	Oposición, negación, lo contrario de	sin abrigo, que no está abrigada
divertidísimo	Superlativo	muy alegre, muy divertido

¿Te fijaste en la palabra *inconfundible* en la historia? Tiene un prefijo y un sufijo.

Prefijo	Palabra base	Sufijo		
in + (negación)	confundir +	ble (cualidad, capacidad)	=	inconfundible (que no puede confundirse)

La mayoría de las veces que lees algo encuentras prefijos y sufijos. Si sabes lo que significan, puedes deducir el significado de muchas palabras nuevas. Lee el párrafo siguiente. Identifica los prefijos y los sufijos en las palabras subrayadas. Explica cómo cada una modifica el significado de la palabra base.

Susana y su familia estaban haciendo los últimos preparativos para irse de vacaciones a la playa. La mamá de Susana le había pedido que empacara todas las cosas que quería llevar en una bolsa para luego reempacarlo todo en una sola maleta. Susana prosiguió a completar su tarea rápidamente. Cuando había terminado, su mamá le dijo que ya no se iban sino hasta el próximo fin de semana. Susana se desilusionó y sintió tristeza. Luego pensó que al fin y al cabo una semana pasaba volando.

¿QUÉ HAS APRENDIDO?

1. ¿Qué otras palabras con prefijos o sufijos puedes encontrar en el párrafo anterior? Di el significado de ellas.

2. El prefijo *pre* significa "antes o delante de". Agrégalo a cada una de las siguientes palabras y busca el significado de las nuevas que estás creando: *historia, decir, ceder*.

INTÉNTALO • INTÉNTALO

Crea tantas palabras como puedas adicionándoles prefijos y sufijos a las siguientes palabras base: *ocupado, satisfactorio, cansado.*

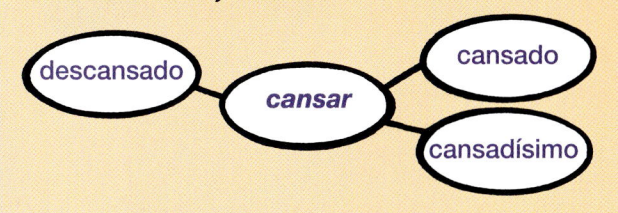

descansado — *cansar* — cansado
cansar — cansadísimo

Visita *The Learning Site*
www.harcourtschool.com

95

LOU GEHRIG

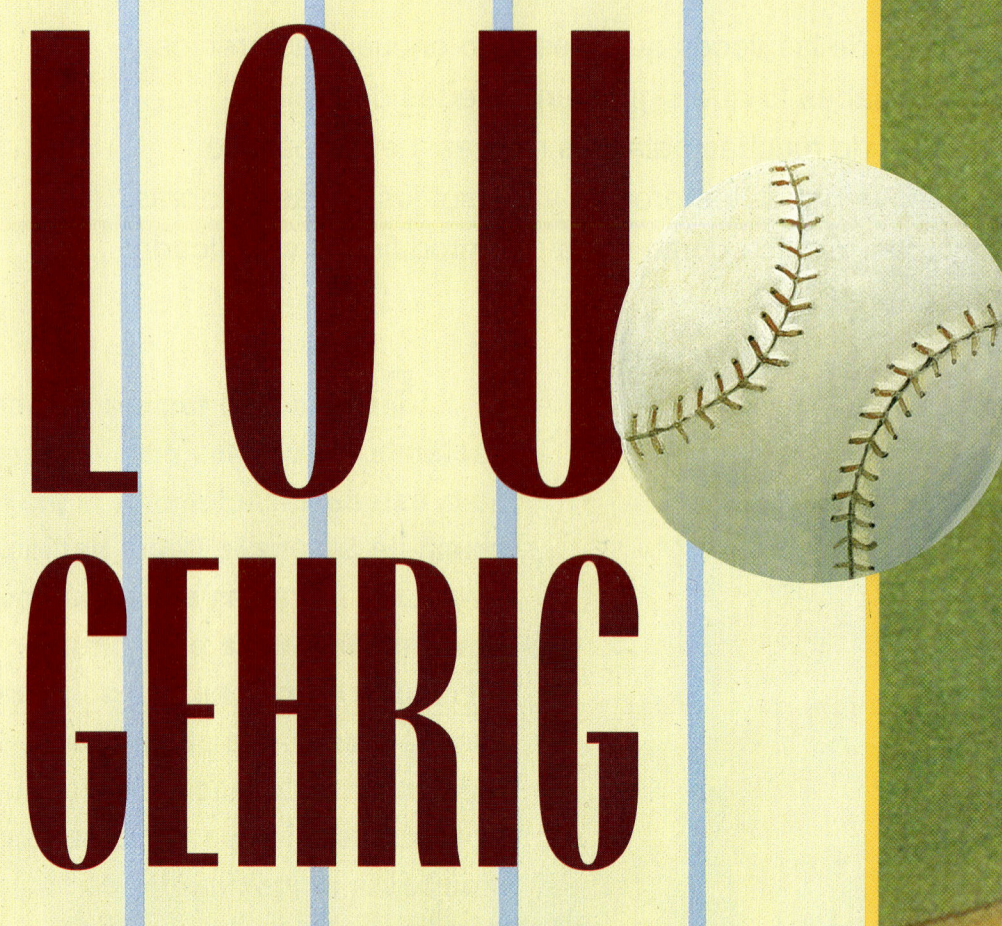

EL HOMBRE MÁS AFORTUNADO

POR
David A. Adler

ILUSTRADO POR
Terry Widener

LOU GEHRIG
EL HOMBRE MÁS AFORTUNADO
por David A. Adler
ilustrado por Terry Widener

Libro notable ALA

Mención honorífica Boston Globe Horn

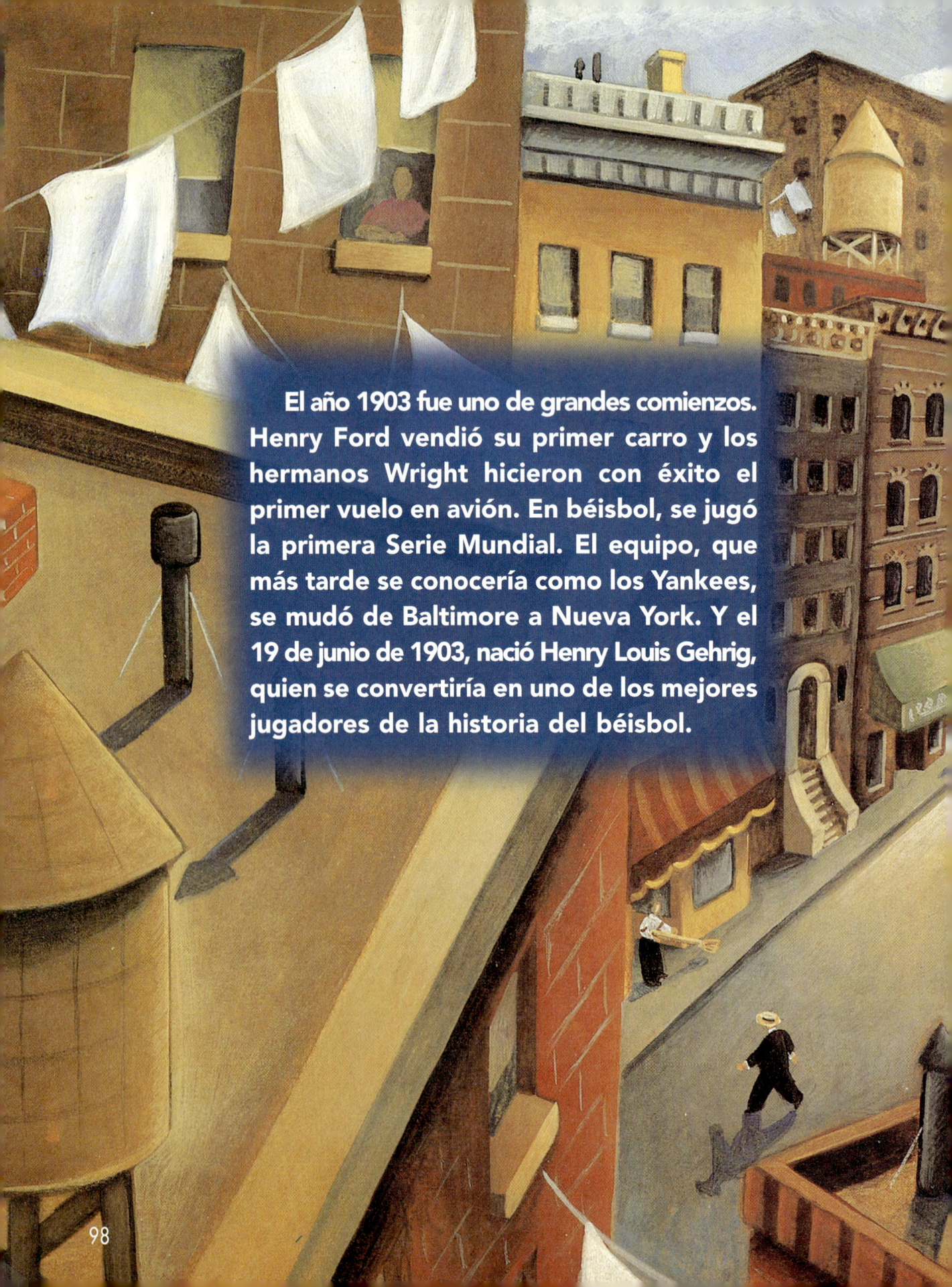

El año 1903 fue uno de grandes comienzos. Henry Ford vendió su primer carro y los hermanos Wright hicieron con éxito el primer vuelo en avión. En béisbol, se jugó la primera Serie Mundial. El equipo, que más tarde se conocería como los Yankees, se mudó de Baltimore a Nueva York. Y el 19 de junio de 1903, nació Henry Louis Gehrig, quien se convertiría en uno de los mejores jugadores de la historia del béisbol.

Lou Gehrig nació en la sección de Yorkville de la ciudad de Nueva York. Era un área en la que vivían inmigrantes pobres, como lo eran sus padres, Heinrich y Christina Gehrig, quienes habían venido a Estados Unidos desde Alemania.

Christina Gehrig tenía grandes esperanzas para su hijo Lou. Ella soñaba que algún día él iría a la universidad y llegaría a ser contador o ingeniero. Ella siempre le insistió en que estudiara mucho. Durante los ocho años de escuela primaria, Lou no faltó a clase ni un solo día.

La madre de Lou pensaba que los juegos y deportes eran una pérdida de tiempo. Pero Lou amaba los deportes. Se levantaba temprano cada mañana para jugar los deportes que amaba—béisbol, fútbol y fútbol americano. Jugaba hasta que era hora de ir a la escuela. En la escuela secundaria Lou fue una estrella en el equipo de béisbol de su escuela.

Después de la escuela secundaria, Lou Gehrig fue a la universidad de Columbia. También allí jugó en el equipo de béisbol y, el 26 de abril de 1923, un cazatalentos de los Yankees de Nueva York lo vio jugar. Lou bateó dos largos jonrones en ese partido. Poco después firmó un contrato para jugar con los Yankees.

Los Yankees le ofrecieron a Lou una bonificación de $1,500 para que firmara, además de un buen salario. Como su familia necesitaba el dinero, Lou dejó la universidad y se unió a los Yankees. Su madre estaba furiosa. Estaba convencida de que Lou arruinaba su vida.

El 1ro de junio de 1925, el administrador de los Yankees envió a Lou a batear en lugar del jardinero del medio. Al día siguiente, Lou jugó en lugar del jugador de primera base, Wally Pipp. Ésos fueron los dos primeros juegos de lo que se convertiría en una asombrosa carrera. Durante los siguientes catorce años, Lou Gehrig jugó en 2,130 juegos consecutivos de los Yankees. El niño que nunca había faltado a clase se convirtió en el hombre que nunca faltó a un juego.

Lou Gehrig jugó siempre a pesar de dolores de estómago, fiebre, un brazo dolorido, dolores de espalda y dedos rotos. El jugar constantemente hizo que Lou se ganara el sobrenombre de *Iron Horse* (Caballo de hierro). El único comentario que Lou hizo sobre su carrera fue: —Yo soy así.

Lou era tímido y modesto, pero la gente que lo vio jugar sabía lo bueno que era.

101

En 1927, Babe Ruth, compañero de equipo de Lou, bateó sesenta jonrones, el mayor número de jonrones hasta ese momento. Pero fue Lou Gehrig el que fue seleccionado ese año por los periodistas de béisbol como el Jugador Más Valioso de la Liga Americana. Lou fue seleccionado de nuevo para el mismo título en 1936.

Luego, durante la temporada de béisbol de 1938, y sin razón aparente, Lou Gehrig no pudo batear más. Un periódico informó que Lou estaba bateando tan fuerte como podía, pero que cuando conectaba con la pelota, ésta no iba a ningún lado.

Lou hizo ejercicios. Tomó más prácticas de bateo. Hasta cambió la forma en que se paraba y sostenía el bate. Trabajó duro durante el invierno de 1938 y cuidó su dieta.

Pero en la primavera siguiente, Lou jugó peor. Una y otra vez trataba de batear y no conectaba. Tenía problemas en poner la pelota en juego. Y también tenía problemas fuera del campo de juego. En el vestuario, se cayó mientras se estaba cambiando.

Alguna gente decía que el administrador de los Yankees, Joe McCarthy, debía sacar a Lou del equipo regular. Pero McCarthy se rehusó. Tenía gran respeto por Lou y dijo: —Gehrig juega hasta que él quiera. Pero Lou no era egoísta, y el 2 de mayo de 1939 le dijo a McCarthy: —Me retiro del equipo yo mismo . . . por el bien del equipo.

Cuando los periodistas le preguntaron por qué se había retirado, Lou no les dijo que se sentía débil o que le costaba mucho correr. No dio ninguna excusa. Simplemente dijo que no podía batear y no podía poner la pelota en juego.

El 3 de junio de 1939, Lou fue a la clínica Mayo, en Rochester, Minnesota, para ser examinado por especialistas. El 19 de junio, cuando cumplía treinta y seis años, los médicos le dijeron a Eleanor, esposa de Lou, qué pasaba con su esposo. Sufría de esclerosis lateral amiotrófica, una enfermedad fatal que afecta al sistema nervioso central.

Lou permaneció con el equipo, pero no jugó. Estaba adelgazando y su pelo estaba encaneciendo. No le tenían que decir que se estaba muriendo. Él lo sabía. —No me queda mucho —le dijo a un compañero de equipo.

A Lou le encantaba ir a los juegos, estar en el vestuario y sentarse con sus compañeros. Antes de cada juego, Lou llevaba la tarjeta con el alineamiento de los jugadores de los Yankees al árbitro en la caja de bateo. Un compañero o un entrenador lo acompañaba para evitar que se cayera. Cada vez que Lou entraba al campo, los fanáticos se paraban y vitoreaban al bravo Lou Gehrig.

Pero los fanáticos y el equipo de los Yankees querían hacer más por Lou. Querían que él supiera cuánto lo querían. Por eso declararon el día 4 de julio de 1939 como el Día de Apreciación a Lou Gehrig en el estadio de los Yankees.

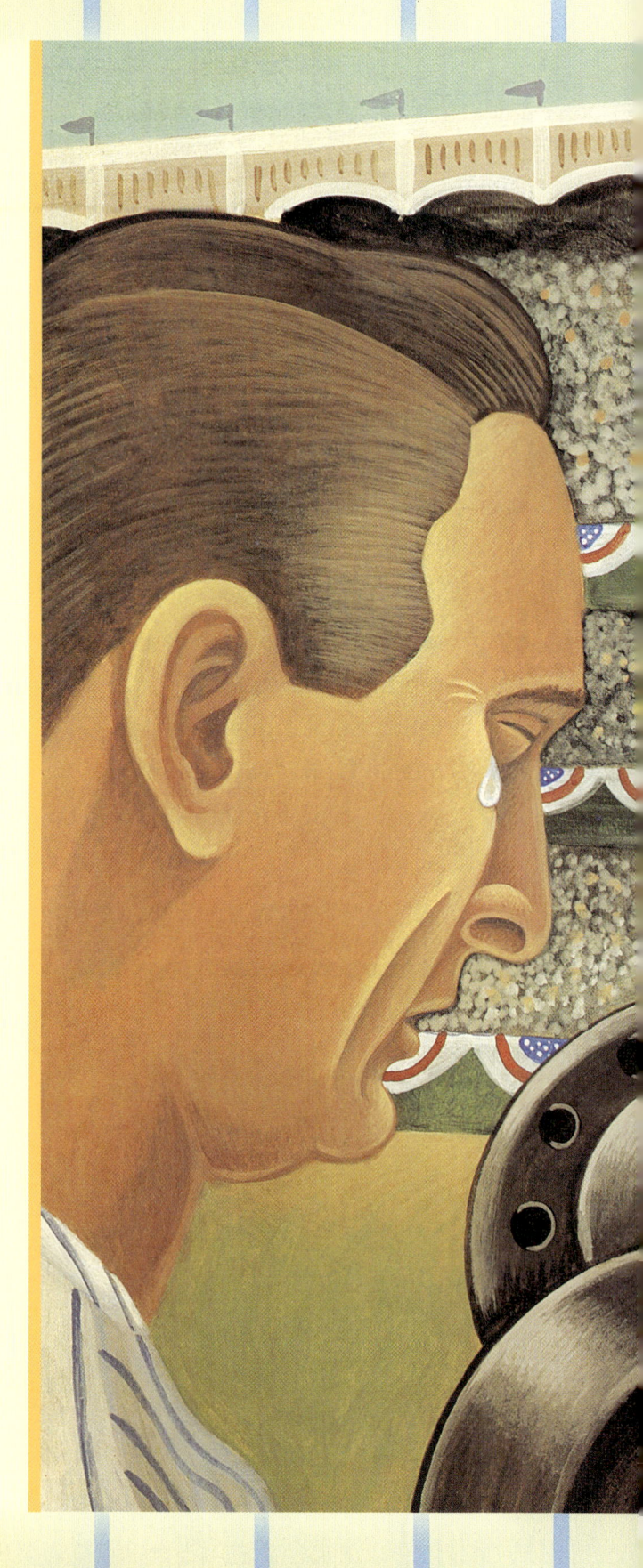

Muchos de los jugadores del equipo de los Yankees de 1927— tal vez el mejor equipo de béisbol de la historia—vinieron a honrar a su antiguo compañero. Marchó una banda de música y hubo regalos. Habló mucha gente. Fiorello La Guardia, el alcalde de la ciudad de Nueva York, le dijo a Lou: —Usted es el mejor prototipo del buen deportista y ciudadano.

Cuando llegó la hora de que Lou agradeciera todo esto, estaba demasiado emocionado para hablar. Pero los fanáticos lo querían escuchar y comenzaron a cantar; "¡Queremos a Gehrig! ¡Queremos a Gehrig!"

Vestido con el uniforme de los Yankees, Lou Gehrig caminó lentamente hasta la línea de micrófonos. Se secó los ojos y, con su gorra de béisbol en la mano y la cabeza gacha, habló lentamente.

—Fanáticos —dijo —en las dos últimas semanas han leído sobre la desgracia que me tocó. Sin embargo, hoy me considero el hombre más afortunado de la tierra.

Fue el discurso de un valiente. Lou no se quejó de su terrible enfermedad. En vez de eso, habló de sus muchas satisfacciones y del futuro. —Seguro, soy afortunado —dijo al hablar de sus años en béisbol—. Seguro, soy afortunado —dijo al hablar de sus fanáticos y de su familia.

Lou habló sobre lo bondadosa que había sido la gente con él. Elogió a sus compañeros de equipo. Agradeció a sus padres y a su esposa, a la que llamó una fuente de fortaleza.

Los más de sesenta mil fanáticos de los Yankees se pusieron de pie para honrar a Lou Gehrig. Sus últimas palabras para ellos—y para los muchos miles más que estaban sentados al lado de sus radios escuchándolo fueron: —Quiero terminar diciendo que tal vez haya sufrido una desgracia, pero que tengo un montón de cosas por las que vivir. Gracias.

Lou se retiró de los micrófonos y se secó los ojos. La multitud en el estadio dio una tremenda ovación y Babe Ruth hizo lo que mucha gente seguramente hubiera querido hacer ese día. Puso sus brazos alrededor de Lou Gehrig y le dio un gran abrazo.

La banda tocó la canción *I Love You Truly*, y los fanáticos cantaron, "Te queremos, Lou".

Al salir más tarde del estadio, Lou Gehrig le dijo a un compañero de equipo: —Voy a recordar este día por mucho tiempo.

En diciembre de 1939, Lou Gehrig fue admitido en el Salón de la Fama del Béisbol y los Yankees retiraron su uniforme. Ningún otro jugador volvería a usar el número cuatro. Fue la primera vez que un equipo de béisbol de las grandes ligas hiciera eso para honrar a uno de sus jugadores.

El alcalde Fiorello La Guardia creyó que la valentía de Lou podría inspirar a algunos de los jóvenes con problemas de la ciudad. La Guardia le ofreció a Lou un trabajo como miembro de la Comisión de Libertad Condicional de la Ciudad de Nueva York para trabajar con gente que había estado en la cárcel. Lou tuvo muchas oportunidades de ganar más dinero, pero él creía que este trabajo le permitiría hacer algo por la ciudad que le había dado tanto.

Al cabo de un poco más de un año, Lou tuvo que dejar su trabajo. Estaba demasiado débil para continuar trabajando. Se tuvo que quedar en casa, incapaz de hacer las tareas más sencillas.

Mucha gente visitaba a Lou. A ellos no les hablaba de su enfermedad o de que se estaba muriendo. Cuando vio a un amigo, evidentemente emocionado por su estado físico, le dijo:
—Me voy a ir mejorando gradualmente. En tarjetas para los amigos, Lou escribió: "Tenemos que estar agradecidos por muchas cosas".

Para mediados de mayo de 1941, Lou rara vez dejaba su cama. Luego, el lunes 2 de junio de 1941, justo después de las diez de la noche, Lou Gehrig murió. Tenía treinta y siete años de edad.

El 4 de junio se canceló un juego de los Yankees por lluvia. Algunos pensaron que era apropiado que los Yankees no jugaran; era el día del funeral de Lou Gehrig.

Durante el funeral, el sacerdote anunció que no habría discursos.
—No necesitamos ninguno —dijo —porque todos ustedes lo conocieron. Eso también pareció apropiado para alguien modesto como Lou Gehrig.

Piénsalo

1. ¿Por qué fue Lou Gehrig querido y respetado por millares de personas?

2. ¿Crees que Lou Gehrig fue afortunado como decía él? Explica tu respuesta.

3. El autor incluyó algunas citas de varias personas. ¿Por qué crees que las incluyó?

Conoce al autor
David A. Adler

Equipo: Escritores de Nueva York

Posición: tercera base y jardinero derecho

Batea de la derecha. Lanza con la mano derecha. Escribe con la mano derecha.

Hits (libros publicados): 142

A David A. Adler le encanta el béisbol y le encanta escribir. Es casado y tiene tres hijos. A uno de sus hijos le encanta el béisbol. A dos de sus hijos les encanta escribir. A los tres hijos les encanta leer.

Conoce al ilustrador
Terry Widener

Equipo: Ilustradores de Texas

Posición: tablero de dibujo

Batea de la derecha. Lanza con la mano derecha. Pinta con la mano derecha.

Hits (ilustraciones presentadas): revistas (Esquire, Harper's, Sports Illustrated, Time) y libros

A Terry Widener le encanta mirar béisbol, enseñar fútbol y jugar al golf. Es casado y tiene tres niños. Su hija mayor juega al golf. Su hija menor y su hijo juegan al fútbol.

Visita *The Learning Site*
www.harcourtschool.com

109

Las alas de la esperanza

por Marianne J. Dyson

Kimberly Renaud, de once años, tenía un poco de miedo. Estaba por hacer su primer vuelo—no en un gran jet, sino en un avión tan pequeño que los pasajeros sentados dentro de él podían tocar los dos lados con los brazos tendidos. Pero lo que era realmente diferente era que el piloto y la pasajera fueron al avión en sillas de ruedas.

El piloto era Theron Wright. Un accidente había dejado a Theron paralizado de la cintura para abajo. Él estaba en esa época en la escuela universitaria, y acababa de recibir su licencia de piloto. Después del accidente, Theron pensó que nunca más volaría. Todo eso cambió cuando conoció a Rick Amber.

Rick había sido piloto de caza para la Marina de Estados Unidos durante la guerra en Vietnam. En 1971 cayó su jet, y el Teniente Amber perdió el uso de sus piernas.

En 1993 fundó *Aire de desafío* (en inglés, Challenge Air). Este grupo no comercial ofrece vuelos gratis a niños discapacitados y gravemente enfermos. Los pilotos (quienes se hacen llamar pilotos discapacitados) quieren que los niños sepan que cualquiera puede superar un obstáculo físico o mental. El lema del grupo es "Todo lo que se necesita es el deseo y en verdad el cielo es el límite." Los pilotos han llevado en avión a más de 6,000 niños y sus amigos en diecisiete estados del país.

Theron Wright aprendió a volar de nuevo usando el avión de Rick Amber. Había sido arreglado para poder ser volado usando los controles manuales solamente. —Rick me enseñó a no darme por vencido y a seguir esforzándome para lograr mis metas en la aviación —dice Theron.

Kimberly Renaud sonrió mientras los voluntarios de *Aire de desafío* la ayudaron a sentarse en el asiento trasero del avión de Theron. Para protegerle los oídos del ruido del motor, le dieron auriculares. Una almohada sirvió de ayuda para que pudiera ver por la ventana. Con el cinturón de seguridad bien ajustado, Theron carreteó el avión por la pista en el Aeropuerto Houston's Hobby, y entonces hizo estruendo al despegar hacia el cielo azul.

Desde gran altura sobre la ciudad, Kimberly vio los rascacielos del centro y el hospital donde recibe tratamiento. —Vimos casas y vi la ciudad y los coches pequeños. Todo parecía pequeño de allá arriba —comentó. Después de aterrizar, Kimberly recibió sus alas doradas de aviadora (un prendedor especial de *Aire de desafío*).

A Kimberly le encantan las matemáticas y quiere trabajar con computadoras cuando sea grande. *Aire de desafío* le ha mostrado que verdaderamente no hay límite —ni siquiera el cielo— para lo que puedes lograr cuando crees en ti mismo.

Piénsalo

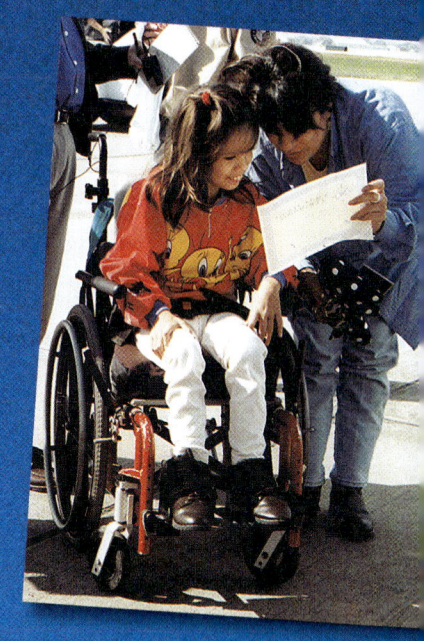

¿Cómo enseñan los voluntarios de *Aire de desafío* a los niños a enfrentar los desafíos?

Taller de

Un día memorable

ESCRIBE UN ARTÍCULO

Imagina que eres un periodista que escribe artículos sobre deportes y que estabas en el estadio de los Yankees el 4 de julio de 1939, día en que le rindieron honores a Lou Gehrig. Escribe un artículo sobre ese suceso. Cuenta cuándo, dónde y por qué tuvo lugar el suceso, quién estaba en el estadio, y qué ocurrió. Asegúrate de escribir un titular.

Quizás quieras grabarte leyendo tu artículo como lo haría un reportero real.

Marcarécords Romperécords

HAZ UNA GRÁFICA DE BARRAS

En 1995 Cal Ripken, Jr. rompió el récord establecido por Lou Gehrig de jugar en 2,130 partidos consecutivos. Con un compañero, mira en un almanaque deportivo. Busca cinco jugadores de béisbol que tengan los cinco mejores récords en una categoría. Por ejemplo, podrías buscar los cinco jugadores que conectaron más jonrones en una sola temporada. Haz una gráfica de barras para mostrar lo que encontraste.

actividades

Vamos a intercambiar

DISEÑA UNA TARJETA

Diseña una tarjeta de intercambio en honor a Lou Gehrig u otro atleta que tú admires. En un lado de la tarjeta, dibuja o pega una foto del atleta. En el otro lado, escribe alguna información sobre ese atleta.

Hacer conexiones

ESCRIBE UN ESBOZO DE UN PERSONAJE

A pesar de que a veces tuvieron malos momentos, Lou Gehrig y Theron Wright lograron vivir plenamente. Escribe un esbozo de un personaje que describa a una persona que tiene o ha tenido problemas pero una actitud de triunfo. Puedes escribir sobre una persona famosa o sobre alguien que conozcas. Si necesitas ayuda para encontrar palabras descriptivas, usa un diccionario de sinónimos.

Frida María

UN CUENTO DEL
SUDOESTE DE ANTES

por Deborah Nourse Lattimore

Aún faltaba un mes para la Fiesta, pero a Frida María de Guadalupe y Vega le costaba trabajo esperar.

El papá de Frida había enviado las invitaciones.

La mamá de Frida estaba preparando la comida y las decoraciones.

Las hermanas de Frida, Marta y Mercedes, ensayaban los bailes y las canciones.

Y tío Narizo, un distinguido caballero que era el tío favorito de Frida, entrenaba a conciencia a los jinetes del rancho porque en el último día de la Fiesta se correría una gran carrera de caballos.

—¿Me dejarías montar a Diablo en la Fiesta? —Frida le preguntó a su tío.

—Tendremos que pedirle permiso a tu mamá, nenita, —contestó Tío Narizo.

Frida corrió a la casa de la hacienda. Mamá le daba los últimos toques al vestido que usaría en la Fiesta.

—Las damas elegantes saben coser, Frida mija —dijo Mamá—. Tú me has visto coser muchas veces. Trata de terminar este dobladillo mientras voy a ver qué están haciendo en la cocina.

Mamá le dio a Frida la aguja y el hilo y se marchó. Largo rato después, cuando regresó ya vestida para cenar con Papá, Frida exclamó:

—¡Te tengo una sorpresa!

—¡Dios mío! —gritó Mamá.

—¿Puedo usar este traje para montar a Diablo en la Fiesta? —preguntó Frida.

—No, no —dijo Mamá—. Por lo que veo has pasado demasiado tiempo con los caballos y tu viejo tío Narizo. Te pondrás tu vestido morado, ya no hay tiempo para hacerte uno nuevo.

—Lo siento mucho, Mamá —dijo Frida.

Mamá la abrazó.

—Ya es hora de que aprendas a comportarte como una señorita. Montar a Diablo y correr la carrera no es lo más apropiado. Me gustaría que mañana pasases el día en la casa, ayudando a la cocinera.

Y, por supuesto, a la mañana siguiente Frida fue derechito a la cocina. La cocinera amasaba, estrujaba y estiraba la masa.

—Se amasa así —dijo la cocinera—. ¡Ay, qué rápido aprendes, niña! ¡Tu mamá se pondrá muy contenta!

Frida amasó y estiró la masa hasta que pudo extenderla de una punta a la otra de la mesa. Después la hizo una bola y esperó a que viniese Mamá.

—Dice la cocinera que estás trabajando muy bien —dijo Mamá en cuanto entró.

En ese instante, una rata pasó corriendo por el piso.

—¡Horror! —gritó Frida—. Agarró la bola de masa y se la arrojó a la cabeza, como una reata. La masa le dio de lleno.

—¡Olé! —dijo la cocinera.

—¡No, no, NO! —gritó Mamá—. ¡Eso no se hace!

Frida ayudó a limpiar el piso y después salió al patio con su mamá.

—Lo siento, Mamá —dijo Frida—, amasé la masa lo mejor que pude.

—Así es, Frida —dijo Mamá— ¡Pero arrojarla de esa manera! No deberías ser tan salvaje.

Mamá se fijó cómo al sentarse, Frida extendía con cuidado su falda.

—En cambio, eso sí es comportarse como una señorita. Les pediré a tus hermanas que te enseñen a cantar y a bailar para la Fiesta. Creo que será lo mejor.

Marta y Mercedes se pusieron sus trajes y empezaron a bailar el jarabe. Mercedes, además, tocaba la guitarra, y Frida zapateaba al compás de la música.

—¿Verdad que es muy divertido bailar, Frida? —preguntó Marta—. Mercedes, ¡mira qué bien hace los giros! Iré a buscar a Mamá, le encantará verla.

Pero, para cuando llegó Mamá, Frida estaba dando saltos, palmoteando por encima de su cabeza y gritando «¡Hí-jo-le!» a cada vuelta, igualito que un vaquero. Mercedes se reía y punteaba la guitarra lo más rápido que podía.

—Frida baila bien, ¿verdad, Mamá? —dijo Mercedes.

—¡Basta! ¡Basta ya! —dijo Mamá—. ¡Eso no está bien! No puedes bailar así en la Fiesta. ¿Qué van a pensar Don Ramón y su chismosa mujer, Doña Tita? —Y se marchó del cuarto, muy disgustada.

Frida se sentó en el patio y ni notó los besos con que se despidieron de ella sus hermanas. Sólo podía pensar en Mamá y en la Fiesta. Frida no sabía coser, no sabía cocinar y no sabía bailar. A Mamá no le gustaba nada de lo que ella hacía. Mamá no quería que montase a Diablo. Frida respiró hondo, pero sólo sintió el viento seco y caliente de Santa Ana pegado a su garganta. En la quietud del patio, se sintió muy sola.

Durante las semanas siguientes, Frida se comportó como toda una señorita. Hizo las cosas exactamente como quería Mamá, aunque se sentía triste. Si pensaba en la Fiesta, se sentía peor.

¡Empezó la Fiesta! Todos comieron la deliciosa comida. Todos bailaron en el salón bellamente decorado. Mercedes y Marta cantaron y tocaron la guitarra.

Frida se sentó en la escalera y se conformó con mirar. Pasó Mamá, abanicándose.

—Ven —le dijo a Frida—, no me gusta verte triste. Vamos al jardín a encontrarnos con Don Ramón y Doña Tita.

Frida le dio la mano. Don Ramón y Doña Tita estaban tomando el fresco con Papá y Tío Narizo.

119

—Seguramente me luciré en la carrera. Furioso, mi caballo, jamás ha sido derrotado —dijo Don Ramón.

—¿Furioso, el mejor caballo? —exclamó Tío Narizo—. En Monterrey, puede ser. Pero en este pueblo, Diablo es invencible.

—¡Pobre viejo loco! —bufó Don Ramón—. Si tu caballo es tan rápido como tú, ya te gané. Apuesto mi caballo contra el tuyo. Además, el que pierda pagará los impuestos del otro durante un año.

—¡De acuerdo! —gritó Tío Narizo.

—¡Oh, no! —dijo Mamá, dándose aire con el pañuelo.

—¡Y no soy ningún loco! —gritó Tío Narizo, empuñando las riendas.

—¡Deténganse! —dijo Mamá, dejando caer el pañuelo.

Los vaqueros vieron caer el pañuelo, pensaron que era la señal para empezar la carrera y montaron en sus caballos.

Levantando una polvareda, los jinetes salieron a galope tendido, encabezados por Don Ramón y Furioso. Tío Narizo, que siempre se movía despacio, todavía trataba de poner el pie en el estribo.

Frida soltó la mano de Mamá, montó en Diablo de un salto y partió tras ellos.

Dieron una vuelta a la misión, otra a la alcaldía, pasaron la vieja iglesia, las tiendas, las haciendas, los jardines y los cactos. Frida pensó que Mamá estaría diciendo: «¡Oh, cuán indigno de una señorita!» pero siguió adelante.

La nube de polvo se asentó justo cuando regresaban al caserío. Frida pudo ver que sólo ella y Don Ramón seguían en la carrera. Cuando pasaron entre el gentío, iban pescuezo a pescuezo.

Entonces, con una arremetida final, Diablo voló a través de la línea de llegada. La cocinera, las muchachas de servicio, Marta, Mercedes, Papá y Tío Narizo gritaron, exclamaron, se alborozaron y saltaron, coreando: —¡Viva Frida! ¡Viva!

Entre la multitud de caras confundidas, Frida no veía la de su mamá. Por fin la encontró.

—Lo siento, Mamá —dijo Frida—. Me ensucié la ropa y me cubrí de polvo. Además, te desobedecí. No soy digna de llamarme una señorita.

Mamá la abrazó.

—Hiciste mal en desobedecerme, pero yo también me equivoqué contigo. Es cierto, no eres la clase de señorita que era yo a tu edad. Pero eres la mejor Frida que hay en el mundo, y estoy orgullosa de ti.

Gracias a ti, ésta fue . . .

. . . ¡la mejor Fiesta que hubo jamás! —gritó Frida—. ¡Hí-jo-le!

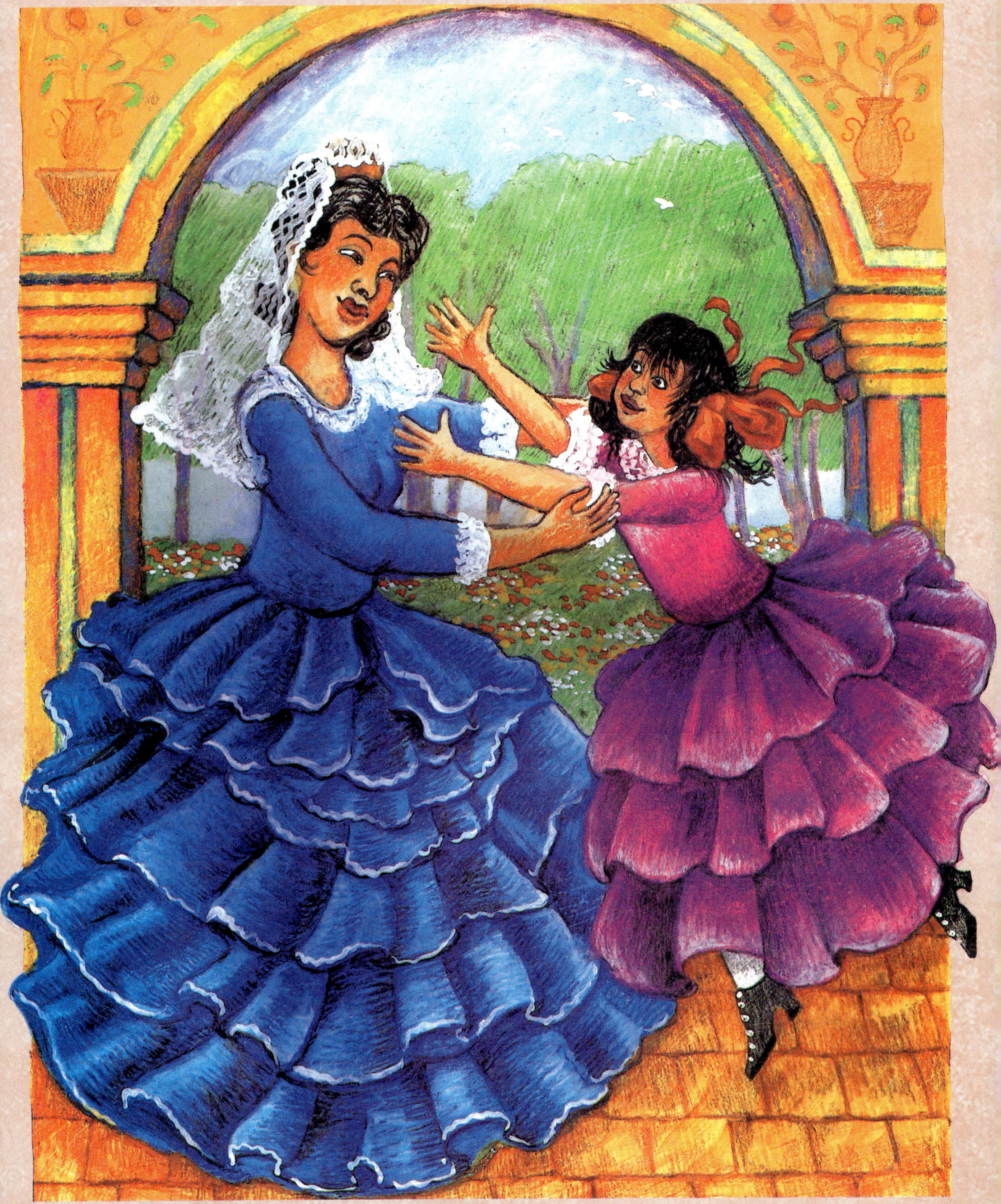

Piénsalo

1. ¿Cuál era el motivo para tantos preparativos en la hacienda de Frida María?

2. ¿Te gustaría tomar parte en una Fiesta como la del rancho de Frida María? ¿Qué harías?

3. ¿Qué lecciones aprenden Frida María y su madre al final del cuento?

Conoce a la autora
Deborah Nourse Lattimore

Me crié en el sur de California y me encantaba imaginarme que era un caballero famoso galopando en un fogoso caballo por el Camino Real. A mi abuela le gustaban mucho la historia local y sus anécdotas, y me contó muchas cosas acerca de los ranchos del Sudoeste de otros tiempos.

Muchos años después, cuando escribí *Frida María*, recordé el cuento de una carrera notable que hubo en 1842, en la que José Sepúlveda (de Los Ángeles) y Pío Pico (de San Diego) se jugaron sus caballos y sus pueblos. La apuesta era el todo por el todo: el perdedor entregaría al ganador 2,000 cabezas de ganado, 1,000 caballos, un rancho de cientos de hectáreas y los caballos de pura raza que disputarían la carrera. (Ganó Los Ángeles.)

Aunque no es probable que una jovencita haya corrido una carrera con los alcaldes de San Diego y de Los Ángeles, no es totalmente imposible. Tal vez existió una Frida María, una muchachita que supo correr riesgos y ganó. Quiero creer que así fue.

Cuando leas este cuento y veas un batidor de chocolate colgado en la pared de la cocina o escuches el ruido que hace en el patio el agua de una fuente, quizás podrás imaginar el perfume de las flores y la textura del pavimento rústico, o de las baldosas frías y pulidas sobre las que caminas. Tal vez, incluso, sentirás cómo eran aquellos tiempos en los que una joven o un muchacho aventureros saltaban en un potro fogoso y galopaban por el Camino Real, con el polvoriento viento cálido de Santa Ana.

Visita *The Learning Site*
www.harcourtschool.com

EL CABALLO

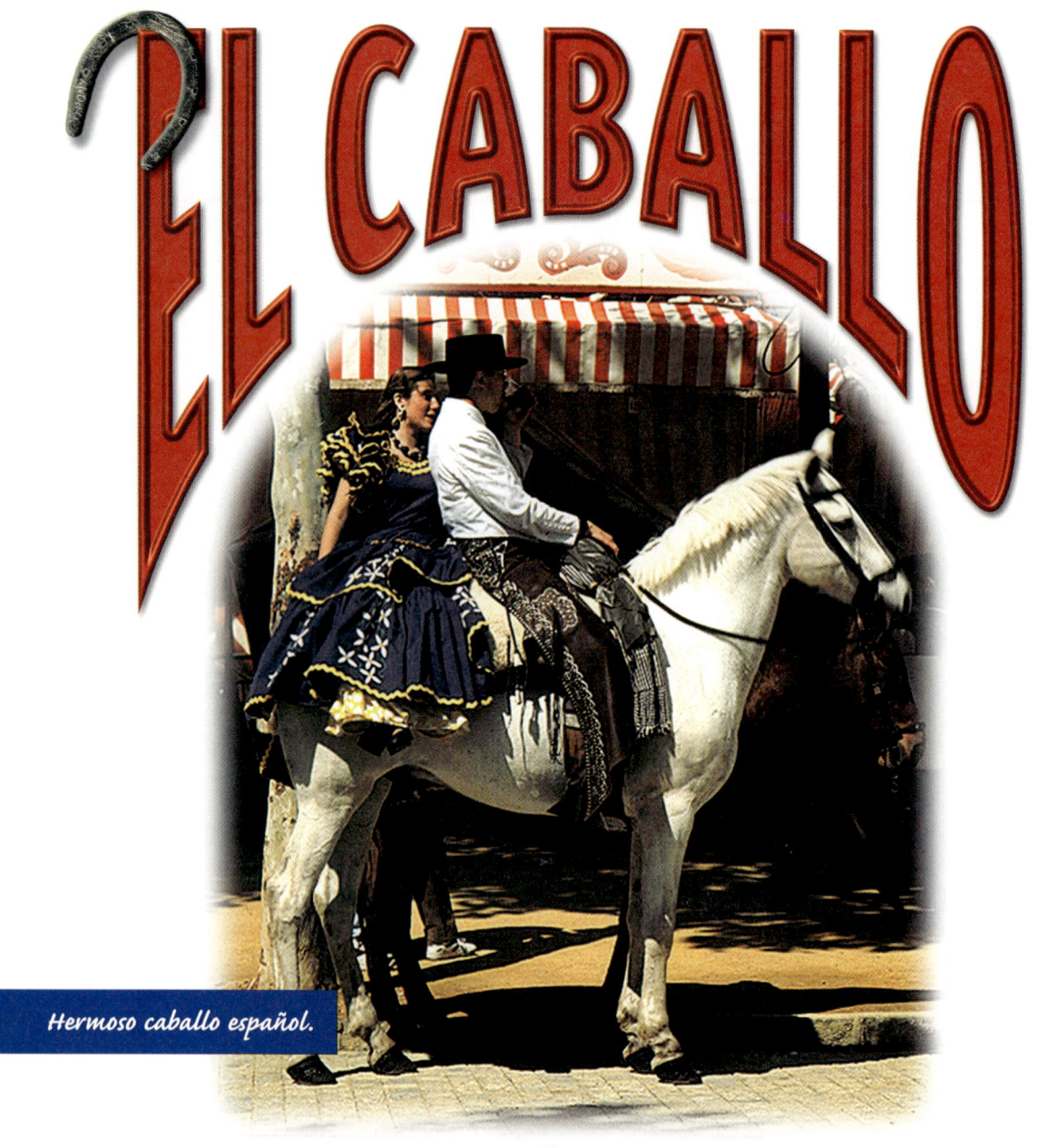

Hermoso caballo español.

TOMADO DE "IMÁGENES DEL PASADO"
ESCRITO POR ALMA FLOR ADA Y FRANCISCA I. CAMPOY

Un vaquero cubierto con un gran sombrero alón, cabalgando ligero en su caballo por las praderas indómitas, enmarcadas por un horizonte de montañas rojizas, es para muchos el símbolo de Estados Unidos.

Los primeros caballos que llegaron fueron los de los conquistadores, destinados a llevar a estos hombres arriesgados y aventureros en sus viajes de exploración y conquista. Muy pronto los caballos se convirtieron en parte de todo un sistema de vida: la cría del ganado, una tarea de la cual los españoles habían aprendido mucho a su vez de los conquistadores de la Península Ibérica: primero los romanos y luego los árabes.

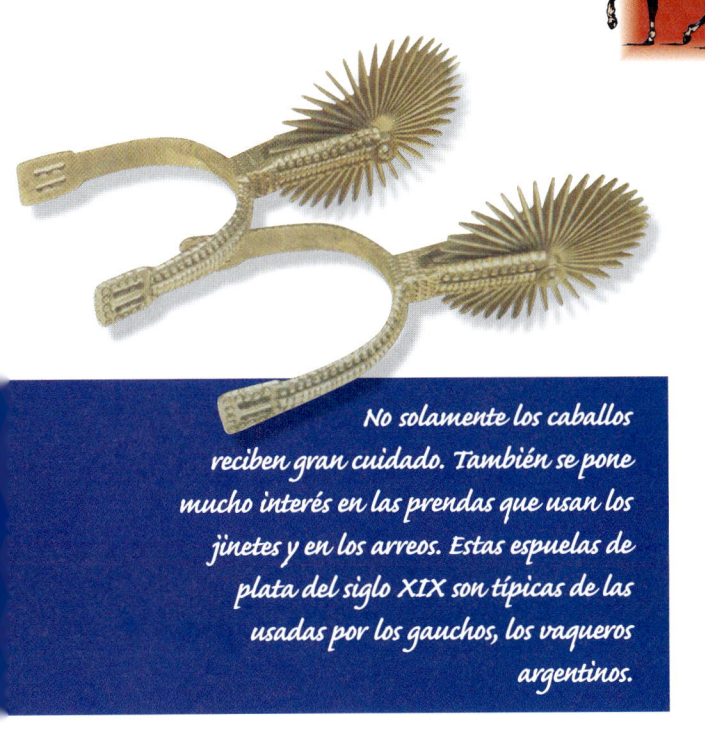

No solamente los caballos reciben gran cuidado. También se pone mucho interés en las prendas que usan los jinetes y en los arreos. Estas espuelas de plata del siglo XIX son típicas de las usadas por los gauchos, los vaqueros argentinos.

Pero, ¿cuántos se dan cuenta de que ese *cowboy* es un descendiente directo del charro mexicano y por lo tanto del charro español, y que su compañero inseparable, el caballo, es uno de los tantos aportes de la cultura hispánica en Estados Unidos?

Pero no solamente es el caballo un aporte hispánico. Muchas de las prácticas de los *cowboys,* como las rondas periódicas del rancho, marcar con hierro al ganado y las largas cabalgatas para trasladar al ganado, se inventaron en la España medieval.

Figura de cera de una colección llamada Sociedad, que muestra aspectos de la vida mexicana del siglo XIX.

En la vida de la hacienda, el caballo es indispensable para recorrer las grandes distancias entre las zonas de pastoreo, guiar el ganado, o para reunirlo.

La domesticación del ganado vacuno es uno de los momentos más significativos en la vida de la humanidad. No sólo por la producción de alimento —leche y carne— que el ganado brinda, y la utilidad del cuero, sino porque los bueyes hicieron posible arar los campos y hacerlos producir mucho más. Y la posibilidad de sembrar con mayor abun-

El amor de las personas por los caballos, y el aprecio por su utilidad, han hecho que los caballos sean frecuentemente motivo de creaciones artísticas.

dancia contribuyó al desarrollo de las cosechas y con ellas a la estabilidad de las familias y al inicio de las colectividades.

En 1521 Gregorio Villalobos y Hernán Cortés llevaron ganado de Cuba a México. El ganado no tardó en establecerse en los llanos del norte de México. Unos sesenta años después las manadas de 20,000 cabezas se consideraban pequeñas. Hubo haciendas que marcaron 75,000 terneros en un solo año.

De México la cría de ganado se extendió hacia el sur y el norte. A mediados del siglo XVII en los llanos de Venezuela pastaban unas 140,000 reses. En el siglo XIX llegaron a alcanzar los 12 millones.

La expedición de Juan de Oñate, que salió de Durango para poblar las tierras de Nuevo México en 1598, llevaba siete mil cabezas de ganado.

La cría del caballo tiene una larguísima historia, que comenzó hace unos 6,000 años cuando los primeros caballos fueron domesticados en la zona del río Volga.

La mayor parte de los caballos de España, de Hispanoamérica y del suroeste de Estados Unidos son descendientes de caballos españoles.

Los caballos de esta clase son los antepasados de la mayoría de los caballos que se encuentran en las Américas.

El caballo es uno de los dones que los españoles trajeron a América, donde se multiplicó de extremo a extremo y pasó a ser parte esencial del modo de vida hispano y de la vida de varios pueblos indígenas.

Piénsalo

¿Qué importancia ha tenido el caballo en nuestra cultura?

Taller de actividades

Enfrentar el reto

ESCRIBE UN PÁRRAFO

Frida María pidió permiso a su mamá para montar el caballo de su tío el día de la Fiesta. Su mamá no sólo se negó sino que le pidió que aprendiera otras tareas que eran más adecuadas para una señorita. Aunque Frida María lo intentaba, su mamá no estaba muy a gusto con lo que ella hacía. El día de la Fiesta, Frida María aprovechó la oportunidad que se le presentó y no sólo montó a Diablo sino que ganó una carrera. ¿Qué demostró Frida María? ¿Cómo se sintió su mamá al respecto? Escribe un párrafo que conteste estas preguntas.

Prepárate

HAZ UNA LISTA

Organizar cualquier celebración requiere muchos preparativos. En grupo, haz una lista de todo lo que se debe hacer para que una fiesta sea divertida. Usa la secuencia en tu lista para que pueda ser utilizada como referencia en la organización futura de cualquier celebración. Incluye un menú, vestimentas, actividades para los invitados, música, etc.

El arte de montar a caballo

HAZ UN DIBUJO

Para Frida María el haber compartido tiempo con su Tío Narizo y los caballos le hizo despertar el gusto por este deporte. Haz un dibujo en donde aparezcas tú montando a caballo en una fiesta como la del rancho de Frida María. Muéstralo a tus compañeros de clase y comenta si te gustaría o no tomar parte en una carrera como lo hizo Frida María.

Hacer conexiones

DISEÑA UNA CÁPSULA DEL TIEMPO

Imagina que Frida María viaja en el tiempo a España en la época en que comenzaban a llegar los caballos a las Américas. Diseña una cápsula del tiempo que Frida María pueda llevar con ella en su viaje. Dentro de la cápsula, dibuja tres cosas que usaban los caballos en su vestimenta en la época de Frida María. Luego compáralas con las que usan los caballos en España en el tiempo que viaja Frida María. Usa información del cuento y de la selección "El caballo". Comparte tu cápsula con tus compañeros de clase.

Conclusión del tema

Inténtalo, inténtalo de nuevo
ESCRIBE DISCURSOS Escoge dos personajes de las selecciones e imagínate que van a tu escuela a conversar con los estudiantes. ¿Qué consejo crees que ellos puedan dar acerca de cómo enfrentar un reto o un problema? Escribe un discurso corto para cada uno de los personajes.

Palabras de los personajes
ENCUENTRA PALABRAS DESCRIPTIVAS Busca en las selecciones de este tema palabras que describan a las personas. Haz una tabla y anota diez de estas palabras. Al lado de cada palabra escribe el nombre del personaje que describe. Menciona otros personajes que puedan ser descritos con estas palabras.

Palabra descriptiva	Personaje descrito	Otros personajes

Toda clase de retos
HABLA ACERCA DE RETOS Habla con un grupo pequeño de tus compañeros acerca de los problemas y los retos que los personajes principales de estas selecciones tuvieron que enfrentar. Puedes usar las siguientes preguntas como guía para tu conversación:

- ¿Cuál fue el personaje que enfrentó el reto más grande?
- ¿Alguno de los personajes necesitó ayuda para solucionar los problemas o para alcanzar los retos propuestos?
- ¿Cuáles personajes compartieron algo con alguien a medida que lograban sus retos personales?
- ¿Cuáles personajes aprendieron algo acerca de ellos mismos y de los demás?
- ¿Qué aprendiste tú acerca de cómo enfrentar los problemas y los retos en tu propia vida?

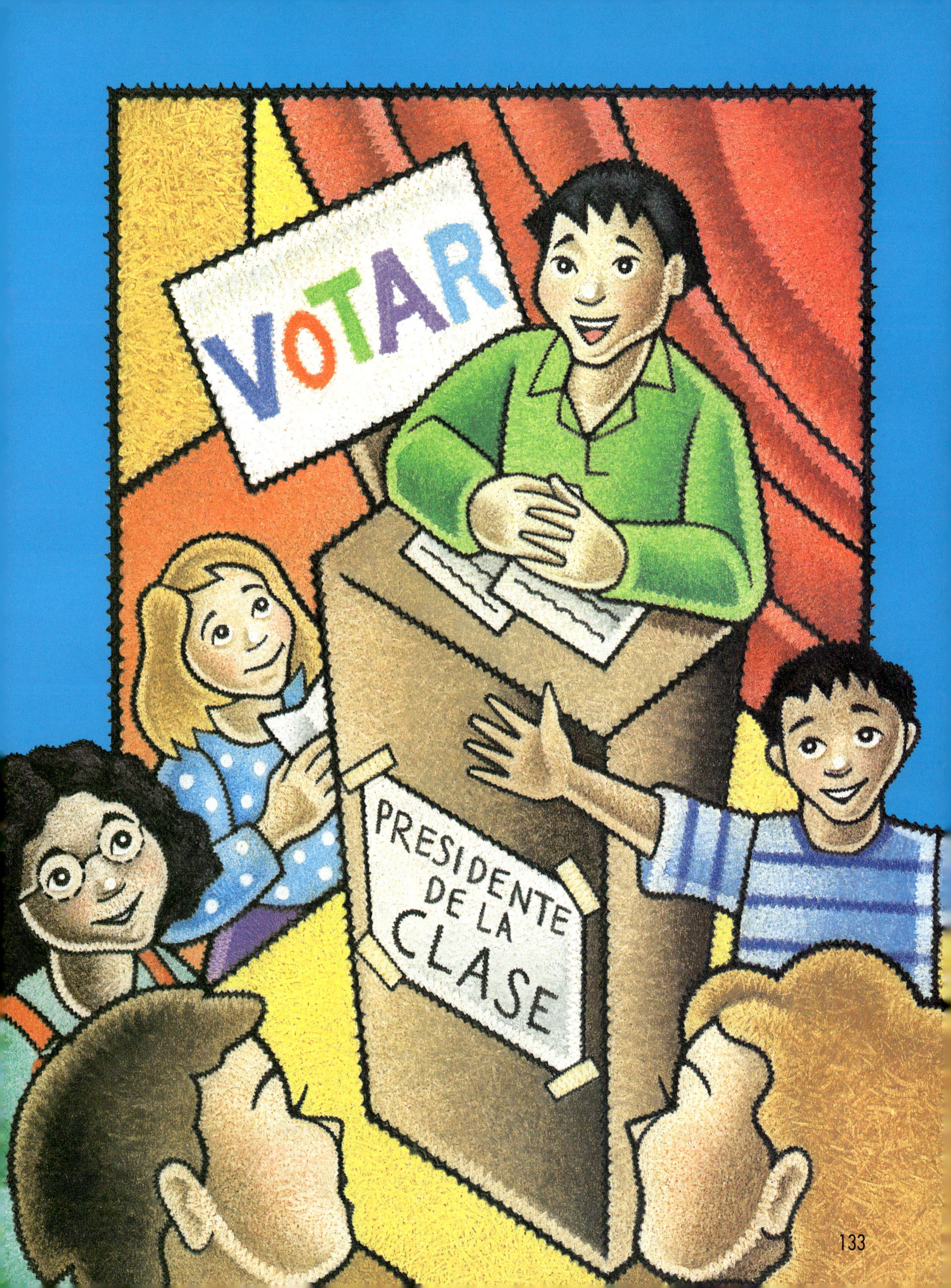
VOTAR
PRESIDENTE DE LA CLASE

TEMA

Tomados de la mano

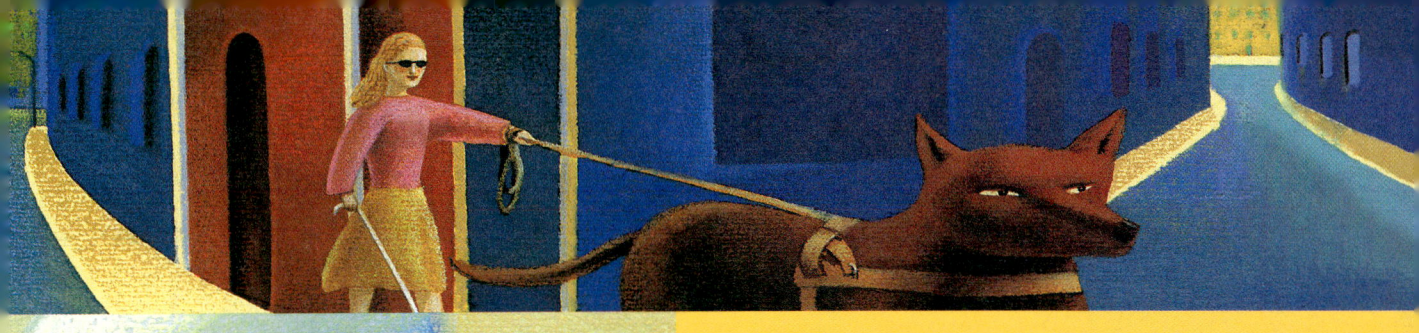

CONTENIDO

Los siete niños 138
por Linda y Clay Goss

PRUEBA TU DESTREZA:
Predecir resultados 150

La casa con árboles 152
por Fulvio Tomizza

Jitomates risueños 166
por Francisco X. Alarcón

Oda al maíz 167
por Francisco X. Alarcón

El tapiz de Abuela 170
por Omar S. Castañeda

PRUEBA TU DESTREZA:
Causa y efecto 184

La telaraña de Carlota 186
adaptación de Joseph Robinette

La telaraña de Carlota 204
por E. B. White

**Cómo cuidar de
un orangután** 212
por Tara Darling y Kathy Darling

Los favoritos

El gran capoquero
por Lynne Cherry

CUENTO POPULAR DEL AMAZONAS

Un hombre llega a la selva a cortar un árbol capoquero. Cansado se queda dormido y durante su sueño todos los animales que dependían del árbol le susurran al oído que no dañe la selva. Cuando el hombre se despierta ve las cosas de manera diferente.

COLECCIÓN DE LECTURAS FAVORITAS

El secreto de la llama
por Argentina Palacios

LEYENDA PERUANA

Una llama alerta a su amo y a los habitantes del altiplano de los Andes del peligro de una inundación. Quienes se quieran salvar deben subir a la montaña más alta de la cordillera.

COLECCIÓN DE LECTURAS FAVORITAS

de los lectores

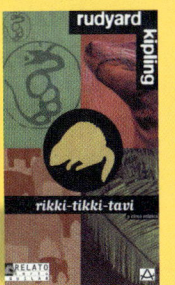

Rikki-tikki-tavi y otros relatos
por Rudyard Kipling

CUENTO

Rikki-tikki-tavi es una mangosta que sobrevive una inundación gracias a que una familia le salva la vida. Rikki-tikki devuelve este favor protegiendo a todos de las serpientes que rondan la casa y el jardín.

Libro notable en Estudios sociales

Selección premiada por los editores

Barriletes
por Alma Flor Ada

NARRATIVA PERSONAL

Los barriletes o cometas forman parte de los recuerdos de la niñez de la autora.

Autora premiada

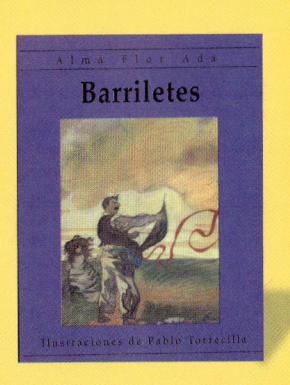

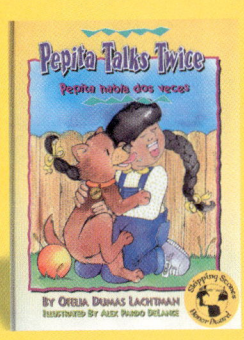

Pepita habla dos veces
por Ofelia Dumas Lachtman

FICCIÓN REALISTA

Pepita descubre que, después de todo, vale la pena hablar dos idiomas.

Premio honorífico Skipping Stones

Los siete

por Linda y Clay Goss
ilustrado por Greg Tucker

niños

Una fábula sobre la unión

Un granjero y su esposa tenían siete niños. La gente de las granjas vecinas les decían siempre que habían sido bendecidos en tener niños tan buenos y saludables.

Pero a veces el granjero y su esposa no se sentían tan afortunados porque los siete niños constantemente discutían y se peleaban entre ellos. Daban alaridos, gritaban a toda voz y arrojaban taburetes y tazones por la habitación. El ruido de gritos y de cosas estrellándose contra las paredes podía oírse todo el día y, a veces, toda la noche. En la cena, cuando la familia se reunía alrededor de la mesa, los siete niños se hacían muecas y se pateaban por debajo de la mesa. En verdad, no había paz en la casa del granjero.

Una noche, para la cena, la esposa del granjero cocinó la comida favorita de todos, guiso de pollo y fideos. Colocó la gran olla de guiso en el medio de la larga mesa y dijo: —Es hora de comer.

El granjero y los siete niños fueron rápidamente a la mesa, como hacían siempre, y bendijeron la comida. Lentamente, la madre le sirvió al granjero un tazón de guiso. Él le sirvió un tazón de guiso a su esposa. Ninguno de los siete niños quiso esperar su turno para recibir su tazón. Agarraron la olla, la tironearon en todas direcciones hasta que terminó estrellándose contra la pared. El pollo y los fideos, que se veían deliciosos, se cayeron al piso.

141

El granjero golpeó la mesa y gritó:
—¡Esto es demasiado! Limpien todo esto y váyanse a la cama. Los siete niños comenzaron a llorar y a culparse entre ellos.

Más tarde esa noche, el granjero y su esposa no podían dormir. —Me preocupan nuestros niños —dijo la esposa.

—Realmente son unos salvajes, pero creo que muy dentro de sus corazones hay mucha bondad —dijo el granjero.

—Tienes razón, querido esposo, pero necesitamos desenterrar ese tesoro enterrado en sus corazones —dijo la esposa.

Temprano, a la mañana siguiente, el granjero despertó a sus siete niños. —Apúrense a hacer sus tareas porque vamos a dar un paseo por el bosque —dijo el granjero.

Los siete niños estaban muy entusiasmados. Les encantaba caminar por el bosque. Rápidamente hicieron sus tareas y corrieron a la mesa a tomar el desayuno.

Pero en vez de hallar siete tazones de arroz caliente, vieron siete paquetes cuidadosamente atados sobre la mesa. —¿Dónde está la comida? —preguntaron los siete niños.

—Es hora de empezar nuestro viaje —dijo el padre. Comeremos las frutas y bayas que encontremos en el camino.

—¡Qué bien! —gritaron los niños.

—Y lleven estos paquetes con ustedes —dijo la madre—. No los abran ahora porque los van a necesitar más tarde. Le dio a cada niño un paquete y un abrazo y los niños se fueron.

El granjero condujo a sus siete niños por una parte del bosque que ellos desconocían. No había senderos bien marcados. Vieron un árbol de frutas, pero tenía muy pocas. Sólo vieron un arbusto de bayas dulces, pero estaba rodeado por un matorral lleno de espinas. Los mosquitos les zumbaban en los oídos y las culebras se les cruzaban en el camino. Caminaron todo el día.

143

Cuando llegaron a un claro, el granjero y los siete niños se detuvieron para descansar. El granjero les dijo: —Mis queridos niños, debo regresar a casa inmediatamente. En el bosque hay algo que su madre y yo queremos que ustedes encuentren. Cuando lo tengan, van a poder volver a casa.

—Pero, padre —dijo uno de los siete niños —ya se está poniendo el sol.

El granjero no dijo nada más y se marchó.

—¿Qué haremos ahora? —dijo uno de los siete niños.

—Yo decidiré porque soy la mayor —dijo la niña mayor.

—Pero yo soy el más inteligente. Yo debería decidir qué debemos hacer —dijo el niño que le seguía en años a la mayor de los niños.

—Yo tengo hambre —dijo el niño que venía antes del niño del medio.

—Yo tengo sed —dijo el niño del medio.

—Yo tengo miedo —dijo el niño que venía después del niño del medio.

—Me duelen las piernas —dijo la niña que le seguía al menor de los niños.

—Yo quiero volver a casa —dijo el niño más chico, y comenzó a llorar tan fuerte como pudo.

Los siete niños comenzaron a pelearse sobre qué dirección tomar y qué debían hacer primero y quién lo debía hacer.

Uno de los siete niños dijo que él sabía lo que su madre y padre querían que ellos encontraran, pero que no se lo iba a decir.

Cada uno de los siete niños sentía curiosidad por saber qué había en los paquetes de los otros niños, pero ninguno quería compartir el contenido de su paquete con los otros. Al final, cada uno de los siete niños salió corriendo hacia el bosque en una dirección diferente, esperando alejarse de los demás lo más posible.

Cuando estuvo suficientemente lejos, la niña mayor abrió su paquete y encontró dos piedras de chispa. El niño que la seguía en edad abrió su paquete y encontró virutas y pedacitos de palitos y ramas. Uno de los siete niños encontró una red hecha de pequeños

144

hilos en su paquete. Otro de los niños desdobló una gran colcha que estaba en su paquete. El niño del medio descubrió una cantimplora con agua en su paquete. La niña que le seguía al menor de los niños tenía un paquete envuelto dentro de un paquete dentro de su paquete. Dentro del último paquete, ella encontró un pan de banana. El menor de los niños estaba muy confundido porque había encontrado un trozo de tela dentro de su paquete. Sobre la tela había algo dibujado, pero él no sabía qué era porque ya había oscurecido en el bosque y se podían escuchar los extraños ruidos que hacían los animales. El menor de los niños gritó lleno de miedo. Los otros niños, temiendo que su hermano estuviera en peligro, corrieron por el bosque para ayudarlo. Entonces, él les mostró lo que había encontrado en su paquete.

—Vamos a tener que encender una fogata con mis piedras de chispa para poder ver qué hay en el trozo de tela —dijo la mayor de los niños.

—Hermana, yo te voy a ayudar. Tengo unas virutas y ramitas —dijo el niño que la seguía en edad.

Luego de encender la fogata, los niños hicieron una tienda con la red para que los mosquitos no los picaran. Se pasaron la cantimplora para que cada uno tomara un trago de agua. La niña que seguía al menor de los niños le dio a cada uno de sus hermanos un trozo del pan de banana. Todos miraron el trozo de tela y se dieron cuenta de que era un mapa que mostraba el camino de regreso a casa.

Sintiéndose un poco mejor, los niños se acostaron, cubriéndose con la colcha y se durmieron. A la mañana siguiente, se despertaron alegres y felices. Estaban contentos por haberse mantenido unidos y de haber pasado la noche sin que ninguno hubiera estado en peligro.

Los siete niños siguieron las direcciones del mapa y llegaron a su casa sanos y a salvo. El granjero y su esposa se alegraron al ver a sus niños. Tomados de las manos, la familia hizo un círculo y dio gracias al Creador.

Luego, los niños les contaron a sus padres cómo cada uno de ellos había compartido con sus hermanos y hermanas lo que había en su paquete.

—Oh, niños, ¿encontraron las cosas que su madre y yo queríamos que encontraran?

—Sí, padre —dijo la mayor de los niños. Juntos usamos lo que nos habían dado y encontramos el camino para salir del bosque. Encontramos la unión.

El más joven de los siete niños dijo: —Sí, ¡pero también encontramos el delicioso pan de banana de mamá!

El padre, la madre y todos los niños se rieron. El padre miró a cada miembro de su familia con amor y se sintió feliz de que todos estuvieran juntos de nuevo. Y dijo: —Estamos unidos como una familia; ésta es nuestra fuerza. Juntos hemos encontrado la unión.

Piénsalo

1. ¿Por qué crees que los autores describieron la cena?
2. ¿Cómo ayudan los padres a los niños a encontrar la bondad dentro de sus corazones?
3. ¿Crees que este cuento es una buena manera de enseñar lo que es la unión? Explica tu respuesta.

Conoce a los autores
Linda y Clay Goss

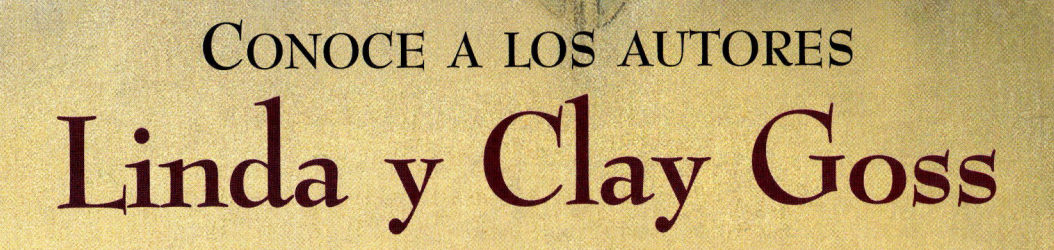

Linda Goss creció en un pueblo de Tennessee donde aparentemente todo el mundo contaba historias. Su habilidad para combinar la representación teatral y la narración hizo que fuera nombrada la narradora oficial de cuentos de la ciudad de Philadelphia. Ella vive en esa ciudad con su marido, Clay Goss, y sus niños.

En un espíritu de unión, toda la familia Goss contribuyó con las ideas para este libro.

Linda Goss
Clay Goss

Visita *The Learning Site*
www.harcourtschool.com

Taller de actividades

Ceremonia de premios

ESCRIBE ACERCA DE UN PERSONAJE

Los siete niños trabajan juntos para lograr una meta: volver a su casa sanos y salvos. Crea un premio para uno de los niños. Escribe una oración sobre el premio, explicando lo que hizo el niño para merecerlo. Ilustra el premio con un dibujo de cómo ese niño mostró amabilidad y ayudó a crear la unión en la familia.

Ayuda mutua

REPRESENTA UNA ESCENA

En un grupo, representa en una escena los papeles de los siete niños la noche en que abren sus paquetes y comparten lo que hay en ellos. Puedes hacer o buscar artículos como una colcha, el pan de banana y el mapa de tela.

Buenas lecciones

LEE UNA FÁBULA

"Los siete niños" enseña una lección importante. Busca otra fábula que dé una lección sobre llevarse bien o trabajar juntos. Lee la fábula a tus compañeros de clase o grábala, y luego pide a tus compañeros de clase que la escuchen. Compárala con "Los siete niños".

Palabras memorables

ESCRIBE UN DICHO

El dicho de una familia de campesinos podría ser "Somos una familia unida; ésa es nuestra fortaleza". Otro dicho sobre el trabajo en conjunto es "Unidos vencemos. Divididos perdemos". Busca un dicho sobre el trabajo en equipo y la cooperación o escribe uno propio. Escribe tu dicho en caligrafía elegante y hazle un marco decorado.

PRUEBA TU DESTREZA

Predecir resultados

Mientras leías "Los siete niños", ¿pensaste en qué es lo que querían los padres que encontraran sus niños en el viaje? Quizás pensaste en una de estas ideas:

- Los padres querían que los niños encontraran un lugar especial.
- Los padres querían que encontraran valentía.
- Los padres querían que encontraran una manera de trabajar juntos para resolver problemas.

Cuando piensas en lo que va a pasar en un cuento, estás **haciendo predicciones**. Como lector, haces predicciones constantemente. Lees lo que hay en el cuento, lo añades a lo que ya sabes y rápidamente haces una predicción. Quizás quieras anotar tus predicciones para un cuento en una tabla como ésta.

TABLA DE PREDICCIONES

Lo que predigo que va a pasar	Lo que ocurre realmente
Los niños usarán la red para pescar para la cena.	Los niños usan la red para protegerse de los mosquitos.

Para hacer predicciones, usas lo que sabes sobre el tipo de selección que estás leyendo. En una fábula, por ejemplo, sabes que los personajes probablemente aprenderán una lección. En un libro de no ficción sobre Kwanzaa, esperarías encontrar información sobre esa festividad.

Cuando haces predicciones, eres un lector activo. Las predicciones te ayudan a pensar en lo que estás leyendo. ¡También hacen que la lectura sea divertida!

Mira las cubiertas de los dos libros de abajo. Haz predicciones sobre lo que podría ocurrir o lo que podrías aprender en cada libro.

Para hacer una predicción, usas lo que ves o lees o lo que ya sabes.

EL RELOJ PERDIDO
UN CUENTO DE MISTERIO DE SHELBY CANE

Acampada para principiantes

¿QUÉ HAS APRENDIDO?

1. ¿Cómo te ayudaron el título y el subtítulo de "Los siete niños: Una fábula sobre la unión" a hacer predicciones sobre el cuento? Explica.

2. Imagina que tu maestro dice que tu clase puede hacer cualquier cosa si la actividad que eligen tiene que ver con matemáticas, lectura, ciencias, historia o arte. Haz una predicción sobre lo que va a ocurrir.

INTÉNTALO • INTÉNTALO

Elige un cuento. Luego, dibuja una red que muestre una predicción que hiciste y cómo la hiciste.

- Lo que leo
- Lo que sé
- Predicción

Visita *The Learning Site*
www.harcourtschool.com

LA CASA CON ÁRBOLES

por Fulvio Tomizza
ilustrado por Francis Livingston

Había una vez un padre que enfermó y tuvo que dejar su trabajo de obrero en una gran fábrica.

El médico le aconsejó que abandonase la ciudad y fuese a vivir al aire puro, en el campo.

Todo cuanto poseía este obrero jubilado antes de tiempo era una hija guapa y buena, llamada Carla, que enseguida le dijo:

—¡Claro, Papá! También yo estoy harta de vivir entre los ruidos y la contaminación de la ciudad. Con los cuartos que te corresponden después de tantos años de trabajo, podremos comprar una casita y a lo mejor hasta un pedazo de huerta.

Al padre le alegró ver a su Carlota dispuesta a seguirlo al campo, donde él había nacido y vivido antes de trasladarse a la ciudad, y fue a retirar el dinero que la fábrica le debía.

No era una gran suma, pero quizás bastaría para adquirir una casita sin grandes pretensiones.

Padre e hija recorrían los pueblos cercanos, hasta que en las laderas de una colina, lindando con hermosos chalets con jardines, encontraron una casucha de campesinos abandonada, delante de un prado sin un árbol e invadido por hierbajos.

Buscaron al propietario, que era el posadero de la aldea de un poco más abajo y en sus manos dejaron todos sus ahorros.

LA CASA CON ÁRBOLES

por Fulvio Tomizza
ilustrado por Francis Livingston

—No importa —dijo el padre precediendo a la hija por la casita que ya era de su propiedad—. Viviremos de la pensión y de las verduras de la huerta.

—¿De qué huerta? —preguntó Carlota mirando a su alrededor sin comprender.

El padre, que había sido campesino, indicó el prado yermo que descendía ante ellos con fuerte declive y parecía un trozo inútil de tela sobrante de un vestido. Dijo a su hija:

—Ese prado se convertirá en una hermosa huerta —y se arremangó la camisa poniéndose al trabajo.

Cavando un poco cada día para no fatigarse demasiado, al cabo de un par de semanas el padre logró roturar buena parte del prado.

También Carla se ajetreaba muy alegre por la casa para devolverle los buenos aromas de un lugar habitado; bajaba a sacar agua de un pozo cercano y para la compra se llegaba hasta la aldea, donde muy pronto todos la conocieron y la apreciaron bastante.

Pero, aunque no le decía nada a su padre para no mortificarlo, no podía ocultar su desilusión al ver el prado transformado en una extensión de tierra removida y sin una brizna de hierba. Le disgustaba sobre todo no distinguir ya a los pájaros que antes brincaban entre las matas y la despertaban por la mañana con sus gorjeos mientras se bañaban en la charca.

Como si le leyera el pensamiento su padre le dijo:

—Ya verás, ya verás lo bonito que se pone y cómo querrán volver también los pájaros. ¡Pero deberemos alejarlos para que no se coman nuestras verduras! —Y bajó junto al posadero, que en su tienda vendía un poco de todo, para comprar toda clase de semillas encerradas en sobres de plata.

—¡Dinero tirado! —comentó el posadero con una mueca, a costa de estropear el negocio—: ¡Ésa no es tierra de hortalizas!

Cuanto más admiraba el dibujo exacto y encendido, más vanas le parecían las esperanzas y el trabajo del padre, dedicado con la pala a dividir el terreno igual en muchos cuadros, muchos agujeros y muchas zanjas.

El padre de Carla no se dejó desanimar y en la mesa de la cocina, ante los ojos de su hija, extendió todos aquellos sobres brillantes, sobre los cuales se veían reproducidos calabacines, tomates, guisantes, melones, pepinillos, zanahorias, apios, y toda clase de ensaladas y hierbas aromáticas.

La chica quedó fascinada con los colores vivos y las formas conocidas de aquellos frutos que ella compraba ya envueltos en celofán e imaginaba procedentes de quién sabe qué países cálidos y remotos.

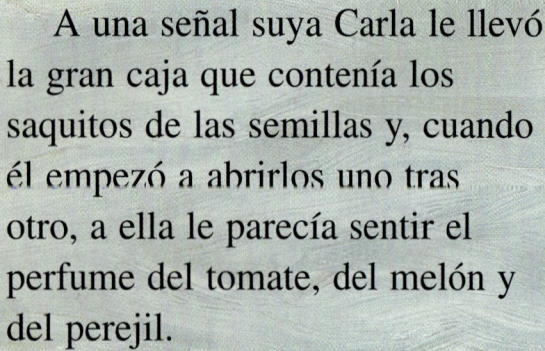

A una señal suya Carla le llevó la gran caja que contenía los saquitos de las semillas y, cuando él empezó a abrirlos uno tras otro, a ella le parecía sentir el perfume del tomate, del melón y del perejil.

Y sin embargo eran unas semillas tan menudas que se confundían entre sí, algunas no más gruesas que un granito de polvo.

—¿Y de cada una de éstas... —preguntó Carla en voz alta al ver cómo las semillas caían y desaparecían en la tierra— nacerá un tomate, un melón?

—Un tomate y un melón, no —le respondió su padre cubriendo las semillas con el rastrillo de hierro—, sino una planta de tomates y melones, con docenas y docenas de frutos.

Como para demostrarlo, entregó a Carla muchos sobrecitos ni siquiera abiertos, otros utilizados sólo a medias, que servirían para el año próximo.

Un pajarito pareció también sentir curiosidad; se acercaba volando en su dirección, pero cuando hubo llegado sobre sus cabezas, el padre alzó un brazo y él se enredó en su vuelo arriesgándose a precipitarse a tierra. Luego logró encontrar el aleteo justo y retrocedió hacia los árboles lejanos, no antes de haber permitido a Carla vislumbrar sus ojitos redondos y negros, semejantes en todo a un par de aquellas semillas ya cubiertas por los terrones.

De noche cayó la lluvia y el padre, dándose vueltas en la cama, murmuró satisfecho:

—¡Hemos tenido suerte, la semilla germinará antes!

Tras algunas semanas el terreno desnudo empezó a revestirse de una tupida pelusilla verde, pero el padre no se mostró demasiado contento. Inclinado sobre los cuadros y los agujeros, rebuscaba con la mirada como si hubiera perdido un objeto valioso y meneaba la cabeza.

El manto verde se espesó y se unió con el de los senderos pisoteados que corrían todo alrededor y a través del sembrado. La huerta volvió a ser prado y sobre él se posaron de nuevo los pájaros. El padre comentó melancólico, pero aún confiado:

—No nos ha salido bien. Lo intentaremos la primavera próxima.

Al siguiente mes de marzo cavó otra vez la tierra y, para no correr riesgos, quiso comprar nuevas semillas. Terminada la siembra, Carla recogió de sus manos los saquitos semivacíos, los unió en la caja a los viejos y esperaron.

Bien porque el viejo obrero hubiera olvidado del todo el oficio de campesino, o más probablemente porque —como había juzgado el posadero y antiguo propietario— aquel terreno no fuera apropiado para producir hortalizas, la hierba crecía igual por todas partes, borrando la paciente obra del hombre.

A la tercera primavera todo se repitió de idéntico modo. Padre e hija se habían habituado ya a la vida del campo, y estaban gozosos de poder observar desde allá arriba el ascenso y la bajada del sol tras las colinas, el curso de las nubes y los vientos y el encenderse de las primeras estrellas en el cielo.

El único pesar de Carla era la congoja de su padre por no lograr tener su huerta. Para consolarlo y convencerlo de renunciar a ello, un día de verano la muchacha agarró la caja llena de semillas y se la llevó al prado.

Los pájaros se alzaron de la hierba para volar enseguida a lo lejos, pero cuando vieron que abría los sobres y se llenaba el puño, frenaron su huida y se quedaron como suspendidos observando desde lo alto.

Las semillas menudas, de todas las formas y colores, que Carla lanzaba a manos llenas a su alrededor, revoloteaban en el aire y caían espesas y ligeras entre la hierba. Los pájaros se lanzaron en picada sobre el prado a coger esencias de zanahorias y coliflores, y la muchacha se divertía arrojándoles nuevos puñados.

A la vista de aquel banquete refinado y absolutamente gratuito, acudieron también los pájaros más grandes: mirlos, papahigos, urracas y arrendajos, que se alimentaban sobre los frutales de los chalets circundantes.

Y tanta es la curiosidad de los volátiles que hasta los ya saciados siguieron a sus compañeros, y para no ser menos, al llegar sobre el prado, dejaron caer del pico un melocotón y una cereza ya mordisqueados, una almendra o una avellana durísima de romper para darse un atracón de semillas de berenjena y de albahaca.

Carla estaba pasmada con aquellos colores nunca vistos tan de cerca y con aquellos gorjeos que llamaron la atención de su padre, el cual, al ver a su hija circundada de aves de todas las familias, se sintió conmovido y compensado por todas las desilusiones sufridas con la pala y el rastrillo.

Hubo un invierno lluvioso que tuvo a padre e hija encerrados en casa hasta bien entrada la primavera.

Una mañana de sol Carla se decidió a abrir de par en par las contraventanas, y su mirada pareció extraviarse: ante sus ojos ya no se extendía el prado, sino un bosquecillo de árboles cargados de hojas delicadas y de racimos de flores.

En un santiamén se encontró corriendo entre las plantas, seguida al punto por su padre, no menos maravillado, que las reconocía una a una.

Eran cerezos, melocotoneros, almendros y avellanos: bien distanciados unos de otros, se alzaban rectos sobre el manto del prado.

—Han sido los pájaros —exclamó Carla extasiada.

—Sí —confirmó su padre—, han querido indicarnos que ésta es tierra de frutales.

Y así su casa se convirtió, como todas las vecinas, en una hermosa casa con árboles.

Los pájaros se posaban alegres en las ramas más altas y tan bien se habituaron a la compañía del viejo obrero y de su encantadora hija, que pronto comenzaron a construir allá sus nidos.

Piénsalo

❶ ¿Cómo ayudaron los pájaros a Carla y a su padre para que lograran tener una casa con árboles?

❷ ¿Si estuvieras en el lugar de Carla, habrías esperado pacientemente a que pasaran tres primaveras o habrías hecho algo diferente? Describe qué habrías hecho diferente.

❸ ¿Por qué crees que el autor utilizó a los pájaros en el cuento y no a otro tipo de ave?

SOBRE EL AUTOR

FULVIO TOMIZZA

Fulvio Tomizza, autor de *La casa con árboles*, inició su carrera de periodista, novelista, dramaturgo, ensayista y escritor de cuentos infantiles en 1960, cuando apenas tenía 25 años. Al fallecer, en mayo de 1999, había publicado 25 obras mayores, varias de las cuales fueron distinguidas con premios en su tierra natal, Italia, y otros países de Europa. Su obra fue traducida al inglés, francés, español ruso, alemán, sueco, noruego, húngaro, rumano, croata, esloveno y holandés. Sus cuentos para niños incluyen, entre otros, "Trick, la historia de un perro" y "El gato Martín".

Visita *The Learning Site*
www.harcourtschool.com

CONOCE AL ILUSTRADOR

FRANCIS LIVINGSTON

Francis Livingston ha sido pintor por más de 25 años. Nació en Cortez, Colorado. Comenzó su estudios de arte en Rocky Mountains School of Art en Denver y luego se mudó a San Francisco y continuó sus estudios en la academia de arte de esa ciudad. Livingston enseñó arte por 10 años. Su trabajo ha sido extensamente publicado. Su objeto favorito para pintar son las montañas rusas. Él se siente intrigado por los parques de diversiones. Todos los años visita Santa Cruz para captar los colores saturados y la atmósfera de carnaval de esa playa. En esta ciudad costeña, la montaña rusa y el carrusel tienen 89 años.

Actualmente, Livingston vive en Rocky Mountains con su familia.

Jitomates risueños

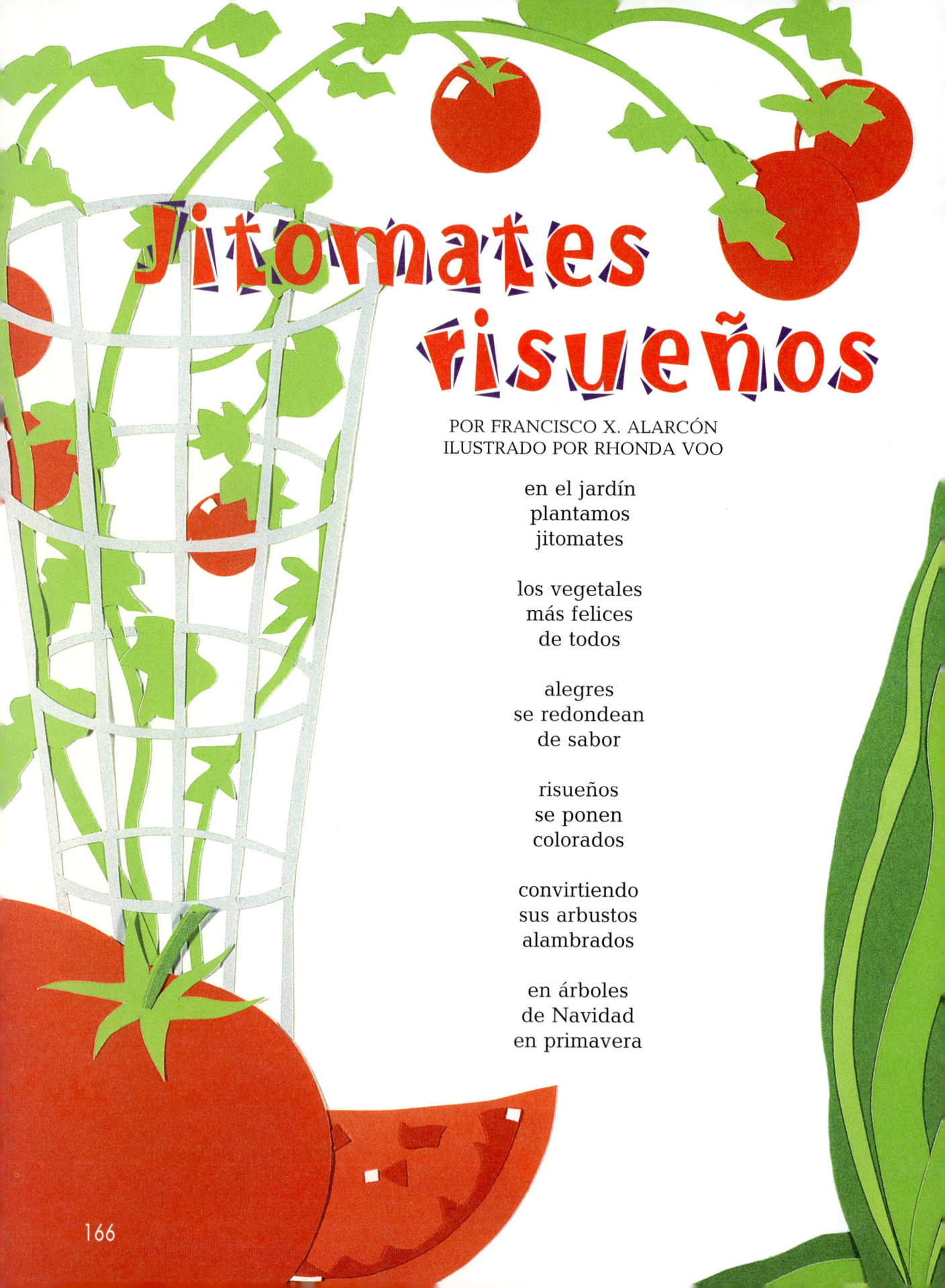

POR FRANCISCO X. ALARCÓN
ILUSTRADO POR RHONDA VOO

en el jardín
plantamos
jitomates

los vegetales
más felices
de todos

alegres
se redondean
de sabor

risueños
se ponen
colorados

convirtiendo
sus arbustos
alambrados

en árboles
de Navidad
en primavera

Oda al maíz

POR FRANCISCO X. ALARCÓN
ILUSTRADO POR RHONDA VOO

padre
madre
regalo
del sol

tierra
agua
aire
luz

como
las razas
del mundo
te apareces

negro
amarillo
rojo
y blanco

tus elotes
nacen
apuntando
al cielo

tu pelo
de seda
lo mece
el viento

hermana
hermano
venado
verde

mis manos
cosecharán
tus sonrisas
enmascaradas

Taller de actividades

ENFOQUE EN LAS SEMILLAS

ESCRIBE UN INFORME

Las semillas de calabacines, tomates, guisantes, melones, pepinillos, zanahorias, apios, y otras clases de verduras y hierbas aromáticas se venden en los mercados. En grupo, investiga con tus compañeros qué otras clases de semillas conocen que se puedan comprar en los mercados. Lee las instrucciones que se deben seguir para sembrarlas y los cuidados que se deben tener para que den frutos. Escribe un informe acerca de lo que aprendas.

PLANEA TU SIEMBRA

HAZ UN DIAGRAMA

Imagínate que en tu comunidad te han asignado un pedazo de tierra para sembrar. Haz una lista de las verduras, hierbas, flores o frutos que te gustaría sembrar en él. Averigua cuáles se dan en tu región. También decide cómo debes dividir el terreno de acuerdo al espacio que cada planta necesita para su crecimiento. Haz un diagrama donde muestres todos estos datos. Utiliza símbolos para representar cada semilla. Si es posible puedes usar una computadora.

EL FESTÍN DEL JARDINERO

PLANEA UN MENÚ

Haz una lista de todos los tipos de árboles frutales que Carla encontró aquella mañana de sol después del invierno lluvioso. Imagina que Carla y su padre han decidido hacer un festín para celebrar. Escribe algunas recetas para postres que Carla podría hacer para incluir en el menú. Si puedes, usa un procesador de textos para escribir las recetas.

HACER CONEXIONES

HAZ UN ESQUEMA COMPARATIVO

¿Recuerdas el cuento "Los pájaros de la cosecha"? Vuelve a leerlo y compáralo con "La casa con árboles". Escribe lo que se cosechó en ambos cuentos. Haz un esquema con tu información. También puedes añadir quiénes cosecharon la tierra en cada caso y quiénes ayudaron.

169

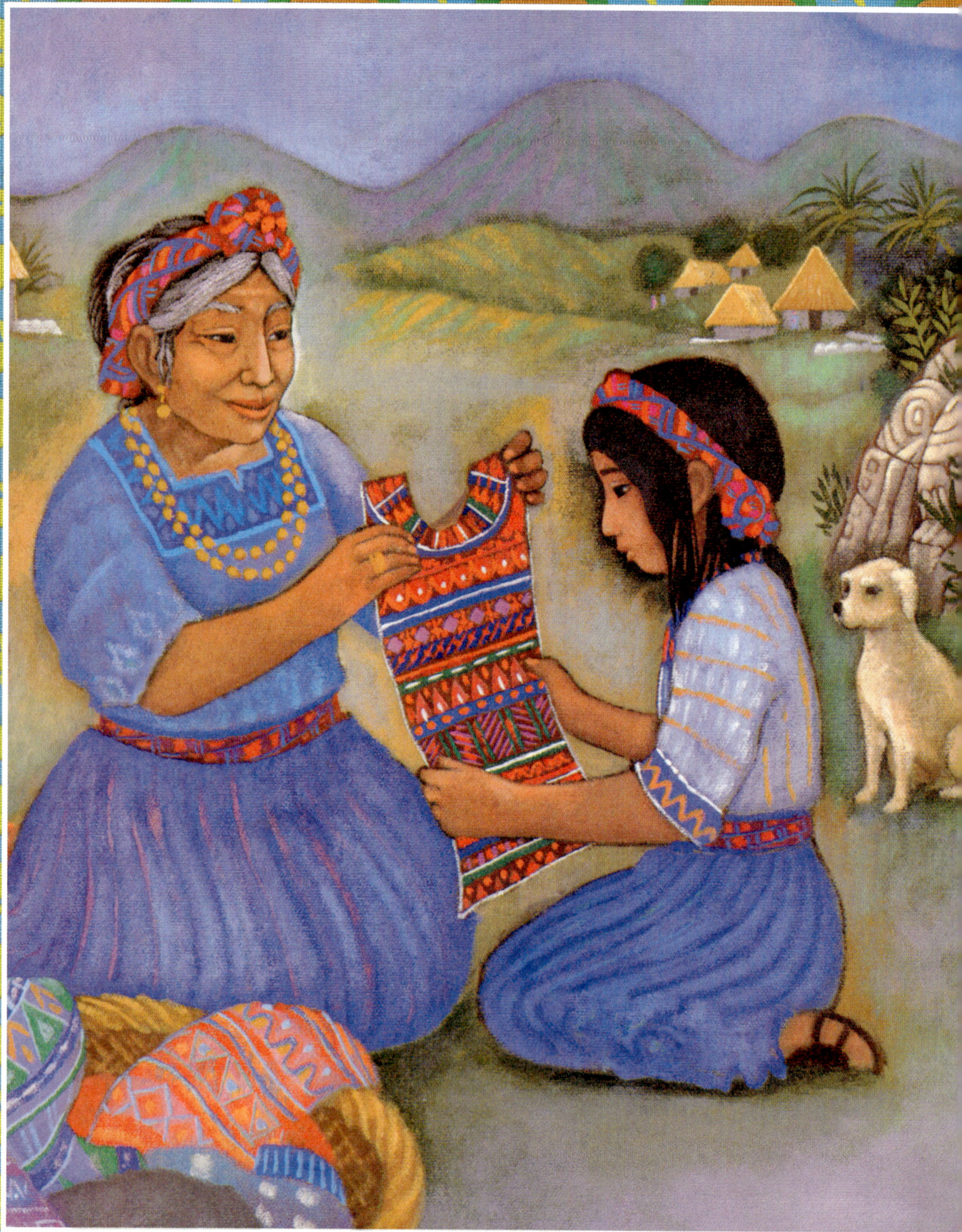

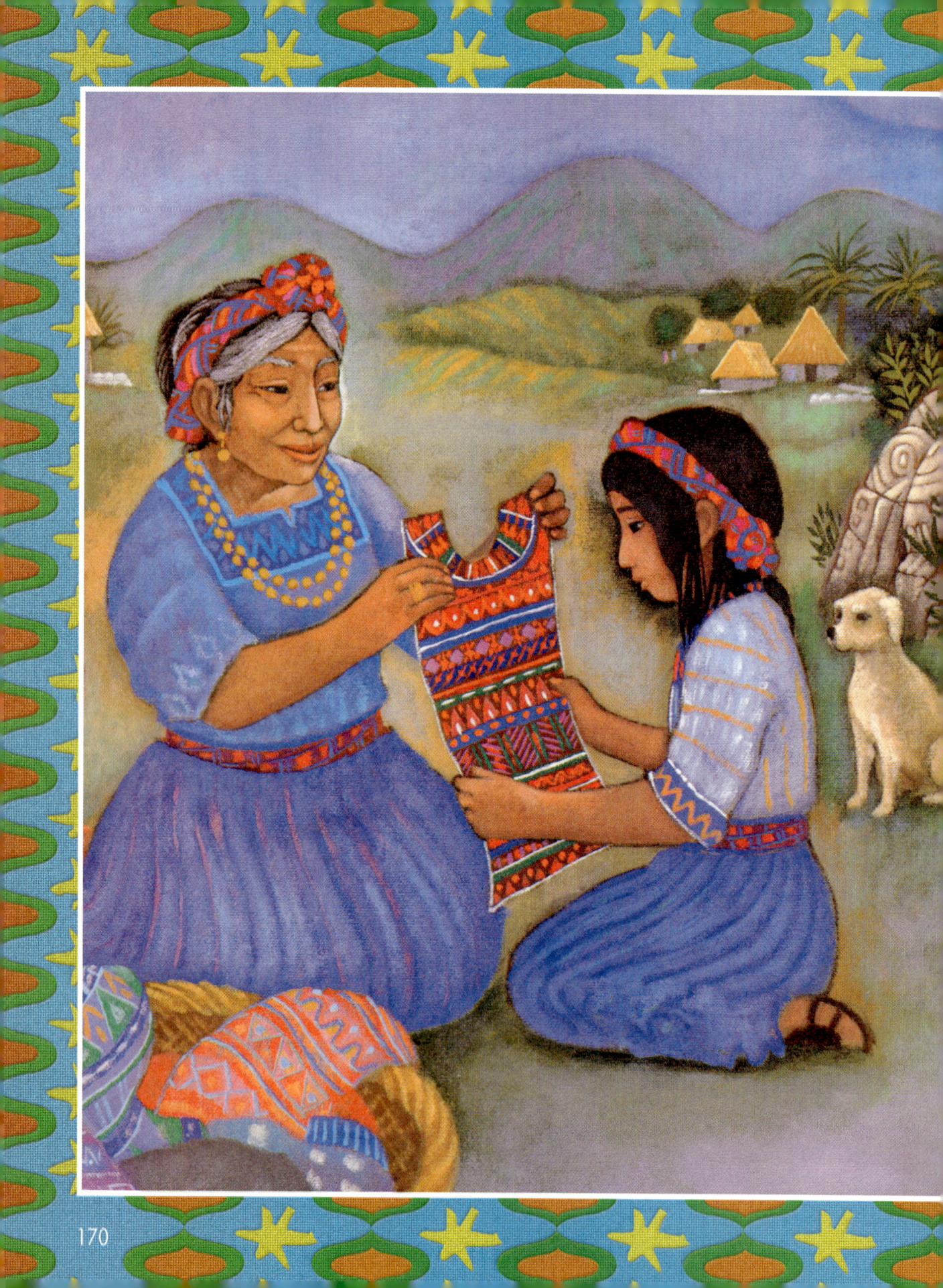

EL TAPIZ DE ABUELA

por Omar S. Castañeda
ilustrado por Enrique O. Sánchez

—Hala fuerte—dijo Abuela—. Dale un buen tirón para que las hebras queden bien unidas, como una familia.

—Sí, Abuela.

Esperanza pasó la lanzadera por la abertura del tejido y empujó la barra hacia abajo con toda su fuerza.

Abuela estaba arrodillada junto a ella, frente a un telar sujeto por tiras de cuero. Ambos telares estaban amarrados al mismo árbol, en medio del caserío familiar. La madre de Esperanza daba de comer a las gallinas y a los cerdos detrás de la cabaña principal, mientras que el padre y los hermanos trabajaban en los cultivos de maíz, frijoles y café.

—Estás aprendiendo —dijo Abuela.

Esperanza miró a su abuela con el rabillo del ojo. Sabía que estaba nerviosa pensando en el mercado. Su madre decía que los huipiles y tapices que hacía la abuela podían deslumbrar a todo el mundo. Pero hoy en día, más y más prendas eran hechas a máquina.

Esperanza estaba preocupada pensando que la gente se reiría de su abuela por la mancha de nacimiento que tenía en la mejilla, como ya lo hicieron unos niños antes. Temía que por ello mucha gente no le fueran a comprar las cosas.

—¿Estás soñando despierta otra vez? —preguntó Abuela.
—Sí, Abuela.
—Bueno —dijo la anciana secamente—, mejor te apuras porque faltan pocos días. Todavía tienes mucho que hacer y habrá mucha gente vendiendo las mismas cosas que tú.
—No te preocupes, Abuela. Trabajaré hasta que nos marchemos.

Así lo hizo. Esperanza trabajaba con su abuela desde antes del amanecer hasta mucho después de la puesta del sol, cuando la luna estaba alta y la fogata del caserío esparcía un delicioso olor a pino.

No le enseñaron a nadie su trabajo, ni siquiera a la madre de Esperanza, porque estaban tejiendo algo muy especial, y querían esperar hasta la Fiesta de Pueblos, en Guate, para mostrarlo.

Pronto llegó el día. Hacía un sol radiante, y las hojas de los árboles brillaban con la lluvia de la noche anterior, lo que a Esperanza y a su abuela les pareció de buen augurio. Abuela se cubrió los hombros y la cara con un mantón negro, de manera que sólo se le veían los ojos.

Esperanza, en cambio, lucía su huipil favorito: una blusa blanca con el cuello rectangular, bordado con hebras rojas, azules y verdes. Abajo de la franja, los colores se fundían en azul plateado y, ocultos en los intrincados diseños de la blusa, pequeños quetzales volaban libremente entre las hebras, como solían hacerlo en las grandes selvas de Guatemala.

Esperanza llevaba sobre la cabeza una gran canasta de paja con sus huipiles, manteles, faldas y el maravilloso tapiz.

Caminaba rápidamente por el camino de tierra de Santa Cruz hasta llegar a la carretera, donde tomarían la camioneta que iba a Guate.

Abuela iba varios pasos detrás de ella. Había insistido en que debían aparentar no conocerse.

—Así, si mi mancha de nacimiento asusta a los clientes, todavía se acercarán a ti para comprar —le explicó Abuela.

Cuando llegó la camioneta, Abuela ni la ayudó a levantar la pesada canasta para dársela a los muchachos que amarraban los bultos en el techo.

Ya adentro, se sentaron a tres asientos de distancia, como si fueran personas desconocidas, que vivían en distintas aldeas, sin antepasados comunes.

Cuando llegaron, el ruido de la ciudad era ensordecedor. Grandes autobuses circulaban por las estrechas calles, emitiendo nubes de humo negro. Se escuchaba el bullicio de las bocinas y la gente caminaba de prisa y agitada por las aceras. Más que nada, Esperanza quería salir de la Sexta Avenida, donde la gente se apretujaba en los pasajes y los vendedores gritaban desde los comercios o desde los cientos de carritos que bloqueaban las aceras y las calles. Se sentía acorralada, los pulmones le dolían por el humo que echaban los automóviles y autobuses, y le zumbaban los oídos con los ruidos de los frenos, las bocinas, los gritos de la gente y los silbidos de los policías.

Esperanza caminaba rápido, con la canasta firme sobre la cabeza, tratando de fijar su atención en los puestos preparados para la fiesta en el Parque Central y de no pensar en la conmoción general.

Caminaba apresuradamente, zigzagueando para llegar a la Octava o a la Séptima Avenida, donde había menos ruido, cuando de pronto se detuvo para ver si Abuela todavía la seguía. Buscó la cara conocida entre la muchedumbre, las canastas, los cascos y los sombreros. Se hubiera conformado con vislumbrar el mantón de su abuela, como un mirlo saltando de rama en rama en una selva de gente, pero no logró verla. Esperanza siguió camino al mercado, deseando que Abuela eventualmente la encontrara allí, entre los demás vendedores.

Cuando Esperanza llegó, ya todos los puestos estaban tomados. Mujeres y viejos la alejaban o ignoraban cuando les pedía ayuda.

Al final, tuvo que conformarse con colocar su canasta entre los angostos pasillos que separaban dos puestos. A un lado, una familia de Antigua vendía cerámicas, reproducciones de artefactos mayas, y prendas tejidas en alguna de las muchas fábricas.

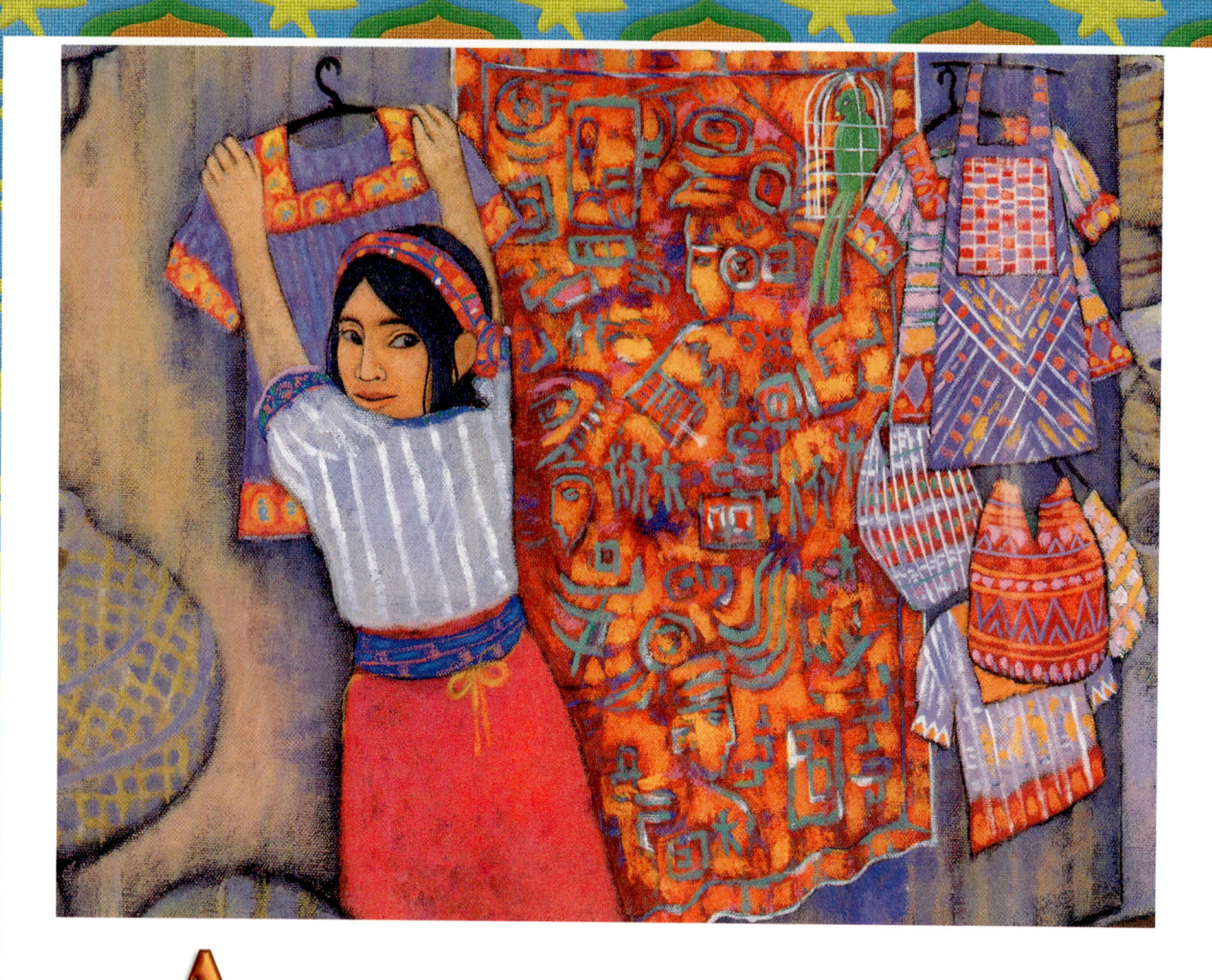

Al otro lado, una mujer vendía largas piezas de tela, instrumentos musicales y bolsos. Éstos tenían cierres de cremallera, cosidos a máquina en la capital, con largas y coloridas asas plásticas.

Todo era tan hermoso, pensó Esperanza. Tal vez nadie le compraría nada. Ella y su abuela volverían a Santa Cruz sin dinero, habiendo malgastado tantas horas, y su familia estaría decepcionada.

Esperanza sacó sus cosas, las colocó una por una en largas varillas, y las colgó en los listones a ambos lados. Se sentía terriblemente sola. Su pobre abuelita ni siquiera parecía estar cerca.

Poco a poco, la gente comenzó a detenerse y a señalar el elaborado tejido de Esperanza. Tanto los turistas como los guatemaltecos se acercaban a su rinconcito y admiraban el hermoso trabajo que tenían frente a ellos.

El gran tapiz resplandecía con imágenes de Guatemala. Esperanza y Abuela habían trabajado en los intrincados símbolos de la historia del país. Había heroínas y héroes inspirados en el *Popol Vuh*, el libro sagrado de los mayas. Y en una esquina, un hermosísimo quetzal parecía vigilar el tapiz desde una jaula blanca.

En las manos de Esperanza los colores del tapiz brillaban tan intensamente como el sol sobre el Lago Atitlán.

La gente se iba de los otros puestos y se detenía para admirar el tejido de Esperanza. Cuando levantó la vista, Esperanza vio a su abuela. Una gran sonrisa le iluminaba la cara, y también la mancha de nacimiento.

Pronto vendieron todo lo que habían traído. Cuando se les acabó la mercancía, mucha gente quedó decepcionada. Pero Esperanza les prometió traer nuevas cosas el mes siguiente.

Abuela y nieta regresaron a Santa Cruz sentadas una al lado de la otra, con los suaves y ágiles dedos de Esperanza enlazados en las viejas y arrugadas manos de Abuela.

Piénsalo

1. ¿En qué trabajaba Esperanza? ¿Para qué lo hacía?
2. ¿Cómo crees que se siente Esperanza al vender todas sus cosas?
3. ¿Por qué crees que Abuela quiso que Esperanza hiciera las cosas sin ayuda?

Sobre el autor

OMAR S. CASTAÑEDA nació en Ciudad de Guatemala y se mudó a Estados Unidos siendo aún niño. Hijo del reconocidísimo filósofo Hector-Neri Castañeda y la escultora Miriam Castañeda, Omar S. Castañeda estudió en la Universidad de Indiana, donde obtuvo su bachillerato en Inglés y su maestría en Escritura de ficción y donde luego más tarde ejerciera como maestro.

Omar escribió para lectores jóvenes y adultos. Su primera novela, "Cunuman", se publicó en el año 1987, y fue finalista para el *premio Boston Globe Literary Press*. Sus cuentos de ficción también han aparecido en muchas revistas literarias. Obtuvo el *premio Fulbright Central American Research* y fue nominado en siete ocasiones para el *premio Pushcart*. Además obtuvo el premio *Charles H. and N. Mildred for Excellence in Minority Fiction*.

"El tapiz de Abuela" fue su primer libro de ilustraciones. *Kirkus Reviews* lo llamó "una primera presentación excelente", mientras que *School Library Journal* dijo sobre él: "La rica narrativa de Castaneda evoca de una manera muy efectiva la forma de vida harmoniosa de muchas comunidades indias en Latinoamérica". Al respecto Omar dijo: "Como guatemalteco, quien dejó su país siendo muy joven, siempre regreso a casa a través de mis escritos". Y agregó: "Quizás lo que quiero es que la gente vea y sienta que Guatemala es un país fabulosamente bello con mucha gente emocionante y diferente".

Taller de actividades

Venta de tapices

CREA UN FOLLETO

Imagínate que Esperanza y su abuela quieren vender sus tapices en otros países. Crea un folleto que les ayude a promoverlos y a venderlos. Utilizando la información que aparece en el cuento, escribe otros productos que ellas pudieran elaborar con sus tejidos. Haz una breve descripción de los mismos. Usa colores, dibujos y letras grandes para atraer la atención de las personas. Comparte tu folleto con tus compañeros de clase.

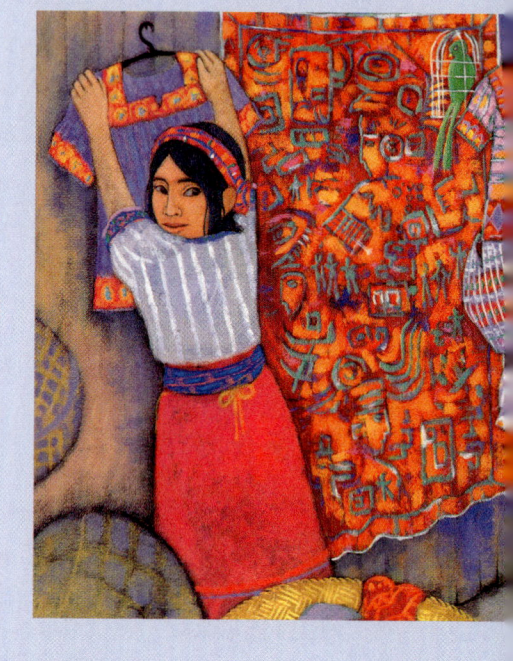

¿La ciudad o el campo?

HAZ UNA LISTA

Esperanza vive en el campo con su familia pero viaja a la ciudad a vender sus tapices. El autor del cuento hace una descripción de los dos lugares. Prestando atención a los dibujos y a los detalles de la historia, haz una lista de las ventajas y desventajas de vivir en el campo y las de vivir en la ciudad. ¿En cuál de los dos sitios preferirías vivir tú?

La calidad del producto

ESCRIBE UN PÁRRAFO

Esperanza y su abuela lograron vender todo lo que habían hecho. ¿Por qué crees que fue importante que Esperanza y su abuela trabajaran durante tantas horas? ¿Por qué crees que la gente se iba de los otros puestos y se detenía a admirar los tejidos de Esperanza? Escribe un párrafo que conteste estas preguntas y que explique la importancia de la buena calidad. Lee tu párrafo a tus compañeros.

Había una vez...

CUENTA UN CUENTO

Esperanza tuvo que ubicarse en un angosto pasillo entre dos puestos y vender los tejidos sin la ayuda de su abuela. Piensa en alguna situación en la que tú hayas tenido que hacer algo importante sin la ayuda de un adulto. Haz un relato de la situación describiéndola en forma de cuento. ¿Te dio miedo? ¿Te sentiste orgulloso? Comparte tu cuento con tus compañeros de clase.

PRUEBA TU DESTREZA

Causa y efecto

¿Por qué tuvo Esperanza que apresurarse a trabajar? Lee el párrafo siguiente de "El tapiz de Abuela".

—Bueno —dijo la anciana secamente—, mejor te apuras porque faltan pocos días. Todavía tienes mucho que hacer y habrá mucha gente vendiendo las mismas cosas que tú.

—No te preocupes, Abuela. Trabajaré hasta que nos marchemos.

Así lo hizo. Esperanza trabajaba con su abuela desde antes del amanecer hasta mucho después de la puesta del sol, cuando la luna estaba alta y la fogata del caserío esparcía un delicioso olor a pino.

Cuando un suceso hace que otro ocurra estamos en presencia de una **causa**. El **efecto** es el resultado, es decir, lo que ocurre. Puedes utilizar una tabla, como la que aparece a continuación, para mostrar ejemplos de causa y efecto.

Causa	Efecto
Abuela enseñó a Esperanza a tejer.	Ahora Esperanza puede tejer por sí sola hermosos tapices, huipiles y muchas otras prendas.

Conocer la relación entre causa y efecto ayuda a los lectores a comprender mejor la lectura.

Una sola causa puede producir un solo efecto. Por ejemplo, una planta puede morir si no la riegas. Sin embargo, varias causas pueden producir un solo efecto.

En el siguiente párrafo el efecto está subrayado. Encuentra las causas.

<u>Esperanza y su abuela vendieron todo lo que llevaron a la feria de artesanías.</u> Pero no les resultó fácil lograr esto.

Tuvieron que trabajar largas horas para poder tenerlo todo listo para el día de la venta.

También, como ellas sabían que los demás vendedores llevarían artesanías bellísimas, tuvieron que trabajar en sus tejidos con mucha originalidad y delicadeza para que sus productos estuvieran al nivel de los demás.

Por último, para que sus tapices y huipiles llamaran la atención, Esperanza y Abuela usaron colores llamativos e imágenes pintorescas.

¿QUÉ HAS APRENDIDO?

1. ¿Qué hubiera pasado si Esperanza y Abuela no hubieran trabajado tan arduamente?

2. El esfuerzo siempre es recompensado. Piensa en algo que podrías hacer y que tendría gran aceptación entre tus familiares y amigos. Desarrolla tu proyecto.

Visita *The Learning Site*
www.harcourtschool.com

INTÉNTALO • INTÉNTALO

Imagina que un amigo va a abrir una tienda de artesanías. Haz un plan en el que sugieras qué debe hacer tu amigo para vender mucha mercancía. Haz una tabla para mostrar tu plan.

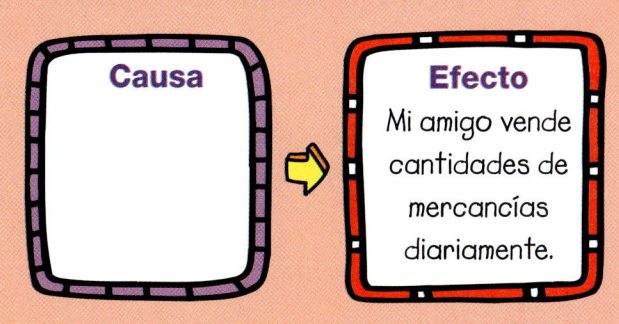

Causa	Efecto
	Mi amigo vende cantidades de mercancías diariamente.

La telaraña de Carlota

una obra de Joseph Robinette
basada en el libro de E. B. White
ilustrado por Tom Saecker

Wilbur es un cerdito recién nacido en la granja de los Arable que se convierte en la mascota de Fern Arable. Nadie le cree a Fern cuando dice que Wilbur puede hablar. Después de varias semanas, el padre de Fern vende el cerdo, que está más grande cada día, al tío de la niña, Homer Zuckerman, que vive camino abajo. Esta parte de la obra teatral tiene lugar en el corral de Zuckerman. Wilbur se siente tan solo la primera mañana que pasa en la granja que no puede ni comer. Oye la voz de alguien que ofrece ser su amiga. Se pregunta de dónde viene la voz. Entonces ve a Carlota.

Personajes

Fern Arable:
una chica joven

Avery Arable:
su hermano

Homer Zuckerman:
su tío

Lurvy:
un trabajador

Wilbur:
un cerdo

Templeton:
una rata

Carlota:
una araña

Gansa

Ganso

Oveja

Narrador

CARLOTA: *(entrando)* Salutaciones.

WILBUR: *(con emoción)* Oh, hola. ¿Qué son salutaciones?

CARLOTA: Es una forma elegante de decir "hola".

WILBUR: Oh. Y salutaciones a ti también. Encantado de conocerte. ¿Cómo te llamas, por favor? ¿Puedes decirme tu nombre?

CARLOTA: Me llamo Carlota.

WILBUR: ¿Carlota qué?

CARLOTA: Carlota A. Cavatica. Soy una araña.

WILBUR: Pienso que eres hermosa.

CARLOTA: Gracias.

WILBUR: Y tu telaraña es hermosa también.

CARLOTA: Es mi casa. Yo sé que parece frágil. Pero es realmente muy fuerte. Me protege. Y atrapo mi comida en ella.

WILBUR: Me alegra mucho que vas a ser mi amiga. De hecho, me devuelve el apetito. *(Comienza a comer del comedero.)* ¿Quieres acompañarme?

CARLOTA: No, gracias. Mi desayuno me espera en el otro lado de mi tela.

WILBUR: Oh. ¿Qué vas a comer?

CARLOTA: Una mosca. La atrapé esta mañana.

WILBUR: *(atragantándose)* Tú comes . . . ¿moscas?

CARLOTA: E insectos.

WILBUR: ¡Puf!

CARLOTA: Así estoy hecha. No lo puedo cambiar. Además, si yo no atrapara ni comiera los insectos, pronto habría tantos que destruirían la Tierra, limpiarían con todo.

WILBUR: ¿De veras? Yo no quisiera que eso pasara. Al fin y al cabo, tal vez tu telaraña sea una cosa buena.

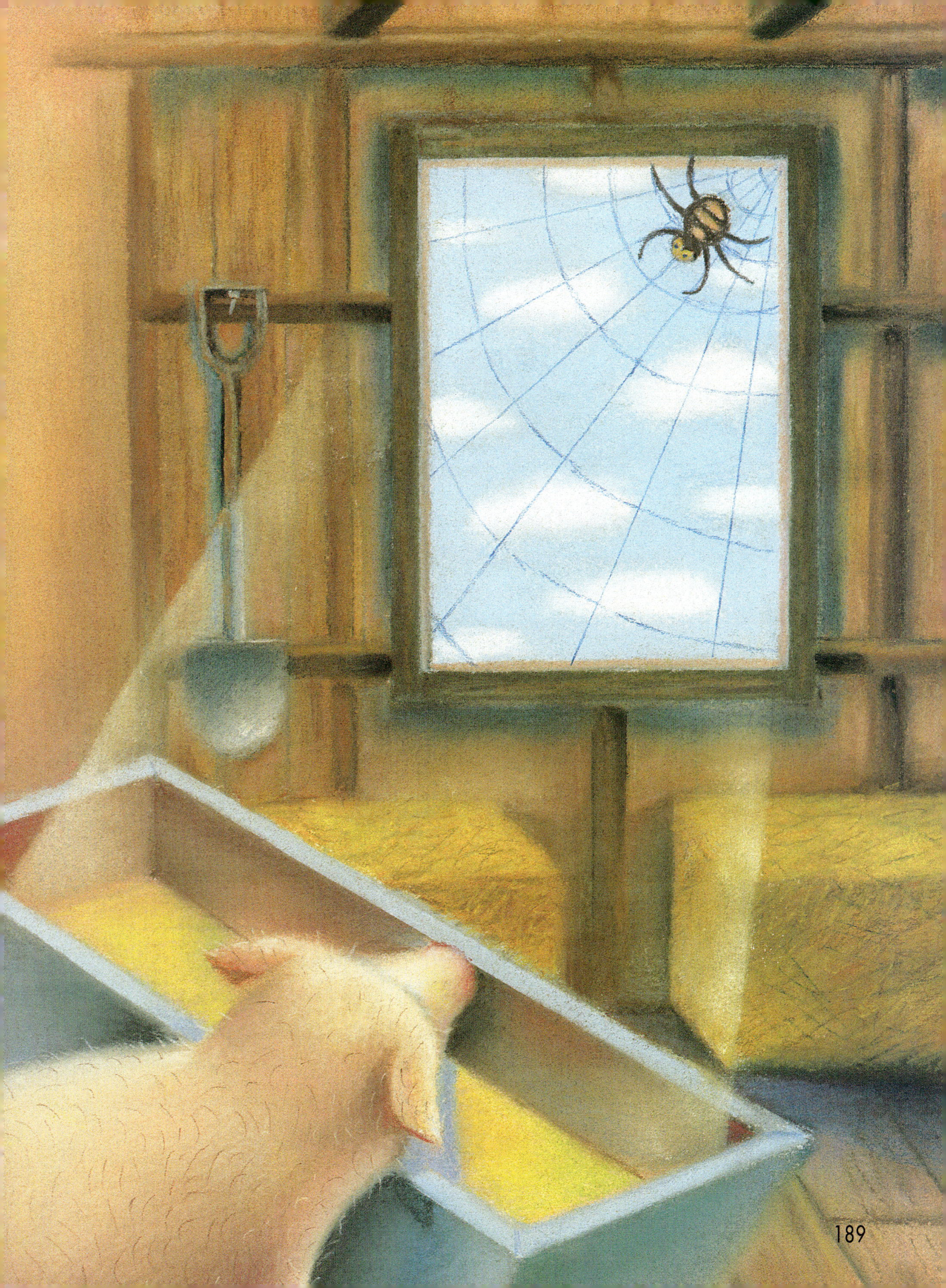

CARLOTA: Ahora, si me permites. Voy a desayunar. *(Ella sale por detrás de la telaraña.)*

WILBUR: *(con incertidumbre)* Pues, es verdad que tengo una nueva amiga. Pero Carlota es . . . brutal, creo. ¿Cómo puedo aprender a gustar de ella, aunque es bonita y parece que es muy lista? *(Mira hacia atrás a la telaraña, entonces se acuesta lentamente. El narrador entra.)*

NARRADOR: Wilbur sufría las dudas y los temores que a menudo se sienten al encontrar un nuevo amigo. Pero con el pasar de los días, lentamente descubrió que Carlota tenía un corazón amable y que era leal y fiel. *(una pausa)* La primavera pronto se convirtió en verano. Los primeros días de verano en una granja son los más felices y hermosos del año. Las lilas y las flores de manzana florecen. Los días se hacen templados y suaves. Y ahora que las clases habían terminado, Fern podía visitar el granero casi todos los días. *(El narrador sale mientras Fern entra. La oveja, Templeton y Carlota entran y la saludan con sonidos de animales que pronto cambian a voces claras.)*

FERN: ¡Hola, todos! *(Se sienta en un taburete.)* Wilbur, aquí tienes un pedazo de torta de piña con crema. *(Él aplaude, toma el pedazo de torta y lo empieza a comer.)*

CARLOTA: *(en una posición elevada cerca de la telaraña, mirando entre bastidores)* Atención, todos. Tengo un anuncio. Después de cuatro semanas de esfuerzo infatigable por parte de nuestra amiga la Gansa, han llegado los ansarinos. *(Todos aplauden mientras los ansarinos gorjean entre bastidores.)* Nos alegramos mucho por la madre. Y el padre es de ser felicitado también.

LA VOZ DEL GANSO: *(entre bastidores)* Gracias. Gracias. Gracias. Estamos lo más contentos que podemos estar, estar, estar.

WILBUR: Qué día maravilloso. Ansarinos flamantes y torta de piña con crema.

TEMPLETON: A propósito, Wilbur, oí hablar sin querer a los Zuckerman de todo el peso que estás aumentando. Están muy contentos.

WILBUR: Bien.

OVEJA: Sabes por qué están contentos, ¿verdad?

WILBUR: Me preguntaste eso antes, pero no me dijiste por qué.

CARLOTA: Ahora, pues, oveja vieja.

OVEJA: Tiene que enterarse en algún momento.

WILBUR: ¿Enterarme de qué?

OVEJA: Wilbur, no me gusta diseminar malas noticias. Pero te están engordando porque te van a matar.

WILBUR: *(consternado)* ¿Van a qué? *(Fern está rígida en su taburete.)*

OVEJA: A matarte. Van a convertirte en tocino ahumado y jamón. Lo harán cuando el tiempo refresque. Es verdaderamente una conspiración.

WILBUR: ¡Para! No quiero morir. Quiero quedarme con todos mis amigos. Quiero respirar el aire hermoso y acostarme en el sol hermoso.

OVEJA: Por cierto estás haciendo un ruido hermoso. Si no te molesta, creo que voy a ir afuera donde es más tranquilo. *(Sale.)*

WILBUR: Pero yo no quiero morir.

CARLOTA: Wilbur, tranquilízate. *(una pausa mientras Wilbur trata de controlarse)* No morirás.

WILBUR: ¿Cómo? ¿Quién va a salvarme?

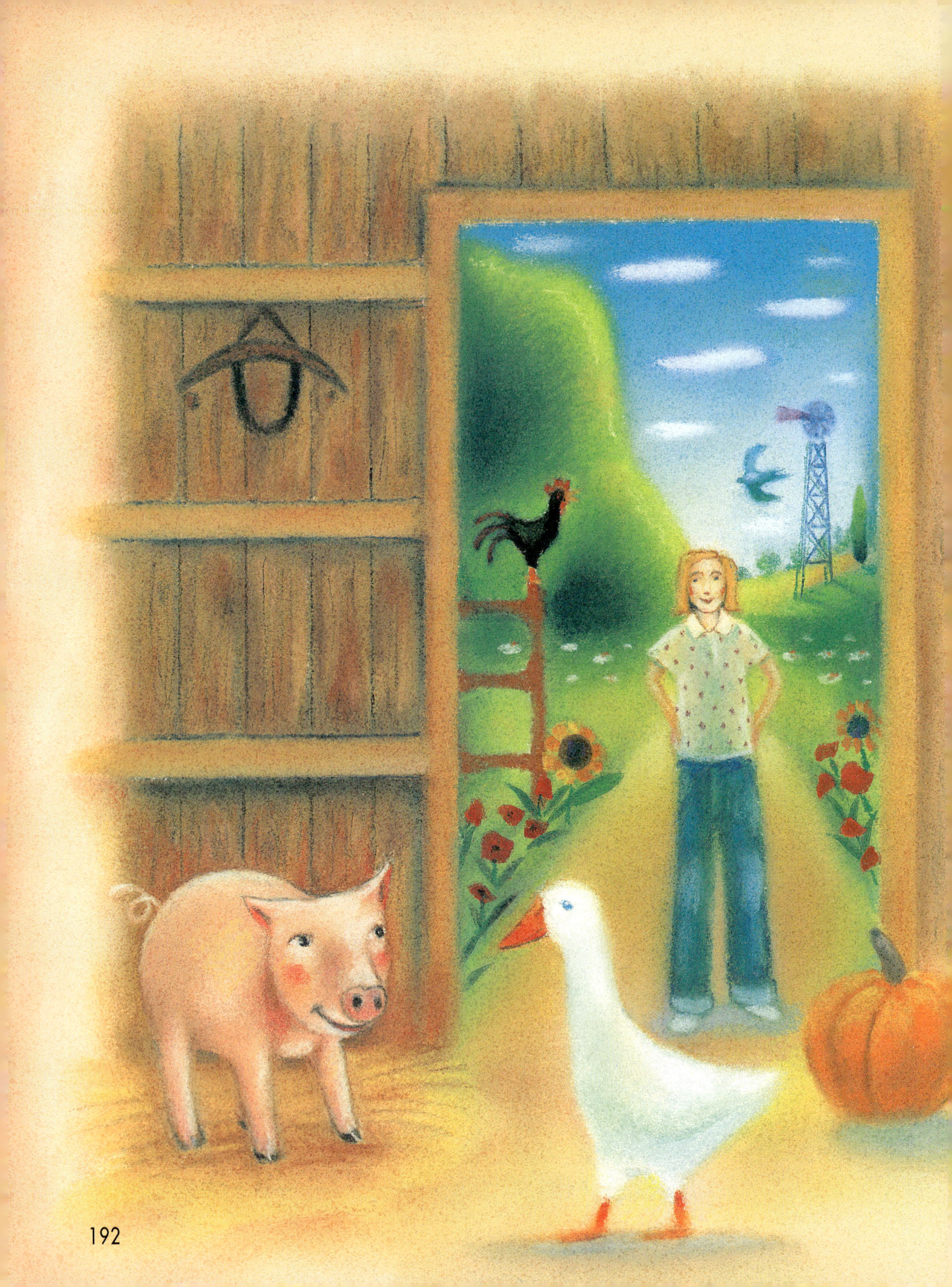

CARLOTA: Yo lo haré.

WILBUR: ¿Cómo?

CARLOTA: Ya veremos. *(Entra el Ganso.)*

GANSO: Con permiso, con permiso, con permiso. Pero todo este ruido mantiene despiertos a los anzarinos.

CARLOTA: Trataremos de bajar las voces. A propósito, ¿cuántos ansarinos hay?

GANSO: Siete.

TEMPLETON: Yo pensé que había ocho huevos. ¿Qué pasó con el otro huevo?

GANSO: No empolló. Fue un fracaso, supongo.

TEMPLETON: ¿Me lo das?

GANSO: Cómo no, no, no. Agrégalo a tu colección asquerosa. *(Templeton sale.)* Cómo imaginar que quiere una porquería, quería, quería tal como ese viejo huevo podrido.

CARLOTA: *(riéndose suavemente)* Una rata es una rata. Pero, mis amigos, esperemos que ese huevo nunca se rompa. Un huevo podrido sí que es una bomba apestosa. *(Templeton entra con el huevo.)*

TEMPLETON: No se preocupen. No lo voy a romper. Yo manejo cosas como ésta todo el tiempo.

LA VOZ DE AVERY: *(entre bastidores)* ¡Fern!

FERN: Aquí, Avery. *(Templeton pone el huevo junto al comedero y sale apresuradamente.)*

AVERY: *(entrando)* Madre me mandó a buscarte. Vas a perderte la comida.

FERN: Ya vengo. Hasta luego, todos. Y gracias a ti, Carlota, por lo que sea que vas a hacer para salvar a Wilbur.

AVERY: ¿Quién es Carlota?

FERN: La araña allí.

AVERY: ¡Es tremenda! *(Levanta un palo.)*

FERN: Déjala.

AVERY: Es una araña magnífica, y yo voy a capturarla. *(Avanza hacia Carlota.)*

FERN: Deja de hacer eso, Avery.

AVERY: Yo quiero esa araña. *(Ella agarra el palo.)* ¡Suelta mi palo, Fern!

FERN: ¡Para! ¡Te digo que pares! *(Avery corre detrás de Fern y tropieza con el comedero. El comedero cae sobre el huevo de Ganso. Ganso sale.)*

AVERY: ¡Socorro!

FERN: *(frotándose la nariz)* ¿Qué es ese olor?

AVERY: Creo que rompimos un huevo podrido. Caramba, ¡qué mal olor! Salgamos de aquí. *(Él y Fern salen apresuradamente.)*

TEMPLETON: *(saliendo de su escondite)* Mi querido huevo. *(Recoge los pedazos y sale llorando.)*

CARLOTA: Me alegro de que eso haya terminado. Espero que el olor se vaya pronto. *(una pausa)*

WILBUR: ¿Carlota?

CARLOTA: Sí.

WILBUR: ¿Hablabas en serio cuando me prometiste que no permitirías que me mataran?

CARLOTA: Nunca he hablado más en serio.

WILBUR: ¿Cómo vas a salvarme?

CARLOTA: Pues, de verdad no lo sé. Pero quiero que duermas bien y que dejes de preocuparte. Quiero que te acuestes sin demora. *(Él se tiende sobre la paja y las luces se amortiguan.)*

WILBUR: Bien. Buenas noches, Carlota.

CARLOTA: Buenas noches, Wilbur. *(una pausa)*

WILBUR: Gracias, Carlota.

CARLOTA: Buenas noches. *(Ahora el granero está en la semioscuridad. Wilbur se duerme.)* Qué hacer. Qué hacer. Prometí salvarle la vida y estoy resuelta a cumplir con esa promesa. Pero, ¿cómo? *(una pausa)* Espera un momento. La forma de salvar a Wilbur es engañar a Zuckerman. Si puedo engañar a un insecto, seguramente puedo engañar a un hombre. Las personas no son tan inteligentes como los insectos. *(una pausa)* Por supuesto. Eso es. No será fácil, pero hay que hacerlo. *(Vuelve la espalda a los espectadores.)* Primero, saco una sección de la telaraña y dejo un espacio abierto en el medio. Ahora, tejo nuevos hilos para reponer los que saqué. *(Canta delicadamente.)*

> **Cuelguen hileras.**
> **Que salga el hilo.**
> **Mientras más largo,**
> **mejor se lee.**

(Empieza a "escribir" con movimientos complicados, aunque sus movimientos son deliberadamente indistinguibles.) Pega, chica. Pega. Línea de reparto. Desciende. Completa la curva. Ahora tranquila. Así es. Retrocede. Tómate el tiempo. Ahora anúdalo. Bien.

¡QUÉ CERDO!

(Canta.)

**El mensaje se ha hilado.
He llegado al final.
El trabajo que he hecho
para mi amigo será.**

(Se mueve al costado, y una luz especial revela las palabras "¡Qué cerdo!" escritas en la telaraña. (Lee en voz alta.) "qué cerdo". *(Sonríe.)* No está mal, vieja, por ser la primera vez. Pero fue bastante agotador. Mejor que tome una siestita antes del amanecer. *(Sale por detrás de la telaraña. Las luces empiezan a ponerse más fuertes y el gallo canta. Wilbur comienza a despertarse. Está soñando algo malo.)*

WILBUR: No, no. Por favor, no. ¡Paren! *(Se despierta.)* Oh, cielos. Ése sí que fue un sueño terrible. Había hombres con armas de fuego y cuchillos que venían a llevarme con ellos. *(Lurvy entra llevando un cubo. Wilbur se aparta un poco.)*

LURVY: Aquí tienes, cerdo. El desayuno. Muchas sobras buenas hoy. *(Pone el cubo en el piso.)* Absolutamente de—de—*(Ve la escritura en la telaraña.)* ¿Qué es eso? Estoy imaginándome las cosas. *(Llama entre bastidores.)* ¡Sr. Zuckerman! ¡Sr. Zuckerman! ¡Creo que será mejor que salga a la pocilga rápido! *(Sale con apuro.)*

WILBUR: *(No ha visto la escritura en la telaraña.)* ¿Qué vio? No hay nada aquí excepto yo. *(Se toca.)* Eso es. ¡Me vio a mí! Vio que soy grande y sano y—y listo para que me hagan . . . jamón. Vienen aquí ahora mismo con armas de fuego y cuchillos. Lo sé. ¡Qué puedo hacer! *(una pausa)* ¡Espera! La cerca que arregló Lurvy. Posiblemente esté floja otra vez. Tengo que escaparme. No tengo alternativa. O la libertad . . . o la sartén. *(Ve el cubo).* Pero primero, un poco de sustento. *(Bebe del cubo.)* Ahora, estoy listo. Voy a escaparme de esta prisión. ¡Nunca me llevarán vivo! *(una pausa)* Tampoco me llevarán muerto. *(otra pausa)* ¿Qué digo? Tengo que salir de aquí. *(Empieza a salir apurado del escenario.)* ¡Al ataaaaque! *(Sale corriendo. Se oye un choque entre bastidores.)*

CARLOTA: *(Entra bostezando.)* ¿Qué fue eso? Wilbur, ¿dónde estás?

LA VOZ DE WILBUR: *(entre bastidores)* Estoy libre.

LA VOZ DE HOMER: *(entre bastidores)* Ahora, Lurvy, ¿qué podrá ser tan importante que tuviste que traerme aquí a fuerzas antes de que terminara —

LA VOZ DE LURVY: *(entre bastidores)* Ya verá, Sr. Zuckerman. Ya verá. *(Entran.)*

HOMER: Lo único que veo es—¡el cerdo no está aquí!

LURVY: ¿Cómo?

HOMER: Mira allá en el corral de las gallinas. *(Señala entre bastidores.)* Se ha escapado. ¡Vamos!

LURVY: Pero . . . mire la telaraña, Sr. Zuckerman.

HOMER: En este momento no hay tiempo. Tenemos que agarrar a ese cerdo. *(Salen.)*

LA VOZ DE HOMER: *(entre bastidores)* Dirígelo hacia el rincón, Lurvy. ¡Hazlo correr por aquí!

CARLOTA: Ay, no. *(Gansa y Ganso entran.)*

GANSO: ¿Por por por qué tanto lío?

GANSA: Hay tanto ruido, ruido, ruido —

GANSO: Los ansarinos no pueden dormir. *(Entre bastidores se oyen ruidos. Wilbur entra antes que Homer y Lurvy.)*

GANSA Y GANSO: *(animando a Wilbur)* ¡Ve, ve, ve, Wilbur! ¡No dejes que te agarren! ¡Corre, corre, corre! *(Wilbur vira y sale de nuevo, escapándose de Homer y Lurvy, quienes también salen.)*

199

CARLOTA: ¡Ahora paren esto! No lo animen. Si Wilbur logra escaparse, no tendrá posibilidad alguna contra el mundo de afuera. Así que, si corre por aquí otra vez, tenemos que pararlo. *(Se oye que la caza se aproxima.)* ¡Prepárense! Aquí viene.

WILBUR: *(Entra corriendo.)* ¡Esta vez lo lograré! Vi una verja abierta que da al bosque. Gracias, a todos, por toda su— *(Gansa y Ganso lo atrapan y lo sujetan.)* ¿Qué es esto? ¡Hasta mis amigos se vuelven contra mí! *(Se oyen a Homer y a Lurvy entre bastidores. Wilbur se retuerce mientras lo sujetan.)* ¡No me dejaré vencer sin pelear! ¡Lucharé hasta llegar al tajo! ¡No seré el tocino de nadie! *(Homer y Lurvy entran jadeantes. Gansa y Ganso sueltan a Wilbur, cuyas bravatas desaparecen rápidamente al encogerse de miedo.)*

HOMER: Pues, por cierto nos hiciste correr por nuestra—

LURVY: Sr. Zuckerman. Sr. Zuckerman. ¡Mire! Esto es lo que le quería mostrar. *(Señala la telaraña con el dedo. Todos fijan los ojos en ella por un momento. Wilbur, Gansa y Ganso la ven también.)*

HOMER: *(asombrado)* Un milagro ha ocurrido en esta granja.

LURVY: Un milagro.

HOMER: "¡Qué cerdo!" No lo creo. *(Wilbur comienza a recobrar la confianza.)* Mejor que te apures y termines con los quehaceres, Lurvy.

LURVY: Seguro, Sr. Zuckerman. *(Sale.)*

HOMER: Seguro que tendremos muchas visitas hoy cuando se enteren de esto. Llamaré al pastor enseguida para contarle del milagro. Entonces llamaré a los Arable. Pero primero, tengo que decirle a Edith. No lo va a creer nunca. ¡Edith! ¡Edith! *(Sale. Wilbur, Gansa y Ganso aplauden y felicitan a Carlota.)*

¡QUÉ CERDO!

WILBUR: *(sí mismo de nuevo)* Oh, Carlota. Gracias. Gracias. Gracias.

CARLOTA: Parece haber sido un éxito. Al menos por ahora. Pero si vamos a salvar la vida de Wilbur, tendré que escribir más palabras en mi tela. Y necesito nuevas ideas. ¿Algunas sugerencias?

GANSO: ¿Qué, qué, qué tal "Cerdo supremo"?

CARLOTA: No. Suena como un postre pesado.

GANSA: ¿Qué tal "fabuloso, fabuloso, fabuloso"?

CARLOTA: Acórtalo a un "fabuloso" y nos servirá muy bien. Creo que posiblemente impresione a Zuckerman. ¿Cómo se escribe "fabuloso"?

GANSO: Creo que es efe, doble a, doble be, doble u, doble ele, doble o, doble ese, doble o, o, o, o, o.

CARLOTA: ¿Qué tipo de acróbata crees que soy?

GANSO: Perdón, perdón, perdón.

CARLOTA: Deletrearé la palabra como mejor pueda.

GANSO: Los ansarinos tienen hambre. Tengo que ir a buscar gusanos, gusanos, gusanos para darles de comer. *(Sale.)*

GANSA: Es tan buen proveedor. *(Sale.)*

WILBUR: *(mirando la telaraña)* "¡Qué cerdo!". Posiblemente eso me salve la vida.

CARLOTA: Espero que por un tiempo. Pero necesito más palabras. Tal vez Templeton pueda ayudar. ¿Dónde está?

WILBUR: Probablemente durmiendo al lado. *(llamando)* Templeton, ¿estás dormido allí adentro?

TEMPLETON: *(entrando)* ¿Cómo se puede dormir con todo este ruido?

WILBUR: ¿Viste el mensaje en la telaraña?

TEMPLETON: Estaba allí cuando salí esta mañana. No es gran cosa.

CARLOTA: Le fue gran cosa a Zuckerman. Ahora necesito nuevas ideas. Cuando vayas al basurero, trae de vuelta un recorte de una revista. Ayudará a salvar la vida a Wilbur.

TEMPLETON: Déjalo morir. No me voy a preocupar.

OVEJA: Te preocuparás el invierno que viene cuando Wilbur esté muerto y nadie venga aquí con un buen cubo de gachas.

TEMPLETON: *(después de una pausa)* Traeré un recorte de revista.

CARLOTA: Gracias. *(una pausa)* Esta noche, haré trizas mi tela y escribiré "Fabuloso". Ahora, sal al corral y acuéstate al sol, Wilbur. Necesito descansar. Estuve despierta toda la noche.

WILBUR: *(yéndose)* Gracias, Carlota. Eres la mejor amiga que un cerdo haya tenido. *(Sale.)*

Piénsalo

1. ¿Cómo puede la idea de Carlota salvar a Wilbur?

2. ¿Cuál de los papeles te gustaría representar? Explica cómo lo harías.

3. El dramaturgo incluyó muchas direcciones de escena. ¿Cómo pueden ayudar a los lectores tanto como a los actores?

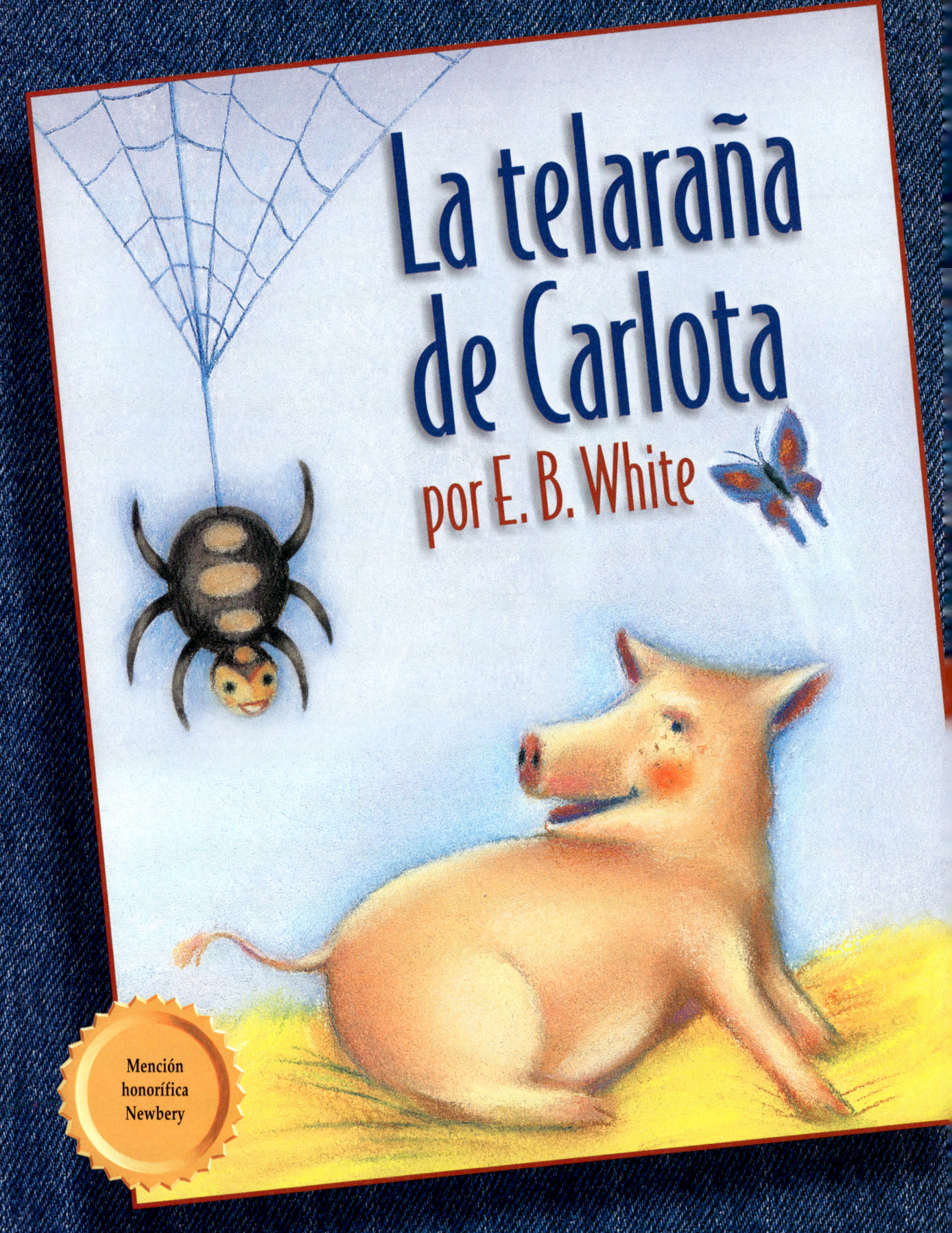

La telaraña de Carlota

por E. B. White

Mención honorífica Newbery

El día siguiente fue neblinoso. Todo en la granja goteaba agua. El pasto parecía una alfombra mágica y la parcela de los espárragos un bosque de plata.

En las mañanas de niebla, la telaraña de Carlota era realmente algo bello. Esta mañana cada uno de sus delgados hilos estaba decorado con docenas de pequeñas gotas de agua. La telaraña relucía bajo la luz y formaba un diseño delicado y misterioso, como un velo delicado. Hasta Lurvy, quien no estaba especialmente interesado en la belleza, notó la telaraña cuando vino con el desayuno para el cerdo. Notó la claridad con que se le podía ver y también su gran tamaño y cuidadosa construcción. Y luego volvió a mirar y vio algo que hizo que dejara el cubo en el suelo. Allí, en el centro de la telaraña, delicadamente tejido en letra de molde, había un mensaje que decía:

¡QUÉ CERDO!

Lurvy se sintió débil. Se pasó la mano por los ojos y miró más detenidamente la telaraña de Carlota.

—Estoy viendo cosas que no son posibles —murmuró Lurvy. Cayó de rodillas y dijo una corta plegaria. Luego, olvidándose del desayuno de Wilbur, volvió a la casa y llamó al Sr. Zuckerman.

—Creo que será mejor que venga a la pocilga —le dijo al Sr. Zuckerman.

—¿Qué problema hay? —preguntó el Sr. Zuckerman—. ¿Le pasa algo al cerdo?

—N-no precisamente —dijo Lurvy—. Venga y vea usted mismo.

Los dos hombres caminaron silenciosamente hacia el corral de Wilbur. Lurvy señaló la telaraña y preguntó: —¿Ve lo mismo que veo yo?

Zuckerman miró fijamente lo escrito en la telaraña. Luego, murmuró las palabras "¡QUÉ CERDO!". Luego, miró a Lurvy. Después, los dos comenzaron a temblar. Carlota, adormilada después del trabajo de la noche anterior, se sonrió mientras los observaba. Wilbur se acercó y se paró justamente debajo de la telaraña.

—¡Qué cerdo! —susurró Lurvy en voz baja.

—¡Qué cerdo!— murmuró el Sr. Zuckerman. Los dos miraron y miraron por un largo rato a Wilbur. Luego, miraron a Carlota.

—¿No crees que esa araña . . . ? —comenzó el Sr. Zuckerman, pero sacudió la cabeza y no terminó la pregunta. En lugar de eso, caminó solemnemente de vuelta a la casa y habló con su esposa. —Edith, ha pasado algo —le dijo con voz débil. Fue hacia la sala y se sentó, y la Sra. Zuckerman lo siguió.

—Tengo algo que decirte, Edith —dijo el Sr. Zuckerman—. Va a ser mejor que te sientes.

La Sra. Zuckerman se dejó caer en una silla. Se veía pálida y asustada.

—Edith —dijo el Sr. Zuckerman, tratando de controlar su voz —pienso que es mejor que lo sepas. Tenemos un cerdo muy peculiar.

A la Sra. Zuckerman se le llenó la cara de asombro.
—Homer Zuckerman, ¿de qué estás hablando? —dijo.

—Esto es muy serio, Edith —contestó él—. Nuestro cerdo es algo verdaderamente extraordinario.

—¿Qué tiene de extraordinario el cerdo? —preguntó la Sra. Zuckerman, quien empezaba a recuperarse del susto.

—Pues, verdaderamente no lo sé todavía —dijo el Sr. Zuckerman—. Pero hemos recibido una señal, Edith, una señal misteriosa. Ha ocurrido un milagro en esta granja. Hay una gran telaraña en la puerta del sótano del granero, justamente sobre la pocilga, y cuando Lurvy fue a darle de comer al cerdo esta mañana, se fijó en la telaraña porque estaba neblinoso, y tú sabes cómo una telaraña se ve muy claramente en la niebla. Y justo allí en el centro de la telaraña estaban las palabras "¡Qué cerdo!". Las palabras habían sido tejidas allí en el centro de la telaraña. Verdaderamente eran parte de la telaraña, Edith. Yo lo sé, porque he estado allí y las he visto. Dice "¡Qué cerdo!", lo más claramente posible. No puede haber ningún error. Ha ocurrido un milagro y ha aparecido una señal aquí en la Tierra, aquí en nuestra granja, y no tenemos un cerdo ordinario.

—Pues —dijo la Sra. Zuckerman, —me parece que tú estás equivocado. Me parece que no tenemos una araña ordinaria.

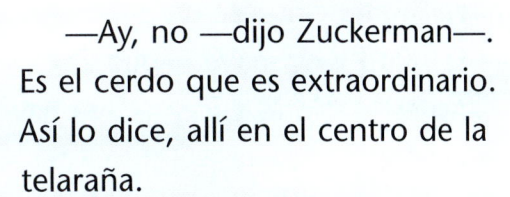

—Ay, no —dijo Zuckerman—. Es el cerdo que es extraordinario. Así lo dice, allí en el centro de la telaraña.

—Posiblemente —dijo la Sra. Zuckerman—. Aún así, yo pienso ir a ver esa araña.

—No es nada más que una araña gris común —dijo Zuckerman.

Se levantaron, y juntos caminaron al corral de Wilbur.
—¿Ves, Edith? Es sólo una araña gris común.

Wilbur estaba contento de recibir tanta atención. Lurvy estaba todavía parado allí, y el Sr. y la Sra. Zuckerman, los tres se quedaron parados allí por más o menos una hora, leyendo las palabras en la telaraña una y otra vez y mirando a Wilbur.

Carlota estaba encantada con el éxito de su truco. Se quedó quieta, sin mover un músculo, y escuchó la conversación de las personas. Cuando una mosca pequeña chocó con la telaraña, al otro lado de la palabra "cerdo", Carlota bajó rápidamente, envolvió a la mosca en la tela, y se la llevó.

Después de un rato la niebla se disipó. La telaraña se secó y las palabras no se veían tan claramente. Los Zuckerman y Lurvy regresaron caminando a la casa. Justo antes de dejar la pocilga, el Sr. Zuckerman miró una vez más a Wilbur.

—Sabes —dijo en una voz importante, —siempre he pensado que ese cerdo nuestro es especialmente bueno. Es un cerdo sólido. Ese cerdo es el más sólido que hay. ¿Te fijaste en lo sólido que es en los hombros, Lurvy?

—Seguro. Seguro que sí —dijo Lurvy. Siempre me ha llamado la atención ese cerdo. Es un cerdo especial.

—Es largo y es suave —dijo Zuckerman.

—Así es —asintió Lurvy—. No hay cerdo más suave que ése. ¡Qué cerdo!

Piénsalo

¿Crees que la Sra. Zuckerman tiene razón cuando dice, "Me parece que no tenemos una araña ordinaria"? Explica por qué sí o por qué no.

Acerca del autor
E.B. WHITE

E.B. White escribió para la revista *The New Yorker* por muchos años. Empezó a escribir libros para niños sólo después de mudarse a una granja. Un día, cuando les daba de comer a sus animales, había empezado a sentir lástima por la suerte de los cerdos. Empezó a pensar en formas de salvar un cerdo. Había estado mirando trabajar una araña y entonces nació la idea para *La telaraña de Carlota*.

Stuart Little y *La telaraña de Carlota*, libros de White, se consideran obras clásicas de la literatura para niños. Sus obras demuestran sus sentimientos acerca de la vida. Pensaba que las cosas sencillas eran importantes, y no quería que la gente se olvidara de eso.

Taller de actividades

Un vistazo a la telaraña

INVENTA UN MENSAJE
Piensa en un mensaje que podrías escribir para asombrar a alguien o hacer que suceda algo especial. (Usa un diccionario si necesitas ayuda para encontrar las palabras correctas.) Dibuja tu mensaje como si estuviera en una telaraña u otro lugar especial. Escribe unas cuantas oraciones explicando su propósito.

Tejedores de telarañas

CREA DIBUJOS CIENTÍFICOS

Carlota teje una telaraña circular. Averigua más sobre los distintos tipos de telarañas. Puedes descubrir información sobre tejedores de telarañas enmarañadas, planas, circulares y en forma de embudo. Dibuja distintas formas de telarañas. Pon un rótulo en cada una con el nombre de la araña que la teje.

Club de drama

REPRESENTA UNA LECTURA

Trabaja con un compañero para preparar una lectura dramática de la primera escena entre Wilbur y Carlota. Practiquen con voces que encajen con los personajes. No van a usar gestos, así que lean con expresión. Actúen frente a una audiencia si pueden.

Hacer conexiones

COMPARA FORMAS LITERARIAS

E.B. White escribió *La telaraña de Carlota* y Joseph Robinette la volvió a escribir en forma de obra teatral. Compara el cuento y la obra teatral. Relee las escenas en las que Lurvy descubre *¡QUÉ CERDO!* en la telaraña. Haz un cuadro mostrando cómo Joseph Robinette cambió el cuento. Haz una lista de lo que añadió, lo que quitó y cómo cambió el orden de los sucesos. Luego escribe un párrafo en el que expliques por qué crees que hizo los cambios.

Cómo cuidar de un orangután

Cuento y fotografías de
Tara Darling
y Kathy Darling

Autora premiada

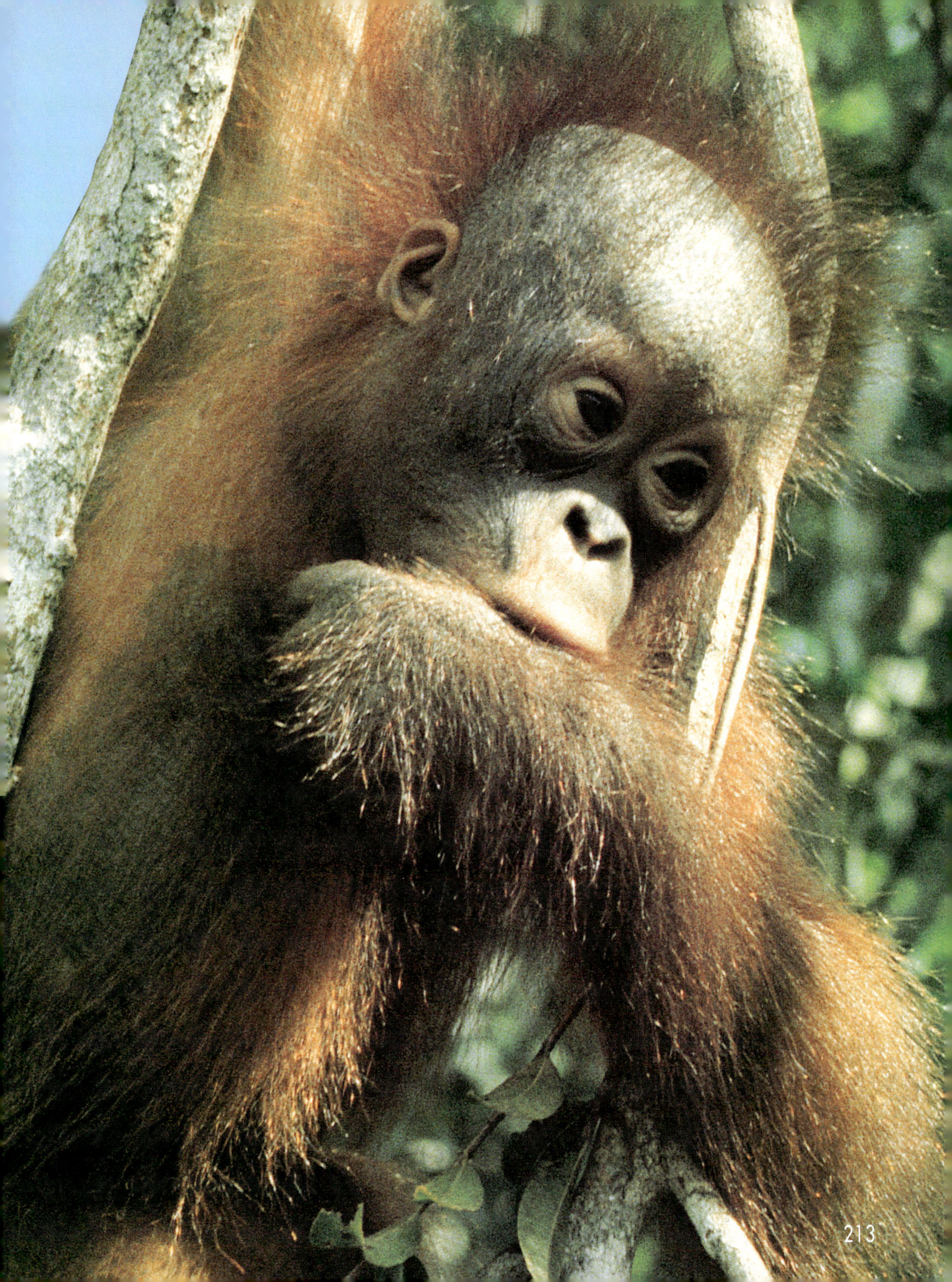

¿Cómo cuidas de un orangután? Bueno, primero tienes que encontrar un orangután que necesite ser cuidado.

Eso es muy fácil aquí en el Campamento Leakey. El Campamento Leakey está en medio de la selva tropical, en la isla de Borneo. No es un campamento normal. Realmente es un orfelinato para orangutanes.

Normalmente, los bebés orangután no necesitan niñeras humanas, pero la muerte de las madres de esos pequeños póngidos deja a sus huérfanos demasiado jóvenes para sobrevivir solos en la selva. Sin niñeras, todos los bebés morirían de enfermedades, hambre o heridas.

Mi amiga Birute Galdikas me enseña cómo ser una niñera de orangutanes. Hace más de veinte años que cuida de bebés orangután y entrena a las niñeras del Campamento Leakey.

Lo primero que me dijo fue que cuidar de un orangután no era un trabajo "para siempre". El trabajo de una buena niñera termina cuando el bebé crece y puede ir a la selva a vivir como un póngido salvaje.

Nuestro trabajo consiste en enseñarles a los orangutanes las destrezas que necesitan para sobrevivir ellos solos. Eso toma hasta que tienen entre siete u ocho años, la edad a la que dejarían a su madre natural. Entonces tenemos que decirles adiós.

A los orangutanes del Campamento Leakey les gusta abrazar.

Hora de estudio en la selva tropical

Esto no es fácil. Los bebés orangután son lindos, mimosos y muy cariñosos. Por culpa de estas cualidades fueron a parar a un orfelinato. Mucha gente piensa que esos póngidos adorables serían buenas mascotas y, por eso, los traficantes de animales avariciosos pueden ganar mucho dinero por uno de esos bebés en peligro. Las mamás de los orangutanes no entregan a sus bebés sin luchar y muchas veces los usurpadores de los bebés las matan. Luego, se llevan de contrabando a los bebés de Borneo y Sumatra, el único lugar dónde todavía viven los últimos 5,000 orangutanes salvajes. Por cada bebé orangután que llega a un circo, zoológico privado o domador para películas, ocho mueren porque no pueden sobrevivir el viaje.

Sólo unos cuantos bebés son afortunados y llegan a ser rescatados y devueltos a la selva tropical. Necesitan la selva para encontrar comida, y las selvas están desapareciendo tan rápidamente como los orangutanes, que antes se contaban en los millones.

Nanang tiene cinco años y es mi favorito, aunque también ayudo a cuidar de otros huérfanos. Los que tienen menos de dos años toman mucho tiempo, así que todas las niñeras ayudan a cuidarlos. Los bebés son muy indefensos durante los primeros dos años, al igual que lo son los bebés humanos.

Los orangutanes salvajes lactan hasta los cinco o seis años. Por eso, si bebés de menos de esa edad llegan al campamento, tenemos que darles leche. Dos veces al día mezclamos un cubo de leche de vaca en polvo. Los bebés toman la leche en un biberón. Los de tres y cuatro años prefieren una taza, y los que se creen más listos, de cinco y seis años, piensan que lo mejor es beber del cubo.

La leche es buena para los bebés orangután.

Los bebés dependen de nosotros para todo su alimento. Al igual que la mayoría de los niños, los bebés orangután comen con muy poco cuidado. Las niñeras deben estar preparadas para recibir escupitajos. Aunque les damos muchas bananas, intentamos darles la misma comida que comen los orangutanes salvajes. La dieta de los orangutanes consiste mayormente de fruta, pero también comen nueces, flores, hojas y muchas plantas que crecen en la selva. Los únicos animales que ellos comen con regularidad son las termitas y las hormigas.

Quiero que Nanang se ponga fuerte. Estoy dispuesta a tomar un sorbo de leche para mostrarle que la leche sabe buena. Me gusta comer bananas con él. Incluso mordisqueo algunas hojas de vez en cuando para animarlo a probarlas. Pero me niego absolutamente a comer termitas u hormigas. ¡Estoy segura de que comer insectos va más allá de las obligaciones de una niñera!

A Tom le gusta sorber la espuma de jabón.

Las bananas son la comida favorita de los bebés.

Este bebé está celoso de Nanang porque tiene mi sombrero, y él se ha hecho su propio sombrero con una hoja.

En la selva llueve mucho. (Estoy segura de que esto no te sorprende.) Para asegurarme de que un chaparrón no me pille desprevenida, siempre llevo un sombrero para la lluvia. Nanang se pone muy celoso. Me quita el sombrero y se lo pone en la cabeza siempre que puede. Le gusta ponérselo, aunque es tan grande que le tapa los ojos y no puede ver nada.

Cuando hay lluvias torrenciales, los orangutanes salvajes a menudo se ponen hojas sobre las cabezas. A los orangutanes no les gusta mojarse. Por eso la hora del baño no es divertida para las niñeras. Los orangutanes más chiquitos desarrollan enfermedades de la piel y pierden pelo durante los meses de calor. Tiene muy mala suerte la niñera que tiene que dar baños medicinales. Hay muchos gritos y muchas mordidas durante el baño.

A los orangutanes no les gustan los baños, aunque les encanta el jabón. Cuando me lavo la ropa, Tom siempre pide una barra de jabón. Tiene ideas muy originales de lo que hacer con el jabón. Piensa que es comida, se enjabona el brazo y luego sorbe la espuma con gran deleite. Creo que no se ha enterado de que lavarse la boca con jabón era un castigo.

Princesa mimando a su hijo Peter.

No es necesario peinar a un orangután después del baño. Hagas lo que hagas se le queda el pelo plantado en mechones rojos. Todos los bebés tienen ese peinado loco. A medida que crecen, se hace más manejable. Cuando el pelo de la cabeza se aplasta, es señal de que el bebé se está haciendo mayor. El cambio del color rosa de bebé, de la piel alrededor de la boca y de los ojos, al color negro de adulto, es otra señal de que el orangután está listo para irse por su cuenta.

Cuando Nanang y yo damos un paseo, nos encontramos a menudo con Princesa y su bebé, Peter. Peter tiene la misma edad que Nanang y le gusta mucho jugar con él.

Peter me dio una lección acerca del cuidado de póngidos que nunca he olvidado: guarda todas tus golosinas hasta que hayas terminado tu turno. Una mañana, Peter se acurrucó junto a mí, me puso el dedo sucio en la boca y me quitó el chicle. Luego, riéndose alegremente, se lo puso en la boca.

Los orangutanes, tanto los grandes como los pequeños, ¡son ladrones de comida! La mayoría de los humanos, incluyéndome a mí, piensan que esto es muy asqueroso. Sin embargo, el compartir la comida con un adulto es un comportamiento sano y normal para un orangután joven. Hay cientos de frutas y hojas diferentes en la selva. Algunas son deliciosas, pero algunas son venenosas. Un bebé orangután tiene que aprender a distinguirlas. Por eso las madres permiten que les roben la comida. Así los pequeños pueden reconocer el olor y el sabor de las comidas que pueden comer sin peligro.

Si cuidas de niños, probablemente verás rabietas. Bien, los bebés orangután tienen rabietas muy parecidas. Gritan y dan pataletas. ¡También dan mordiscos! Muchos mordiscos.

Nanang hace ruido con sus labios para mostrar que no quiere ir a la cama.

221

Los juegos de los orangutanes casi siempre incluyen mordiscos. Los póngidos no sólo se mordisquean unos a otros cuando juegan, sino que, si pueden, también muerden a la niñera.

Un orangután juguetón muestra sus dientes de abajo. Parece una cara de enfado, pero no lo es. Los orangutanes enojados estiran los labios y hacen ruidos que parecen besos para mostrar su disgusto. También eructan mucho. Una niñera tiene que saber interpretar las expresiones faciales de los orangutanes. Si malinterpretas la cara de enojo, mostrando las dos tiras de dientes por una mueca, vas a sentir el mordisco de esos dientes.

La mayor parte del tiempo, los pequeños orangutanes tienen una cara feliz. Son muy juguetones. Los "mejores amigos" forman grupos de juego de tres o cuatro. Algunas veces nos toca vigilar a un bebé y otras veces nos toca vigilar a un grupo entero.

Los mejores amigos lo hacen todo juntos. Los pequeños huérfanos se sienten solos, y parece que se adoptan mutuamente y forman una familia. Están juntos cada día. Juegan juntos. Cualquier juego

Tara le está enseñando a Nanang a acostumbrarse a los árboles.

que es divertido en el suelo, para ellos es mucho más divertido colgando de los árboles.

Una de las lecciones más importantes que les enseñamos a los orangutanes huérfanos es que su lugar está en los árboles. Cada día vamos a la selva para que puedan desarrollar sus músculos, practicar su equilibrio y adquirir el juicio y la coordinación necesarios para la vida en el dosel arbóreo. Menos mal que la niñera no tiene que trepar a los árboles con los que están a su cargo. Yo no podría ni intentar ir a los lugares a los que va Nanang con tanta facilidad. Puede colgar de los pies tan bien como de las manos. Sus muñecas le permiten girar sin cambiar la posición de las manos. A pesar de eso se cae de vez en cuando. Le tomará algunos años perfeccionar el arte de "colgar".

Nanang sabe que no puedo trepar muy bien. Cuando llega la hora de acostarse, trepa a lo más alto de un árbol. Se encarama allí chupándose el pulgar hasta que lo invito a bajar ofreciéndole una banana.

Princesa está construyendo un nido para tomar una siesta. Peter está con ella.

Nanang tiene su propia manera de jugar al escondite.

Nanang no es lo bastante mayor para dormir solo en la selva. Un orangután salvaje dormiría en el nido de su madre hasta los cinco o seis años. Peter, por ejemplo, todavía duerme con Princesa. Hay algunas serpientes grandes que podrían matar a un bebé dormido.

A los orangutanes les gusta un sitio cómodo y blando para dormir. Cada noche hacen un nuevo nido con hojas y ramas. Les toma entre cinco y diez minutos el construir uno. Los otros grandes póngidos, gorilas y chimpancés también construyen nidos, pero sólo los orangutanes les ponen un techo para protegerse de la lluvia. No podemos enseñarles a construir un nido en los árboles a los bebés de los que nos encargamos. Lo mejor que podemos hacer es dejarlos que practiquen en el suelo. Los bebés tratan de construir nidos con cualquier material que encuentran.

Los bebés orangután aprenden mucho mejor a construir nidos si pueden observar a póngidos mayores que ellos. Cuando el Campamento Leakey era nuevo, había tan sólo niñeras humanas. Los pequeños orangutanes de los que cuidaban crecieron y se fueron a vivir en la selva. Pero no para siempre. Algunos viven cerca y vienen de visita a menudo. Algunos llegan con sus propios bebés. Son modelos maravillosos. Los orangutanes adultos pueden enseñar a los huérfanos cosas que las niñeras humanas no pueden.

Cada atardecer, cuando veo a Princesa y a Peter caminar hacia la selva, me siento feliz. Son libres. Libres de trepar el dosel arbóreo y libres de venir a visitarnos cuando quieren.

Las niñeras del Campamento Leakey se han despedido felizmente de más de 100 huérfanos. Estos ex cautivos han vuelto a la naturaleza.

Aunque lo quiero mucho, espero que algún día también pueda despedirme de Nanang.

Piénsalo

1. ¿Por qué necesitan niñeras los bebés orangután?
2. ¿Te gustaría ser la niñera de un orangután? ¿Por qué sí o por qué no?
3. ¿Cuál crees que era la intención del autor al escribir este libro? ¿Por qué?

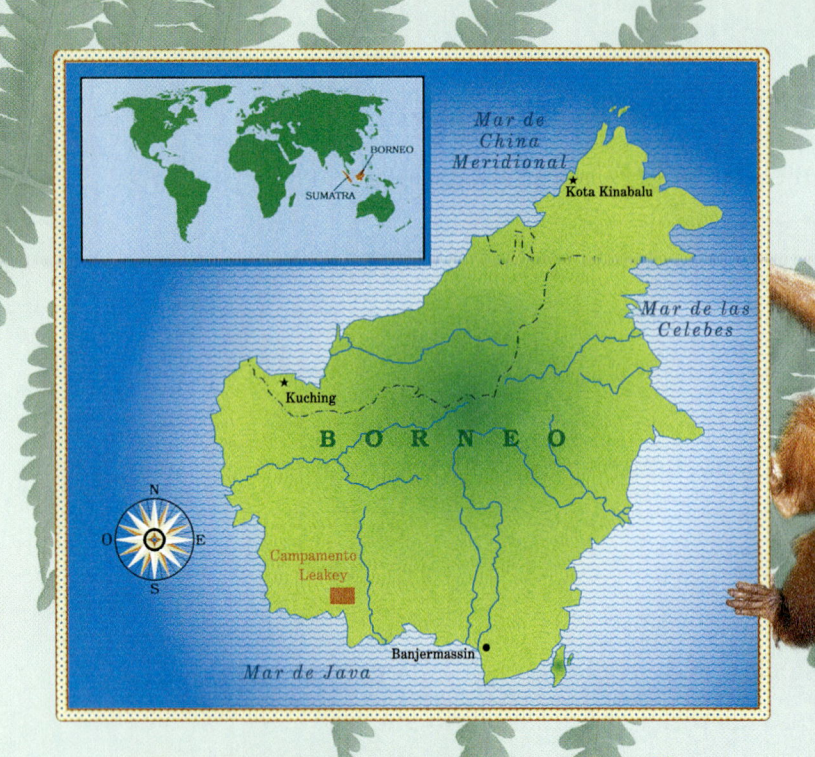

Hechos acerca de los orangutanes

El póngido asiático

El orangután es uno de los tres "grandes póngidos". Los otros son el gorila y el chimpancé de África.

Animal de la selva tropical

Los grandes póngidos se encuentran en la selva tropical. Los orangutanes viven en las islas de Borneo y Sumatra.

Sin cola

Una manera rápida de distinguir entre los póngidos y los demás monos es buscar una cola. La mayoría de los monos tienen cola pero los póngidos no la tienen.

Machos y hembras de muy distinto tamaño

El tamaño de los orangutanes machos es dos o tres veces mayor que el tamaño de las hembras de 100 libras.

Los bebés se quedan con la madre durante seis o siete años

El padre nunca cuida de los bebés. Los orangutanes machos adultos viven solos en las copas de los árboles.

Los cantantes de las copas

Los orangutanes raramente bajan de los árboles. Cuando buscan compañera, los machos gritan con una voz fuerte que puede oírse por muchas millas.

Conoce a las autoras
Tara y Kathy Darling

Kathy Darling se dedicó a editar libros durante varios años antes de empezar a escribirlos ella misma. Durante más de veinticinco años ha escrito libros divertidos e interesantes. Mucho de lo que escribe se relaciona con temas científicos. Por ejemplo, ha escrito muchos libros acerca de animales. Una de sus aficiones es la cría de perros y también escribe artículos para revistas de perros.

Tara Darling, la hija de Kathy, es fotógrafa. Este equipo familiar es una combinación perfecta, y las dos han viajado por todo el mundo estudiando distintos animales. Además del libro sobre los orangutanes han hecho libros acerca de las crías de otros animales.

Visita *The Learning Site*
www.harcourtschool.com

227

Taller de actividades

Un día de niñera

ESCRIBE UN HORARIO

La niñera de Nanang tiene un día libre. Haz un horario para ayudar a su substituta a saber lo que tiene que hacer durante el día. Usa detalles de la lectura para describir la hora de comer, del baño, de acostarse y otras actividades. Da tantas sugerencias valiosas como puedas.

Se busca: Niñera para orangután

ESCRIBE UN ANUNCIO "Se busca"
Estás comenzando un servicio de niñeras para orangutanes y necesitas ayuda rápidamente. Escribe un anuncio para el periódico local. Describe brevemente el trabajo y haz una lista de las destrezas necesarias para ser una niñera de estos animales. Antes de empezar, lee algunos anuncios de "Se busca" en el periódico.

¿Quién ayuda?

INFORMA SOBRE UNA ORGANIZACIÓN DE FAUNA SILVESTRE
Busca información sobre un grupo de gente que ayuda a los animales. Muchas organizaciones tienen una página en Internet. Puedes hacer una entrevista telefónica con alguien de tu comunidad que trabaje para este tipo de organización. Toma notas y haz un informe con lo que averigües.

Arte orangutánico

DIBUJA LOS GRANDES PÓNGIDOS
Los orangutanes, como los gorilas y los chimpancés, no son monos sino póngidos. Busca fotos e información sobre estos animales. Luego haz un cartel en el que dibujes cada uno de los grandes póngidos. En la parte de abajo, escribe una lista de las diferencias entre los grandes póngidos y los monos.

Conclusión del tema

Fotografías en el trabajo

ESCRIBE UN PÁRRAFO
Una de las selecciones del tema *Tomados de la mano* está ilustrada con fotografías. ¿En qué se diferencia esta selección de las otras que aparecen en el tema? ¿Crees que pinturas o dibujos hubieran tenido el mismo efecto que las fotografías? Escribe un párrafo explicando tu opinión.

ADOPTA UNA MASCOTA

Buenas noticias
HAZ UNA PRESENTACIÓN DE NOTICIAS

En grupo, prepara un noticiero en donde muestres cómo usar la creatividad para resolver problemas. ¿Cuáles de los personajes de este tema invitarías para que aparecieran en tu programa? Escoge un miembro del grupo para hacer preguntas. Los otros pueden pretender ser audiencia o personajes de las selecciones y responder a las preguntas.

Ilustra a quienes se preocupan
USA FOTOGRAFÍAS PARA DEMOSTRAR EL SIGNIFICADO

Lo que significa este tema

Este tema nos muestra personas y personajes que se preocupan por los demás. Piensa en una forma en la que puedas demostrar lo que este tema significa para ti. Utiliza una red para anotar tus ideas. Puedes hacer un dibujo o buscar una fotografía especial. Escribe un subtítulo que vaya con tu dibujo o fotografía.

CONTENIDO

El paraíso de Abuelita 236
por Carmen Santiago Nodar

PRUEBA TU DESTREZA:
Sacar conclusiones 252

Juan y Taco 254
por Guillermo Wild

Cancioncita del perro Sonie 272
por Dulce María Loynaz

Un grillo en Times Square 276
por George Selden

PRUEBA TU DESTREZA:
Secuencia 296

El asombroso armadillo 298
por Dee Stuart

Mamá Zunzuna 316
por Nersys Felipe Herrera

El cacto saguaro 320
por Paul y Shirley Berquist

Saguaro 336
por Frank Asch

TEMA MI CASA ES TU CASA

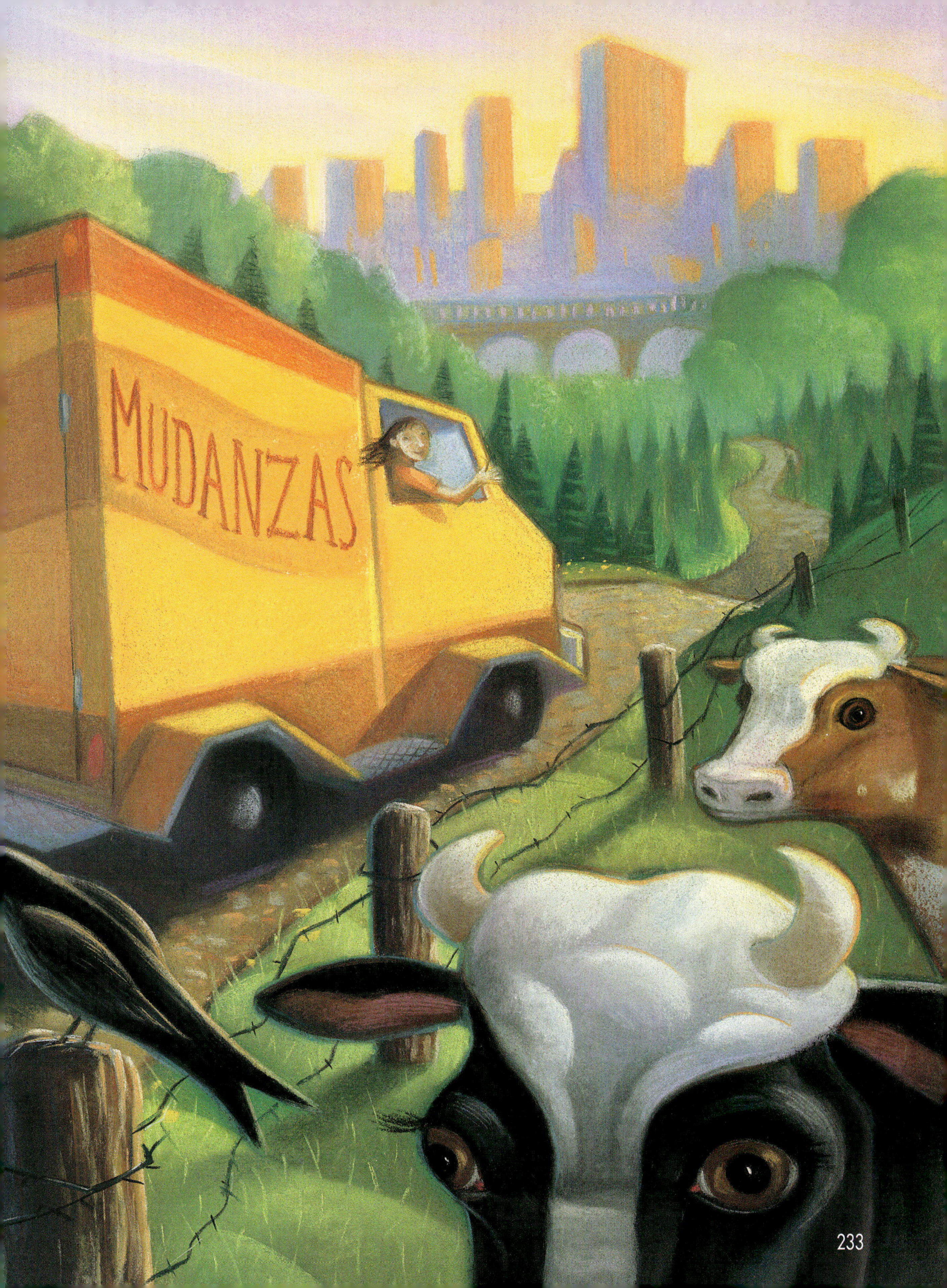
MUDANZAS

Los favoritos de los lectores

El cangrejo que tenía la viruela
por José Manuel Souza

FICCIÓN

Carlos y Fedi son compañeros de clase y siempre están juntos durante el año escolar. Cuando llegan las vacaciones se ven en la penosa situación de despedirse. Carlos se va para la playa y Fedi para el campo. Una vez en la playa Carlos encuentra un cangrejo a quien llama Blusa y con quien comparte sus vacaciones. Al final, los amigos se reúnen nuevamente y comparten sus aventuras.

Como una alondra
por Patricia Maclachlan

FICCIÓN HISTÓRICA

Papá y Sarah se casaron y después de que la familia encuentra nuevamente la felicidad deben separarse. Papá se queda atrás tratando de reconstruir el rancho mientras Sarah y los dos hijos se marchan a un lugar más verde y menos seco.

Autora premiada
COLECCIÓN DE LECTURAS FAVORITAS

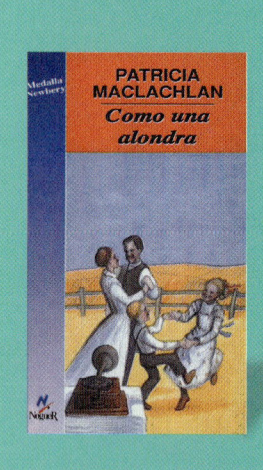

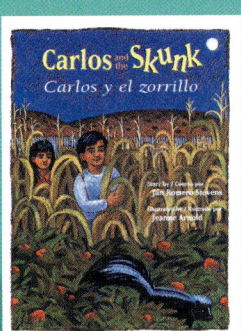

Carlos y el zorrillo
por Jan Romero Stevens

FICCIÓN REALISTA

Carlos está seguro de que puede impresionar a su vieja amiga Gloria si logra atrapar a un zorrillo. Participa en otra de las aventuras de Carlos.

Guillermo, un ratón de biblioteca
por Asun Balzola

FANTASÍA

Guillermo es un ratón que vive en la biblioteca y a quien le gusta leer mucho. Un día, Guillermo decide abandonar la biblioteca y comenzar una nueva vida.

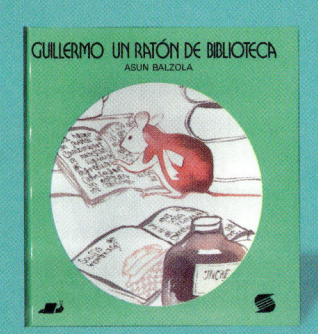

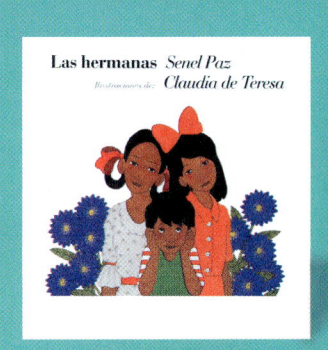

Las hermanas
por Senel Paz

NARRATIVA PERSONAL

Dos hermanas se encargan de su abuela y de su hermano menor durante la ausencia de la madre.

COLECCIÓN DE LECTURAS FAVORITAS

El paraíso

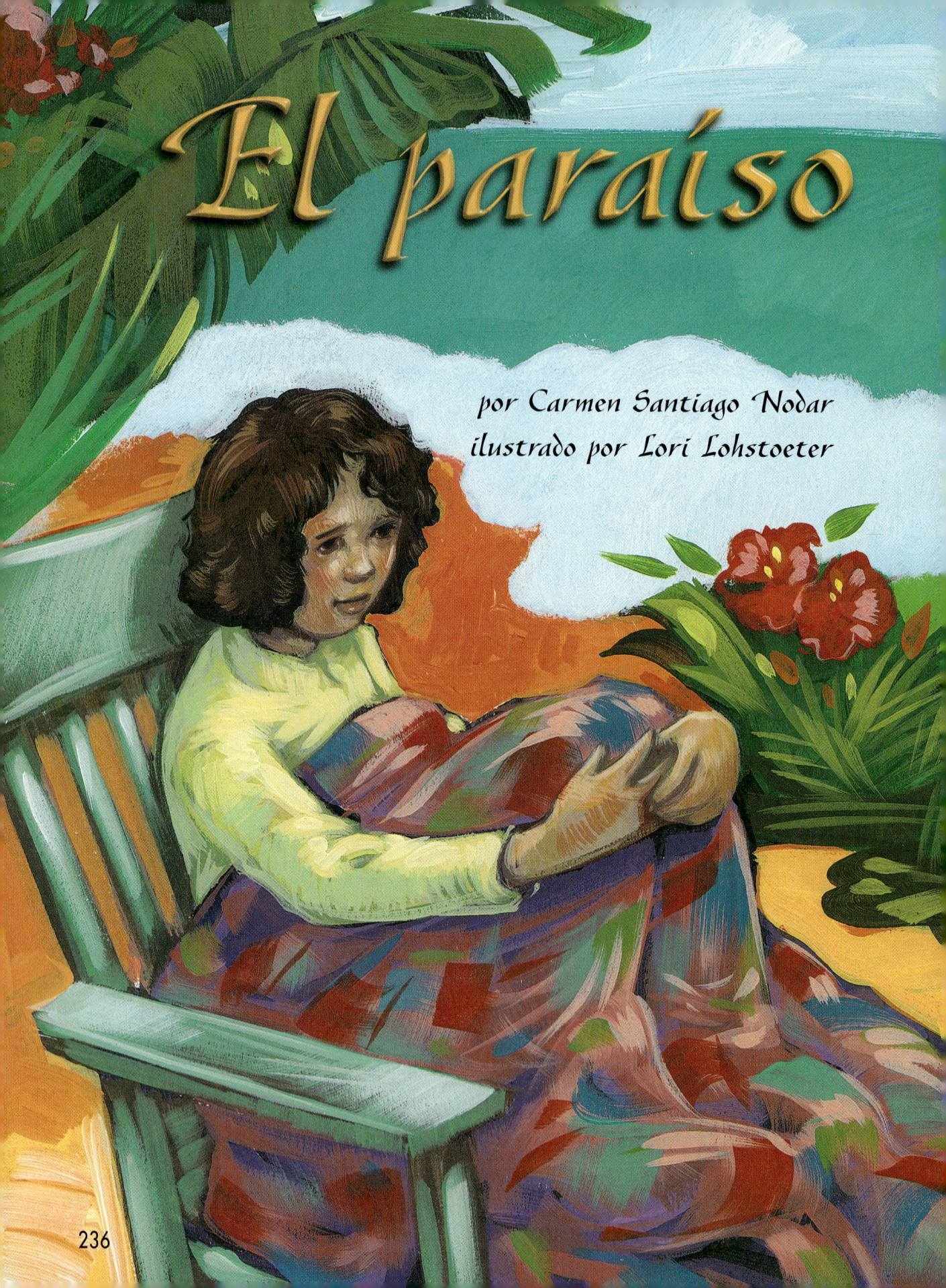

por Carmen Santiago Nodar
ilustrado por Lori Lohstoeter

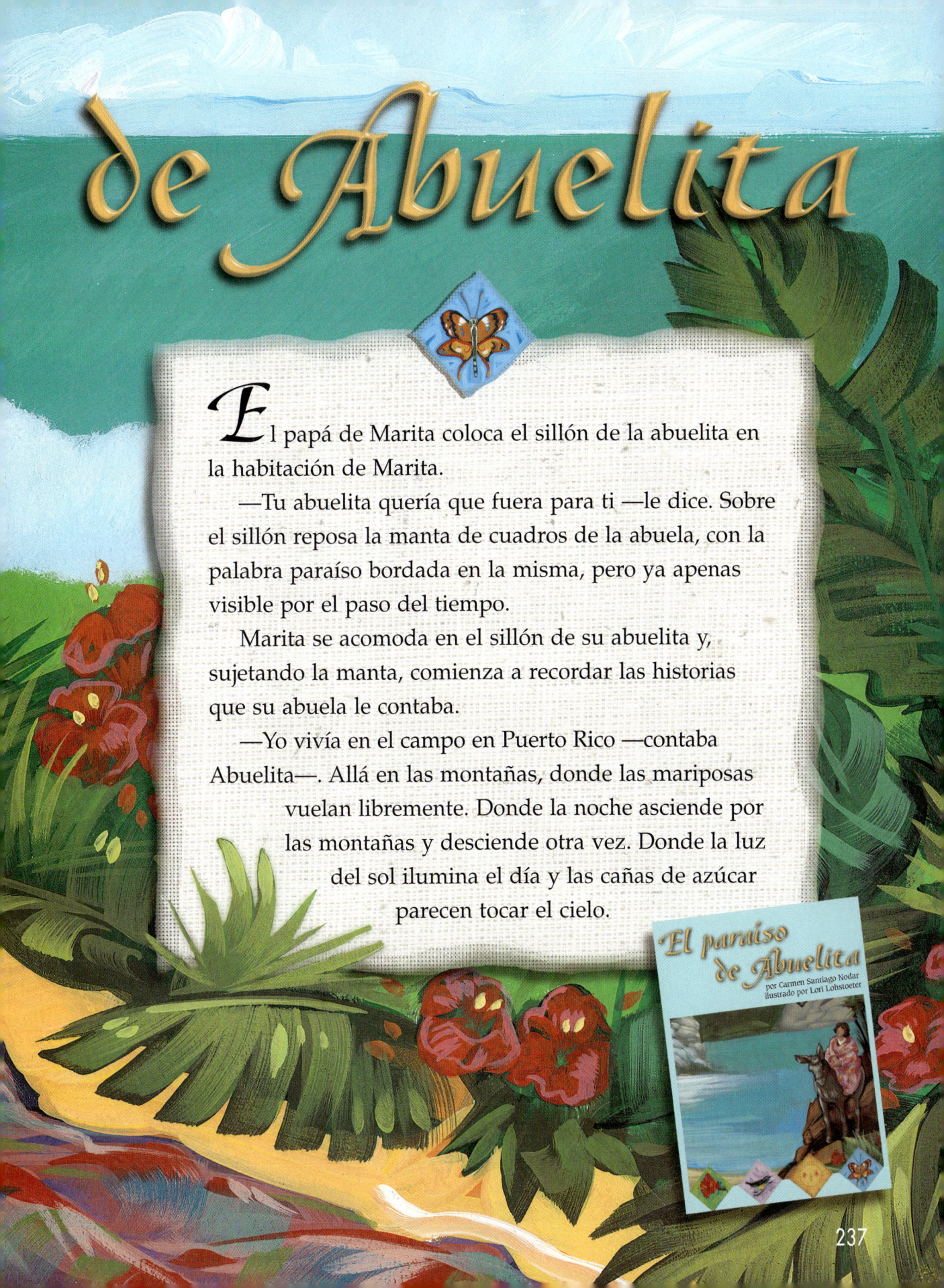

de Abuelita

El papá de Marita coloca el sillón de la abuelita en la habitación de Marita.

—Tu abuelita quería que fuera para ti —le dice. Sobre el sillón reposa la manta de cuadros de la abuela, con la palabra paraíso bordada en la misma, pero ya apenas visible por el paso del tiempo.

Marita se acomoda en el sillón de su abuelita y, sujetando la manta, comienza a recordar las historias que su abuela le contaba.

—Yo vivía en el campo en Puerto Rico —contaba Abuelita—. Allá en las montañas, donde las mariposas vuelan libremente. Donde la noche asciende por las montañas y desciende otra vez. Donde la luz del sol ilumina el día y las cañas de azúcar parecen tocar el cielo.

El paraíso de Abuelita
por Carmen Santiago Nodar
ilustrado por Lori Lohstoeter

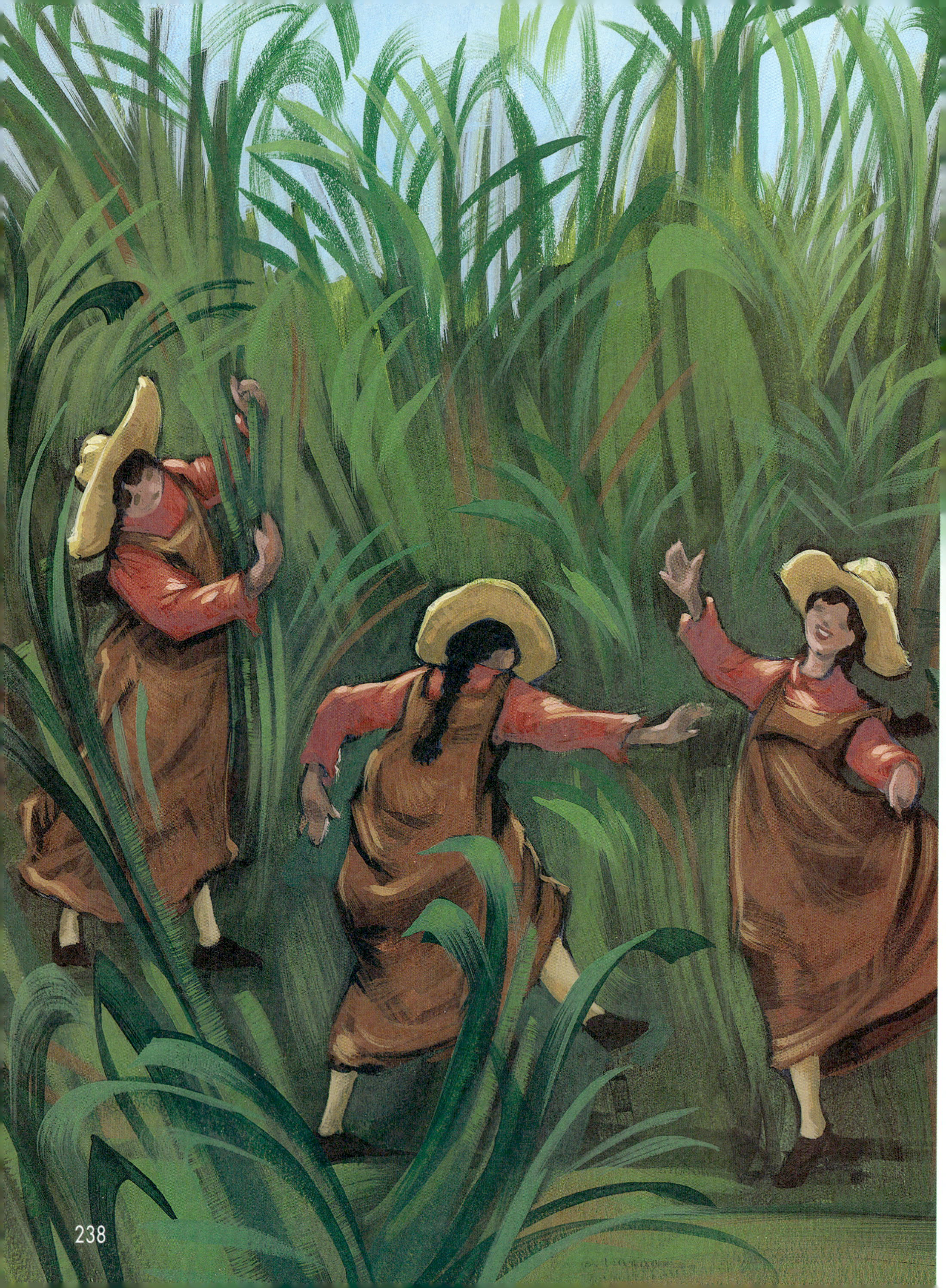

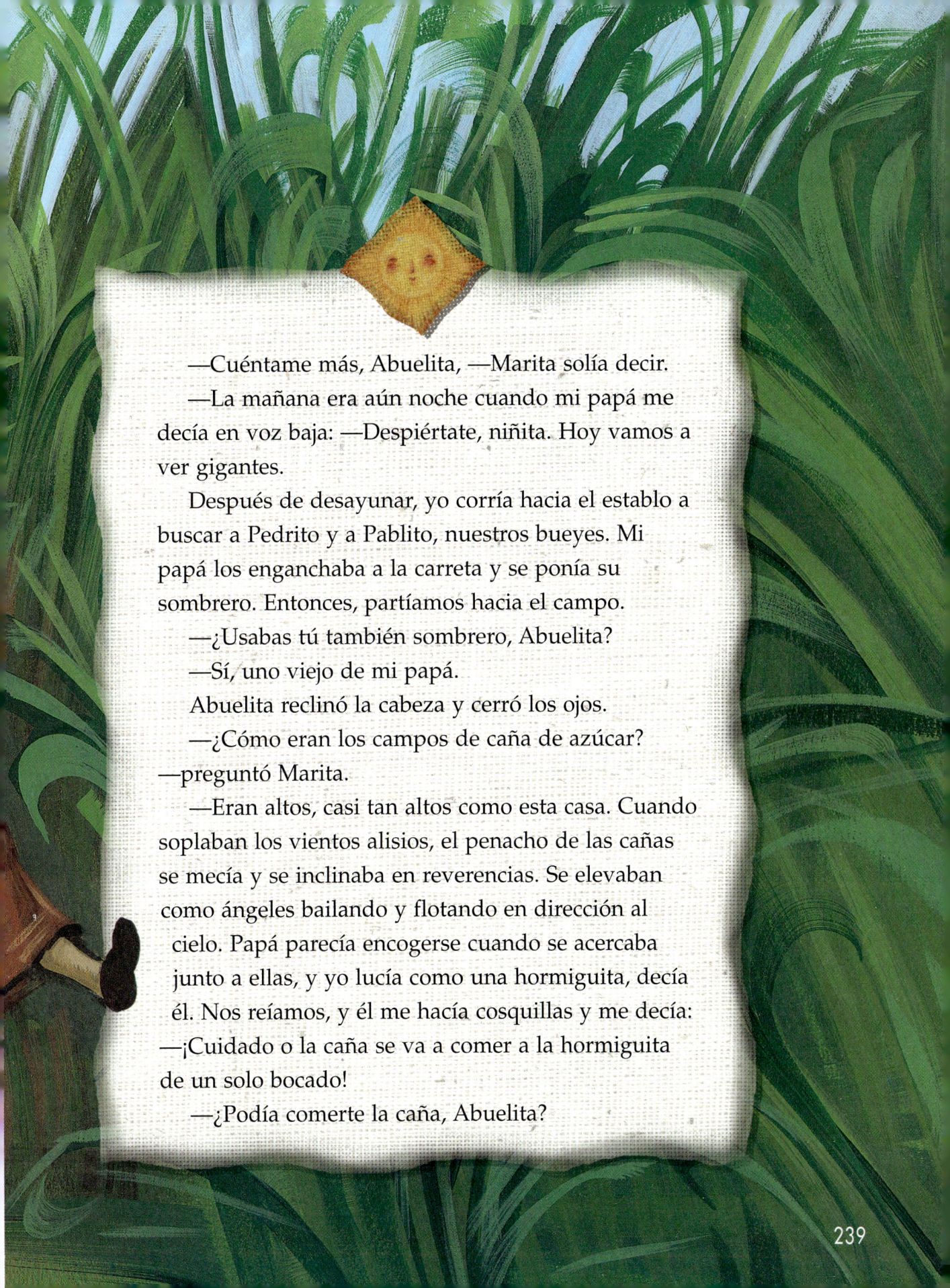

—Cuéntame más, Abuelita, —Marita solía decir.

—La mañana era aún noche cuando mi papá me decía en voz baja: —Despiértate, niñita. Hoy vamos a ver gigantes.

Después de desayunar, yo corría hacia el establo a buscar a Pedrito y a Pablito, nuestros bueyes. Mi papá los enganchaba a la carreta y se ponía su sombrero. Entonces, partíamos hacia el campo.

—¿Usabas tú también sombrero, Abuelita?

—Sí, uno viejo de mi papá.

Abuelita reclinó la cabeza y cerró los ojos.

—¿Cómo eran los campos de caña de azúcar? —preguntó Marita.

—Eran altos, casi tan altos como esta casa. Cuando soplaban los vientos alisios, el penacho de las cañas se mecía y se inclinaba en reverencias. Se elevaban como ángeles bailando y flotando en dirección al cielo. Papá parecía encogerse cuando se acercaba junto a ellas, y yo lucía como una hormiguita, decía él. Nos reíamos, y él me hacía cosquillas y me decía: —¡Cuidado o la caña se va a comer a la hormiguita de un solo bocado!

—¿Podía comerte la caña, Abuelita?

Abrió los ojos, la miró y sonrió.

—Por supuesto que no, él estaba bromeando. Entré en medio del cañaveral, tomé un grupo de tallos y comencé a bailar con ellos. A lo lejos, podía escuchar el ruido de la caña que caía al golpe del machete. Entonces oí que me llamaba: —¡Hijita, hijita, sal de ahí, por favor!

—¿Y saliste tú, Abuelita?

—Sí, yo salí. Pero cuando Papá cortó los tallos con los que yo había bailado, comencé a llorar.

—¿Y qué pasó entonces?

—Papá vio lágrimas en mis ojos y me explicó: —Crecerán nuevamente, hijita. Mira, las raíces quedan bajo la tierra y renacerán el próximo año. Es igual que cuando Mami te corta el pelo. Te crece de nuevo, ¿verdad?

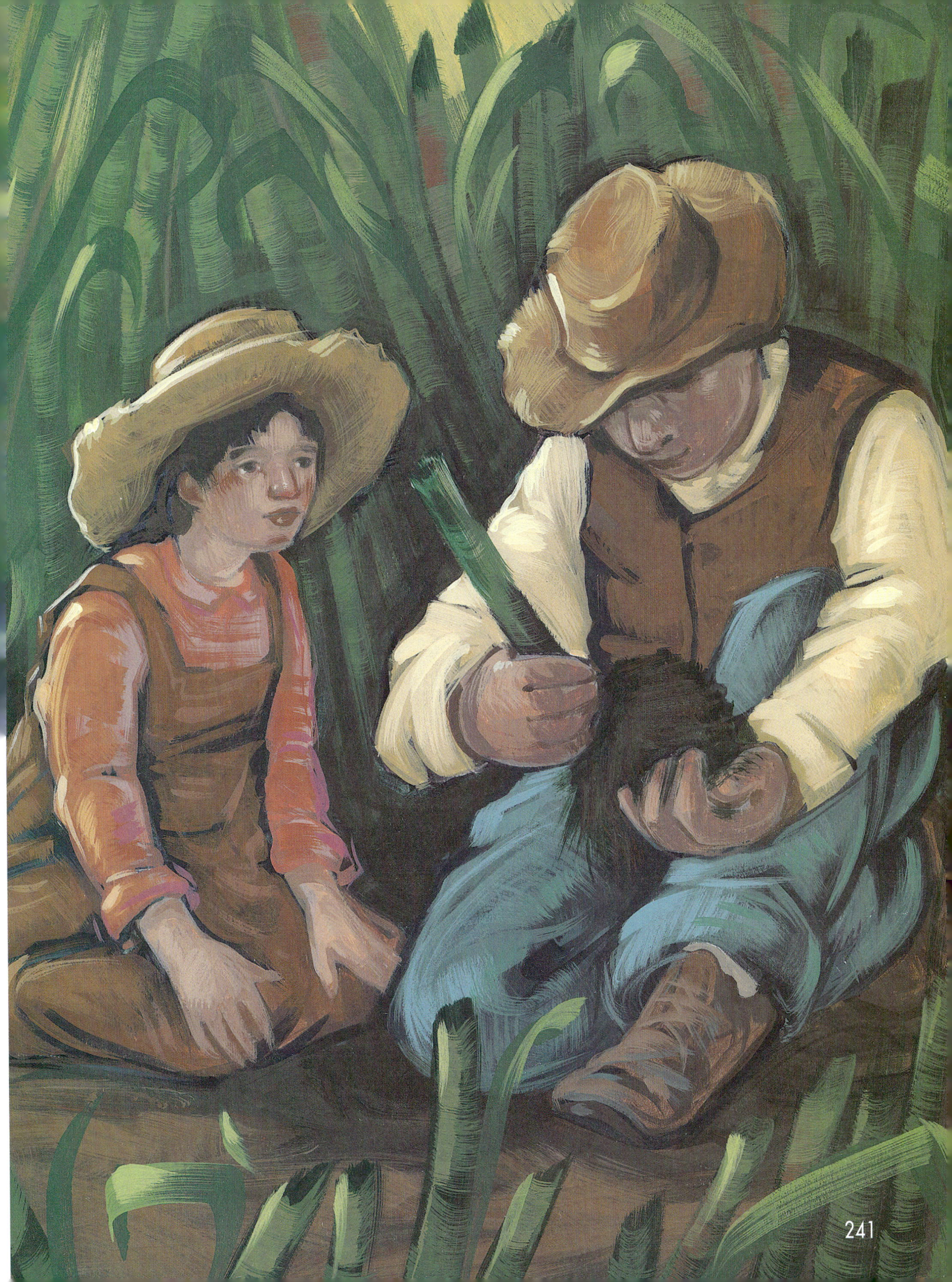

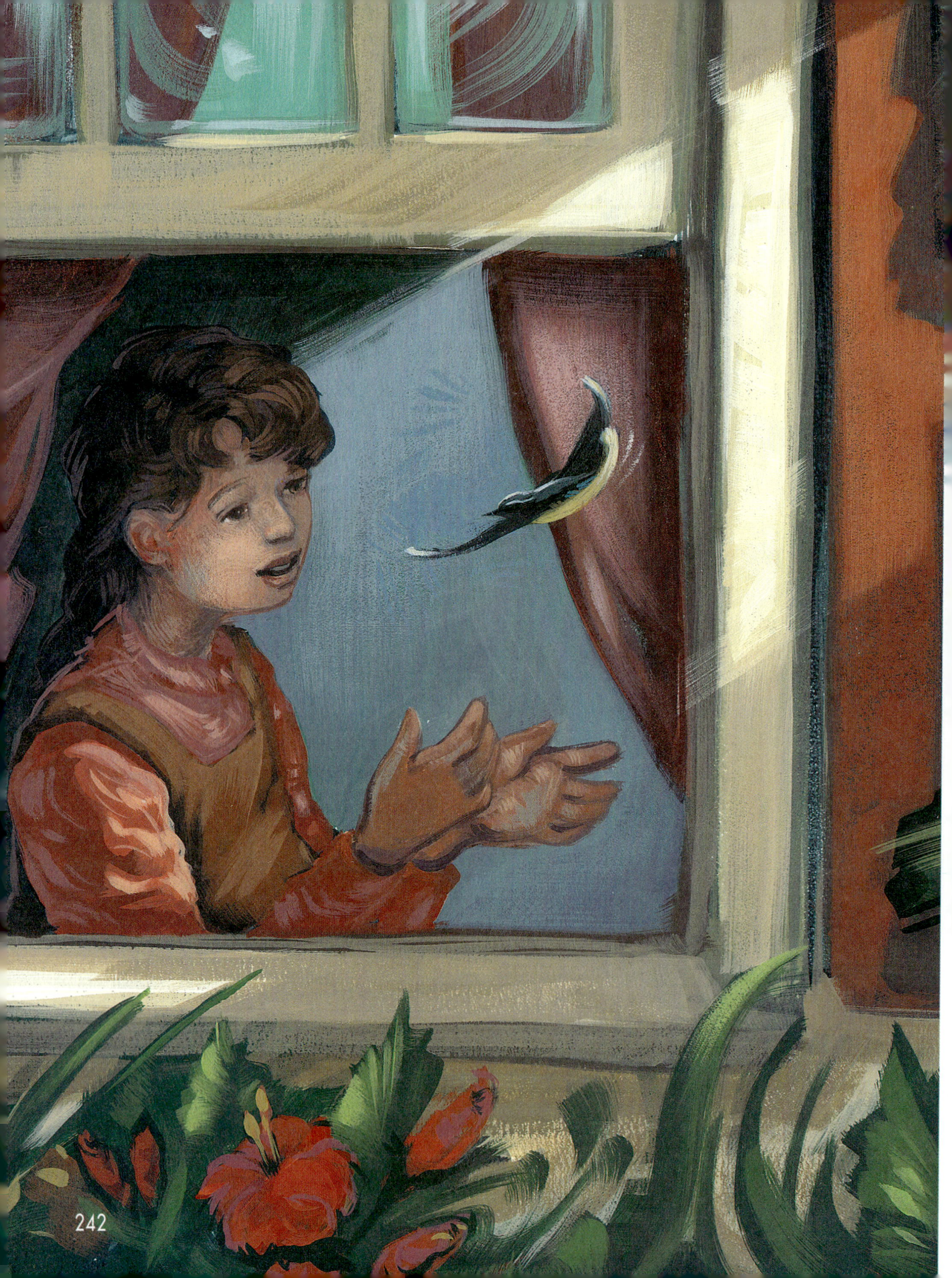

Marita se acurrucó más cerca de su abuelita. Abuelita le acarició la cara y Marita le besó la mano.

—¿Dormías tú la siesta?

—No, me quedaba muy quieta esperando.

—¿Esperando qué?

—Por la reinita de Puerto Rico. Todas las tardes, desde el azul del cielo, entraba volando, por la ventana de la cocina, la reinita de Puerto Rico. Llegaba con un rayo de luz, buscando migajas de azúcar sobre la mesa de la cocina.

—¿Y qué hacías tú, Abuelita?

—Trataba de hablarle en el idioma de los pájaros, pero sin resultado.

—¿Se quedaba mucho rato?

—Mientras quería. En realidad, no tenía miedo.

—Dime qué otras cosas hacías cuando eras pequeñita como yo, Abuelita.

—Les daba de comer a los pollos y, algunas veces, los desplumaba.

—¿Qué es eso?

—Arrancarle las plumas al pollo —le explicó Abuelita.

—¡Así! —Los dedos de Abuelita comenzaron a pellizcar la barriguita y el cuello de Marita, hasta que se dobló de la risa y tropezó con la cabeza de Abuelita, lo que las hizo reír aún más.

Marita le preguntó: —¿Por qué le arrancabas las plumas?

—Porque el pollo estaba muerto y Mamá tenía que cocinarlo.

—¿Qué hacías tú con las plumas?

—Las guardaba en un cesto.

—¿Para qué, Abuelita?

—En las tardes, cuando el sol se ocultaba detrás de las montañas y comenzaba a anochecer, nos sentábamos en el portal. Papá tocaba su bandurria, Mamá hacía fundas de almohadas con tela de sacos, y yo las rellenaba con las plumas que había guardado en el cesto.

Abuelita las cubrió bien con la manta.

—Paraíso —dijo suspirando.

—¿Dónde está paraíso, Abuelita?

—Mi Puerto Rico, lejos, muy lejos de aquí —dijo ella—. Por encima de los árboles y al otro lado del mar, hay una isla que es mi tierra. Donde los castillos y las fortalezas hacen guardia mirando al mar y, donde hace muchos años, llegaron los piratas en galeones, para arrasar la isla.

—Cuéntame más —le suplicó Marita.

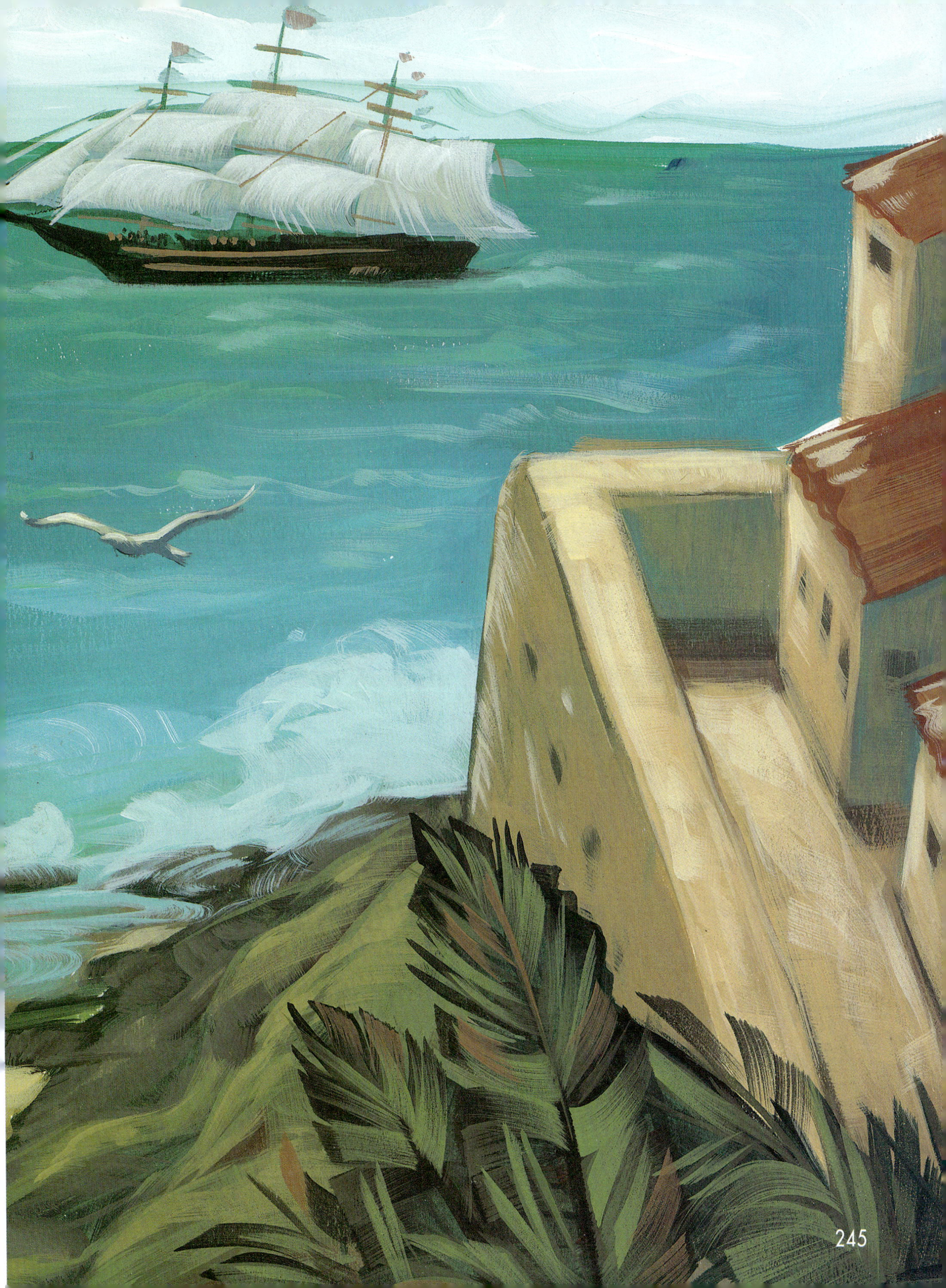

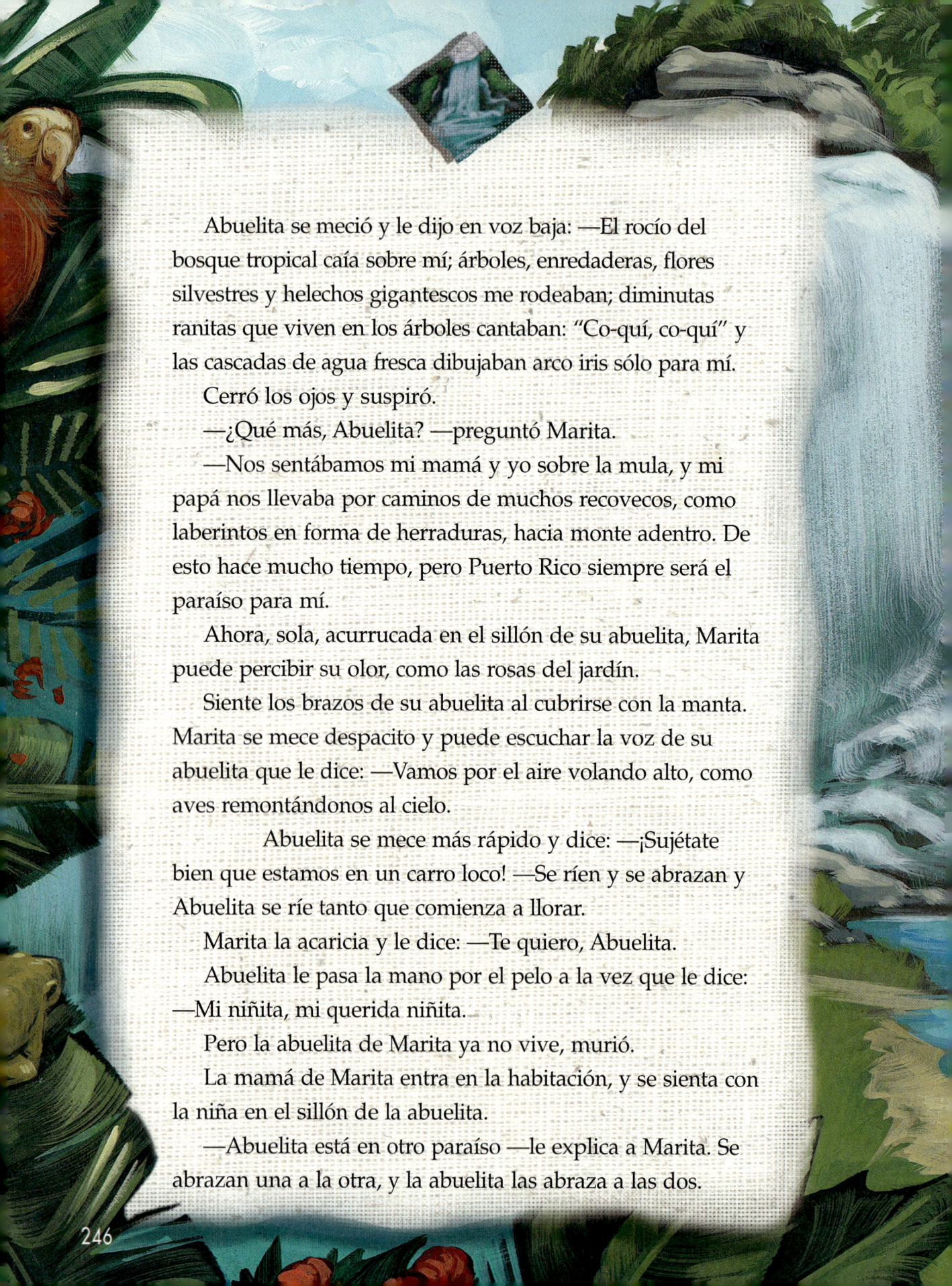

Abuelita se meció y le dijo en voz baja: —El rocío del bosque tropical caía sobre mí; árboles, enredaderas, flores silvestres y helechos gigantescos me rodeaban; diminutas ranitas que viven en los árboles cantaban: "Co-quí, co-quí" y las cascadas de agua fresca dibujaban arco iris sólo para mí.

Cerró los ojos y suspiró.

—¿Qué más, Abuelita? —preguntó Marita.

—Nos sentábamos mi mamá y yo sobre la mula, y mi papá nos llevaba por caminos de muchos recovecos, como laberintos en forma de herraduras, hacia monte adentro. De esto hace mucho tiempo, pero Puerto Rico siempre será el paraíso para mí.

Ahora, sola, acurrucada en el sillón de su abuelita, Marita puede percibir su olor, como las rosas del jardín.

Siente los brazos de su abuelita al cubrirse con la manta. Marita se mece despacito y puede escuchar la voz de su abuelita que le dice: —Vamos por el aire volando alto, como aves remontándonos al cielo.

Abuelita se mece más rápido y dice: —¡Sujétate bien que estamos en un carro loco! —Se ríen y se abrazan y Abuelita se ríe tanto que comienza a llorar.

Marita la acaricia y le dice: —Te quiero, Abuelita.

Abuelita le pasa la mano por el pelo a la vez que le dice: —Mi niñita, mi querida niñita.

Pero la abuelita de Marita ya no vive, murió.

La mamá de Marita entra en la habitación, y se sienta con la niña en el sillón de la abuela.

—Abuelita está en otro paraíso —le explica a Marita. Se abrazan una a la otra, y la abuelita las abraza a las dos.

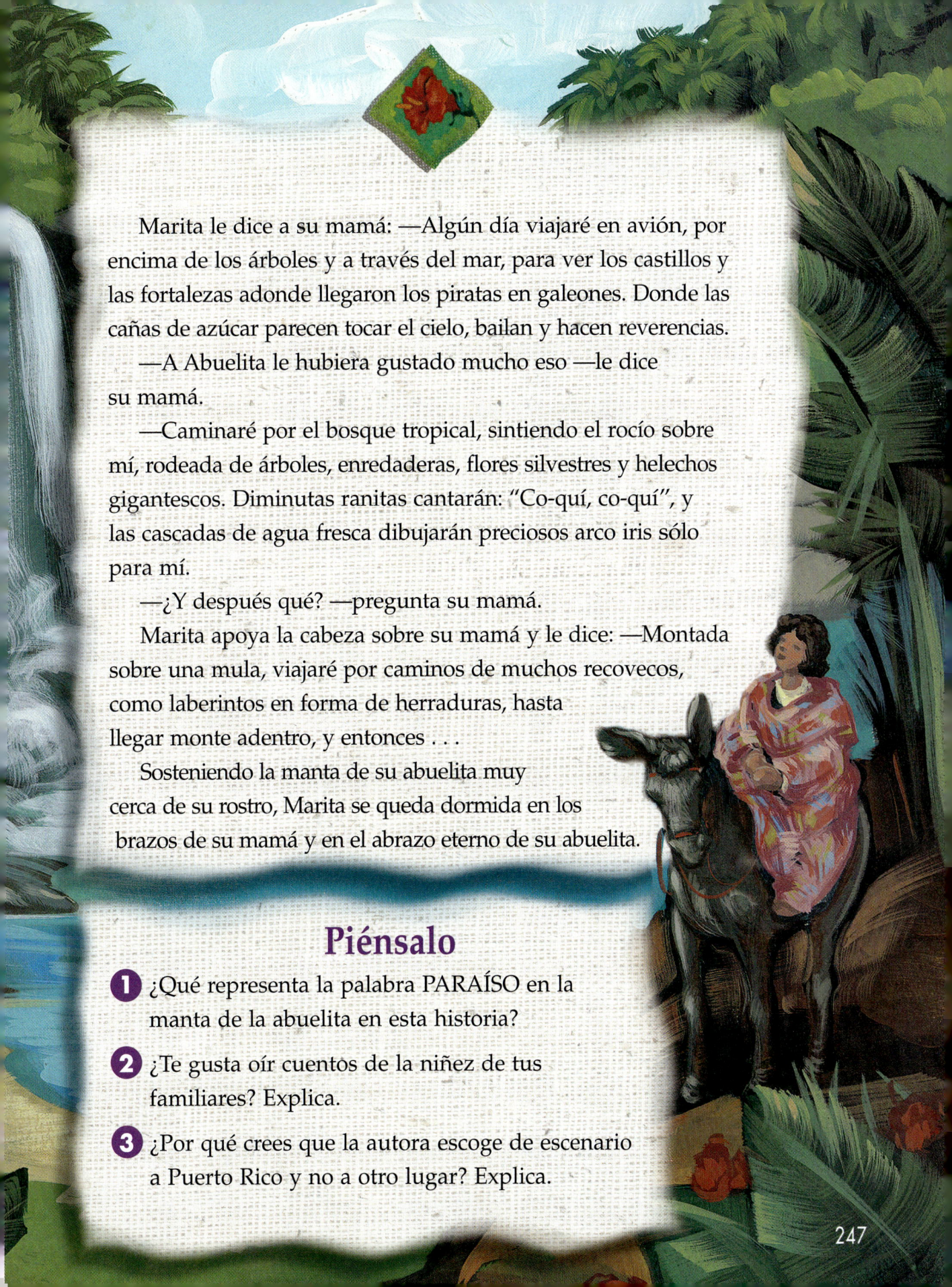

Marita le dice a su mamá: —Algún día viajaré en avión, por encima de los árboles y a través del mar, para ver los castillos y las fortalezas adonde llegaron los piratas en galeones. Donde las cañas de azúcar parecen tocar el cielo, bailan y hacen reverencias.

—A Abuelita le hubiera gustado mucho eso —le dice su mamá.

—Caminaré por el bosque tropical, sintiendo el rocío sobre mí, rodeada de árboles, enredaderas, flores silvestres y helechos gigantescos. Diminutas ranitas cantarán: "Co-quí, co-quí", y las cascadas de agua fresca dibujarán preciosos arco iris sólo para mí.

—¿Y después qué? —pregunta su mamá.

Marita apoya la cabeza sobre su mamá y le dice: —Montada sobre una mula, viajaré por caminos de muchos recovecos, como laberintos en forma de herraduras, hasta llegar monte adentro, y entonces . . .

Sosteniendo la manta de su abuelita muy cerca de su rostro, Marita se queda dormida en los brazos de su mamá y en el abrazo eterno de su abuelita.

Piénsalo

1. ¿Qué representa la palabra PARAÍSO en la manta de la abuelita en esta historia?

2. ¿Te gusta oír cuentos de la niñez de tus familiares? Explica.

3. ¿Por qué crees que la autora escoge de escenario a Puerto Rico y no a otro lugar? Explica.

Visita *The Learning Site*
www.harcourtschool.com

Conoce a la autora
Carmen Santiago Nodar

Uno de mis pasatiempos favoritos es la lectura. Siempre he sido una ávida lectora. Cuando mis hijos eran pequeños les encantaba que les leyera. Les leía por la mañana, antes de la siesta y al acostarlos.

Todavía hoy en día visito la biblioteca semanalmente, y salgo de la sección de niños con al menos dos bolsas de libros. A veces, cuando voy a un centro comercial, me olvido de la razón por la que fui y termino paseándome por todas las librerías.

Mi fascinación por la lectura me hizo interesarme en el arte de escribir. Tomé un curso sobre literatura para niños en el cual aprendí sobre la historia de los libros infantiles y sobre técnicas específicas para usar libros con los niños. Esto me hizo sentirme más fascinada que nunca antes por la literatura para niños. Yo creo que ese curso que tomé prendió la vela que hacía rato esperaba en la oscuridad por ser encendida.

Cuando mi hija Lisa se fue para la universidad decidí reclamar mi sillón y mi manta a cuadros. Sentada en ese sillón con esa manta me llegaron sueños y pensamientos secretos. Pensé en mi abuela, quien nunca salió de Puerto Rico y a quien nunca conocí. Pensé en las cosas que ella quizás me hubiera dicho si yo fuera una niña, si ella estuviera viva y si nos hubiéramos conocido. Todos estos pensamientos me animaron a escribir "El paraíso de Abuelita", del cual me siento orgullosa y honrada por saber que ustedes lo disfrutan.

Carmen Santiago Nodar

Taller de actividades

Querida Abuelita

ESCRIBE UNA CARTA
Imagina que eres Marita y le quieres escribir a tu abuelita contándole qué haces en la escuela, qué libros lees, etc. Escríbele una carta y decórala con flores y plantas de caña de azúcar que tanto le gustaban a la abuelita de Marita. Lee tu carta a los demás estudiantes.

Mapa de Puerto Rico

HAZ UN MAPA
La abuelita de Marita añoraba el país donde creció, Puerto Rico. ¿Sabes dónde está Puerto Rico? Búscalo en una enciclopedia o en un atlas del mundo y dibuja un mapa que incluya el mar que lo rodea. Muestra tu mapa a la clase.

Un regalo del hogar

DIBUJA UNA MANTA A CUADROS

La abuelita de Marita tenía una manta a cuadros que era su favorita y que quería que fuera para Marita. En el medio de la manta había una palabra de mucha significación para la abuelita: PARAÍSO. En una cartulina dibuja y colorea una manta similar a la de la abuelita y escoge una palabra que tenga también un significado especial para ti o tu familia. Muestra tu dibujo a la clase y explica por qué la palabra que escogiste es especial.

Tengo una idea

ESCRIBE UN POEMA

Marita y su abuelita eran muy unidas y se querían mucho. Escribe un poema dedicado a tu abuelita o a cualquier otra persona por la que sientas mucho cariño. Si deseas, puedes acompañarlo de una fotografía de esa persona. Lee el poema a tu clase.

PRUEBA TU DESTREZA
Sacar conclusiones

En "El paraíso de Abuelita" las siguientes frases nos describen cómo era la tierra que Abuelita consideraba su paraíso:

". . . árboles, enredaderas, flores silvestres y helechos gigantescos me rodeaban; diminutas ranitas que viven en los árboles cantaban: "Co-quí, co-quí", y las cascadas de agua fresca dibujaban arco iris sólo para mí".

Algunas veces el autor dice las cosas directamente. Otras veces, las presenta sin dar una explicación precisa.

Quizás al principio del cuento te pudiste dar cuenta de que Abuelita quería mucho a Marita. Ella escribió refiriéndose a la manta:

"Tu abuelita quería que fuera para ti . . ."

Por los detalles que da la autora y por lo que sabes sobre cómo actúan las personas, puedes sacar la conclusión de que la abuelita quería que Marita tuviera algo que para ella había sido importante.

Palabras de la selección
Tu abuelita quería que fuera para ti.

Tu propia experiencia
Cuando queremos mucho a una persona, queremos compartir con ella algo que consideramos especial.

Conclusión
Abuelita quería mucho a Marita.

Siempre que leemos, sacamos conclusiones. Debemos poner mucha atención a la información que el autor nos da para que nuestras conclusiones tengan sentido.

Lee la siguiente frase de "El paraíso de Abuelita" y di qué conclusiones puedes sacar sobre los sentimientos de Marita hacia su abuelita. ¿Crees que la historia hubiera sido tan interesante si la autora simplemente hubiera escrito, "Marita extraña a su abuelita"?

"Marita se acomoda en el sillón de su abuelita y, sujetando la manta, comienza a recordar las historias que su abuela le contaba".

¿QUÉ HAS APRENDIDO?

1. Busca dos lugares en el texto donde puedas sacar conclusiones sobre si a Marita le gusta Puerto Rico.

2. ¿Crees que a Marita le gustaría ir a conocer el paraíso de su abuelita? Indica cómo sacaste esta conclusión.

Visita *The Learning Site*
www.harcourtschool.com

INTÉNTALO • INTÉNTALO

Piensa en alguna persona a la que hayas conocido o acerca de algún lugar que hayas visitado. ¿Qué conclusiones sacaste sobre la persona o el lugar? A medida que pasaste tiempo con esta persona o conociste más el lugar, ¿cambiaron las conclusiones que habías hecho inicialmente? Explica tu respuesta en un párrafo.

253

Juan y Taco

por Guillermo Wild
ilustrado por James Henry

Los rayos del sol eran el despertador que suavemente interrumpía el sueño de Juan Pacheco. Los primeros destellos de luz mañanera atravesaban las ramas de un árbol de aguacate que se agitaban contra la ventana de su cuarto. Los tibios jirones de luz, filtrados a través de las hojas del árbol y las persianas, tocaron su rostro, acariciaron sus pestañas y ahuyentaron su sueño. La luz del sol se desparramó lentamente por su colcha, y las franjas rojas y coloradas cobraron vida. Ya calentaba cuando tocó el piso, al otro lado de la cama, y cayó sobre la cabeza de Taco. Y los dedos delicados de la luz emprendieron la delicada tarea de despertar al perro, con dulzura.

Taco siempre dormía de frente a la cama y apoyando la cabeza sobre sus patas macizas. Su cuerpo, salpicado de manchas, se desparramaba sobre el piso como si le hubieran derramado una lata de pintura negra y blanca. Por estar en esa posición, Juan fue lo último que Taco vio cuando se durmió y lo primero en que posó sus ojos cuando se despertó.

comenzaba. Taco siempre era el primero en moverse. Se estiraba y alargaba las patas delanteras todo lo que podía, poniendo tenso su cuerpo. Los músculos se ondulaban debajo de las manchas negras que decoraban su lomo y flancos. Concluía el estiramiento azotando el aire con su cola.

Juan observaba impasible, desde su cama, hasta que el perro se detenía. Entonces era su turno para moverse. Empujaba las colchas hacia atrás y hacía círculos con los brazos moviéndolos de un lado a otro por encima de la cabeza. Los músculos se tensaban como cables debajo de la piel suave y morena de la espalda y el pecho de Juan. Erguido, Taco vigilaba a Juan mientras avanzaba hacia el borde de la cama.

—¡Hola, Campeón! Esta noche veremos cómo juega el equipo de los Astros. ¿Te gustan, no? —Juan comenzaba el día hablándole al perro mientras Taco movía alegremente su cola.

El lento incorporarse a las tareas del día había sido una costumbre invariable de Juan y Taco, desde hacía cinco años. La única variación de esta secuencia de estiramientos y contorsiones ocurría cuando la mamá de Juan preparaba chorizos para el desayuno. En estas ocasiones, Taco comenzaba a relamerse ruidosamente tan pronto como el olor dulzón del chile de los chorizos penetraba en la penumbra de la habitación.

Ambos sabían que, cuando los rayos del sol se repartían por todo el piso, había llegado la hora de levantarse. Pronto les llegaría el olor del desayuno. Ése era otro aviso de que su jornada

JUAN Y TACO

por Guillermo Wild
ilustrado por James Henry

El nombre del perro tenía origen en el primer plato de comida que probó en la casa de Juan. El cachorro lo había traído una noche, bien tarde, un amigo del papá de Juan. El señor Pacheco echó una mirada al perro y dijo: —Es lo que llamamos un perro dálmata o dalmático.

El pequeño ovillo con manchas negras y blancas se quejaba frustrado al succionar y mordisquear la punta de los dedos de Juan en un vano esfuerzo por alimentarse. El señor Pacheco trituró una tortilla de taco y la ablandó con leche tibia. El cachorro casi saltó dentro del tazón para comer y lamer la pastosa mezcla.

—Creo que esas migas de taco han salvado la vida de la criatura —comentó riendo la señora Pacheco.

Fue en ese momento que Juan decidió ponerle al cachorro el nombre de "Taco". Y cada vez que la familia comía tacos, el perro parecía sentirse particularmente feliz. El señor Pacheco decía que, en esas ocasiones, el rabo y la lengua de Taco trabajaban tiempo extra.

Todas las mañanas, tan pronto como abandonaban el dormitorio, Taco corría a la puerta trasera. Allí permanecía quieto, con el cuerpo tenso, mirándola, pero de vez en cuando volvía su cabeza hacia atrás para también vigilar los movimientos de Juan. Una vez afuera, erguía la cabeza y galopaba por el patio trasero con la gracia y fuerza de un potro de paso fino. Inmediatamente iniciaba la búsqueda de su pelota de tenis. Hacía el reconocimiento del terreno con rápida precisión, olfateando la hierba y ladeando la cabeza en uno y otro sentido. Encontrar su pelota de tenis era un asunto serio para Taco.

Después de tomar el desayuno, Juan se iba a la puerta trasera desde donde podía asomarse a un pequeño patio techado. A esa hora, Taco le esperaba con la pelota de tenis llenándole la boca. Sus labios, gruesos y también salpicados de manchas, se plegaban sobre la pelota. Tenía el aspecto de estar tratando de ingerir cinco rosquillas de una sola sentada.

—¿Listo para jugar béisbol, compadre? Pues, vámonos —le gritaba Juan. Y así comenzaba el juego.

Taco colocaba la pelota de tenis delicadamente sobre el suelo y la hacía rodar hacia adelante con el hocico. El perro se abalanzaba de un salto tan pronto como Juan levantaba el brazo para arrojar la pelota que describía un arco ascendente. A veces, Taco se movía con suficiente rapidez para ubicarse debajo de ella cuando caía. Saltaba junto con la pelota cuando ésta rebotaba, y hacía sonar las mandíbulas mientras su cuerpo aún estaba en el aire. Si erraba el cálculo y la pelota se le escapaba, la perseguía frenéticamente hasta que podía atraparla con una de sus patas macizas. Después de acomodarla en su boca, se la llevaba a Juan. Exactamente al soltar la pelota, su cuerpo se ponía nuevamente tenso, en espera de que Juan la arrojara otra vez.

El juego podía continuar todo el día. Juan, por lo menos, creía que era imposible que Taco se cansara. Y mientras jugaba, Juan mantenía su continuo parloteo beisbolero: —¡Ay qué perro! ¡Ándale pelotero! ¡Regresa rápido! ¡Tírala como un buen jugador! —Por el estilo eran los gritos de Juan cuando practicaban su propia versión del béisbol.

Cuando Juan se cansaba, caía de rodilla y cubría al perro de caricias. —Ni siquiera Fernando Valenzuela puede cansarte a ti, Campeón.

Cuando Juan se iba, Taco aullaba pidiéndole que arrojara la pelota una vez más, por lo menos. Pero parecía entender que las palabras "¡Basta!" o "¡Hasta luego, compadre!" significaban algo definitivo. Cuando las escuchaba en boca de Juan, corría a la puerta lateral, desde la que podía ver parte del jardín. Allí se detenía observando, desolado, cómo Juan se alejaba. Pero el perro siempre estaba en ese lugar cuando Juan regresaba. En el mismo momento que aquél aparecía caminando lentamente, Taco le recibía con su ladrido de "¡Hola!", y partía agitando sus patas vigorosamente para buscar la pelota de tenis.

Un día cálido de verano, mientras jugaban con la pelota de tenis, Juan notó que Taco cojeaba, al punto que afectaba la forma en que corría. El lomo de Taco se torcía como si quisiera ayudar a sus patas derechas. Poco después, el perro dejó de saltar para agarrar la pelota. Con frecuencia se limitaba a esperar, quieto, que la pelota cesara de rebotar antes de acomodarla en su boca. Quería continuar el juego. Su cola y sus ojos lo hacían notar. Pero aguantaba la pelota más tiempo y necesitaba descansar con mayor frecuencia antes de cada juego. Al comienzo, Juan se sorprendió. —Campeón, nunca pensé que te ganaría —decía y después se reía triunfalmente.

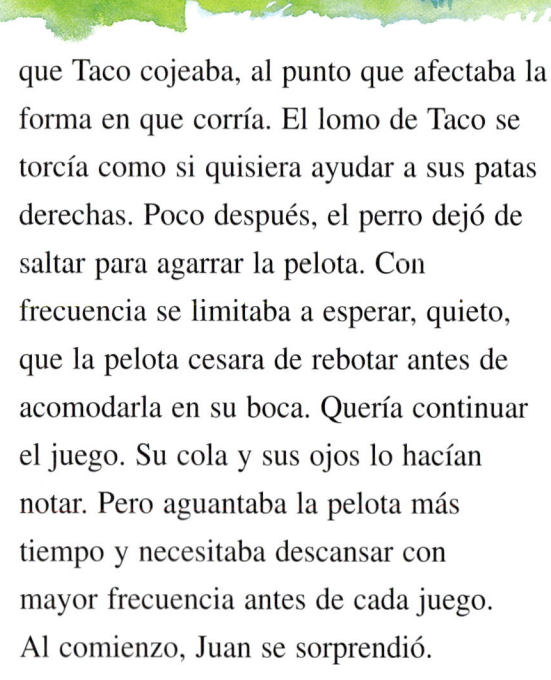

Pero a medida que Taco se quedaba más tiempo con la pelota y la traía con menor entusiasmo, Juan se ponía impaciente. Le gritaba, "¡Cabezudo!" o "¡Perezoso!". En algunas oportunidades, llegó incluso a estirar hacia arriba sus manos en señal de disgusto, entrando luego a la casa para ver televisión.

El señor Pacheco se dio cuenta de lo que ocurría y le explicó a Juan: —No seas tan duro con tu viejo amigo. Tu compadre es un anciano, un verdadero perro anciano.

—¿Cuántos años, Papá?

—Pues, por lo menos cincuenta.

—Cincuenta años de edad —Juan dijo boquiabierto—. Casi cinco veces más viejo que yo.

—Correcto. Y nadie, ni tú podrías jugar béisbol sin cansarte si tuvieras tantos años.

—Tienes razón, Papá. Está cansándose.

—Precisamente —dijo el señor Pacheco.

A través de la ventana, Juan vio que Taco dormía estirado debajo del aguacate. Sonrió y experimentó una nueva sensación de respeto por el perro. —Ahora es un veterano —comentó por lo bajo—. Nunca más te exigiré tanto. —Y se acomodó para ver un partido de béisbol por televisión.

Pronto llegó la novena entrada. Valenzuela estaba cansado pero parecía dispuesto a seguir jugando. Podía verse la fatiga en su cara que se contraía y brillaba de sudor. Ahora tenía que lanzar la pelota a tres bateadores difíciles de enfrentar; eran los de puntaje más alto. Antes de que Valenzuela hubiera concluido el calentamiento, el director técnico de los Dodgers salió, de repente, del cobertizo de espera. Miraba el terreno pensativo mientras lo atravesaba. Cuando el director técnico llegó al montículo del lanzador y habló, Valenzuela movió la cabeza como si hubiera dicho "No". El robusto lanzador se pasó las mangas por la cara y sacudió de nuevo la cabeza. Esta vez lo hizo con mayor determinación, como expresando una negativa inquebrantable. El director técnico de los Dodgers descendió del montículo mientras seguía hablándole a Valenzuela. Luego le dio la espalda y se alejó.

—¿Qué está pasando, Papá?

—Quieren saber si Fernando está listo para salir del juego. Pero él no va a salir.

—¿Está cansado?

—Por supuesto que está cansado. Probablemente siente que su brazo se está por salir del hombro. Pero piensa que puede hacerles frente a esos tipos. Fernando no va a rendirse; así es el hombre. —El señor Pacheco se inclinó hacia el televisor—. Es un bravo, Juanito, y no importa el dolor del brazo, él no va a dejar a sus amigos. No abandonará a su equipo, al juego o a sus fanáticos. Así es el hombre.

—Es un verdadero fenómeno —Juan dijo todo excitado.

—Sí, Juanito. Ésa es la diferencia entre un buen hombre y un buen hombre verdadero. Un hombre verdadero continúa su tarea . . . aún cuando siente dolor.

El primer bateador avanzó con confianza hacia el recuadro. Estaba tan seguro de sí mismo que, durante el calentamiento, cada amago de su bate parecía una amenaza. El pie de Valenzuela partió hacia adelante velozmente y todo su cuerpo se contrajo como un resorte para lanzar la pelota. El bate cruzó el aire y la golpeó. La mandó volando hacia el jardín derecho. El jardinero retrocedió velozmente y luego comenzó a correr. En las tribunas, todos contuvieron el aliento hasta que el jugador, con sus hombros apoyados en la pared derecha del campo de juego, detuvo la pelota sin esfuerzo alguno. Juan y su padre celebraron con gritos la jugada. Taco los oyó. Se movió dormido y ladró.

Esta vez, el director técnico emergió abruptamente del cobertizo de espera; Valenzuela le esperaba, a mitad de camino, en el diamante. Discutieron breve y acaloradamente. Valenzuela lucía tranquilo.

—¿Por qué quiere que Valenzuela deje de jugar? —preguntó Juan.

—El partido está en su punto crítico. Podrían perderlo con facilidad, ahora mismo. ¿Te agradaría sentirte cansado y tener que hacer frente a los dos próximos bateadores?

—¡No, señor! —gritó Juan enfáticamente. Y comenzó a mirar a Valenzuela con admiración.

Los dos siguientes bateadores fueron despachados velozmente. Golpearon la pelota en cada lanzamiento. Valenzuela las había arrojado de forma tentadora para que los bateadores se animaran a darle con el bate. Pero ambos erraron. El entusiasmo de la muchedumbre se convirtió en un desorden estruendoso.

—¡Qué hombre! —exclamó el señor Pacheco—. No defraudó a nadie. Siguió firme hasta el fin. Cuando ellos se necesitaban, él se quedó. Eso requiere coraje. Ay, ¡qué hombre!

—Ay, ¡qué hombre! —le hizo eco Juan.

Afuera, Taco ladró nuevamente.

Por espacio de varios días, el partido permaneció vívidamente grabado en la mente de Juan. Les hablaba a todos los que encontraba sobre la bravura del lanzador de los Dodgers.

A poco, Juan comenzó a notar otros cambios en la conducta de Taco. Por la mañana, el perro esperaba a que Juan abandonara su cama para incorporarse. Y con frecuencia, mientras perseguía la pelota de tenis, las patas le fallaban, como si hubiera tropezado con una cuerda invisible tendida a través del patio. Su cojera, que antes ocasionalmente distorsionaba su andar, ahora era la única forma en que podía moverse. Juan creía que todos estos cambios eran causados por la edad avanzada del perro. El envejecimiento, pensaba, era especialmente cruel con los perros porque les atacaba muy temprano. Palmeaba a Taco más frecuentemente, como para compensarle por los estragos de la edad que, con tanta velocidad, le habían transformado de gran jugador de béisbol en mero espectador. De modo que, en ves de jugar, se pasaban sentados largas horas a la sombra del árbol de aguacate, mientras le leía a Taco las páginas de los deportes. El perro se reclinaba más cerca de Juan y luchaba por mantener los ojos abiertos.

—No come nada, Papá. Se va a poner flaco como un palo. —Y todos se rieron.

El señor Pacheco agregó—: Taco no puede seguir tus pasos. Tendrás que adaptarte tú a su ritmo.

—¿Quieres decir que debemos hacer lo mismo que con Abuela?

—Así es, le dijo su padre con tristeza. Ella era como Taco . . . nunca se cansaba, siempre la reina del baile. Pero finalmente todos nosotros nos cansamos. Es el rumbo de la vida para todos . . . nuestro destino. —El cansancio inundó su rostro.

Al día siguiente, Juan estaba con Taco viendo a los Astros jugar contra los Reds. Sus dedos le acariciaban una pata trasera, de arriba hacia abajo, cuando tropezaron con una gran protuberancia en torno a la articulación. Juan le revisó las otras patas y encontró nódulos semejantes debajo de la piel tirante. Si hacía presión sobre ellos, Taco se estremecía incómodo y gimoteaba. Juan tuvo miedo. Se puso de pie de un salto y gritó:

—¡Mamá!, ¡Papá!, ¡Vengan!

—Tenemos que llevarlo al veterinario inmediatamente —dijo el señor Pacheco.

—¡Sí! ¡Sí! ¡El doctor Gómez podrá ayudarlo! —exclamó Juan.

El consultorio del Dr. Gómez estaba lleno de mujeres. Todas habían llevado gatos que sostenían en su regazo. Una de ellas sujetaba dos gatos blancos como la nieve, con ojos púrpura. Cuando Juan y Taco entraron, todas las cabezas en la sala de espera giraron hacia la puerta. La mujer de los gatos blancos los protegió con sus brazos cuando vio al gran dálmata avanzar pesadamente.

La recepcionista preguntó el nombre del paciente y Juan contestó con voz fuerte:— ¡Taco Pacheco! —Le gustaba el sonido del nombre y esperaba que si, alguna vez, tuviera un hermano le llamaran Taco.

Pronto fueron llevados al consultorio del veterinario. El Dr. Gómez era un hombre pequeño de bigote rectangular y negro. Sus cejas eran gruesas y oscuras. La expresión de su cara era amistosa, y cuando levantó a Taco, lo hizo con suavidad y sin esfuerzo.

—Hace bastante tiempo que no vienen por aquí —dijo de buen humor. El examen que realizó el Dr. Gómez fue breve. Sus dedos tantearon y dieron golpes leves en varias partes del cuerpo del perro.

Taco temblaba nerviosamente de vez en cuando, pero al ver a Juan cerca suyo, movía la cola y se calmaba.

De pronto, el Dr. Gómez se puso muy serio. Disparó una orden a su asistente. —Dame una jeringuilla. Tengo que sacarle sangre para analizarla.— Se había borrado su sonrisa y ahora tenía cara de estar preocupado.

Taco se quedó muy quieto mientras le extrajeron sangre. No se movió siquiera cuando lo pincharon con la aguja.

—Es un perro bien duro —murmuró el Dr. Gómez, intentando mostrarse alegre. Después de haber retirado las jeringas, le dio a Taco unas palmaditas en la cabeza.

Juan y su padre siguieron al Dr. Gómez hasta un microscopio ubicado sobre una mesa, en un rincón del consultorio. El veterinario comenzó a preparar parte de la sangre, untando con un poco de ella un trozo rectangular de vidrio. Cuando la sangre se secó, el Dr. Gómez con cuidado la cubrió con gotas de un líquido azul. —Ahora estamos listos —dijo.

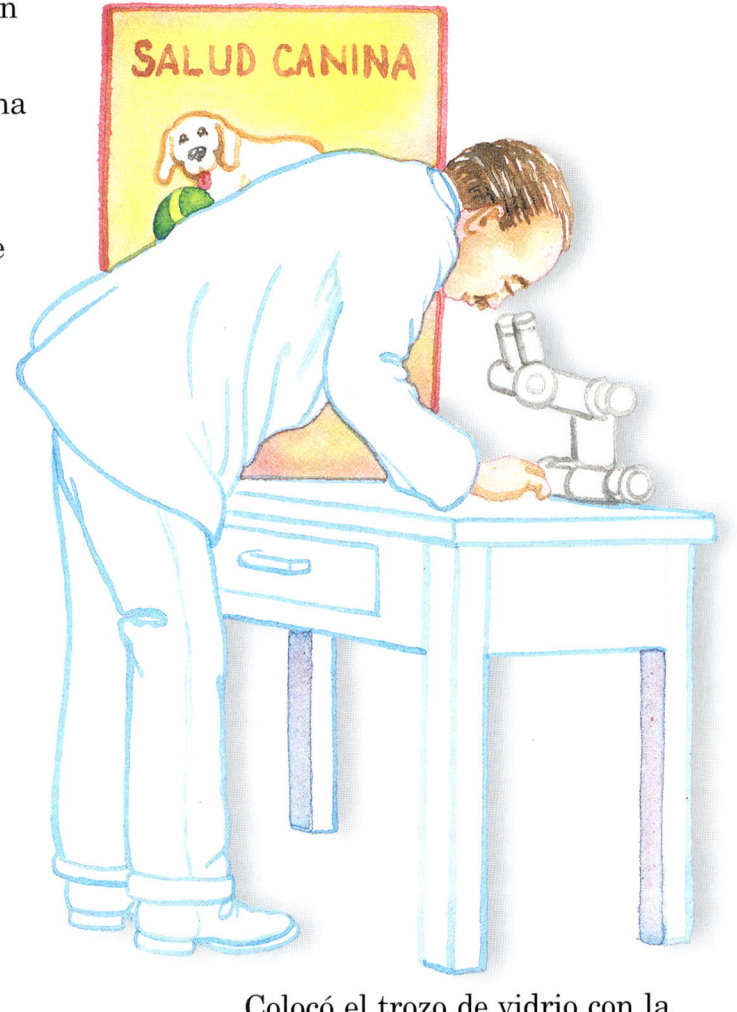

Colocó el trozo de vidrio con la muestra de sangre en el microscopio e hizo girar la perilla de un tornillo al costado del dispositivo ocular. Luego inclinó la cabeza y aplicó un ojo, observando por espacio de varios minutos. Mientras más tiempo pasaba el Dr. Gómez mirando a través del microscopio, mayor era el miedo que se apoderaba de Juan. Finalmente, el Dr. Gómez se arrellanó en su asiento, suspiró, se frotó las mejillas y ajustó sus lentes.

Sus ojos grandes y oscuros estaban tristes. El Dr. Gómez se inclinó hasta que su cara estuvo a la altura de la de Juan. Sus miradas se cruzaron y el Dr. Gómez le tomó del codo. —Juan, Taco está muy enfermo. Él padece de lo que nosotros llamamos "linfomatosis maligna." No existe ninguna medicina para curarlo . . . ninguna. No hay remedio. Juan, tu perro se va a morir.

Los ojos de Juan se llenaron de lágrimas pero logró murmurar. —¿No hay nada . . . absolutamente nada . . . que podamos hacer?

—Lo siento muchísimo, Juanito. Para curarlo, no, no hay nada —suspiró—. Pero podemos ayudarle. Podemos ayudarle a dormir en una forma que prevenga el sufrimiento. Le pondremos a dormir. Eso es lo que tendremos que hacer muy pronto.

El Dr. Gómez se aproximó a la mesa donde yacía Taco observándoles.

—Todos estos nódulos —dijo mientras apuntaba a las protuberancias ubicadas bajo el pellejo—, pronto comenzarán a dolerle.

Juan sintió sobre su hombro la firme presión de la mano de su padre. A medida que la voz suave del Dr. Gómez continuaba haciéndose escuchar, y que Juan comprendía con mayor claridad lo que el veterinario estaba diciendo, se le llenaron los ojos de lágrimas. Pestañeó procurando controlarse. El señor Pacheco apretó su hombro aún más firmemente.

El Dr. Gómez se alejó solemnemente de ellos. Escribió en una ficha que contenía la historia clínica de Taco. Juan miró a su padre y vio que también tenía lágrimas en sus ojos. Se abrazaron. —No tiene nada de malo que llores, Juanito. Está bien.

Y Juan dio rienda suelta a su tristeza y los sollozos le brotaron desde lo más profundo. Juan se sintió mejor toda vez que la tristeza se desahogaba en sus ojos llenos de lágrimas y en sus sollozos. Tras llorar un rato, las lágrimas parecían que le habían despejado la cabeza. Cuando el asistente del Dr. Gómez regresó al consultorio y colocó a Taco sobre el piso, Juan estaba listo para arrodillarse y abrazar el cuello macizo del perro. Taco se mostraba feliz de estar cerca de Juan.

—Puedes dejarle aquí, si lo deseas —le dijo el Dr. Gómez.

—¡No! —La palabra brotó de los labios de Juan con tajante firmeza.

El Dr. Gómez asintió con la cabeza de modo comprensivo. —Pues, en unos días . . .

—Sí, sí. Después de unos días —murmuró Juan, pero no pensaba en lo que decía. No estaba seguro siquiera del motivo por el que le parecía tan importante no dejar al perro con el veterinario. Pero internamente se fortalecía su firmeza. Estaba dispuesto a luchar contra todos para llevar el perro consigo, a su casa.

El Dr. Gómez apartó la mirada de la ficha médica. Sus ojos exploraron los de Juan. —Puedes llevarle a casa contigo, Juan. Pero en unos días, juntos tendremos que hacer planes para hacer frente a los dolores que va a padecer. —Se aproximó a Juan—. Será muy duro para Taco si no le damos algo muy pronto. Estrechó la mano del señor Pacheco y abandonó el cuarto.

El señor Pacheco condujo su automóvil por el tráfico del sábado. Había permanecido en silencio desde que dejaron la clínica. Cuando comenzó a hablar, su voz era baja, tanto como un murmullo. —Debemos pensar en Taco . . . lo que es mejor para él. Eso es lo que tenemos que hacer.

Juan no respondió. Sus ojos estaban fijos en algo brumoso que había en el lejano horizonte, hacia donde avanzaba lentamente el automóvil. Por un tiempo se dejó tentar por la imagen de un patio sin Taco, pero la borró tan pronto como la había concebido. Finalmente, rompió el silencio y dijo—: ¿Qué le harán?

El señor Pacheco no estaba seguro. Contestó—: Le dormirán con una medicina . . . y seguirá durmiendo. Eso es la muerte . . . un sueño largo, muy largo.

—Dormirá como se durmió Abuela . . . —comentó Juan, y recordó la última vez que había visto a su abuela, tan extraña y dormida en ese cajón grande y raro.

Al principio el señor Pacheco no contestó. Sabía que la muerte de Taco sería una de esas separaciones eternas que nos depara la vida. ¿Pero qué podría decir a su hijo que le hiciera más fácil sobrellevar su tristeza? Pensó en el perro y dijo:— Quizás deberíamos haber dejado a Taco con el Dr. Gómez. Será más difícil llevárselo de nuevo. Es posible que no tengamos fuerza suficiente para hacerlo.

Los ojos negros de Juan brillaron, pero no dijo nada. Luego, las palabras sobre las que había pensado desde que dejaron el consultorio del veterinario le brotaron como un torrente. —No quiero llevarle allí de nuevo. No voy a llevarlo a ningún lugar. —El señor Pacheco se sorprendió. Echó una mirada rápida a su hijo y luego al perro—. Pero Juanito, el perro va a sufrir muchísimo si no . . .

—Yo quiero que Taco se muera en su casa. Yo puedo darle la medicina que le hará . . . dormir. —Volvió la cabeza para mirar a su padre. Pronunció con firmeza sus palabras; en sus ojos negros se habían secado las lágrimas. Anunció—: Yo le daré la medicina a Taco y le enterraré en el patio. —Miró a la pelota de tenis que descansaba en su regazo—. ¿Se lo dirás al Dr. Gómez en mi nombre?

—Por supuesto, Juanito. Pero ¿por qué quieres hacerlo? Es muy difícil, muy difícil. No puedo comprender.

Juan suspiró y trató de darle forma a una explicación. —Pues, Taco y yo somos como un equipo. Trabajamos juntos. Y aún si me duele adentro tanto como le dolía a Valenzuela su brazo la última vez que lo vimos lanzar la pelota, no puedo fallarle a mi compañero. —Cerró los ojos y continuó—: Tú me dijiste que el ayudar a tus amigos en vez de abandonar la tarea, especialmente cuando es doloroso hacerlo, es la diferencia entre un buen hombre y un buen hombre verdadero.

Y el señor Pacheco comprendió. Se inclinó, puso su brazo en torno al muchacho y lo atrajo hacia sí. Juan comenzó a estremecerse sollozando. Escondió la cabeza sobre el flanco de su padre, como si estuviera avergonzado.

—Está bien, Juanito . . . está bien. Los hombres verdaderos lloran también. Está bien.

269

Juan se deslizó debajo de las colchas de su cama. Por fin había dejado atrás ese día terrible. Ahora todos sus horrores eran recuerdos. Las cápsulas, el último juego de béisbol con Taco, la sepultura, todo podía ser olvidado ahora. Al sentarse sobre él la fatiga, su cuerpo pareció fundirse con el colchón. Dio vuelta hacia su lado y posó la mirada sobre el rincón más alejado del patio, donde ardía una vela sobre la tumba de Taco. La llama de la vela, cálida y brillante, había comenzado a vacilar. Se debilitó como si la estuvieran alejando, más y más, hacia la oscuridad. La luz del candelero se estaba transformando en una estrella. Se puso más intensa y subió más alto hasta que sobrepasó los árboles. Y, de pronto, desapareció como si hubiera sido absorbida por la oscuridad de los cielos.

Juan se tendió en la cama y cerró los ojos. Sabía que los perros tenían su cielo y que Taco allí estaba, en ese preciso momento, corriendo detrás de una pelota de tenis.

Piénsalo

1. ¿Qué cambios ve Juan en Taco?

2. ¿Te gustaría tener un perro como Taco? ¿Por qué sí o por qué no?

3. ¿Por qué crees que el autor compara a Fernando Valenzuela con Taco?

Conoce al ilustrador
James Henry

A James Henry le gustan mucho los niños y los perros. Cuando se le presentó la oportunidad de ilustrar *Juan y Taco,* la tomó inmediatamente porque la historia trata sobre el gran cariño que un niño puede llegar a sentir por su perro, y la lealtad y afecto que el perro siente por su dueño.

James creció principalmente en el norte de California donde desarrolló un gran amor por la naturaleza. Su familia tenía caballos y criaba perros, lo cual acrecentó su amor por los animales.

James ama el arte, ya que le da la oportunidad de capturar un sentimiento y contar una historia en dibujos. De niño, sus pinturas estaban colgadas en las paredes de la oficina del Director de la escuela. Más adelante, asistió al Art Center College of Design en Los Ángeles, donde estudió ilustración. Por más de veinte años ha montado exhibiciones de arte y ha hecho muchas ilustraciones sobre diferentes temas. James dice creer que sus obras de arte están influenciadas por su niñez. Además de la pintura, sus actividades favoritas son practicar surf, correr, ir de excursión, escuchar música y leer buenos libros.

Hoy en día, James vive con su hijo Hap y tiene en su jardín pollitos, un gato llamado Tom y tres perros grandes y divertidos para jagar.

Visita *The Learning Site*
www.harcourtschool.com

Cancioncita

Dulce María Loynaz

Sonie tierno, mío;
florido de inocencia.

Sonie negro; retazo, miniatura
de la noche . . . (Pero de alguna
noche lunada, almibarada
de azúcares celestes . . .)

Sonie, tienes guardada
mi risa entre tus patas, entre tu
pelo . . . Y alguna vez me das mi risa.

Me la das y me río
con esa risa mía que tú tienes,
Sonie dulcísimo,
Sonie para ir pasando
la vida . . .

Y para que la vida sea
o al menos se parezca a un juego tuyo . . .
Y para que yo juegue contigo y con la vida . . .

del perro Sonie

273

Taller de actividades

Reunión familiar
REPRESENTA UNA ESCENA

Imagina que Juan, el veterinario y el señor Pacheco tienen una reunión familiar. Ellos quieren decidir qué es lo mejor para Taco. Representa esta escena con dos compañeros. Quizás el señor Pacheco debe ser el que dirija la reunión. Antes de comenzar, repasa el cuento y haz una lista de sugerencias para resolver la situación de Taco de modo que Juan pueda entenderlas sin sentirse muy triste.

¿Quieres un Taco?
ESCRIBE UN PÁRRAFO

Imagina que los Pacheco te han invitado a pasar unas vacaciones con ellos. Juan te ha dicho que entre las cosas que planean hacer estará el jugar con Taco todos los días durante dos horas. Escribe un párrafo en donde cuentes todas las actividades y juegos que harías con Taco. Debes escribirlo de forma tal que convenzas a tu hermanito o hermanita menor de querer ir el año entrante a pasar unas vacaciones en casa de los Pacheco.

¡Escucha esto!
ESCRIBE UNA LISTA DE SUGERENCIAS

Juan escucha a su papá cuando éste le habla de Fernando Valenzuela y su actitud durante el juego de béisbol. Al final del cuento la decisión de Juan te demuestra que él es buen oyente. Piensa en las preguntas que Juan le hizo a su papá mientras éste hablaba, en el tono de voz que usó para hacerlas y en el tiempo que pasó tranquilo prestándole atención. Escribe una lista de sugerencias que puedan ayudar a una persona a convertirse en un buen oyente.

Hacer conexiones
ESCRIBE DOS FORMAS LITERARIAS

"Juan y Taco" y "Cancioncita del perro Sonie" tratan del amor de los seres humanos por los animales, en este caso, el perro. El primero está escrito en prosa y el segundo en versos. Usando los mismos personajes, invierte el género. Escribe un cuento donde hables de algo que te pudiera suceder si tuvieras como mascota a Sonie. Escribe un poema dedicado al perro Taco. Comparte tus trabajos con el resto de la clase.

UN GRILLO EN TIMES SQUARE

por George Selden

ILUSTRADO POR Garth Williams

Tucker Ratón vive en un desagüe de la estación de Times Square en la ciudad de Nueva York, en donde busca comida y contempla el mundo a su alrededor. Desde un quiosco cercano, acaba de oír a un muchacho llamado Mario Bellini pedir a sus padres que le permitan guardar un grillo que encontró y puso en una caja de fósforos. Tucker también había oído el chirriar y ahora que sabe de dónde viene, se apresura a enterarse de más.

Mención honorífica Newbery

*T*ucker Ratón había observado a los Bellini, mientras oía su conversación. Después de vagabundear y vivir de gorra, escuchar lo que decían los humanos era su pasatiempo favorito, y uno de los motivos principales por los que vivía en la estación de metro de Times Square. En cuanto la familia desapareció, Tucker cruzó corriendo al quiosco. En uno de los lados de la cubierta, dos planchas de madera separadas habían dejado un hueco lo bastante grande como para que un ratón pudiera colarse dentro. Tucker lo había hecho ya en otras ocasiones, con la sana e inocente intención de explorar. Por unos instantes, se quedó bajo el taburete, mientras sus ojos se acostumbraban a la oscuridad. Luego saltó al taburete.

—¡Psss! ¡Eh, tú, el de ahí arriba! —susurró—. ¿Estás despierto?

Nadie le respondió.

—¡Psss, psss! ¡Eh! —volvió a llamar Tucker, esta vez con más fuerza.

Desde arriba le llegó un sonido seco: unas pequeñas patas tanteaban la repisa.

—¿Quién eres y qué haces ahí? —dijo una voz.

—Soy yo. Aquí, en el taburete —dijo Tucker.

Una cabeza negra con dos ojos brillantes y negros se asomó.

—¿Y quién eres tú?

—Un ratón —respondió Tucker—. ¿Y tú?

—Soy un grillo, y me llamo Chester—. Tenía una voz aguda y musical, y todo lo que decía parecía una insólita melodía.

—Pues yo me llamo Tucker —dijo el ratón—. ¿Puedo subir?

—Supongo que sí —dijo Chester Grillo—. De todas formas, ésta no es mi casa.

Una cabeza negra con dos ojos brillantes se asomó.

De un brinco, Tucker se plantó junto al grillo y le miró fijamente.

—¡Un grillo! —exclamó con admiración—. Nunca había visto uno antes.

—Pues yo sí he visto ratones. Conocí a muchos cuando vivía en Connecticut.

—¿Eres de allí? —preguntó Tucker.

—Sí —dijo Chester, y luego exclamó con nostalgia—: Supongo que no volveré a verlo nunca más.

—¿Y cómo has llegado hasta Nueva York? —quiso saber Tucker.

—Oh, es una larga historia.

—Anda, cuéntamela —añadió, poniéndose cómodo.

Le encantaba que le contaran historias, sobre todo si eran verdaderas. Le parecía casi tan divertido como husmear.

—Bueno... Hace dos o tres días, estaba yo sentado sobre un tronco de árbol que me sirve de casa. Disfrutaba del buen tiempo y pensaba en lo bonito que es el verano.

Yo vivo en un tronco que está junto a un sauce, y a menudo suelo subir al tejado de mi casita para ver qué pasa fuera. Aquel día también había estado practicando mis saltos. Al otro lado del tronco hay un pequeño riachuelo, y estuve brincando de una a otra orilla para mantener mis patas en forma durante todo el verano. Yo salto mucho, ¿sabes?

—Ah, bueno. Yo también —le interrumpió Tucker—, sobre todo en las horas punta.

—Bueno, pues estaba terminando mi entrenamiento cuando olí algo que me encanta —prosiguió Chester—. Era paté de hígado...

—¿Te gusta el paté de hígado? —volvió a interrumpir Tucker—. ¡Espera, espera! ¡Un momento!

De un salto bajó desde la repisa hasta el suelo y corrió hacia su desagüe.

Chester le observó ladeando la cabeza. Tucker le parecía un tipo muy nervioso, incluso para ser un ratón.

Dentro del desagüe, en el escondrijo de Tucker, había todo un lío de papeles, trocitos de tela, botones, baratijas perdidas, monedas y todas las demás cosas que pueden encontrarse en una estación de metro. Tucker lanzaba cosas a diestra y siniestra en busca de algo. La vida ordenada no se había hecho precisamente para él. Por fin halló lo que buscaba: un gran pedazo de paté de hígado que había encontrado aquella misma tarde. En teoría estaba destinado a ser su desayuno al día siguiente, pero Tucker decidió que conocer a un grillo era un acontecimiento más que especial, y había que celebrarlo. Sujetó el paté entre sus dientes y corrió de nuevo hacia el quiosco.

—¡Mira! —dijo, orgulloso—. ¡Es paté de hígado! Puedes seguir con tu historia, y mientras tomaremos una cena ligera.

Puso el paté de hígado delante de Chester Grillo.

—Eres muy amable —dijo Chester, emocionado al ver que un ratón al que sólo conocía de unos minutos compartía su comida con él—. Antes he tomado un poquito de chocolate, pero aparte de eso, no había probado bocado en tres días.

—Pues anda, ¡come, come! —le animó Tucker. Con sus dientes partió en dos el trozo de paté de hígado, y le ofreció a Chester el más grande—. Bueno, entonces quedamos en que oliste el paté de hígado. Y después ¿qué pasó?

—Me bajé del tronco y me dirigí hacia el lugar de donde me llegaba el olor.

—Lógico —comentó Tucker, con la boca llena—. Es justamente lo que habría hecho yo.

—Pues el olor salía de una cesta de picnic que estaba en un par de arbustos más allá de mi casa, justo donde empieza la pradera. Allí había un grupo de gente merendando. Tenían huevos duros, pollo asado, fiambre de carne y un montón de cosas más, aparte de los sandwiches de paté de hígado que yo había olido.

Tucker gimió de gusto al imaginar tanta comida.

—Como estaban jugando, no me vieron saltar dentro de la cesta —siguió Chester—. Estaba seguro de que no les importaría que probara un poquito.

—Naturalmente que no —dijo Tucker en tono solidario—. ¿Por qué iba a importarles? Había bastante comida para todos. ¿Quién podría culparte?

—Bueno, tengo que reconocer que probé más que un poco. De hecho, comí tanto que no podía mantener los ojos abiertos. Me quedé dormido dentro de la misma cesta. Después, todo lo que recuerdo es que alguien puso una bolsa con bocadillos de carne encima de mí y ya no me pude mover.

—¡Imagínate! —exclamó Tucker—. ¡Atrapado bajo los bocadillos de carne! ¡Madre mía! Bueno, hay suertes peores.

—Al principio no me sentía muy asustado. Pensé que serían de New Canaan o de algún otro pueblo cercano, y tendrían que sacar las cosas de la cesta tarde o temprano. ¡No podía ni imaginar lo que me esperaba! —movió la cabeza y suspiró—. Noté cómo la cesta era introducida en un coche, que la trasladó a alguna parte. Luego la bajaron en otro lugar, una estación de tren supongo. Entonces la volvieron a subir a otro sitio, y pude oír el ruido de un tren. Ahora ya sí que estaba asustado. Sabía que cada minuto que pasaba me alejaba más de mi viejo tronco.

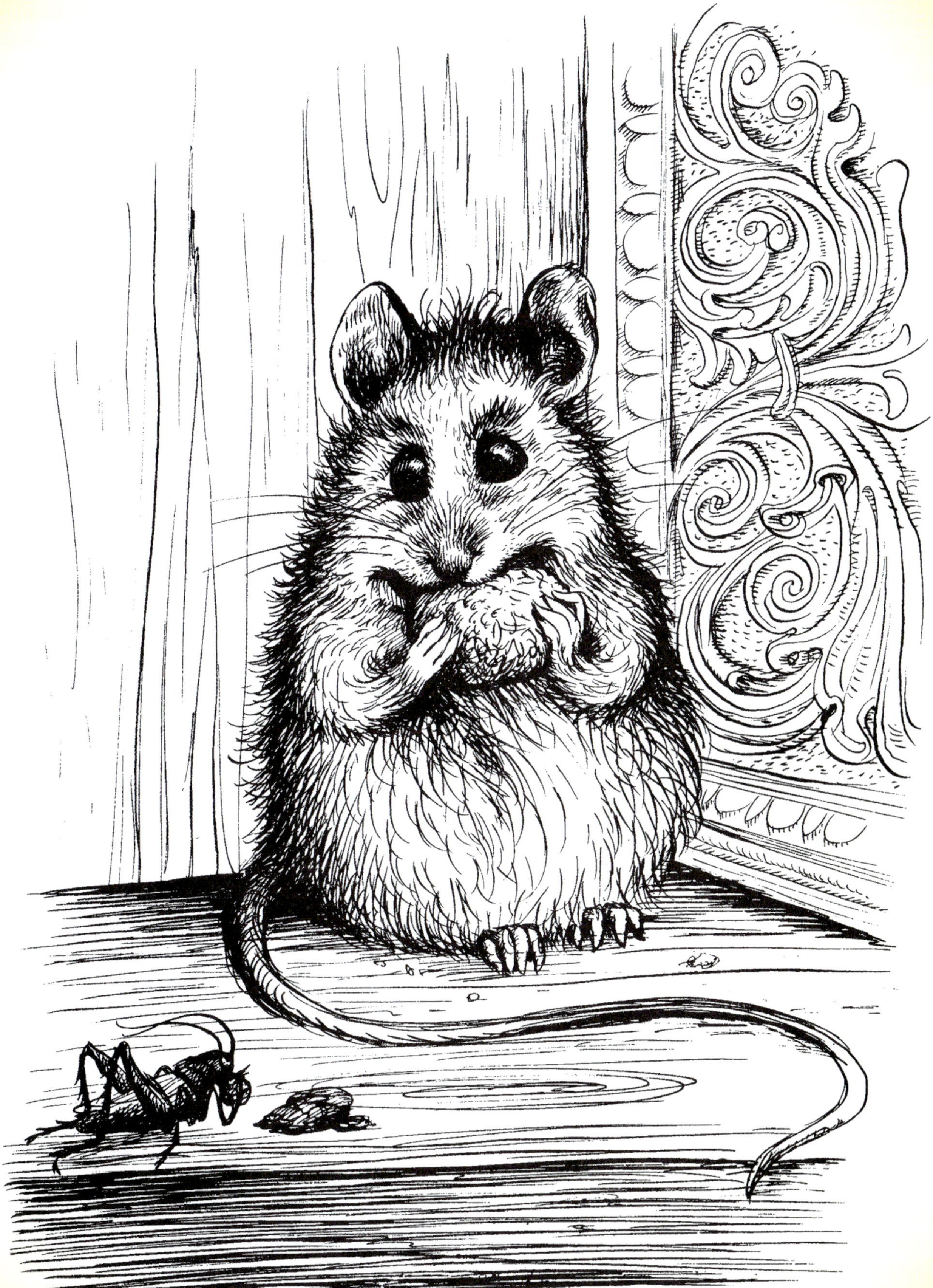

Además, empezaba a sentirme aplastado por aquellos dichosos bocadillos.

—¿Por qué no intentaste abrir un túnel en la comida?

—En mi estómago no había sitio para un bocado más —explicó Chester—. Menos mal que de vez en cuando el tren se inclinaba hacia un lado y yo conseguía liberarme un poco.

—Seguimos viajando durante un tiempo, y por fin el tren se detuvo. No tenía ni idea de dónde podíamos estar, pero en cuanto los dueños de la cesta se bajaron, imaginé que por el ruido aquello no podía ser más que Nueva York.

—¿No habías estado aquí nunca? —le preguntó Tucker.

—¡Cielos, no! Aunque me había hablado de esta ciudad una golondrina que volaba sobre ella todos los años, cada vez que emigraba al norte o al sur. Además, ¿qué pintaría yo aquí? Soy un grillo de campo —dijo Chester, balanceándose incómodo.

—No te preocupes, yo te daré paté de hígado, y vas a estar más que bien aquí. Anda, sigue contando.

—Ya casi he terminado —dijo Chester—. Aquellas gentes se bajaron del tren y, tras andar un poco, se subieron a otro que hacía aún más ruido.

—El metro, claro —dijo Tucker.

—Supongo que sí. Puedes imaginar lo asustado que estaba. No tenía ni idea adónde iban. Por lo que yo sabía, podían estar camino a Texas, aunque supongo que no hay mucha gente de Texas que vaya a merendar a Connecticut.

—Bueno, podría ser —concedió Tucker, asintiendo con la cabeza.

—De todas maneras, me esforcé por librarme, y al fin lo conseguí. Cuando se bajaron del segundo tren, salté fuera de

Normalmente no canto hasta más entrado el verano,

la cesta y fui a caer a un montón de basura, en una de las esquinas de este lugar.

—¡Vaya forma de llegar a Nueva York! —comentó Tucker—. Acabar en un montón de basura en la estación de Times Square . . .

—Y aquí estoy —concluyó Chester con tono apagado—. Llevaba tres días en ese rincón, sin saber qué hacer. Al final estaba tan nervioso que me puse a cantar.

—¡Ah! ¡Ése era el sonido! —le interrumpió Tucker Ratón. Lo oí, pero no sabía lo que era.

—Pues sí, era yo —dijo Chester—. Normalmente no canto hasta más entrado el verano, pero ¡Dios mío! tenía que hacer algo.

El grillo había estado sentado en el borde de la repisa. Por algún motivo, quizás un leve ruido, algo así como el de unas pequeñas patas que cruzaban el suelo de puntillas, Chester miró hacia abajo. Entonces una sombra que había estado agachada en la oscuridad saltó a la repisa junto a Tucker y Chester.

—¡Cuidado! —gritó el grillo—. ¡Un gato! —y se lanzó de cabeza a la caja de fósforos.

Chester hundió la cabeza entre los pliegues del pañuelo de papel para no ver cómo mataban a su nuevo amigo, Tucker Ratón. Algunas veces, en Connecticut, había observado las desiguales peleas entre un gato y un ratón en plena pradera. Si el ratón no estaba cerca de su madriguera, las peleas siempre terminaban de la misma forma. Ahora este gato les había sorprendido, y Tucker no podría escapar.

pero, ¡tenía que hacer algo!

Chester salió lentamente. Observó primero al gato y luego al ratón.

No se oyó nada, así que Chester decidió alzar la cabeza y mirar detrás de él con mucho cuidado. El gato, un enorme tigre con rayas grises y negras, estaba sentado en la repisa con la punta de su cola apoyada en las patas delanteras. Y justo entre aquellas patas, en las mismísimas fauces de su enemigo, se hallaba Tucker Ratón, que observaba a Chester con sorpresa y curiosidad. El grillo empezó a hacerle señas desesperadas para que viera lo que le amenazaba.

Pero Tucker alzó la vista con gesto tranquilo. El gato a su vez le miró amablemente.

—¡Oh, él! Es mi mejor amigo —dijo Tucker, acariciando al gato con una de sus patas delanteras—. Anda, sal de la caja de fósforos, y no te preocupes.

Chester salió lentamente. Observó primero al gato y luego al ratón.

—Chester, te presento a Harry Gato —dijo Tucker—. Harry, éste es Chester. Es un grillo.

—Encantado de conocerte, amigo —dijo Harry con voz sedosa.

—Hola —saludó Chester. Se sentía bastante ridículo por el escándalo que había armado, así que decidió explicarse—: No me he asustado por mí, sino por ti, Tucker. Creí que los ratones y los gatos eran enemigos.

—Bueno, en el campo quizás sí —dijo Tucker—, pero en Nueva York abandonamos esa vieja costumbre hace ya muchos años. Harry es mi amigo más antiguo y vive conmigo en el desagüe. ¿Qué tal te van las cosas esta noche, Harry?

—No muy bien —respondió Harry Gato—. He estado buscando en la basura del este de la ciudad, pero la gente rica no tira todo lo que debiera.

—Chester, haz ese sonido para Harry, anda —le pidió Tucker Ratón.

Chester levantó sus alas negras, que estaban cuidadosamente plegadas sobre su espalda, y con un toque rápido y experto, puso una sobre la otra. Un agudo sonido, amplificado por el eco, se extendió por toda la estación.

—Muy bonito, realmente, muy bonito —comentó el gato—. Este grillo tiene talento, sí señor.

—Yo creí que lo que hacías era cantar, pero se parece más a tocar un violín, ¿verdad? —dijo Tucker—. Un ala es como el arco, y la otra sirve de cuerda.

—Sí —contestó Chester—. Estas alas no me sirven precisamente para volar, pero no me importa, yo prefiero la música.

Y tras decir esto, volvió a frotar por tres veces sus alas. Tucker y Harry Gato se sonrieron.

—Cuando lo escucho, siento deseos de ronronear —dijo Harry.

—Hay quienes dicen que los grillos hacemos "cri, cri, cri", y otros afirman haber oído "tri, tri, tri". Pero nosotros no estamos de acuerdo ni con unos ni con otros.

—A mí me suena más a "gri, gri, gri" —propuso Harry.

—Quizás por eso les llaman grillos —añadió Tucker. Los tres se rieron. La risa de Tucker era entrecortada y aguda, como si tuviera hipo. Ahora Chester se sentía ya mucho mejor. El futuro no se le presentaba tan triste como cuando estaba casi sepultado en la suciedad del rincón.

—Te quedarás un tiempo en Nueva York ¿no? —le preguntó Tucker.

—Bueno, podríamos llevarte a Grand Central y dejarte en un tren que vaya a Connecticut —le explicó Tucker—. Pero, ya que estás aquí, ¿por qué no pruebas un poco la vida urbana? Conocerás gente nueva, verás cosas distintas . . . A Mario le has caído muy bien.

—Sí, pero a su madre no —se quejó Chester—. Cree que tengo gérmenes.

—¿Gérmenes? —exclamó Tucker con desdén—. Ella no reconocería un germen aunque uno de ellos le pusiera un ojo morado. No le hagas caso.

—Es una pena que no hayas encontrado amigos con mejor fortuna. No sé lo que va a pasar con este quiosco —dijo Harry Gato.

—Es verdad —le apoyó—Tucker—. El negocio se hunde.

—Tucker saltó por encima de un montón de revistas y leyó los nombres a la tenue luz que se colaba por la grieta de las tablas de madera.

—*Noticias de Arte, América Musical.* ¿Quién lee esto, aparte de unos cuantos intelectuales melenudos? —dijo.

—No entiendo tu forma de hablar —se disculpó Chester. En la pradera había escuchado a las ranas, los castores, los conejos, y a alguna serpiente que otra, pero jamás había oído a nadie que hablara como Tucker—. ¿Qué es un melenudo?

Tucker se rascó la cabeza y pensó un poco.

—Uhmm, bueno . . . Un melenudo es una persona super-refinada, como por ejemplo un galgo afgano. Eso es un melenudo.

—¿Y los galgos afganos leen *América Musical?* —preguntó el grillo.

—Lo harían si pudieran —dijo Tucker.

—Me temo que nunca voy a entender lo que pasa en Nueva York —dijo Chester, cabizbajo.

—¡Por supuesto que lo entenderás! —exclamó Tucker—. Harry, ¿qué te parece si llevamos a Chester a ver Times Square? ¿Te gustaría, Chester?

—Supongo que sí —respondió Chester, aunque la verdad es que se sentía bastante nervioso.

Los tres bajaron al suelo y atravesaron la grieta en la madera, que tenía el ancho preciso para que Harry pudiera pasar por ella.

Mientras cruzaban el vestíbulo de la estación de metro, Tucker le iba mostrando las atracciones locales, como la cafetería Nedick's, en la que el ratón solía pasar mucho tiempo, y la bombonería Loft's. Llegaron así al desagüe. Chester tuvo que dar unos saltitos muy pequeños para no golpearse la cabeza mientras subían. El tubo parecía girar y enrollarse cientos de veces, pero Tucker Ratón conocía de sobra el camino, incluso a oscuras. Por fin, Chester vio unas luces encima de ellos. Un salto más le llevó fuera. Y ahí se quedó, sin aliento, agachado contra el cemento de la acera.

Se encontraban en una de las esquinas del edificio del Times, situado en el extremo sur de Times Square. Torres como montañas se alzaban sobre la cabeza del grillo, hacia el cielo estrellado de la noche. Era muy tarde, pero los letreros de neón seguían encendidos.

Luces rojas, azules, verdes y amarillas lo iluminaban todo, y el aire estaba lleno del ruido ensordecedor de los humanos

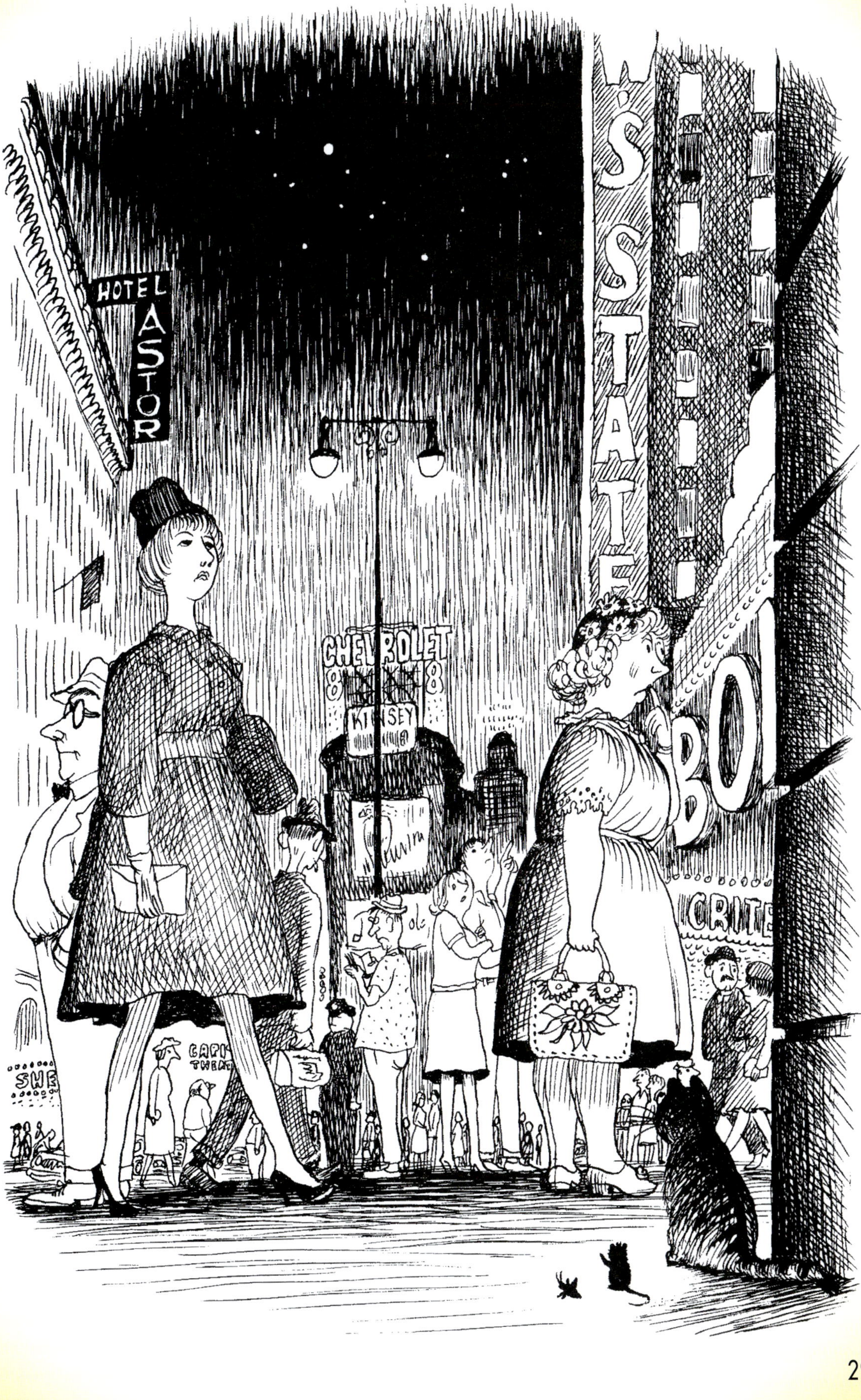
HOTEL
ASTOR
CHEVROLET
KINSEY

que iban y venían. A Chester, Times Square le pareció una enorme concha marina llena de colores y ruidos que parecían olas chocando una y otra vez. Sintió una punzada en el corazón y cerró los ojos. Lo que estaba viendo era demasiado bello y terrible para un grillo que hasta entonces había medido las alturas comparándolas con su tronco, y los ruidos con el burbujeo de su riachuelo.

—¿Qué te parece? —le preguntó Tucker Ratón.

—Bueno . . . es . . . es algo asombroso —balbuceó Chester.

—Pues si lo vieras la noche de fin de año . . . —dijo Harry Gato.

Poco a poco, los ojos de Chester se fueron acostumbrando a las luces. Y allí, muy arriba, sobre Nueva York y el resto del mundo, vio brillar una estrella. Quiso pensar que era la misma que brillaba sobre su pradera de Connecticut y la cual él solía contemplar.

Cuando bajaron de nuevo a la estación y Chester regresó a su caja de fósforos, pensó de nuevo en esa estrella. Le reconfortaba saber que brillaba algo familiar en medio de tantas cosas nuevas y extrañas para él.

Piénsalo

1. Para Chester, ¿qué hace difícil estar en un lugar nuevo? ¿Qué lo hace sentir mejor?

2. ¿Qué personaje te gusta más: Chester, Tucker o Harry? ¿Por qué?

3. Esta historia tiene lugar en una ciudad muy grande. ¿Cómo afecta esto las vidas de los animales de la historia?

Acerca del autor

George Selden

George Selden empezó su carrera de escritor como autor dramático. Un amigo le sugirió que escribiera libros para niños. Selden se hizo famoso con cuentos de animales que actúan como si fueran humanos. Sus personajes muestran la importancia de los amigos.

Un grillo en Times Square es una historia poco usual porque transcurre en una ciudad. Al igual que el grillo Chester, George Selden era de Connecticut. Oyó realmente a un grillo cantar en el metro, y sintió nostalgia por el campo. Cuando le pidieron que escribiera una continuación a la historia, esperó diez años, hasta que tuvo una idea que le pareció suficientemente buena. Más tarde, escribió seis libros adicionales acerca de Chester y sus amigos.

Visita *The Learning Site*
www.harcourtschool.com

Taller de actividades

Bienvenido a Times Square

DISEÑA UN CARTEL

A Chester, Times Square le pareció "bella y terrible". Dibuja un cartel de neón que le daría la bienvenida a un grillo lleno de añoranzas. Observa carteles reales para que te den ideas llamativas. Usa papel negro y crea tu cartel con pinturas o creyones fluorescentes. También podrías usar una computadora si tienes un programa de arte.

Saludos desde la Gran Ciudad

CREA UNA TARJETA POSTAL

Escribe una postal que Chester le envía a un grillo en Connecticut. En un lado de la postal, dibuja un paisaje de la ciudad. En el otro lado, escribe el mensaje de Chester. Haz que cuente cómo se siente en la gran ciudad. También puede comparar la vida de la ciudad con la vida del campo y hablar sobre cómo acostumbrarse a un nuevo lugar.

¿Por qué canta un grillo?

INVESTIGA SOBRE LOS GRILLOS

Chester le cuenta a Tucker que él normalmente no canta hasta más entrado el verano. ¿Es este detalle un hecho? Busca algunos hechos interesantes sobre los grillos. Averigua dónde viven y qué comen. Averigua cómo, cuándo y por qué cantan. Haz un cartel que muestre lo que aprendiste. Incluye el dibujo de un grillo.

Viaje por carretera

MUESTRA LA RUTA DE UN MAPA

Imagina que Tucker y Chester te han pedido que te vayas con ellos de vacaciones al estado del Sol, Florida, en un viaje de carretera. A ellos les gustaría que los fueras a buscar para luego seguir camino juntos. Recuerda que Chester vive en Connecticut y Tucker en Nueva York. En un mapa de Estados Unidos busca todos los lugares que vas a visitar y traza una ruta para tu viaje. También debes calcular la distancia entre un lugar y otro. Muestra tu ruta a tus compañeros.

PRUEBA TU DESTREZA

Secuencia

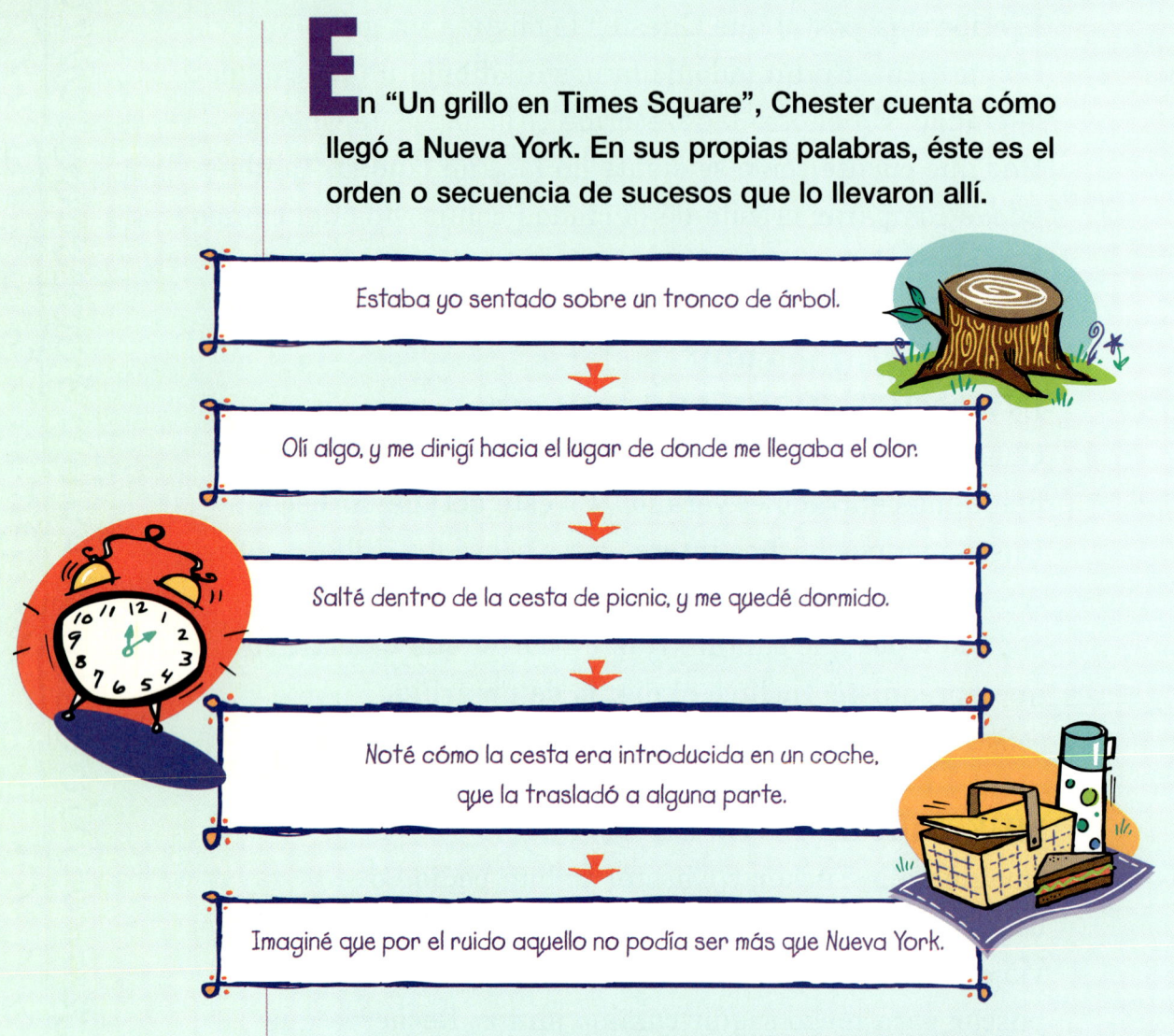

En "Un grillo en Times Square", Chester cuenta cómo llegó a Nueva York. En sus propias palabras, éste es el orden o secuencia de sucesos que lo llevaron allí.

> Estaba yo sentado sobre un tronco de árbol.

⬇

> Olí algo, y me dirigí hacia el lugar de donde me llegaba el olor.

⬇

> Salté dentro de la cesta de picnic, y me quedé dormido.

⬇

> Noté cómo la cesta era introducida en un coche, que la trasladó a alguna parte.

⬇

> Imaginé que por el ruido aquello no podía ser más que Nueva York.

En una **secuencia**, los sucesos se describen en el orden en el que ocurren. Las palabras que señalan el orden cronológico te ayudan a seguir la secuencia de sucesos en el cuento. Algunas de estas palabras indicadoras son *primero, a continuación, por último, luego, finalmente, antes, después, más temprano* y *más tarde*.

Copia la tabla de secuencia de la página 296. Haz las casillas lo suficientemente grandes para poder escribir dentro de ellas. Luego, escribe los sucesos de abajo en las casillas en la secuencia correcta.

Prestando atención a la secuencia del cuento, puedes aprender las ideas y sucesos que llevan al final.

- Tucker Ratón parte en dos el trozo de paté de hígado y le ofrece el más grande a Chester Grillo.
- Tucker lanza cosas a diestra y siniestra en busca de algo.
- Chester dice que a él le encanta el paté de hígado.
- Tucker le lleva el paté de hígado a Chester.
- Tucker corre hacia su desagüe.
- Tucker le pregunta a Chester qué pasa después.

¿QUÉ HAS APRENDIDO?

1. ¿Cómo deja claro el autor cuándo empieza y cuándo termina la historia de Chester Grillo sobre su pasado?

2. ¿Qué secuencia de sucesos comienza cuando Harry Gato aterriza junto a Tucker Ratón? Haz una lista de cuatro o cinco sucesos que ocurren.

Visita *The Learning Site*
www.harcourtschool.com

INTÉNTALO • INTÉNTALO

Escribe uno o dos párrafos en los que recuerdes algo que ocurrió en el pasado. Primero, habla sobre el escenario del suceso—por ejemplo, en el campamento, en el salón de clases, en tu habitación. Luego habla de los sucesos del pasado en el orden en el que ocurrieron. Usa palabras indicadoras.

El asombroso

por Dee Stuart

traducido del inglés por Carmen Gómez

armadillo

Armadillo de nueve bandas

El armadillo

Lentamente, durante los últimos 150 años, un pequeño ejército ha ido invadiendo el norte desde México. Los invasores son pequeñas criaturas, cuyas cabezas lo asemejan al lagarto, sus ojos al cerdo, sus orejas a la mula, sus hocicos al puerco, sus uñas al oso, y sus rabos a la rata. Estos asombrosos animales son los armadillos de nueve bandas.

Con su armadura natural, es único entre los mamíferos. Los hombros y el cuarto trasero, las patas, la parte superior de la cabeza y el rabo están encajados en un caparazón, o concha ósea, formada de grandes placas o escudos de color marrón. La barriga blanda y correosa es la única parte no protegida. Esta dura armadura ha ayudado al "pequeño tanque de la naturaleza" a sobrevivir durante 55 millones de años. Los científicos creen que los armadillos podrían ser mini–dinosaurios, parientes del gliptodonte, un animal de la época prehistórica similar a un armadillo gigante.

El armadillo de nueve bandas es el único miembro de la familia de los armadillos encontrado en Estados Unidos. Está estrechamente emparentado con los osos hormigueros y perezosos arbóreos de América Central y del Sur.

Los armadillos varían en su color. Pueden tener diferentes matices de beige, marrón grisáceo, marrón oscuro, hasta casi negro. Algunas veces su color de tonos terrosos se mezcla con los alrededores y hace difícil que sus enemigos puedan verlos.

La alimentación

A pesar de que los armadillos de nueve bandas se alimentan principalmente de insectos, también comen una pequeña cantidad de raíces, tierra y desperdicios que les ayudan a digerir la comida y evitan que sus dientes crezcan demasiado. Prefieren escarabajos, hormigas y termitas, pero también comen gusanos de tierra, orugas, sapos, pequeñas serpientes y ranas, lagartos, cucarachas, escorpiones, milpiés, ciempiés, o incluso pájaros muertos si se presentan en su camino. Les gusta visitar estanques medio secos, donde pescan camarones, pequeños cangrejos de río, peces pequeños y larvas (las crías de insectos que parecen gusanos ondulantes).

El armadillo tiene más suerte que la mayoría de los mamíferos porque nunca tiene que deambular lejos de casa

Los armadillos de nueve bandas buscan comida en el suelo.

para buscar comida. Aunque no puede ver mucho con sus pequeños ojos de cerdo, ni oír muy bien con sus orejas de mula, tiene un sorprendente sentido del olfato. Con el hocico apretado contra el suelo, puede localizar insectos de 6 a 8 pulgadas por debajo de la superficie de la tierra.

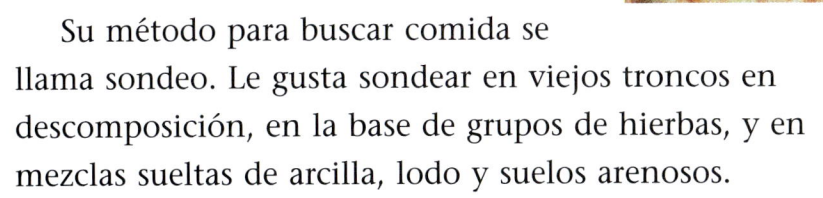

Su método para buscar comida se llama sondeo. Le gusta sondear en viejos troncos en descomposición, en la base de grupos de hierbas, y en mezclas sueltas de arcilla, lodo y suelos arenosos.

¿Cómo atrapa su comida? Tiene la lengua cubierta de saliva pegajosa y pequeñas proyecciones que parecen verrugas. Cuando lanza la lengua, los insectos se pegan a la superficie mojada y pegajosa. Mientras se alimenta, el armadillo hace ruido al olfatear.

¿Cómo es el armadillo?

El armadillo tiene cuatro dedos en las patas delanteras y cinco dedos en las patas traseras. Todos ellos están armados con uñas largas y fuertes. Son herramientas excelentes para desenterrar insectos, abrir nidos y excavar madrigueras. Aunque los armadillos pueden usar sus largas y afiladas uñas para luchar, son criaturas tímidas y rara vez pelean con sus enemigos.

Los armadillos de nueve bandas son del tamaño de gatos domésticos grandes. Tienen un promedio de 2.5 pies de largo total. El rabo cónico, compuesto de 12 a 14 anillos óseos, mide la mitad de la longitud del cuerpo. Los adultos de nueve bandas, machos y hembras, pesan de unas 8 a 15 libras.

La migración

La principal actividad de los armadillos es la búsqueda de comida y agua. A veces, la búsqueda interminable de estas necesidades les lleva más allá de su paradero normal, y no pueden encontrar el camino de vuelta a su guarida. Entonces emigran, o se trasladan, a un área nueva en busca de las condiciones que necesitan para vivir. Allí excavan nuevas guaridas y empiezan una nueva colonia o asentamiento.

En la interminable búsqueda de comida, o de un nuevo hogar, el armadillo a veces da con un río, un lago o una corriente rápida. Normalmente, el agua no es un obstáculo para estas peculiares criaturas ya que son buenos nadadores. Aunque tiende a hundirse en el agua, tiene un asombroso talento oculto. Para cruzar un cuerpo de agua, se arroja y traga aire, con lo que infla el estómago y los intestinos como un

rabo cónico de un armadillo de nueve bandas.

globo. Después, cruza chapoteando o flotando. Lo que es todavía más asombroso, si nuestro pequeño nadador se cansa, puede hundirse hasta el fondo y cruzar debajo del agua a pie. Puede permanecer debajo del agua hasta 10 minutos. Si el arroyo no es demasiado profundo ni demasiado ancho, el armadillo a menudo cruza caminando por el fondo en vez de nadar.

Hasta la fecha, sigue siendo un misterio cómo estos pequeños pioneros se las ingeniaron para cruzar el gran Río Mississippi. Los científicos creen que el río es demasiado profundo y peligroso para que ellos pudieran cruzarlo a nado. Sea cual sea la manera en que cruzaron el río, los armadillos continuaron su viaje a través del sur de Estados Unidos. De hecho, los armadillos de nueve bandas han vagado por todo el este hasta el Océano Atlántico. Estas criaturas tímidas son supervivientes naturales, y la historia de su migración hacia el este demuestra cómo se adaptaron, o cambiaron a fin de ajustarse al medio ambiente. Cambiaron su forma de vivir y aprendieron nuevas habilidades— excavando sus madrigueras en nuevos tipos de suelo y comiendo alimentos diferentes a aquellos a los que estaban acostumbrados. Otra razón por la que los armadillos fueron capaces de extenderse por todo el sur de Estados Unidos es que la comida era abundante y fácil de encontrar.

La sobrevivencia

A pesar de que los armadillos de nueve bandas han deambulado por Oklahoma, Kansas, Missouri, y Arkansas, el tiempo atmosférico frío limita su migración. Cuando el tiempo frío mata los insectos de la superficie, se ven obligados a mudarse a regiones más cálidas.

Debido a que el armadillo, a diferencia de la mayoría de los mamíferos, no tiene una piel densa para mantenerlo abrigado y ninguna capa extra de grasa para ayudarlo a aguardar hasta que pasen muchos días de frío, no puede mantenerse lo bastante caliente como para que su cuerpo funcione en climas fríos. Solamente las hojas y la hierba aislante de su nido le permiten sobrevivir los fríos inviernos en los hábitats del norte.

Los armadillos no invernan, o pasan el invierno en un estado inactivo como otros mamíferos. Por esta razón, necesitan un medio para alimentarse durante el invierno. La necesidad de comida a menudo obliga al animal a salir de su madriguera y a estar expuesto a temperaturas muy bajas.

La madriguera de un armadillo está aislada con hojas y hierba.

Un armadillo de nueve bandas busca comida en el fresco de la noche.

A diferencia de la mayoría de los mamíferos, la temperatura de su cuerpo no permanece constante; sube y baja con la temperatura del exterior. En el verano, cuando la temperatura puede alcanzar más de 100°F, se los ha visto respirar rápidamente, echarse sobre los costados y empezar a jadear para refrescarse.

Para compensar por la característica peculiar de su temperatura corporal, han aprendido a evitar el calor del día quedándose en sus madrigueras hasta la caída de la noche, cuando salen en busca de comida. Pero en los días fríos del invierno, se atreven a salir durante la parte más templada del día, normalmente a media tarde.

Las madrigueras

Los armadillos no solamente cavan en la tierra para buscar comida y hacer sus madrigueras para escapar de depredadores o animales que los matan y los comen. También viven parte de su vida en madrigueras o guaridas y las utilizan para su reproducción. Pocos animales de un tamaño similar tienen tantas guaridas por animal como éste. Pueden hacer su hogar en muchos tipos diferentes de hábitats. Les gustan los climas templados y los lugares con mucha lluvia—suficiente para mantener los insectos que comen y para proporcionar agua para beber. No obstante, al elegir su hogar no solamente depende del clima y de la presencia del agua, sino también del tipo de suelo.

305

Los suelos arenosos y poco compactos son especialmente buenos para madrigueras. Como los armadillos obtienen su comida sondeando y escarbando en el suelo en busca de insectos y otras formas de vida animal, la textura del suelo durante la temporada seca es muy importante. Los suelos muy compactos son más difíciles de excavar y también hacen más difícil desenterrar la comida con su largo hocico.

Les gusta el agua. Si el clima tiende a ser seco, los animales se reúnen alrededor de arroyos y charcos de agua. Les encantan los pequeños estanques, donde buscan comida y bebida. Las huellas alrededor de estos estanques indican que también les gustan los baños de lodo.

En suelos arenosos, los armadillos son excavadores muy activos, y sus madrigueras se encuentran en casi todas partes. Además de aquellas en las que viven, muchas han sido abandonadas y se usan solamente como refugios temporales.

Los armadillos construyen sus hogares en grietas y en campos rocosos sin arar. Les gustan las espesuras y las áreas sombreadas cubiertas de arbustos donde crecen las plantas densamente. La entrada a sus guaridas a menudo se encuentra al pie de árboles y arbustos con raíces tupidas. Probablemente porque éstas ofrecen el mejor medio de protección contra sus enemigos.

A diferencia de sus antepasados gliptodontes, los armadillos se adaptan bien a nuevos ambientes. Han colonizado una variedad de hábitats, incluyendo unos que han sido alterados notablemente por la gente y las actividades humanas. A menudo aprovechan campos de golf y parques para excavar sus céspedes, y recolectan comida en los bien regados céspedes y huertas de las casas privadas.

Para excavar sus madrigueras, los armadillos utilizan las fuertes uñas de sus patas delanteras para desmenuzar la tierra y desplazarla hacia atrás. Con sus patas traseras, echan la tierra afuera. El rabo levanta la parte trasera de su cuerpo para que las patas traseras puedan patear más fácilmente.

Mientras excava una guarida, tiene la habilidad peculiar de contener la respiración hasta seis minutos. Esta habilidad es útil ya que le permite excavar durante varios minutos de una vez sin tener que abrir la nariz y la boca para respirar.

Los armadillos, aunque son animales tímidos, no tienen miedo de deambular por la propiedad de las personas en busca de comida.

Los armadillos suelen ocupar una sola madriguera, pero tienen varias que han abandonado y que utilizan solamente como refugios de emergencia o trampas para obtener comida.

Las madrigueras poco profundas con una sola entrada a menudo sirven para atrapar comida. Los grillos, mosquitos, escarabajos o arañas viudas negras a veces se refugian en la acogedora madriguera húmeda y oscura. Pronto, un armadillo de olfato agudo husmea su presa. Encaja su cuerpo rechoncho contra las paredes y escarba con las uñas para bloquear la escapada del insecto. Después, el hambriento armadillo devora su comida rápidamente.

Las madrigueras utilizadas para criar a sus pequeños suelen tener una cámara o túnel especial de 18 pulgadas o más de diámetro con una pequeña curva en la bajada para proporcionar un lugar oscuro para sus crías. El nido está recubierto con hojas secas, hierba y ramillas.

La reproducción

Los armadillos se aparean sólo una vez cada temporada de reproducción. La mayoría de las hembras tienen más de un año de edad cuando aparean por primera vez.

Al nacer, las crías de los armadillos son miniaturas de sus padres totalmente formadas. Tienen los ojos abiertos y pueden caminar después de unas pocas horas. Los caparazones de color rosa pálido son blandos al principio, pero después de unos días, se vuelven de color marrón grisáceo y empiezan a endurecerse. Los caparazones no se endurecen totalmente hasta que el animal esté completamente crecido.

Las hembras de los armadillos de nueve bandas casi siempre paren cuatro crías idénticas.

Al igual que todos los mamíferos, los armadillos se alimentan de la leche de la madre. La duración de vida del armadillo salvaje es de 7 a 10 años. La duración más larga de vida registrada en los cautivos es de 16 años.

¿Cómo se defienden los armadillos?

Los armadillos tienen muchos enemigos naturales como los coyotes, perros, gatos salvajes, lobos y zorros. Se cree que los coyotes y los perros son sus principales exterminadores. No obstante, no es fácil atrapar un armadillo antes de que éste se ponga a salvo en una de sus muchas guaridas.

Cuando es atacado por un enemigo, su primera defensa es huir. Debido a su naturaleza dócil y a su costumbre de meterse sólo en sus propios asuntos, prefiere correr antes de luchar.

Este animal, normalmente lento, puede correr a una velocidad sorprendente en distancias cortas, siguiendo un rumbo en zig-zag como un jugador de fútbol. Si no es capaz de eludir a un depredador como por ejemplo un perro, se detiene y, usando las patas delanteras, empieza a excavar a gran velocidad. Puede que el perro intente morder a esta extraña criatura, pero sus dientes se escurren sobre el caparazón correoso que cubre su espalda. Al excavar, lanza la tierra a la cara del perro. Un minuto después, el animal se entierra en su madriguera. Apuntalando las bandas de la espalda contra el techo, clava las uñas en los lados de la madriguera. Es casi imposible sacarlo, incluso tirando del rabo. Un armadillo puede excavar una madriguera y esconderse dentro en menos de dos minutos.

Un mito popular dice que cuando un armadillo de nueve bandas es atacado por un enemigo, se enrolla formando una bola apretada para resguardarse de los atacantes. Puede meter la cabeza dentro del caparazón y enrollar el cuerpo de forma que la cabeza y el rabo se junten, pero no puede enrollarse en una pelota. Sólo los armadillos de tres bandas de América del Sur pueden realizar esta proeza.

Armadillo de tres bandas enrollado en forma de pelota.

El armadillo de nueve bandas tiene una destreza excepcional—un reflejo peculiar que también tienen el gato y la mula. Cuando se asusta o es sorprendido, puede saltar tres pies en el aire, despegando como un cohete. Sus muertes en carretera son más frecuentes debido a su desgraciado hábito de saltar hacia arriba cuando son sorprendidos, mientras que si permanecieran bajos, los vehículos podrían pasar por encima. De hecho, el mayor enemigo que tiene es el automóvil.

El armadillo actualmente

Los científicos han descubierto que el armadillo puede ser una contribución importante a la medicina. Es el único animal, aparte del ser humano, que puede presentar lepra grave, o la enfermedad de Hansen. Más de 13 millones de personas sufren de esta enfermedad. Por medio de la investigación con armadillos, los científicos esperan encontrar una vacuna para prevenir la lepra. La lepromina, una sustancia obtenida de los armadillos infectados de lepra, permite a los médicos determinar la gravedad que presentará un caso de lepra en un paciente humano. Un solo armadillo proporciona bastante material para más de mil unidades de lepromina.

El armadillo es una criatura salvaje que no pertenece a una especie en peligro de extinción. Los biólogos creyeron en una ocasión que los enemigos de los armadillos, como por ejemplo los coyotes, los lobos, los gatos salvajes y algunos osos, mantenían reducido el número de ellos. Ahora, estos científicos han descubierto que estaban equivocados. A pesar de que los depredadores a veces los matan, estudios recientes han mostrado que muy pocos depredadores se alimentan de armadillos.

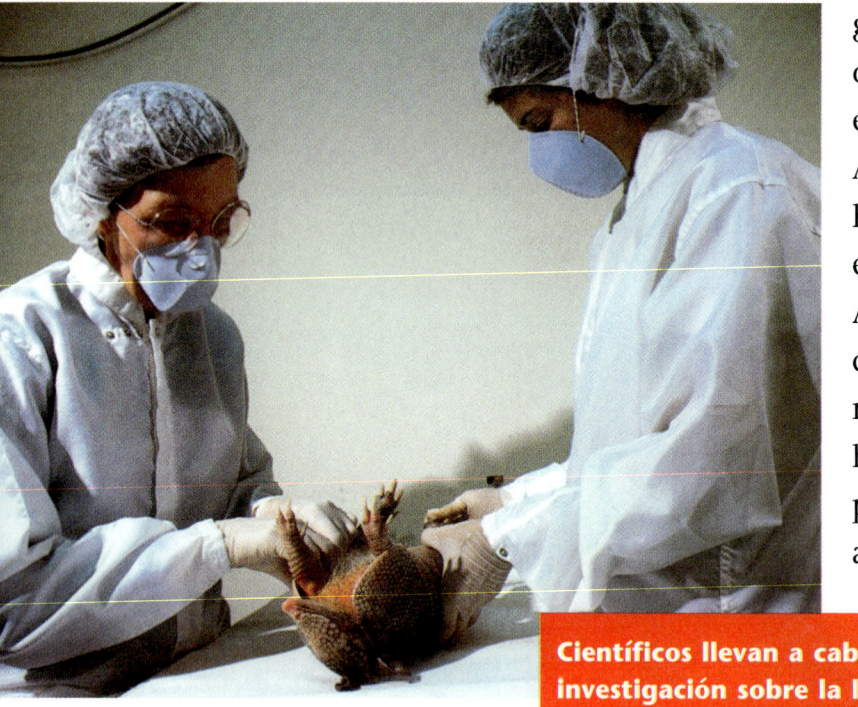

Científicos llevan a cabo investigación sobre la lepra en un armadillo.

¿Por qué han aumentado en número estos pequeños supervivientes intrépidos? Se han adaptado a temperaturas cálidas convirtiéndose en animales principalmente nocturnos, evitando el calor del día. Han aprendido a adaptarse a temperaturas frías permaneciendo dentro de sus acogedoras madrigueras y aventurándose a salir solamente al calor del sol. Han cambiado su dieta alimentándose de la comida disponible. Han cruzado tierras de bosque y praderas, y han atravesado ríos y arroyos en busca de un hábitat adecuado. Por último, han desarrollado varias formas de defenderse contra sus enemigos.

Hoy en día, decenas de miles de ellos vagan por los campos y bosques del sur de Estados Unidos. Si sales a caminar al atardecer y observas con atención, puede que tengas la suerte de ver una de estas tímidas criaturas con armadura que pueden ser amigas de la gente.

Piénsalo

1. ¿Cómo es el armadillo de nueve bandas? Descríbelo.

2. ¿Has visto alguna vez un armadillo de nueve bandas? ¿Piensas que sería una buena mascota? Explica.

3. ¿Por qué crees que la autora escribió sobre el armadillo y no sobre otro animal?

Conoce a la autora
Dee Stuart

Escritora de profesión y autora de muchos libros para adultos, Dee Stuart siempre ha sentido una fascinación especial por los animales. Después de encontrarse cara a cara con un armadillo en la zona de colinas de Texas Hill Country, la Sra. Stuart quería saber más sobre esta pequeña y extraña criatura. Su investigación la llevó a escribir este libro, su primer libro para niños. La Sra. Stuart tiene dos hijos y tres nietos. Vive con su esposo en Richardson, Texas.

Mamá Zunzuna

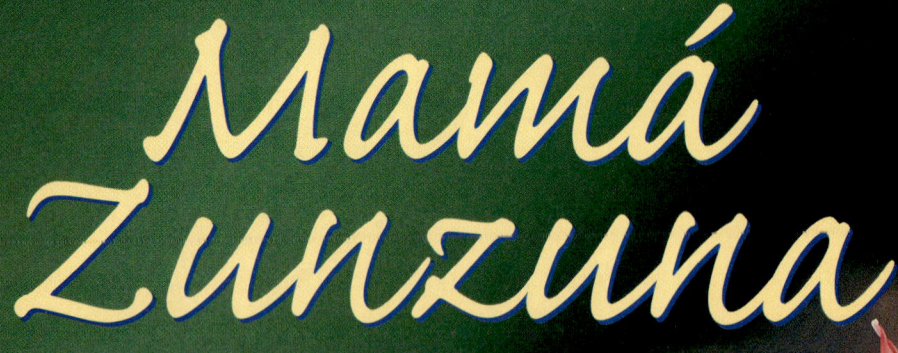

por Nersys Felipe Herrera

MAMÁ Zunzuna,
chiquirritica como ninguna,
chupando flores por las majaguas de la laguna.
Buscando paja,
pajuela fina
para su cuna.

Mamá Zunzuna,
chiquirritica como ninguna,
teje que teje sus pajuelitas, una por una.
Mulle que mulle
con telarañas
su miniatura.

Mamá Zunzuna,
chiquirritica como ninguna,
vuela que vuela trayendo flores de la espesura:
verbenas blancas,
verbenas lilas
para su cuna.

Mamá Zunzuna,
chiquirritica como ninguna,
cubre que cubre
sus huevecitos
bajo la Luna.

Te presento al armadillo

HAZ UN FOLLETO

Imagina que tienes que enseñar lo que es un armadillo a gente que nunca ha visto uno. Haz uno o dos dibujos de armadillos y escribe un párrafo en cada página explicando las características más importantes. Escribe el título y un índice de contenidos en la primera página.

TALLER DE

Concurso de armadillos

ESCRIBE PREGUNTAS

¿Por qué se cree que los armadillos son minidinosaurios? ¿Por qué han durado tanto tiempo? ¿Qué comen los armadillos? Escribe preguntas como éstas y busca las respuestas en "El asombroso armadillo" o en Internet. Escribe las preguntas y respuestas en fichas y úsalas para crear un concurso de armadillos para tus compañeros de clase. Cada respuesta correcta puede valer un punto. El que obtenga la mayoría de puntos gana.

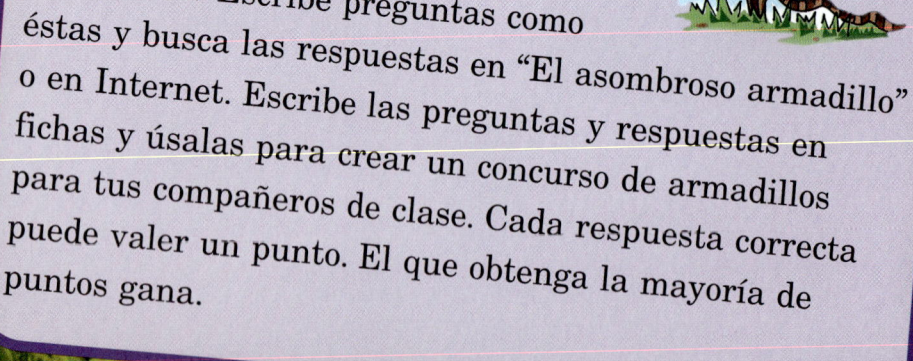

Había una vez...

ESCRIBE UN CUENTO

Por ser un animal tan extraño, no hay muchos cuentos o fábulas de armadillos. Escribe un cuento en el cual el armadillo es el personaje principal. Sus características principales como su armadura o su nariz, te pueden ayudar a desarrollar la historia. Incluso le puedes dar un nombre y puedes añadir otros animales como personajes.

ACTIVIDADES

Armadillos y armaduras

ESCRIBE UN POEMA

"El asombroso armadillo" y "Mamá Zunzuna" presentan imágenes tomadas de la naturaleza. Escribe un poema sobre una planta, un animal o un objeto natural. Haz un dibujo que acompañe tu poema. Quizás quieras usar lo que aprendiste en "El asombroso armadillo" para escribir un poema sobre un armadillo. Comparte tu poema y tu dibujo con tus compañeros de clase.

Selección premiada por los profesores

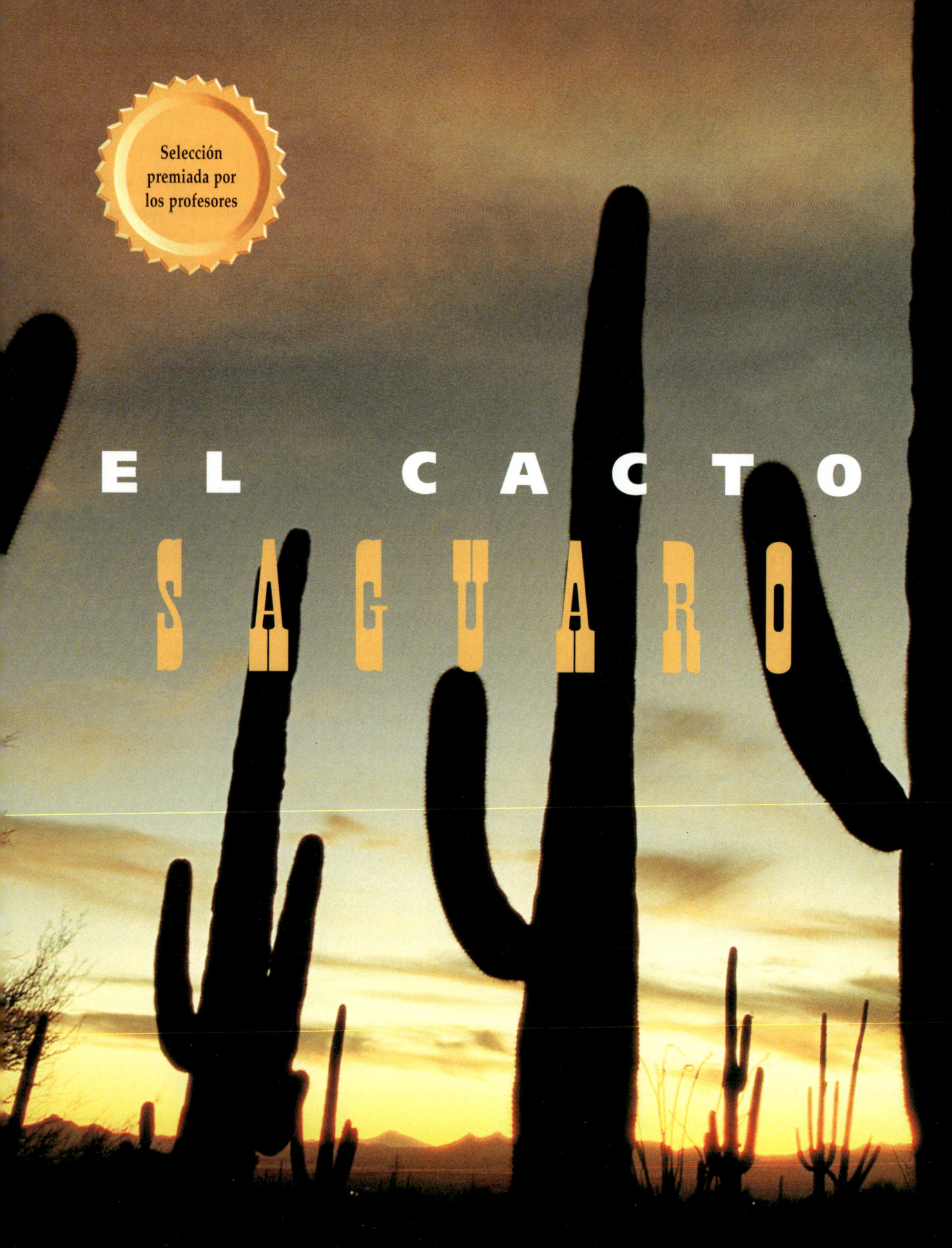

EL CACTO SAGUARO

El desierto de Sonora es una pequeña extensión de tierra en el suroeste de Estados Unidos. El clima es caluroso y seco durante la mayor parte del año. Es muy difícil que crezcan plantas en este lugar.

Sin embargo, alzándose de la arena del desierto y entre matorrales bajos, hay algo sorprendente—el gigante cacto saguaro.

EL CACTO SAGUARO
por Paul y Shirley Berquist

por Paul y Shirley Berquist

Los saguaros pueden llegar a vivir hasta 200 años. Pueden alcanzar una altura de 50 pies (15 metros) y pesar hasta 10 toneladas (9 toneladas métricas). Eso es lo que pesan tres o cuatro autos.

De todas partes del desierto, los animales caminan, se arrastran y vuelan hasta los saguaros. Hacen eso porque el saguaro es mucho más que una planta gigante. Es el centro de la vida de centenares de pequeños animales, incluyendo la pequeña lechuza enana.

La vida de los nuevos saguaros comienza en el verano, cuando las tibias lluvias llegan al desierto. Es también la época en que la fruta, de un rojo brillante, de los saguaros ya crecidos, cae al suelo. ¡Para los animalitos del desierto es la época de darse un gran banquete!

La lechuza enana sólo mide 5 pulgadas (13 centímetros). Es la lechuza más pequeña del mundo. La lechuza enana es sólo una de las muchas aves que encuentran un hogar seguro y seco dentro del fresco saguaro.

Los insectos y pájaros comen la dulce y jugosa pulpa de la fruta del saguaro. Los ratones y conejos devoran sus semillas blandas y negras. Una semilla puede pegarse a las patitas de un ratón o a las orejas de un conejo por casualidad. Tal vez la semilla sea llevada por el animal a otra parte del desierto. Y tal vez caiga al suelo y eche raíces.

El desierto es un sitio muy duro para los saguaros jóvenes. La mayoría de ellos mueren en el extremo calor. Pero unas pocas plantas tienen más suerte y echan raíces en lugares con sombra, a salvo del quemante sol. A la sombra de un árbol de mezquite, este saguaro de diez años ha tenido un buen comienzo.

Los saguaros crecen muy lentamente. Después de 50 años sólo llegan a los 10 pies de altura (3 metros). Cada primavera les salen hermosas flores. Cada una florece por sólo un día.

Ese día, los pájaros, los murciélagos y los insectos pueden llegar a beber el néctar, que es un líquido dulce dentro de las flores. A medida que los animalitos beben, pedacitos del polvo de la flor, llamado polen, se les pegan al cuerpo. En la siguiente flor, un pedacito de polen puede caerse y comenzar un nuevo cacto.

Los saguaros tienen largos dobleces en su piel llamados pliegues. Estos pliegues permiten que los saguaros se estiren. A medida que absorben agua, los saguaros se vuelven cada vez más gordos. ¡Un saguaro adulto puede estirarse hasta contener varios millares de galones de agua!

Las raíces de los saguaros no son profundas. Se mantienen cerca de la superficie para atrapar cada gota de lluvia que caiga al suelo. Las raíces pueden extenderse hasta 90 pies (27.5 metros) en la forma de un tazón gigantesco.

Cuando ya no queda más néctar para beber, la mayoría de los animalitos se van. Pero el carpintero gila no lo hace. Con su pico largo y afilado, el pájaro hace toc . . . toc . . . sobre la dura piel de los saguaros para hacer su nido.

Pronto, el carpintero ha taladrado un agujero que llega muy adentro del cacto. El oscuro hueco es un nido fresco para la familia del carpintero. Seguros dentro del cacto, los pájaros cazan y se dan banquetes con los insectos que de otra manera dañarían al saguaro.

La familia de los carpinteros no se queda en el nido por mucho tiempo. Cuando los pichones pueden volar, la familia se marcha. Pronto la familia estará taladrando un nuevo hueco, ya sea en ese cacto o en uno nuevo.

A medida que el carpintero taladra, una pared dura crece alrededor del agujero en la piel del cacto. Esta pared, llamada bota, mantiene seco al agujero. También evita que el aire seque el resto del saguaro.

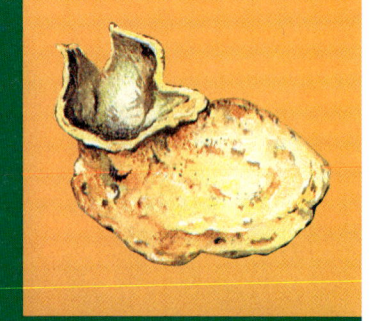

Aun después que el cacto muere, la bota se mantiene dura y fuerte. ¡Es por eso que la gente del desierto a veces busca botas de cacto para usar como platos y tazones!

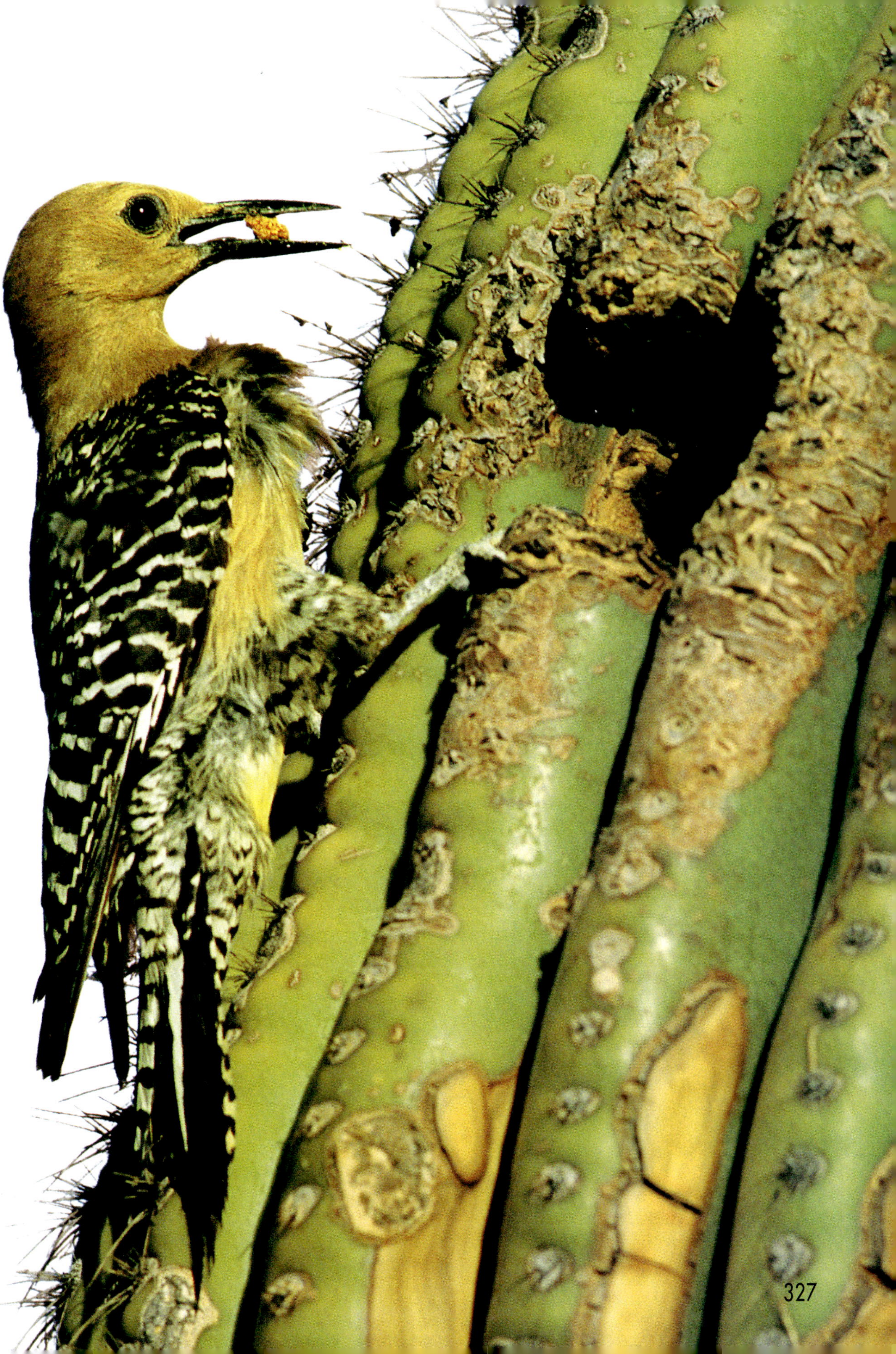

Los nidos viejos de los carpinteros no permanecen vacíos. Tan pronto un tipo de pájaro se marcha, otro se muda al nido. Las lechuzas enanas son unas de las primeras en mudarse. A diferencia de los carpinteros, estas pequeñas lechuzas permanecen en el mismo agujero por años.

Otros pájaros, como este estornino, las siguen de cerca. Alto en el espinoso saguaro, las aves encuentran un sitio fresco y seguro para cuidar de sus familias.

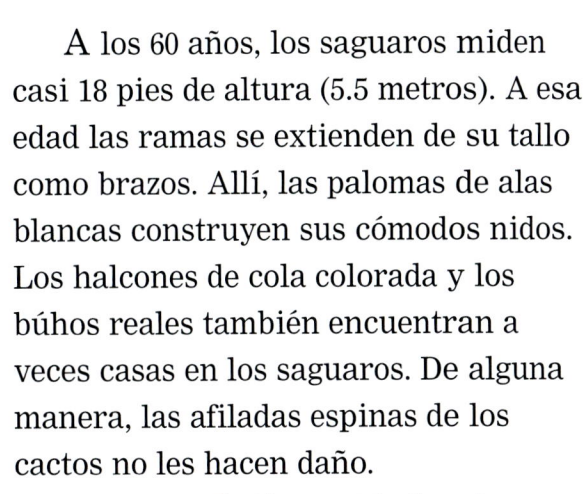

A los 60 años, los saguaros miden casi 18 pies de altura (5.5 metros). A esa edad las ramas se extienden de su tallo como brazos. Allí, las palomas de alas blancas construyen sus cómodos nidos. Los halcones de cola colorada y los búhos reales también encuentran a veces casas en los saguaros. De alguna manera, las afiladas espinas de los cactos no les hacen daño.

Para cuando tienen 75 años, los saguaros miden casi 50 pies de altura (15 metros), ¡y están repletos de vida! Parecen pueblos con mucha gente más que plantas.

Los pájaros no son los únicos animales en busca de un hogar fresco en los cactos. Las lagartijas, los insectos y las arañas también encuentran los agujeros vacíos. Los insectos se alimentan del cacto y las lagartijas y arañas se alimentan de los insectos.

Los ciervos moteados y otros animales llegan a comer las tiernas plantas que crecen bajo la sombra de los saguaros. Y otros animales, como los cacomixtles, se encaraman en lo alto de los cactos. Allí se encuentran a salvo de los coyotes y al mismo tiempo pueden ver y cazar su comida.

Los coyotes son miembros de la familia canina. Comen casi de todo. Los conejos, los topos, las ratas, las ardillas, las culebras y los insectos, todo es comida para los coyotes. También lo son los antílopes, los chivos y las ovejas. ¡Pero cuando es necesario los coyotes comen hasta bayas, melones y frijoles!

Los coyotes y los linces, con muy buena vista, cazan en los matorrales que crecen alrededor de los saguaros. A lo mejor uno de ellos cenará liebre esta noche.

Durante 150 años o más, los saguaros brindan un hábitat importante para muchos animales del desierto. Pero al final, la vejez y las enfermedades debilitan los tallos de estas grandes plantas.

Cuando esto sucede, los vientos del desierto derriban las plantas muertas a tierra. Los animales que viven en el saguaro deben mudarse a una nueva casa en otro cacto.

Después de muertos, los saguaros todavía son necesarios para la vida del desierto. La planta se convierte en una casa fresca y sombreada para los animalitos que viven en el suelo del desierto.

Los escorpiones, las culebras de cascabel y los lagartos espinosos, entre otros, llegan a los saguaros muertos en busca de comida y refugio.

Muy lentamente, los cactos muertos se descomponen, es decir, se pudren. Con el tiempo, vuelven a la tierra.

Debajo de la dura y espinosa piel del cacto hay largas costillas leñosas. Estas costillas sostienen la gigantesca planta. Por centenares de años, la gente del desierto las ha usado para construir cercas, techos y como leña para el fuego.

Los jabalíes son primos lejanos de los cerdos silvestres. Tienen pieles duras y grises con collares plateados. Si bien los jabalíes se alimentan principalmente de raíces, a veces también cazan pequeños animales.

Algunos animales, como este jabalí, se acercan a la planta muerta. Usando toda su fuerza, el jabalí rompe el cacto caído. ¿Podría haber una comida de tiernas plantas debajo de él?

Pero, ¡miren! Detrás del jabalí, está creciendo un saguaro joven y saludable. A lo mejor el jabalí no le hará daño.

Con bastante suerte, el saguaro joven continuará creciendo, a lo largo y a lo ancho, y se convertirá en un gran cacto. Y si triunfa, también él, un día, será la casa de muchos animales del desierto de Sonora.

Piénsalo

1. ¿Por qué son los saguaros una parte tan importante en la vida del desierto de Sonora?

2. ¿Cómo se relaciona este cuento y "El asombroso armadillo" en la forma en que ambos están organizados?

3. Enumera dos de los datos más importantes que aprendiste de esta selección.

Más sobre este hábitat

La tortuga del desierto
Con sus poderosas patas y afiladas uñas, la tortuga del desierto es una gran cavadora. Al final del otoño cava un profundo agujero en la arena donde pasará el invierno.

El carpintero gila
Ambos padres del pájaro carpintero gila comparten la tarea de alimentar y cuidar de sus pichones. Pero durante la noche, el padre puede dormir en un agujero distinto cerca del nido.

La araña lobo
Las arañas lobo son cazadoras activas. Muchas acechan a los insectos. Se lanzan sobre sus presas igual que los tigres.

El árbol mesquite
Los resistentes mezquites crecen donde muy pocas plantas pueden sobrevivir y tienen muchos usos. ¡La goma de su savia se usa hasta para hacer dulces!

El estornino
Los estorninos llegaron de Europa. En 1890, unos 60 estorninos fueron puestos en libertad en el Parque Central de la ciudad de Nueva York. Millones de estorninos viven hoy en Estados Unidos.

El lince
Los linces se ocultan entre los saguaros muertos para cazar ratones, ratas, conejos y otros animales pequeños. Sus excelentes ojos y oídos los ayudan a capturar su presa.

Conoce a los autores
Paul y Shirley Berquist

Cuando Paul y Shirley Berquist fueron a Arizona en 1968 en un trabajo para el ejército, decidieron quedarse. Durante los años que vivieron en el desierto del suroeste, desarrollaron una segunda carrera como fotógrafos. Su trabajo ha aparecido en tarjetas postales, libros, revistas y almanaques. Han realizado programas educativos para el Museo del desierto de Sonora de Arizona. Sus fotos han sido usadas en varios proyectos para el Parque Nacional del Saguaro. Si bien los Berquist han viajado con sus cámaras a África y América del Sur, les gusta especialmente tomar fotos de la vida silvestre cerca de su casa.

Paul Berquist
Shirley Berquist

Visita *The Learning Site*
www.harcourtschool.com

Autor premiado

Saguaro

Quédate
quedo.
Crece
lento.
Levanta
los brazos hacia el Sol.
Quédate
quedo.
Crece
lento.
Levanta
tus
flores hacia el cielo.
Quédate
quedo.
Crece
lento.
Manten
con fuerza
tu
agua
adentro.
Quédate
quedo.
Crece
lento.
y deja que tus raíces se extiendan y deja que tus raíces se extiendan.

por Frank Asch
fotografías de Ted Levin

TALLER DE ACTIVIDADES

Carrera a través del desierto

INVENTA UN JUEGO

En grupo, creen un juego de mesa basado en hechos sobre el cacto saguaro. Primero, hagan veinte tarjetas. En cada tarjeta escriban una pregunta sobre el cacto saguaro. Luego, creen un tablero de juego. Usen juegos de mesa reales para encontrar ideas. La salida puede mostrar una semilla de saguaro, y la llegada puede mostrar un saguaro grande lleno de criaturas desérticas. Escriban reglas a seguir por los jugadores cuando repartan tarjetas y respondan a las preguntas.

El motel del cacto

CREA UN DIBUJO CIENTÍFICO

Haz un dibujo grande de un cacto saguaro. Encima del cacto, adentro y a su alrededor, muestra algunas de las criaturas que dependen de él. Usa la información de la lectura para escribir un pie de foto para cada criatura.

Tabla de altura

HAZ UNA GRÁFICA DE BARRAS
Un saguaro puede crecer hasta 50 pies de alto, más alto que algunos árboles. Averigua hasta qué altura pueden crecer tres tipos de árboles. Busca información en una enciclopedia (impresa o en Internet) o en un libro sobre árboles. Crea una gráfica de barras para comparar las alturas de esas cuatro plantas.

Hacer conexiones

ESCRIBE UN POEMA
El poema "Saguaro" presenta algunos de los hechos que se encuentran en "El cacto saguaro", pero los presenta de una manera diferente. Lee el poema de nuevo. Luego busca información sobre una planta que te gusta. Puedes mirar en libros de jardinería o en una tienda de jardinería. Escribe un poema sobre la planta. Cuenta cómo la planta cambia al crecer.

CONCLUSIÓN DEL TEMA

¡Ánimo!
ESCRIBE UN ARTÍCULO
En algunas de las selecciones, los personajes deben enfrentar cambios drásticos en sus vidas. ¿Por qué crees que es difícil estar en una situación como ésta? ¿Qué puede ayudar a estas personas? Escribe un artículo corto en donde respondas a estas preguntas. Nombra dos selecciones en las que los personajes tengan que enfrentar un momento difícil y describe algunas situaciones.

Trasteo
ESCRIBE UN PÁRRAFO
¿Por qué crees que el nombre de este tema es "Mi casa es tu casa"? Escribe un párrafo que explique tu respuesta.

Nueva York, el desierto de Sonora, el sur de Estados Unidos o Puerto Rico
PLANEA UN VIAJE En las diferentes selecciones de "Mi casa es tu casa", encontramos información relacionada con diferentes lugares. Trabaja en grupo y encuentra más información acerca de estos lugares. Imagínate que estás planeando tus vacaciones. ¿Cuál de estos lugares te gustaría visitar? Haz una tabla y anota en ella las respuestas a las siguientes preguntas: ¿Cuál es la mejor época del año para ir? ¿Cuáles son los lugares de interés turístico? ¿Qué necesitas llevar? ¿Qué vas a aprender durante tu viaje?

	Nueva York	Desierto de Sonora	Sur de Estados Unidos	Puerto Rico
Época del año				
Lugares de interés turístico				
Qué debo llevar				
Qué voy a aprender				

TEMA

PENSAMIENTOS CREADORES

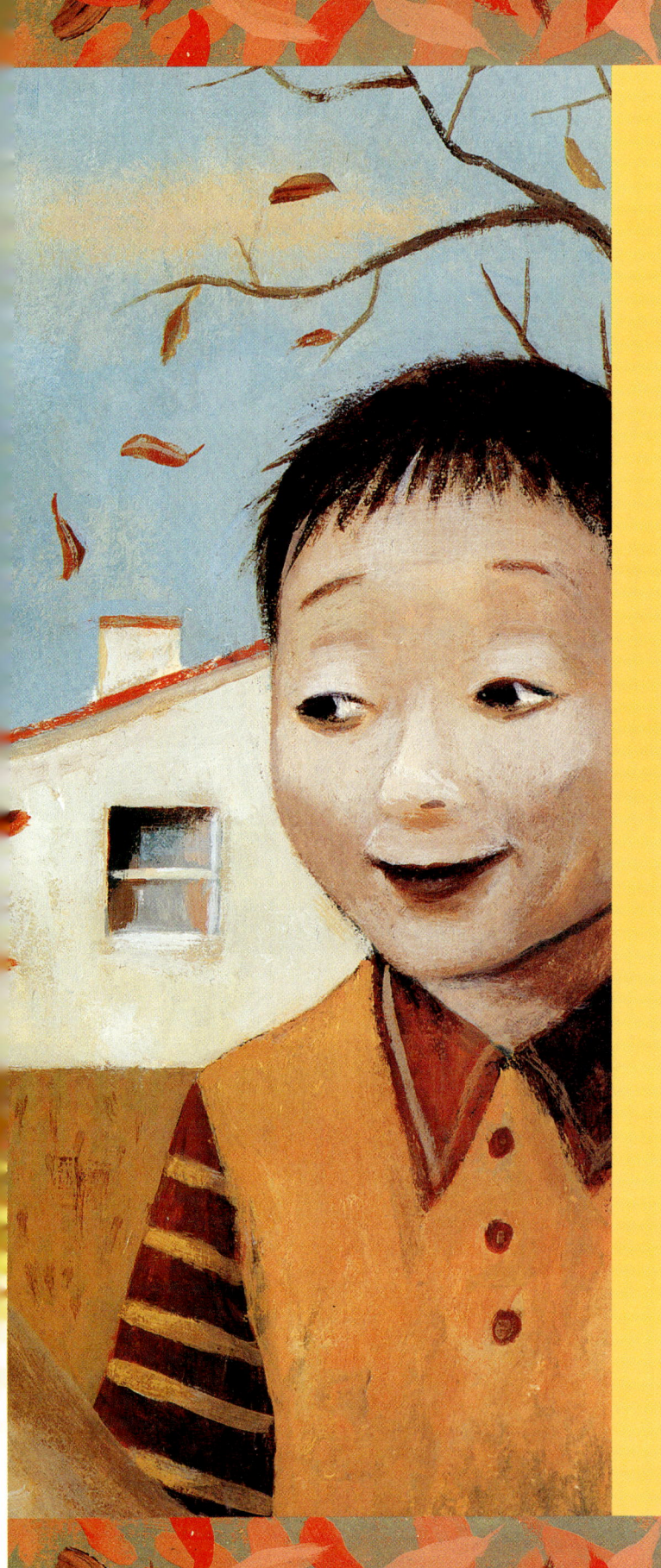

CONTENIDO

**Flor Garduño:
Una mujer fotógrafa**........346
por Sylvia Wolf

**PRUEBA TU DESTREZA:
Idea principal y detalles**....364

**El caso de la nariz
de Pablo**........................366
por Donald J. Sobol

**La gallina y
el manzano**....................374
por Arnold Lobel

**En los días del
rey Adobe**......................378
narración de Joe Hayes

**PRUEBA TU DESTREZA:
Resumir y
parafrasear**....................390

¡Arriba el telón!............392
por Alma Flor Ada y F. Isabel Campoy

Los dos hermanos..........400
por Alma Flor Ada y F. Isabel Campoy

Un grano de arroz..........406
narración de Demi

**Es simplemente
matemáticas**..................426
por Linda O. George

Los favoritos de los lectores

Paloma y el secreto de la ciudad de las pirámides
por Mónica Zak

FANTASÍA

Gracias a un regalo que recibe, Paloma se puede transportar hasta mil años atrás. Después debe regresar y dar testimonio de lo que presenció.

COLECCIÓN DE LECTURAS FAVORITAS

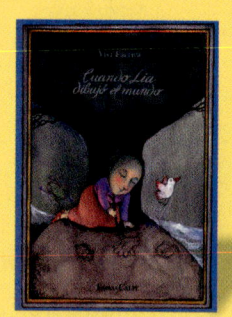

Cuando Lía dibujó al mundo
por Vivi Escrivá

FANTASÍA

Lía es la única sobreviviente de una gran catástrofe. Llora hasta que sus lágrimas forman un río y todo lo que dibuja cobra vida. A su manera, Lía puebla de nuevo el planeta Tierra.

COLECCIÓN DE LECTURAS FAVORITAS

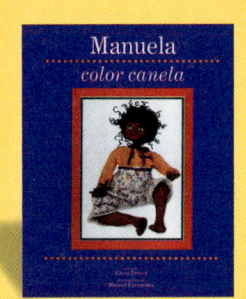

Manuela color canela
por Elena Dreser

FANTASÍA

A pesar de que Manuela desea tener su piel dorada por el sol, no se enoja cuando cae la lluvia.

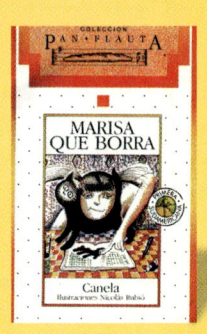

Marisa que borra
por Canela

FICCIÓN

Marisa borra todo lo que no le gusta con sólo tocarlo. Gracias a un viaje que emprende, ayuda a que su mamá disfrute de nuevo las cosas de la vida.

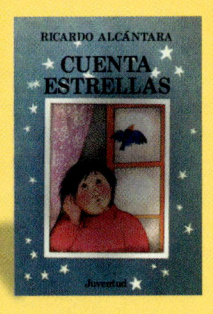

Cuenta estrellas
por Ricardo Alcántara

FANTASÍA

En esta compilación de cuentos cortos, encontramos niños y niñas que viven extrañas aventuras en compañía de personajes y animales fantásticos.

Autor premiado

Flor Garduño
Una mujer fotógrafa

por Sylvia Wolf

Flor Garduño, nacida en la ciudad de México, el 21 de marzo de 1957, es la menor de tres hermanos. Su madre, Estela, era comerciante y su padre, Gregorio, ingeniero civil. Cuando Flor tenía cinco años, su familia se mudó a una granja en las afueras de la ciudad de México. El padre de Flor sentía un profundo amor por los animales y la vida en el campo. Con frecuencia salía a caminar con sus hijos y les llamaba la atención sobre los animales, las flores hermosas y las frutas que encontraban a su paso. Fue bajo la influencia de su padre que Flor aprendió a apreciar la naturaleza.

Desde niña, Flor supo que quería ser artista. A los dieciocho años, dejó su casa para ingresar en la Escuela de Bellas Artes San Carlos, de la ciudad de México. Durante tres años cursó estudios de pintura y dibujo, y leyó poesía, literatura y filosofía. Solía ir a ver películas de cine, a veces hasta dos veces por día. Entonces sucedió que los profesores se declararon en huelga. Flor estaba ansiosa por seguir estudiando y se anotó en los cursos de la única profesora que no se había unido a la huelga. Era una fotógrafa llamada Kati Horna.

Hasta ese entonces, Flor no había demostrado interés por la fotografía. Había visto a los fotógrafos ambulantes de la ciudad de México sacar fotos a la gente por unos pesos. Este trabajo le parecía aburridor. No fue sino cuando estudió con Kati Horna que Flor descubrió lo hermoso que podía ser el arte fotográfico.

Horna era una fotógrafa húngara que se había refugiado

en México durante la Segunda Guerra Mundial. En Europa, había sido amiga de muchos artistas importantes que formaban la vanguardia del arte moderno. Horna consideraba la fotografía como una rama de las bellas artes, comparable con la pintura y la escultura. Enseñaba a sus discípulos que la tarea primordial de un artista es desarrollar buenas ideas. El siguiente paso era imaginar las técnicas adecuadas para expresar esas ideas. Horna era una apasionada de la fotografía y de un entusiasmo contagioso. Flor y los demás estudiantes sentían reverencia por ella.

Flor le mostró a Horna fotografías que había tomado en un comercio abandonado, donde se reparaban muñecas. Mostraban una pila alta de brazos, piernas y cuerpos rotos de muñecas, amontonados en la oscuridad de una habitación. Las imágenes eran melancólicas y misteriosas. A Horna le agradó el sentimiento que transmitían y comenzó a prestarle atención especial a Flor.

Horna le enseñó composición a Flor. Le explicó que lo que se deja fuera de una fotografía es tan importante como lo que se incluye en ella, si se quiere lograr una composición impactante. Le mostró cómo la luz define el sentimiento que emana de una foto, y cómo la luz del sol, de una vela y la del flash de una cámara logran efectos distintos. Horna le explicó a Flor que si seleccionaba sus técnicas cuidadosa y pensativamente, lograría finalmente fotografías mejores. Estudiando con Horna, Flor fue presa del hechizo de la fotografía; cuando terminó la huelga de los profesores, abandonó sus estudios de pintura para continuar los cursos con la profesora que la inspiraba.

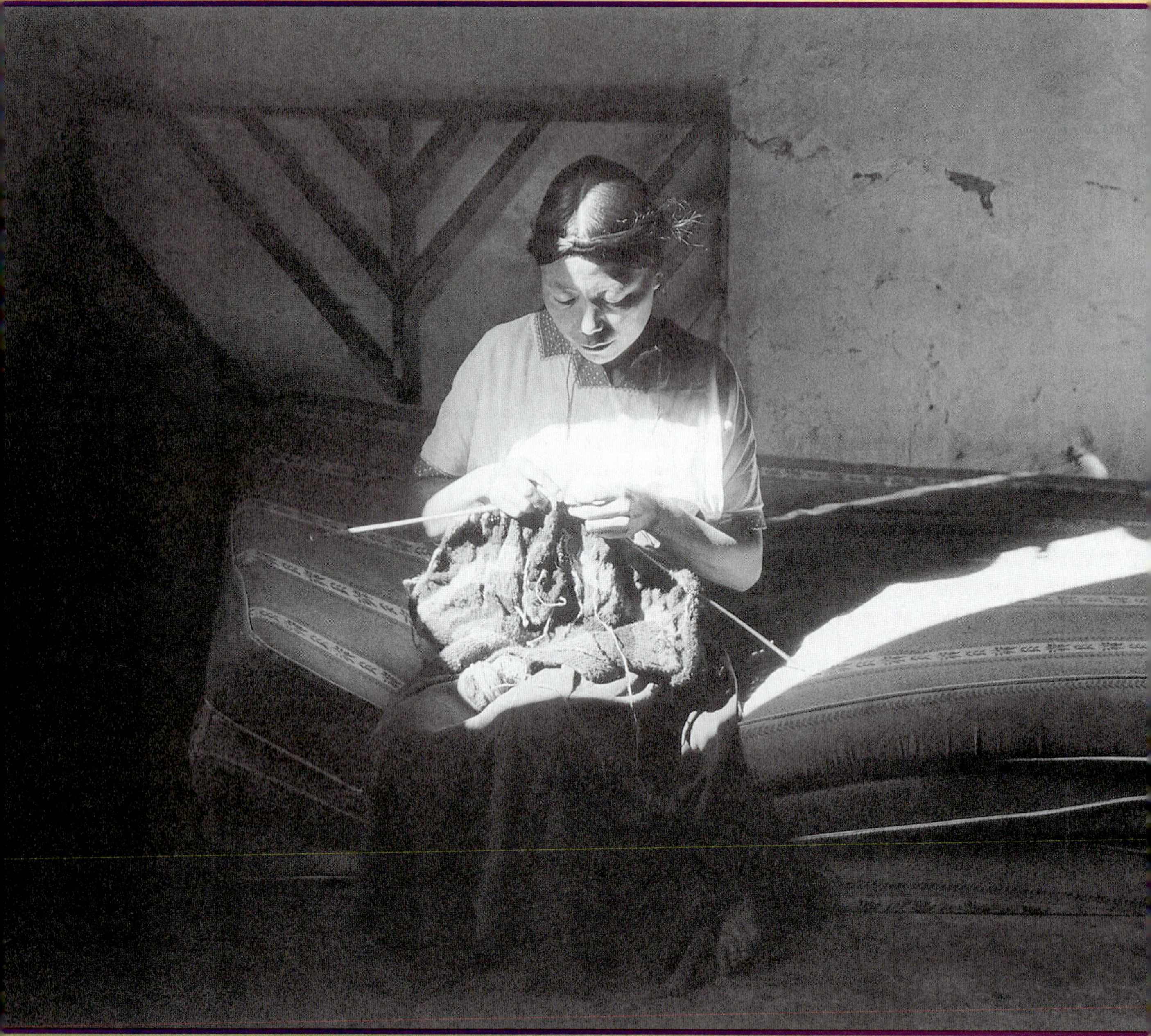

Por medio de Horna, Flor llegó a conocer los trabajos de otros fotógrafos, incluyendo a Manuel Alvarez Bravo, el maestro de la fotografía mexicana. Un día, un amigo de Flor la llevó a conocer a Alvarez Bravo. Como sabía que imprimir copias hermosas es una labor tan artística como fotografiar, Flor quería ver cómo el famoso fotógrafo trabajaba. Le preguntó si le permitiría observar su labor en el cuarto oscuro. Los dos se llevaron muy bien y Alvarez Bravo contrató a Flor como su ayudante. De este modo, mientras Flor continuó sus estudios, trabajó dos años para el maestro mexicano. Su trabajo como asistente de Alvarez Bravo le hizo darse cuenta de que deseaba dedicar su vida a la fotografía. Cuando Flor tenía veintidós años, dejó la escuela para trabajar como fotógrafa.

El primer trabajo de Flor fue con el Secretario de Educación Pública de México. Su tarea consistió en visitar y fotografiar poblaciones remotas, donde vivían los indios a lo largo y ancho de México. Antes del siglo XVI, cuando los conquistadores españoles llegaron a América Latina (México, América Central y América del Sur), los habitantes que la poblaban eran indios nativos. Sus idiomas y culturas variaban de región en región. En la actualidad, en América Latina hay más de cuarenta millones de indios que habitan sus propias poblaciones, hablan todavía sus lenguajes nativos y mantienen vivas muchas de sus antiguas costumbres. También practican otras que son mezcla de aquéllas con las de origen cristiano traídas por los españoles.

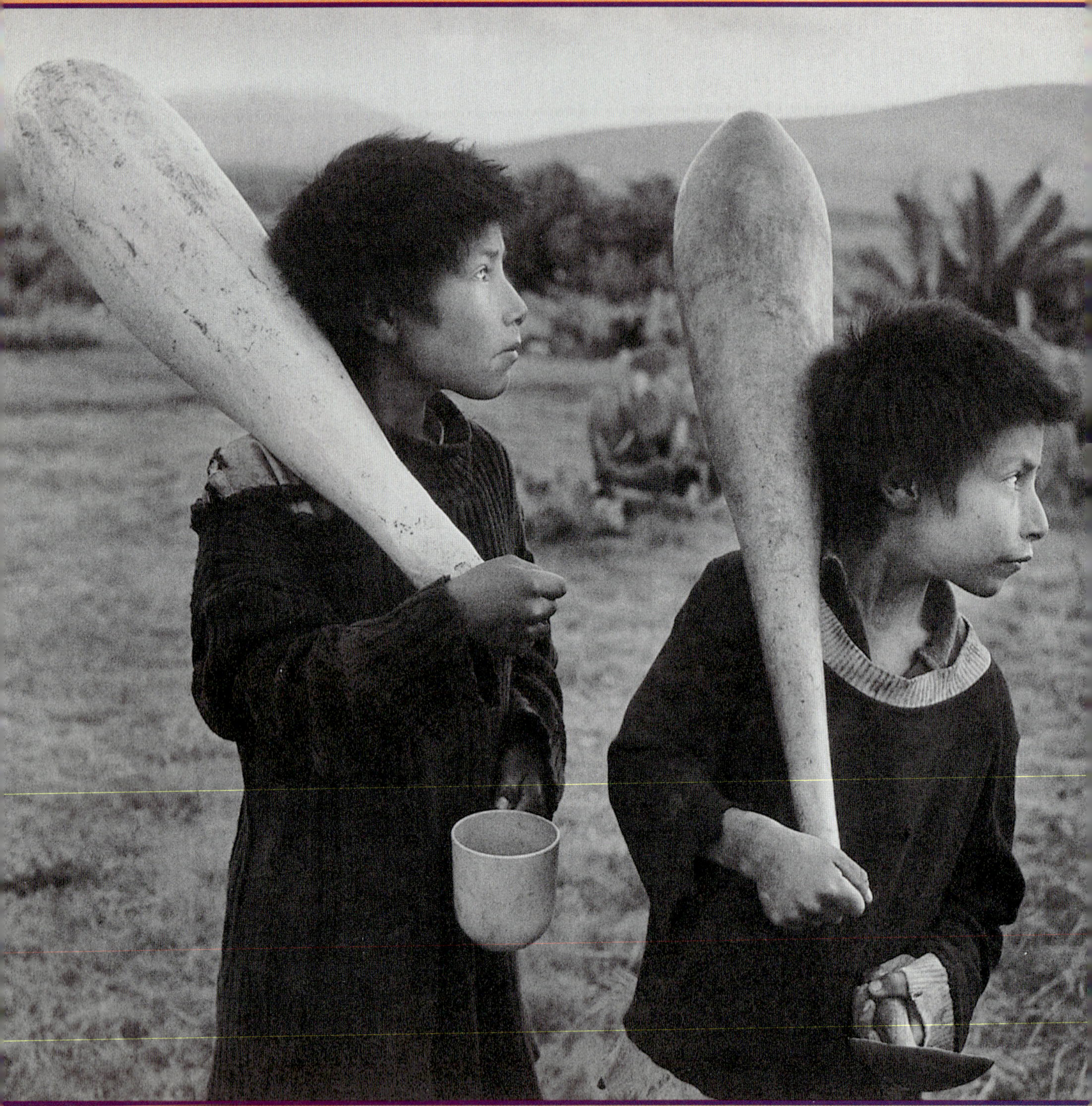

En las comunidades indígenas, la labor de Flor fue fotografiar las actividades diarias. Tiempo después, sus fotografías fueron publicadas en textos escolares para niños, escritos en las lenguas nativas y en el idioma nacional de México, el español.

Una de esas primeras fotografías es de dos hermanos que van caminando del campo a su casa, en Tulancingo, México. Ambos cargan al hombro un zapallo enorme, como si fueran bates de béisbol. Los zapallos habían sido secados y ahuecados para usarlos como instrumentos para extraer la savia de la planta de agave. La savia sería empleada más tarde en la elaboración de *pulque*, una bebida sagrada en tiempos del imperio azteca que rigió México en los siglos XV y XVI. En la fotografía, los muchachos miran en un sentido mientras que los zapallos se inclinan en el otro. La composición, simple pero osada, le imprime dinamismo a las imágenes.

Flor trabajó dos años con el Secretario de Educación. Después, se dedicó a fotografiar esculturas y pinturas para libros de arte. Luego ocurrió algo emocionante. Francisco Toledo, uno de los más famosos pintores de México y amigo de Flor, le ofreció publicar un libro sobre sus fotografías. A Toledo le gustaban las fotos de Flor y pensaba que a las demás personas también les gustarían. Su oferta constituía un gran honor.

Flor eligió sus fotografías favoritas para publicar en el libro. Una muestra una nube densa de centenares de pájaros que vuelan sobre una granja en el campo. Flor los había visto en la distancia, cuando se posaban en los árboles. Eran tan hermosos que se aproximó en su automóvil y puso una película en su cámara, lo más rápido que pudo. Esperaba fotografiar a los pájaros cuando se alejaran volando. Justo cuando ya estaba lista, los pájaros emprendieron vuelo. Flor apenas tuvo tiempo de sacar apresuradamente una fotografía antes de que desaparecieran de su vista.

El equipo de Flor le permitió actuar espontáneamente para tomar la fotografía. Sus cámaras son pequeñas y livianas. Además, la película que empleó era muy rápida, lo que hizo posible que captara las aves como si se hubieran detenido en su vuelo. Aun así, Flor sabía que había tenido suerte porque es difícil encontrarse en el lugar adecuado, en el momento oportuno. Cuando así ocurre y logra una fotografía con la cual está conforme, Flor dice que experimenta la sensación más hermosa del mundo.

Cuando el libro "Magia del juego eterno" fue publicado en 1985, Flor lo llevó a la feria del libro de Francfort, Alemania. A una de las compañías allí presentes le gustó tanto que le propusieron a Flor la publicación de otra obra. El tema que sugirió fue el de animales. Desde los días de su infancia en la granja, Flor siempre adoró a los animales. La compañía aprobó la idea, y Flor puso manos a la obra.

Con el nuevo libro en mente, Flor fotografió a una mujer sosteniendo iguanas. La había visto en el mercado de un pueblo pequeño de México, donde se consume carne asada de iguanas que se cazan en las rocas. Aunque mucha gente vendía iguanas en el mercado, Flor eligió a esta mujer en particular para fotografiar. La razón: le encantaba su pelo. Eran cabellos anchos como árboles, dice Flor. También se sintió atraída por su presencia hipnótica. Flor la ubicó contra un fondo oscuro, de modo que nada desviase la atención de su pelo, largo y negro, y de la sarta de iguanas vivas que sostenía. En la fotografía, las iguanas se ven como una extensión del cabello ondeado de la mujer.

En 1986, Flor visitó el pueblo mexicano de Jalpán, en el momento que se celebraba un festival de danzas. Cuando hubo terminado una de las danzas, Flor fotografió al bailarín principal con su vestimenta de águila, consistente en una chaqueta de plumas y una máscara con forma de cabeza de águila. Flor separó al bailarín de sus compañeros y de la multitud de espectadores. Luego, le hizo posar de perfil para lograr una vista de la máscara que casi parecía la cabeza de un ave.

Flor tomó muchas fotos de ceremonias religiosas, donde la gente lleva máscaras y visten ropas imitando animales. En Bolivia, fotografió a un hombre con una máscara de metal pintada, adornada con púas de puerco espín. Representaba la cara de un lobezno. Para sacar la foto, Flor se aproximó para que la cara llenara un primer plano. Los ojos del hombre parecen transmitirle vida a la máscara.

Flor incluyó al danzarín vestido de águila y la mujer con iguanas en su libro "Bestiarium" (palabra del latín que significa colección de animales). La obra fue publicada en 1987. También agregó textos sobre animales de autores mexicanos. Juntas, las palabras y las fotografías, muestran la fuerza de las imágenes de animales en la cultura de América Latina.

Mientras trabajaba en "Bestiarium", Flor viajó con Adriano Heitmann, un periodista y fotógrafo suizo. Al igual que Flor, Heitmann se interesaba en las culturas indígenas de América Latina y ayudó a Flor a planificar su nuevo libro. Con el tiempo, Flor y Adriano se enamoraron.

En los años siguientes, visitaron Guatemala, Ecuador, Bolivia, Perú y una serie de pueblos pequeños de México. Una foto que Flor tomó en Guatemala celebra la belleza de la naturaleza y de la luz. Flor conducía por un pequeño camino rural cuando vio a una niña, de diez o doce años, que iba a pie. Sobre su cabeza, hacía equilibrio una cesta de lirios. La niña vestía la ropa tradicional de la zona. Flor la siguió hasta su casa, y le preguntó si podía sacarle una fotografía. Al ubicarla, mitad en la luz y mitad en la sombra, logró una composición sorprendente. Los lirios brillan al sol como una corona de flores.

En 1992, Flor publicó su tercer libro, "Testigos del tiempo". La obra fue un éxito desde el primer día y obtuvo el premio Kodak como uno de los mejores libros de fotografía del año 1992. Fue traducida del español a cinco idiomas. Ese mismo año, las fotografías del libro comenzaron a ser exhibidas en museos de Europa y Estados Unidos.

Las fotos de Flor han adquirido gran popularidad porque son obras magníficas y testimonios de tradiciones inmemoriales. Aunque la tecnología moderna ha llegado a sus poblados, los indígenas conservan su patrimonio cultural. Con su cámara, Flor nos muestra que las culturas nativas de América Latina han logrado sobrevivir.

Piénsalo

1. ¿Por qué crees que las fotografías de Flor Garduño han adquirido gran popularidad? Explica tu respuesta.

2. Si fueras a tomar fotografías para un libro, ¿escogerías el mismo tema que usa Flor Garduño o escogerías otro? Explica.

3. ¿Por qué crees que la autora decidió incluir a Flor Garduño en su libro "Enfoque: Cinco mujeres fotógrafas"?

Conoce a la artista

Una entrevista con Flor Garduño

¿Cuál es su principal motivación por el arte fotográfico?

Visto que no puedo expresarme ni por escrito ni de ninguna otra manera, encuentro que la fotografía es el medio ideal.

¿Qué es lo que más le brinda satisfacción de su trabajo?

Últimamente, para mí ha sido muy grato que mis hijos digan que su mamá hace un bonito trabajo, y naturalmente que a nivel general me inspira cuando la gente se conmueve al ver mi trabajo. Así puedo hacer una pequeña contribución con el fin de proporcionarle alegría a alguien.

¿Qué la motiva a trasladarse a lugares remotos para captar imágenes?

Para encontrar la esencia de la fotografía como testimonio, por fuerza debo trasladarme a lugares donde la cultura de un pueblo todavía es muy rica y viva.

¿Es cuestión de suerte o de preparación el estar en un sitio determinado y en el momento justo para tomar una fotografía que va a tener impacto?
Simplemente ambas, la suerte y la preparación, pero lo más importante es ser abierto y estar alerta. También, aceptar lo que no está en mis planes o pensamiento.

¿Cuál es su fotografía favorita? ¿Por qué?
Ésta es una pregunta difícil, ya que son muchas las imágenes que forman parte de mi alma. Escogería el agua que es una imagen que no tiene época. Mientras más pasan los años, más son las cosas que puedo descubrir y sentir. Esto significa que es una imagen que siempre está viva y es actual.

¿Qué consejos le puede ofrecer a una persona joven interesada en el arte fotográfico?
Cuando alguien tiene un trabajo, siempre debe hacerlo con pasión, sin pensar que va a ser remunerado o importante.

Visita *The Learning Site*
www.harcourtschool.com

361

Taller de actividades

Expande tus horizontes
ESCRIBE UN INFORME
Investiga la vida de famosos artistas como Gabriela Mistral, Frida Kahlo y Plácido Domingo. Escoge una de estas personas y escribe un informe sobre su vida. Trata de responder a preguntas como las siguientes para que incluyas esa información en tu informe. ¿Por qué es famosa esta persona? ¿Cuáles son o han sido sus logros mayores? ¿Cómo podemos conocer sus obras? Lee tu informe a los demás estudiantes.

De profesión: artista
ESCRIBE UNA NARRATIVA PERSONAL
La autora de "Flor Garduño: Una mujer fotógrafa" nos cuenta que Horna, profesora y fotógrafa húngara, enseñaba a sus discípulos que la tarea primordial de un artista es desarrollar buenas ideas. ¿Alguna vez has tenido una buena idea que haya resultado en una obra de arte? Quizás hayas hecho un dibujo estupendo, sacado una foto interesante o escrito un cuento genial. Comparte tu experiencia con la clase. Escribe una narrativa personal donde narres cómo surgió tu idea y de qué manera la desarrollaste.

Montaje fotográfico
PREPARA UNA EXPOSICIÓN

Prepara una exposición fotográfica con un compañero de clases. Pidan a un familiar que los lleve a un parque o a un lugar donde se pueda apreciar bien la naturaleza para que puedan tomar fotografías. Traten de estar bien atentos para que puedan captar imágenes relevantes. Puede ser el vuelo de las palomas, dos perros juguetones o incluso el llanto de un niño. Seleccionen las mejores fotos y péguenlas en una cartulina grande. Escriban un pie de foto para cada una. Exhiban sus fotografías en el salón de clases.

En el lugar preciso y en el momento justo
HAZ UN DIAGRAMA

Flor Garduño ha viajado a innumerables regiones remotas para tomar sus fotografías. Haz un diagrama donde incluyas qué lugares visitarías tú y qué cosas te gustaría fotografiar. Comparte tu diagrama con tus compañeros.

México	Pirámide de Kukulcán
Brasil	Las cataratas de Iguazú
Puerto Rico	El Yunque

PRUEBA TU DESTREZA
Idea principal y detalles

TIPOS DE DETALLES

hechos

detalles descriptivos

ejemplos

razones

usos

pasos

¿De qué se trata la selección "Flor Garduño: Una mujer fotógrafa"? ¿Cuáles son algunos ejemplos de cosas que aprendiste? Si puedes contestar estas preguntas, podrás identificar la idea principal y los detalles.

La **idea principal** de un cuento es la que indica de qué se trata el cuento. Los **detalles** dan información para explicar y apoyar la idea principal. Los detalles, por lo general, responden a preguntas tales como ¿quién?, ¿qué?, ¿dónde?, ¿cuándo?, ¿por qué? y ¿cómo? El cuadro a continuación muestra la idea principal y algunos de los detalles de "Flor Garduño: Una mujer fotógrafa".

Flor Garduño supo desde niña que quería ser artista, y con el correr de los años se convirtió en una fotógrafa famosa.

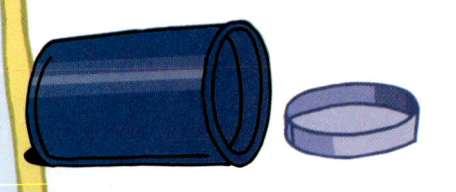

A los dieciocho años, Flor dejó su casa para ingresar en la Escuela de Bellas Artes.

Cuando Flor estudió con Horna, descubrió lo hermoso que podía ser el arte fotográfico.

Flor fue presa del hechizo de la fotografía.

Su primer trabajo consistió en fotografiar poblaciones indígenas.

Flor ha publicado varios libros.

Su tercer libro fue un éxito desde el primer día.

Las fotografías de Flor han sido exhibidas en museos de Europa y Estados Unidos.

Muchos autores exponen la idea principal y después ofrecen detalles que la apoyan. Ésta es una buena forma de organizar un párrafo. Es como si el autor estuviera diciendo "aquí está lo que estoy escribiendo y aquí lo que uso para apoyar mis ideas".

Los autores también pueden colocar la idea principal al final del cuento o pueden no especificarla. Si no la especifican, los lectores deben deducirla por los detalles que la apoyan.

Lee el párrafo que aparece a continuación. Señala la idea principal y algunos de los detalles que la sostienen.

En 1992, Flor publicó su tercer libro "Testigos del tiempo". La obra fue un éxito desde el primer día y obtuvo el premio Kodak como uno de los mejores libros de fotografía del año 1992. Fue traducida del español a cinco idiomas. Ese mismo año, las fotografías del libro comenzaron a ser exhibidas en museos de Europa y Estados Unidos.

¿QUÉ HAS APRENDIDO?

1. ¿Cómo usó el autor los detalles para hacer de esta selección una lectura interesante? Da ejemplos de la selección.

2. Flor Garduño ha viajado a muchas regiones remotas para tomar sus fotografías. Menciona detalles que apoyen esta idea principal.

INTÉNTALO • INTÉNTALO

Escribe un párrafo que describa alguna fotografía o pintura famosa que hayas visto. Comienza por escribir la idea principal. Luego escribe cuatro o cinco oraciones que incluyan detalles que expliquen por qué la obra es famosa.

Visita **The Learning Site**
www.harcourtschool.com

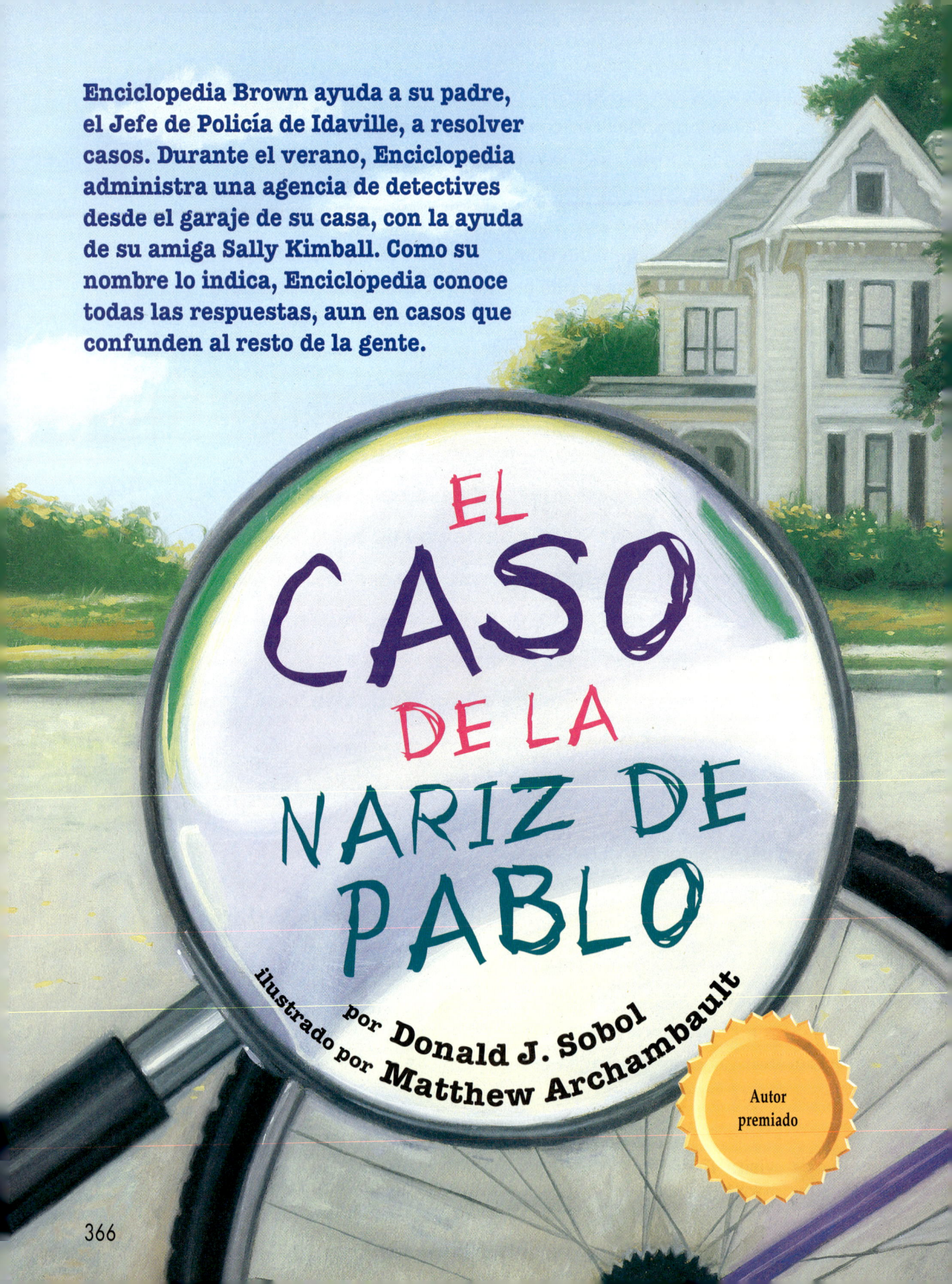

Enciclopedia Brown ayuda a su padre, el Jefe de Policía de Idaville, a resolver casos. Durante el verano, Enciclopedia administra una agencia de detectives desde el garaje de su casa, con la ayuda de su amiga Sally Kimball. Como su nombre lo indica, Enciclopedia conoce todas las respuestas, aun en casos que confunden al resto de la gente.

EL CASO DE LA NARIZ DE PABLO

por Donald J. Sobol
ilustrado por Matthew Archambault

Autor premiado

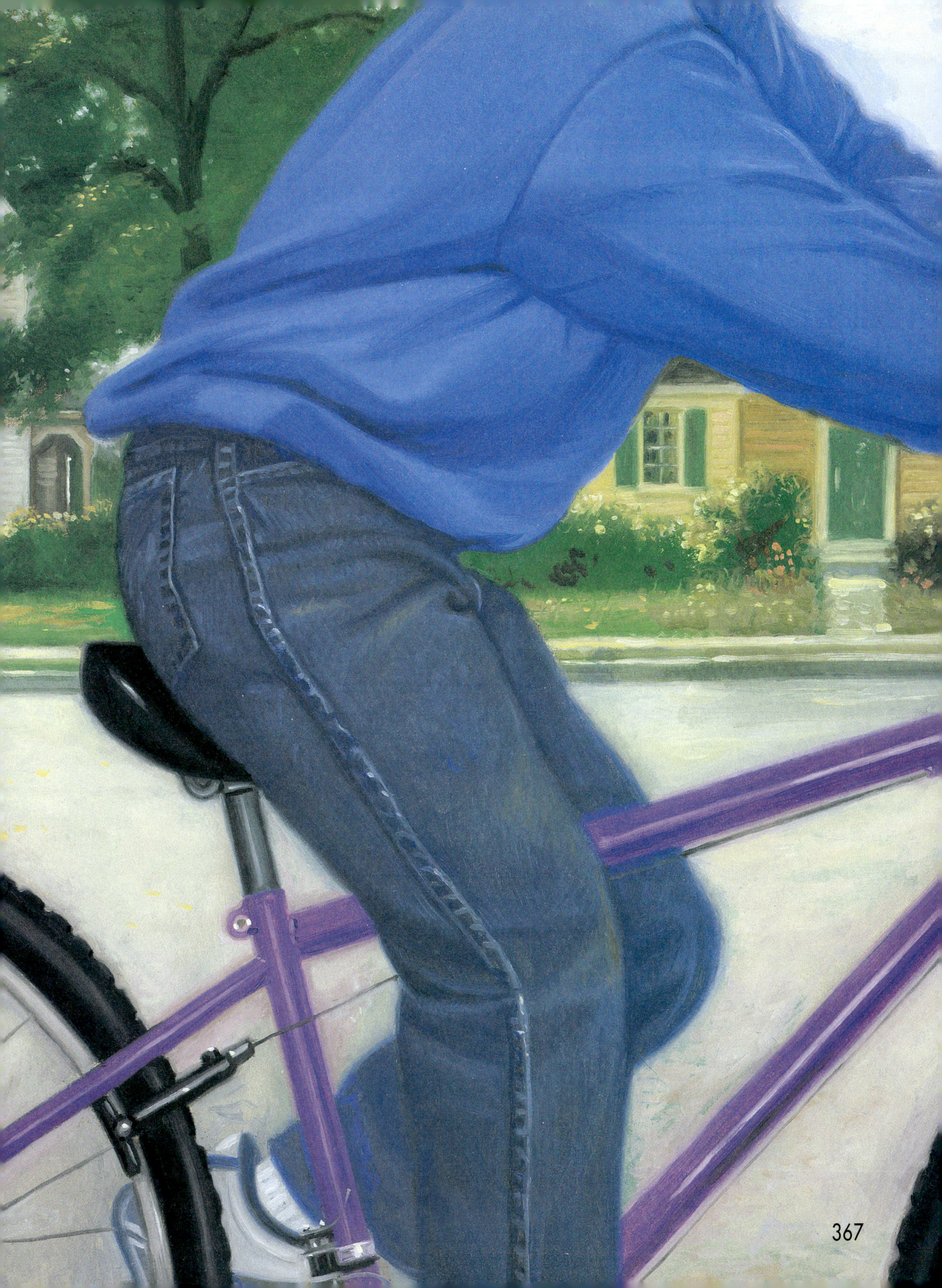

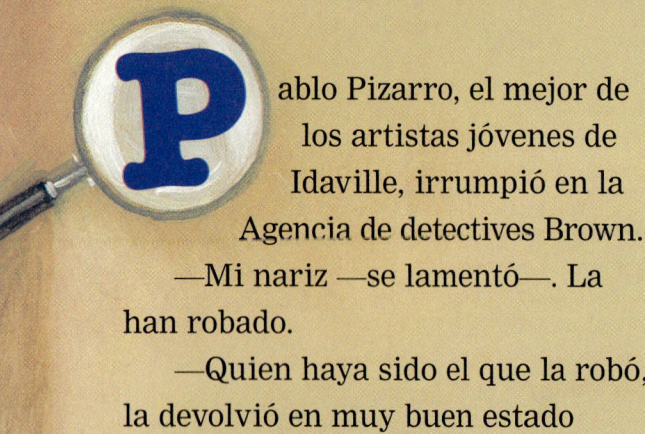

Pablo Pizarro, el mejor de los artistas jóvenes de Idaville, irrumpió en la Agencia de detectives Brown.

—Mi nariz —se lamentó—. La han robado.

—Quien haya sido el que la robó, la devolvió en muy buen estado —observó Sally.

—No hablo de mi nariz —dijo Pablo—. Hablo de la de Abraham Lincoln.

Pablo les explicó. El mes pasado la nariz de la estatua de Abraham Lincoln que estaba en el Parque Sur había sido rota en pedazos con un bate de béisbol. Por eso el alcalde había anunciado el concurso "Nariz nueva ya". La nariz ganadora sería puesta en la estatua. El escultor ganador ganaría un premio de dinero en efectivo.

—Pensé que podría ganar a los demás —dijo Pablo con orgullo, y después explicó por qué.

Primero, Pablo había hecho un molde de la cara de la estatua. Luego, usando fotos de Abraham Lincoln, había construido una nariz con cera blanda. Entonces, había molido un trozo de la misma piedra de la que había sido tallada la estatua para asegurarse de lograr la textura y color correctos. Después, había mezclado esto con su pegamento especial. Finalmente, Pablo había dado forma a la mezcla para hacer una copia del modelo de cera.

—¡Dios mío! —exclamó Sally. ¡Eres todo un cirujano plástico!

Pablo se sonrió levemente. —La nariz fue mi obra de arte —dijo.
—No hay tiempo para hacer otra. El concurso termina el jueves.

—¿Estás seguro de que fue robada? —le preguntó Enciclopedia.

—Seguro que estoy seguro —dijo Pablo—. La había dejado a la intemperie en el jardín delantero para que envejeciera y correspondiera aun más con la cara de Lincoln.

—Media hora después —continuó Pablo—, descubrí que la nariz había desaparecido. Al mismo tiempo había visto a una chica, pedaleando como loca en una bicicleta. Ella tenía en la mano derecha algo del tamaño de la nariz.

—¿Pudiste ver quién era? —preguntó Sally.

—Sólo la vi de espaldas —dijo Pablo tristemente—. Llevaba una camisa azul y la bicicleta era morada.

Pablo hizo una pausa y respiró profundamente para darse fuerza.
—No debería haber hablado de mi nariz —murmuró Pablo—. Como un tonto, me jacté de ella en todo el vecindario.

Pablo puso una moneda de veinticinco centavos en una lata de gasolina que Enciclopedia tenía junto a él.

—¡Encuentra mi nariz! —rogó Pablo.

—Hay tres bicicletas moradas en el vecindario —dijo Sally.
—Deby Lowry tiene una. Marta Katz y Joan Brand tienen las otras dos.

Los detectives y Pablo empezaron en la casa de Marta Katz. La Sra. Katz les dijo que Marta estaba pasando el verano con sus abuelos en Maine.

En la casa de Joan Brand les dijeron casi lo mismo. Joan se había ido al Campamento Winiwantoc, en Carolina del Norte, una semana antes.

—Bueno, la única que nos queda es Deby Lowry —dijo Sally.

369

—Ella tiene que ser la ladrona —dijo Pablo—. Ha estado celosa de mí desde que le gané en el concurso de dibujo de tulipanes el año pasado.

—Estar celosa no quiere decir que sea ladrona —dijo suavemente Enciclopedia—. Vayamos a verla.

Deby les abrió la puerta. —¿Qué quieren? —les preguntó bruscamente, mirando a Pablo con cara poco amistosa.

Pablo la acusó directamente. —Hace más o menos una hora, me robaste la nariz, ¿no es cierto?

—No, pero debería haberlo hecho —le replicó Deby—. De haberlo hecho, te verías más guapo.

—Pablo está hablando de la nariz de Abraham Lincoln —dijo Sally—. La ladrona llevaba una camisa azul y montaba una bicicleta morada.

—¿Te parece que esta camisa es azul? —preguntó Deby.

—Te puedes haber cambiado la camisa —dijo Sally—. Pero no puedes haber pintado tu bicicleta de otro color en una hora.

—No tuve que hacerlo —replicó Deby—. Yo no robé nada.

Deby llevó a los detectives y a Pablo al garaje. Allí había una bicicleta morada medio escondida detrás del calentador de agua.

—¿Cuándo fue la última vez que me vieron en mi bicicleta? —les preguntó—. Hace mucho tiempo, ¿verdad? En realidad hace casi un año que no la uso.

—¡Ésa es la cosa más increíble que he oído! —gritó Pablo.

Sally parecía confundida y miró de reojo a Enciclopedia.

Enciclopedia también estaba confundido. Trató de recordar cuándo había sido la última vez que había visto a Deby en su bicicleta.

Era un momento muy tenso.

Luego, se le ocurrió algo a Enciclopedia.

—¿Por qué trataste de esconder tu bicicleta? —preguntó Enciclopedia.

—No la estaba escondiendo —contestó Deby—. La puse ahí para que no estorbara. Ahora me dedico a patinar. Es más divertido.

—Ésa no es la razón —dijo Enciclopedia—. Vamos, dinos la verdad. Nunca fuiste muy buena montando una bicleta de dos ruedas.

—¿Y tú cómo lo sabes? —le dijo Deby de mala manera.

Deby sacó la bicicleta morada a la calle.

—Miren esto —les dijo Deby, y sin más hizo algunos trucos en su bicicleta.

Hizo un círculo con su bicicleta sin usar las manos.

Se sentó en el manubrio y pedaleó hacia atrás.

Levantó la rueda de adelante del suelo e hizo un ocho en una sola rueda.

—¡Ahí tienen! —se burló Deby—. Les acabo de mostrar que puedo montar una bicicleta de dos ruedas.

—Sí, sin duda que lo hiciste —estuvo de acuerdo Enciclopedia—. Me acabas de mostrar que eres la culpable.

¿Cómo lo supo Enciclopedia?

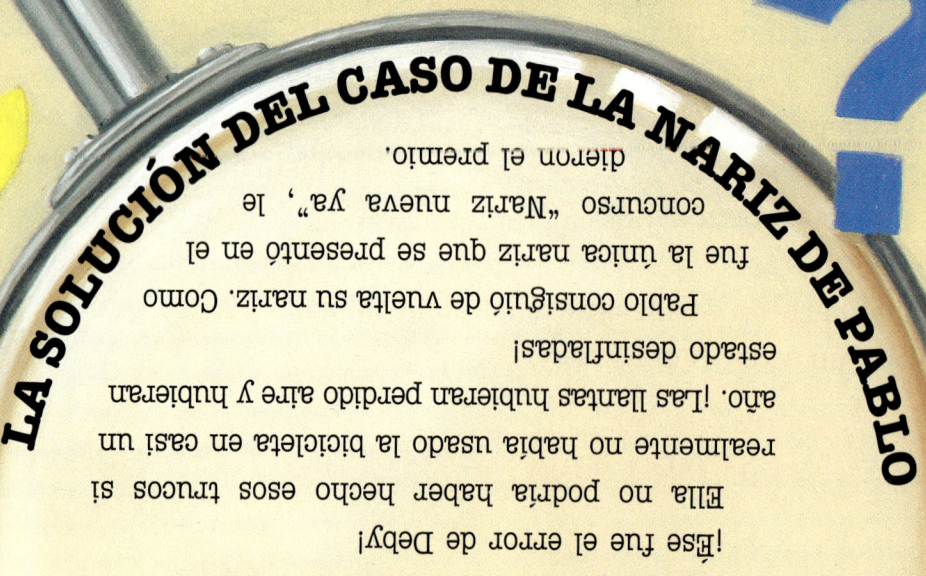

LA SOLUCIÓN DEL CASO DE LA NARIZ DE PABLO

Deby negó ser la chica que Pablo había visto alejarse en una bicicleta morada.

Como coartada, Deby dijo que no había montado en su bicicleta morada desde hacía casi un año.

Enciclopedia tenía sus dudas. Por eso, la hizo mostrar lo bien que montaba en una bicicleta de dos ruedas.

¡Ése fue el error de Deby! Ella no podría haber hecho esos trucos si realmente no había usado la bicicleta en casi un año. ¡Las llantas hubieran perdido aire y hubieran estado desinfladas!

Pablo consiguió de vuelta su nariz. Como fue la única nariz que se presentó en el concurso "Nariz nueva ya", le dieron el premio.

Piénsalo

1. ¿De qué manera muestra Enciclopedia Brown que puede resolver problemas ingeniosamente?

2. Antes de leer la solución del caso, ¿pensabas que Deby era la ladrona? Explica por qué sí o por qué no.

3. ¿Qué clase de persona es Deby? ¿Qué detalles usa el autor para mostrar la clase de persona que es Deby?

CONOCE AL AUTOR
Donald J. Sobol

De niño, Donald Sobol leía las novelas de misterio de Sherlock Holmes y soñaba con ser detective algún día. Hoy día, y por más de treinta años, Donald ha escrito cuentos sobre el niño detective Enciclopedia Brown. Sus libros han sido traducidos a tres idiomas y también a Braille.

Cuando le preguntan a Donald Sobol si Enciclopedia es un niño real, el autor responde: "La respuesta es no. Tal vez sea él el niño que yo quería ser. Hace cosas sobre las cuales yo quería leer cuando tenía diez años, pero no podía encontrarlas en ningún libro".

Visita *The Learning Site*
www.harcourtschool.com

La gallina y el manzano

por Arnold Lobel

Medalla Caldecott
Libro notable ALA

Un día en octubre, Gallina miró por su ventana. Vio un manzano que crecía en su patio.

—Ahora eso sí que es raro —dijo Gallina—. Estoy segura de que no había un árbol en ese lugar ayer.

—Algunos crecemos rápidamente —dijo el árbol.

Gallina miró el pie del árbol.

—Nunca he visto un árbol —dijo— que tuviera diez dedos de pie peludos.

—Hay algunos de nosotros que sí los tenemos —dijo el árbol—. Gallina, ven afuera y disfruta de la sombra refrescante de mis ramas frondosas.

Gallina miró la copa del árbol.

—Nunca he visto un árbol —dijo— que tuviera dos orejas largas y puntiagudas.

—Hay algunos de nosotros que sí las tenemos —dijo el árbol—. Gallina, ven afuera y come una de mis deliciosas manzanas.

—Ahora que lo pienso —dijo Gallina— nunca he oído un árbol hablar con una boca llena de dientes agudos.

—Hay algunos de nosotros que sí podemos —dijo el árbol—. Gallina, ven afuera y descansa tu espalda contra la corteza de mi tronco.

—Oí decir —dijo Gallina— que algunos de ustedes pierden todas sus hojas en esta época del año.

—Oh, sí —dijo el árbol— algunos de nosotros sí que las perderemos—. El árbol empezó a temblar y a sacudirse. Todas sus hojas se cayeron rápidamente.

Gallina no estaba sorprendida de ver un gran lobo en el lugar donde había estado el manzano hace un momento. Cerró con llave sus contraventanas y cerró de un golpe su ventana.

Lobo sabía que la gallina había sido más lista que él. Se fue tronando de rabia y de hambre.

Siempre es difícil hacerse pasar por lo que no se es.

Piénsalo

¿Cuál es el problema de Gallina y cómo lo resuelve?

Taller de actividades

Caso cerrado

REPRESENTA UNA ESCENA

En un grupo, representen la escena en que Enciclopedia, Pablo y Sally van a casa de Deby Lowry y resuelven el caso. Asegúrense de ensayar sus papeles. La persona que hace de Deby puede representar con pantomimas las maromas en la bicicleta.

Afectuosamente

ESCRIBE UNA CARTA

Escribe una carta de disculpa de Deby a Pablo. En la carta, Deby debe decir por qué robó la nariz de Pablo y por qué mintió. También podrías hacer que ella se ofreciera a hacer algo gentil para corregir lo que hizo.

La creatividad en el trabajo

INVESTIGA OFICIOS

Los artistas y los detectives usan la creatividad para solucionar problemas. Aprende sobre otros tipos de oficios que requieren de un pensamiento creativo y de destrezas de resolución de problemas. Algunos ejemplos podrían ser el trabajo de un arquitecto y el de un diseñador de juegos de computadora. Si es posible, conversa con alguien que hace este tipo de trabajo o investiga en Internet en las páginas de oficios. Toma notas para que puedas compartir lo que aprendiste.

Hacer conexiones

ESCRIBE COMPARACIONES

¿Cómo se parece Enciclopedia Brown a la gallina de "La gallina y el manzano"? ¿En qué se parecen Deby y el lobo? Escribe un párrafo sobre los solucionadores de problemas y otro sobre los sospechosos.

En los días del rey Adobe

narrado por Joe Hayes
ilustrado por Gerardo Suzán

HABÍA UNA VEZ UNA VIEJECITA que vivía sola en una casa a la orilla de una villa. Era muy pobre y todo lo que tenía para comer eran frijoles, tortillas y una papilla aguada de maíz. Por supuesto, comía unas cuantas verduras de su huerto, aunque la mayoría las llevaba al pueblo el día de mercado para venderlas o cambiarlas por lo poco que necesitaba para su vida sencilla.

La viejecita era muy ahorrativa y guardando cuidadosamente —un centavo al día, un centavo al día— se pudo comprar un gran jamón. Lo mantenía colgado de un gancho en un armario frío y oscuro detrás de la cocina, y solamente cortaba una rebanada delgada en días muy especiales— o si tenía la suerte de recibir invitados para comer.

Una noche, un par de jóvenes que viajaban por el pueblo se detuvieron en la casa de la viejecita y le preguntaron si los podría alojar por esa noche. La viejecita no tenía camas extras pero les ofreció tender una cobija sobre el piso para que ellos durmieran. Ellos dijeron que estaba bien y le agradecieron su amabilidad.

—No es nada —les dijo la viejecita—. Estoy feliz de tener compañía. Voy a prepararles una buena cena.

Sacó sus sartenes y cacerolas, y después fue al armario y cortó tres rebanadas de jamón —dos gruesas para los viajeros y una delgada para ella.

Los jóvenes estaban muy contentos de ver a la viejecita preparándoles el jamón para la cena. Rara vez les ofrecían tan buena comida en sus viajes. Pero esos jóvenes eran un par de pillos y de inmediato se les ocurrió una idea deshonesta. Decidieron robar el jamón esa misma noche mientras la viejecita dormía.

Después de que ellos estaban saciados, la viejecita les preparó una cama sobre el piso. Les dio las buenas noches, les deseó felices sueños y después se fue a su cuarto a dormir.

Por supuesto que los jóvenes no se fueron a dormir. Se quedaron bromeando y hablando sobre lo bueno que iba a ser tener un jamón entero para comer. Cuando creyeron que la viejecita dormía, se levantaron

381

y caminaron sigilosamente al armario. Descolgaron el jamón y lo envolvieron en una camiseta. Uno de los jóvenes puso el jamón en su bolsa de viaje. Después los dos se fueron a dormir sonriendo. ¡De hecho tuvieron muy buenos sueños!

Sin embargo, la viejecita tampoco se había dormido. En sus muchos años de vida había llegado a conocer bien el carácter de la gente y había notado la mirada pícara en los ojos de los jóvenes. Sabía que era mejor estar alerta. Cuando los oyó levantarse de la cama se asomó a la puerta y los observó. Ella vio todo lo que hicieron.

Más tarde, esa misma noche, cuando los jóvenes dormían profundamente, la viejecita salió sigilosamente de su cuarto. Tomó el jamón de la bolsa de viaje y lo escondió debajo de su cama. Después envolvió un ladrillo de adobe en la camiseta y lo puso en la bolsa de viaje.

Cuando los jóvenes se despertaron a la mañana siguiente, estaban ansiosos por continuar su camino. Sin embargo, la viejecita insistió en que se quedaran un poco más para desayunar. —Les dará fuerza —les dijo—. Tienen un largo día por delante para caminar. Y es posible que no tengan más nada para comer en todo el día.

Mientras estaban sentados a la mesa uno de los jóvenes le guiñó el ojo al otro y dijo: —Probablemente la abuelita tenga razón, ¿pero quién sabe? Anoche soñé que hoy mi amigo y yo tendríamos buena comida todo el día.

—¿De verdad? —la viejecita replicó. —Dime más acerca de tu sueño. Me fascinan los sueños. Creo que a veces se convierten en realidad.

El joven pensó que realmente se estaba burlando de la viejecita. Se sonrió con su amigo y le dijo —soñé que estábamos sentados comiendo debajo de un árbol. Era una tierra hermosa. El rey de ese país se llamaba Hueso de Jamón Primero.

—¡Ajá! —dijo el segundo joven. —Ahora recuerdo que tuve el mismo sueño. Y también recuerdo que la tierra de la cual Hueso de Jamón Primero era rey se llamaba Bolsa de Viaje.

Los jóvenes tuvieron que cubrirse la boca para evitar soltar una carcajada. Pero la viejecita pareció no haberlo notado. De hecho, parecía que los estaba tomando muy en serio.

—¡Yo tuve un sueño similar anoche! —exclamó—. Estaba en una tierra llamada Bolsa de Viaje y Hueso de Jamón Primero era el rey de ese país. Pero entonces fue destronado por la gente buena y reemplazado por un nuevo rey llamado Adobe El Grande. Para alguna gente eso significó que una época de hambruna había empezado.

—¿No es interesante? —dijeron los jóvenes mordiéndose los labios para evitar sonreír—. Ah, bueno, solamente fue un sueño. Se apresuraron a terminar su desayuno y después tomaron su camino riéndose de la inocencia de la viejecita.

Toda la mañana los dos pillos se burlaban de la viejecita mientras caminaban. Cerca del mediodía empezaron a sentirse cansados. Se sentaron debajo de la sombra de un árbol para descansar.

—Bueno —dijo el primero de los jóvenes mientras se recostaba y cerraba los ojos.

—¿No crees que es hora de que los sueños se conviertan en realidad? Aquí estamos sentados debajo de un árbol tal como lo soñé. Abre la tierra de la Bolsa de Viaje. El estómago me dice que necesito visitar al rey de esa tierra.

—Pues claro —dijo el otro—. Veamos cómo van las cosas con nuestro viejo amigo Hueso de Jamón Primero.

El joven abrió su bolsa y sacó el montón envuelto en su camiseta. Riéndose entre dientes, lentamente desenvolvió la camiseta. Súbitamente la sonrisa desapareció de su cara.

—Oh, no —resolló. —La vieja sabía más acerca de los sueños de lo que pensamos.

—¿Qué quieres decir? —preguntó el otro.

—Bueno —dijo—ella nos dijo que Hueso de Jamón Primero había sido destronado, ¿no?

—Sí.

—¿Y recuerdas quién fue colocado en su lugar?

El joven se sonrió—. ¡Adobe El Grande! ¿De dónde supones que obtuvo un nombre como ése?

—Probablemente de aquí —dijo su amigo—. Mira.

El primer joven abrió los ojos. —Ya veo lo que quieres decir —gruñó—. Y ya veo lo que la viejecita quiso decir sobre el comienzo de una época de gran hambruna. ¡Estoy hambriento!

Después de varios días de hambre, los dos jóvenes conocieron a otra amable viejecita quien les dio una buena comida. Esta vez ni siquiera pensaron en cómo tratar de hacer alguna trampa.

Piénsalo

1. ¿Cómo evitó la viejecita que el par de ladrones le robaran el jamón? ¿Por qué crees que escogió esta forma para evitarlo?

2. ¿Te sorprendiste en algún momento de esta historia? Explica cuándo y por qué.

3. ¿Qué características hacen a la viejecita un personaje agradable? ¿Cómo muestra estas características?

Conoce al autor
Joe Hayes

—Los niños me preguntan, "¿Cuánto tiempo le tomó escribir este libro?". Y les tengo que decir, "Bueno, he estado contando estas historias por casi cuatro años antes de escribirlas. Así que pueden decir que me tomó cuatro años. Por otro lado, como ya tenía las historias en mi cabeza, sólo me tomó cerca de cuatro horas transcribirlas a mi computadora. Así que pueden decir que me tomó cuatro horas."

Joe Hayes ha recibido diversos premios en el suroeste de Estados Unidos. Ha escrito otras historias basadas en historias tradicionales hispanas y amerindias.

Joe Hayes

Visita *The Learning Site*
www.harcourtschool.com

387

Taller de actividades

Cuentos viejos, nuevas formas

CREA UNA TIRA CÓMICA

Las revistas infantiles a veces incluyen cuentos famosos reescritos en forma de tira cómica. Con un compañero, vuelvan a contar el cuento "En los días del rey Adobe" en forma de tira cómica. Inventen su propio diálogo cuando sea necesario. Comenten las diferencias entre la tira cómica y el cuento.

Mujer sabia

ESCRIBE UN ESBOZO

La viejecita fue más lista que los ladrones; sin embargo no los hirió ni se enojó con ellos. Escribe un esbozo de personaje describiendo qué tipo de persona es la mujer. Usa detalles y citas del cuento para apoyar tus conclusiones.

¿No les da vergüenza?

ESCRIBE UNA CARTA

Imagina que la viejecita no hubiera descubierto que su jamón había desaparecido hasta después de haberse ido los jóvenes. Escribe una carta a los jóvenes diciéndoles lo que piensas de su comportamiento. Piensa en un modo creativo de convencerlos que deben devolver el jamón inmediatamente.

¿Qué es adobe?

TOMA NOTAS

Muchas casas en el suroeste de Estados Unidos y México están construidas de adobe. Con un compañero, averigüen hace cuánto tiempo que se usa el adobe, dónde se usa y cómo se hace. Tomen notas de dos fuentes sobre lo que descubren. Luego pidan que algunos compañeros de clase les hagan preguntas sobre el adobe. ¿Cuántas preguntas pueden responder?

PRUEBA TU DESTREZA

Resumir y parafrasear

Si un amigo te preguntara de qué trata "En los días del rey Adobe", podrías decir:

En este cuento popular, una viejecita engaña a dos ladrones que tratan de engañarla a ella. Cuando dos viajeros le piden que les dé alojamiento por una noche, la amable mujer comparte un jamón con ellos. Ellos deciden robarse el jamón, pero la viejecita oye su plan. Tarde, esa misma noche, ella cambia el jamón por un ladrillo de adobe. Ellos descubren la jugarreta cuando ya han viajado lejos de la casa.

Si describieras el cuento de esta manera, estarías **resumiéndolo.** Cuando resumes, vuelves a contar el cuento usando muchas menos palabras. Si reescribieras una oración o un párrafo del cuento con tus propias palabras, estarías **parafraseando** esa parte. Aquí tienes un ejemplo de una paráfrasis:

- Resume cuando quieras decir en pocas palabras las ideas principales de la selección.

- Parafrasea cuando quieras volver a decir en tus propias palabras lo que alguien dijo o escribió.

Oración original	Paráfrasis
Se pueden encontrar pícaros en los cuentos populares de muchos países del mundo.	Los cuentos populares de muchos países incluyen personajes pícaros.

Resumir y parafrasear son buenas maneras de comprobar tu comprensión. En ambas, estás repitiendo las ideas del escritor sin dar tus opiniones.

Un resumen es mucho más corto que el cuento original. Tienes que eliminar muchos de los detalles y decir solamente lo más importante. Una paráfrasis usa palabras distintas, pero no debe ser más corta. Cuando parafraseas, no debes cambiar el significado.

Di cuál de las oraciones que siguen pertenece a un resumen de "En los días del rey Adobe". Luego busca una oración que no sea correcta, una que incluya detalles sin importancia y una que exprese la opinión del lector.

- **Me gustó leer "En los días del rey Adobe".**
- **Casi todo lo que comía la viejecita eran frijoles y tortillas.**
- **La viejecita no quiso compartir su jamón.**
- **Los jóvenes aprendieron a no engañar.**

¿QUÉ HAS APRENDIDO?

1. Si estuvieras escribiendo una crítica de un libro, ¿incluirías un resumen o una paráfrasis? Explica.

2. Lee un artículo corto en un periódico o en una revista. Escribe una oración que resuma el artículo.

Visita *The Learning Site*
www.harcourtschool.com

INTÉNTALO • INTÉNTALO

Escribe dos o tres oraciones sobre lo que piensas de un cuento que hayas leído recientemente. Intercambia tu papel con el de un compañero de clase y escribe una paráfrasis de las oraciones de tu compañero de clase. Comenta si las paráfrasis cambian las palabras originales sin cambiar el significado.

¡Arriba el telón!

por Alma Flor Ada y Francisca Isabel Campoy

CÓMO NACIÓ EL TEATRO

El sol resplandecía en el cielo. Desde la cima de aquella colina se podía ver toda la ciudad de Atenas. La temperatura era calurosa, pero se esperaba que hiciese un poco de vientecillo para la tarde. Desde todos los callejones blancos de aquella ciudad fueron saliendo familias enteras, los padres acompañados de sus hijos y de los abuelos, salían en grupo hacia la colina. En sus manos llevaban grandes cestas de las que sobresalían las uvas, el pan y un cántaro de agua fresca que acompañaría la comida.

Iban a paso ligero. Todos querían ser primeros en llegar al sitio para coger un buen asiento y poder ver mejor el gran espectáculo que duraría seis días. Había llegado la gran fiesta de la ciudad y la forma de celebrarlo era viendo teatro y dejando saber a los autores si su obra era buena o no. Entre función y función la gente abría sus cestas de comida y comían un poco. Y así un día y otro día, hasta que el festival terminase.

Esto ocurría en Grecia hace ahora dos mil quinientos años. Y desde entonces se sigue practicando ese mismo espectáculo en cualquier parte del mundo.

Cada cultura representa el teatro de una manera diferente y a través del tiempo también han ido cambiando las formas de hacer teatro dentro de una misma cultura.

El teatro es un espectáculo que tiene por objetivo divertir, sorprender o hacer sentir al público como quiera el autor. Así lo que pasa en la escena es muy importante. Tiene que haber un escenario interesante que llame la atención y la forma de ir vestidos los personajes, también es parte del entretenimiento. La luz debe ser buena para que se vea bien lo que está pasando en escena. Y quizás, si el director de escenario es muy creativo, puede hacer que haya efectos especiales de sonido, con ruidos que simulen

392

cualquier cosa, desde un trueno, que llueva intensamente, o bajen nubes sobre el escenario.

Pero no todas las culturas representan el teatro con escenarios complicados y sonidos especiales.

El teatro japonés, por ejemplo es muy sencillo. En el escenario no hay más que un biombo con algún dibujo y nada más. Los actores cantan, bailan y se mueven por la escena con cierto misterio. A este estilo de teatro se le llama "kabuki".

En la China por ejemplo eran muy famosas las marionetas. Es difícil manejar una marioneta, pero puede ser muy divertido tirar de sus hilos desde la parte de arriba del escenario y hacer que el muñeco camine, llore y se toque la cara con esas manitas de papel o de madera que le fabricó su dueño.

Ya en el siglo XIII existían compañías de teatro que iban de pueblo en pueblo haciendo reír o llorar a la gente. Algunas veces se contaban historias que habían ocurrido realmente en un pueblo cercano, aunque para que la gente estuviera muy atenta se les añadía un poco de gracia o un poco de miedo, según fuese la noticia.

Hace trescientos años en España hubo los más grandes escritores de teatro de toda su historia. Era el siglo XVII, y se le llamó el Siglo de Oro por lo brillantes que eran sus escritores y lo bonitas que eran sus obras. Las obras se representaban en muchos sitios diferentes, teatros o plazas improvisadas, pero en España, porque las casas de vecinos se construían dejando un patio en el centro y las habitaciones alrededor, se usaban aquellos patios para hacer teatro. Aquellos patios se llamaban "Corral de comedias". Los tres más grandes dramaturgos del Siglo de Oro se llamaban Tirso de Molina, Calderón de la Barca y Lope de Vega.

En la época del Renacimiento, que fue un momento de gran esplendor cultural, se tuvo la gran idea de unir todas las artes en un solo espectáculo. La pintura servía de escenario, la poesía servía de letra para las canciones, la música le ponía melodía a los hermosos versos de un poeta, los actores aprendieron a bailar en escena y así nació la ópera.

¡Qué divertido es poder imaginar cómo eran antes las cosas! ¡Qué divertido es hacer teatro! Pero para poder entender más sobre el teatro, tenemos que entender su terminología. El teatro tiene su propio vocabulario. A continuación verás las palabras que se manejan en el fascinante mundo de la actuación.

393

VOCABULARIO PROPIO DEL TEATRO

acto: Cada una de las divisiones mayores de una obra de teatro. Entre acto y acto la escena queda vacía. Si hay telón, se cierra al final de cada acto. Es frecuente que en cada acto cambie el decorado.

bambalinas o bastidores: Pequeños telones laterales que sirven para ocultar la entrada y salida de los actores a escena. La expresión **entre bastidores** se usa para indicar que algo se hace donde otros no pueden verlo o enterarse.

camerino: Lugar donde se visten los actores y actrices.

candilejas: En los antiguos teatros las luces colocadas al pie del escenario.

decorado: Telones y muebles que sirven para dar ambiente a la escena.

diálogo: Conversación entre dos personajes.

ensayo: Representación de la obra hecha como práctica, antes de presentarla al público. El ensayo final, con luces, maquillaje y vestuario se llama **ensayo general.**

escena: División menor de la obra teatral. Cada acto puede estar dividido en varias escenas. Cada vez que hay un cambio en el número de personajes presentes se produce una nueva escena. Se habla de **la escena** para referirse al conjunto de decorado y escenario en cualquier momento de la representación. Se dice **en escena** para hablar de lo que pasa en el escenario, con el telón abierto, a la vista del público. **Puesta en escena** es el conjunto de los elementos de la representación: dirección, decorado, iluminación, vestuario, actuación.

escenario: Lugar donde se desarrolla la obra. No importa si es una esquina del aula.

monólogo: Palabras que dice un actor que está solo en la escena.

montaje: Presentación escénica de la obra.

telón de boca: Telón que cierra el escenario, ocultándolo de la vista del público.

telón de fondo: Telón que cubre el fondo del escenario.

utilería: Conjunto de objetos sueltos, que no forman parte del decorado, pero que aparecen en alguna escena.

PARTICIPANTES EN UNA REPRESENTACIÓN TEATRAL

Una de las razones por las que hacer teatro es algo tan apasionante, es porque una representación es el esfuerzo de muchas personas, todas importantes.

Aquí te mostramos algunas de las funciones que tú y tus amigos podrán realizar cuando hagan teatro.

acomodador: Acompaña a los asistentes a sus asientos.

apuntadora o apuntador: Ayuda a los actores a recordar sus líneas apuntándoles, o sea diciéndoles una palabra que les permita recordar y seguir hablando.

actores y actrices: Las personas que representan a los personajes de la obra.

autor o autora: Persona que escribe la obra teatral.

directora o director: Persona que indica a los actores cómo deben moverse, hablar y actuar durante la obra.

encargado de efectos sonoros: Produce los diferentes sonidos necesarios para ambientar la escena. También se le llama **sonidista**.

encargado de la utilería: Se ocupa de que todos los objetos sueltos necesarios para el montaje estén a disposición de los actores en el momento necesario. También se le llama **utilero** o **utilera**.

escenógrafo o escenógrafa: Tiene a su cargo la decoración del escenario. También se le llama **decorador** o **decoradora**.

luminotécnico: Maneja las luces para iluminar o ensombrecer el escenario. También se le llama **iluminador** o **iluminadora**.

primer actor, primera actriz: Actor o actriz que representa el personaje principal o protagonista de la obra.

tramoyista: Encargado del telón, las luces y el decorado.

vestuarista: Persona encargada del vestuario que usarán los actores en escena.

PARA JUGAR AL TEATRO

El teatro es un juego divertido. Como todos los juegos tiene algunas reglas que hay que cumplir si se quiere jugar bien.

Aquí te vamos a dar algunas ideas sobre cómo puedes hacer tres cosas que son muy importantes en el teatro:

1. La escenografía (cómo se ve el escenario)
2. El vestuario (cómo se ven las personas)
3. El maquillaje (cómo se ven las caras de los actores)

La escenografía

El escenario no tiene que ser un sitio como el que normalmente se ve en los teatros. Puede ser un "espacio teatral", un sitio cualquiera en una clase, en la casa, en un patio. Todo lo que necesita es imaginación. Y por supuesto hay que tener texto.

Una vez que sabemos cuántos personajes hay y si la acción está en una selva o en una habitación, podremos hacer que con imaginación y mucho ingenio nuestro escenario se parezca a aquel que una vez ideó el autor de la obra.

Lo importante de un escenario es que dé una idea del ambiente, que sea cómodo para que se muevan los actores y que esté colocado de tal forma que puedan verlo los espectadores.

Si el teatro se va a hacer en un salón de clase, las mesas pueden servir para poner los cartones o papeles pintados que simulan árboles o una casa, una ventana o una fuente. Se puede usar el pizarrón para pintar o escribir en él algo que sea importante para la obra.

Si se quiere, se pueden poner hilos de un extremo de la clase al otro para que tirando del hilo entren y salgan los papeles pintados en el escenario.

El vestuario

La segunda parte importante de una obra es parecer como el personaje que vamos a representar. Si es un oso, debemos parecer un oso, si es un payaso, también, así que ¡vamos a disfrazarnos!

El viejo armario de una casa es siempre un sitio estupendo. Unos pantalones que tu papá ya no usa, un vestido viejo de tu mamá, ropas que le han quedado pequeñas a un primo, una vecina o la maestra.

Son útiles algunos elementos como imperdibles, botones, papel de periódico, bolitas, hilos, cintas, guantes, calcetines y trozos de tela. Todo sirve, combinando unas cosas con otras.

El maquillaje

En las notas sobre el teatro te hablábamos sobre el teatro en Grecia hace dos mil quinientos años. Aquellos teatros eran muy, muy grandes, tan grandes como un estadio de fútbol y a veces no se le podía ver la cara a los artistas, ni los gestos de dolor o de alegría. Para que el público pudiera saber mejor lo que estaba pasando se inventaron las máscaras que los actores se ponían en cada escena, según lo que pasara.

Esas máscaras eran a veces mucho más grandes que la cara misma del actor o la actriz.

Más tarde, cuando los teatros se hicieron más pequeños y ya se les podía ver la cara a los actores, se pasó la pintura de la máscara a la cara del artista y así nació el maquillaje. El maquillaje es tan importante como el vestuario o la escenografía.

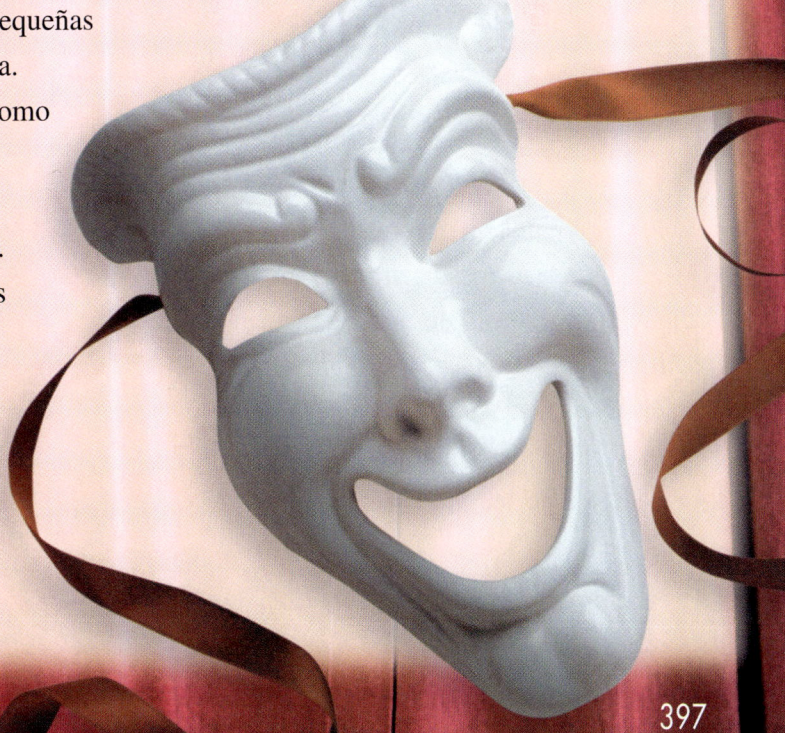

397

CÓMO MONTAR TU PROPIA OBRA

Es divertido leer las obras que otros escritores han escrito para ti, pero aún es más interesante escribir y montar tu propia obra de teatro. Vamos a empezar paso a paso con el proceso de montar tu propia obra de teatro.

Elegir el tema

Lo primero que hay que tener es un tema. Puedes sentarte con tus amigos y hablar de lo que les gustaría hacer. ¿Quisieran ser astronautas?, ¿reinas y reyes?, ¿animales del bosque? O quizás quieran ser objetos de la clase, como un lápiz que siempre escribe lo que quiere y no lo que le pide su dueño.

Cualquier idea es buena para montar una obra de teatro. Por ejemplo pueden pensar en algo que les vaya a hacer gracia a sus hermanitos pequeños o a los niños y niñas más chiquitos en la escuela. Puede ser que les enseñe algo que ustedes ya saben, pero que se los enseñe de una forma divertida.

Preparar el guión

En segundo lugar será importante escribir el guión. Para ello es importante saber cuántos personajes van a tomar parte y qué dirá cada uno. Se pueden asignar papeles y que cada niño o niña se invente lo que va a decir. Algunas veces no es necesario escribirlo todo. Es suficiente que haya una idea y que luego los personajes improvisen, que es como hablar sobre algo, sin leerlo de un papel.

Un guión puede dividirse en actos. En el primer acto, por regla general es cuando los personajes se presentan al público, dicen quienes son y muestran sus intenciones. En el segundo acto los actores desarrollan una acción, ya sea ir a ver a la abuelita o comerse un pastel en la fiesta de cumpleaños de un amigo. Y en el tercer acto es cuando se despiden los personajes del público porque ya han pasado todas las cosas que iban a pasar.

Decir el guión o leerlo

Hace falta que todo el mundo sepa lo que está haciendo, cuando le toca hablar o actuar, y qué tiene que hacer para que no se interrumpa la acción. Es bueno decir o leer el guión varias veces hasta que todo el mundo esté de acuerdo con lo que está pasando.

Se puede jugar a cambiar de voz para tener más efecto, hacer gestos con las manos para darle más fuerza a lo que se dice, y caminar por el escenario para "vivir" el papel de cada uno.

Es importante que la acción no se pare, igual que no se para una conversación; para ello hay que ensayar tantas veces como sea divertido hacerlo.

Los decorados

Para hacer los decorados se necesita la ayuda de todo el mundo. En primer lugar, hay que decidir dónde se va a hacer la obra. Si hay mucho espacio se puede jugar a hacer grandes pinturas de fondo, murales, traer mesas y sillas para que formen una montaña, una ciudad o el comedor de una casa. Si hay poco espacio, lo mejor es pensar en una sola cosa que le daría el ambiente que necesitamos a la obra.

Los decorados necesitan estar colocados de forma que sea fácil para los actores moverse en escena. Y que el público pueda ver a los actores y la acción desde cualquier rincón.

Es bueno que en los decorados trabajen dos o más personas, para que puedan compartir ideas y hacer en equipo las cosas que se necesitan.

Ahora sí que te hemos dado un gran paseo por el teatro. Ya puedes ponerlo en práctica con tus amigos y amigas en la escuela. Y no te olvides que el teatro es una diversión que se hace con la colaboración de todos a tu alrededor.

Piénsalo

1. ¿Cómo nació el teatro?
2. ¿Te gustaría ser el director de una obra teatral? ¿Qué clase de obra te gustaría dirigir?
3. ¿Te gustaría pensar que las autoras han escrito alguna obra de teatro? Explica tu respuesta.

LOS DOS HERMANOS

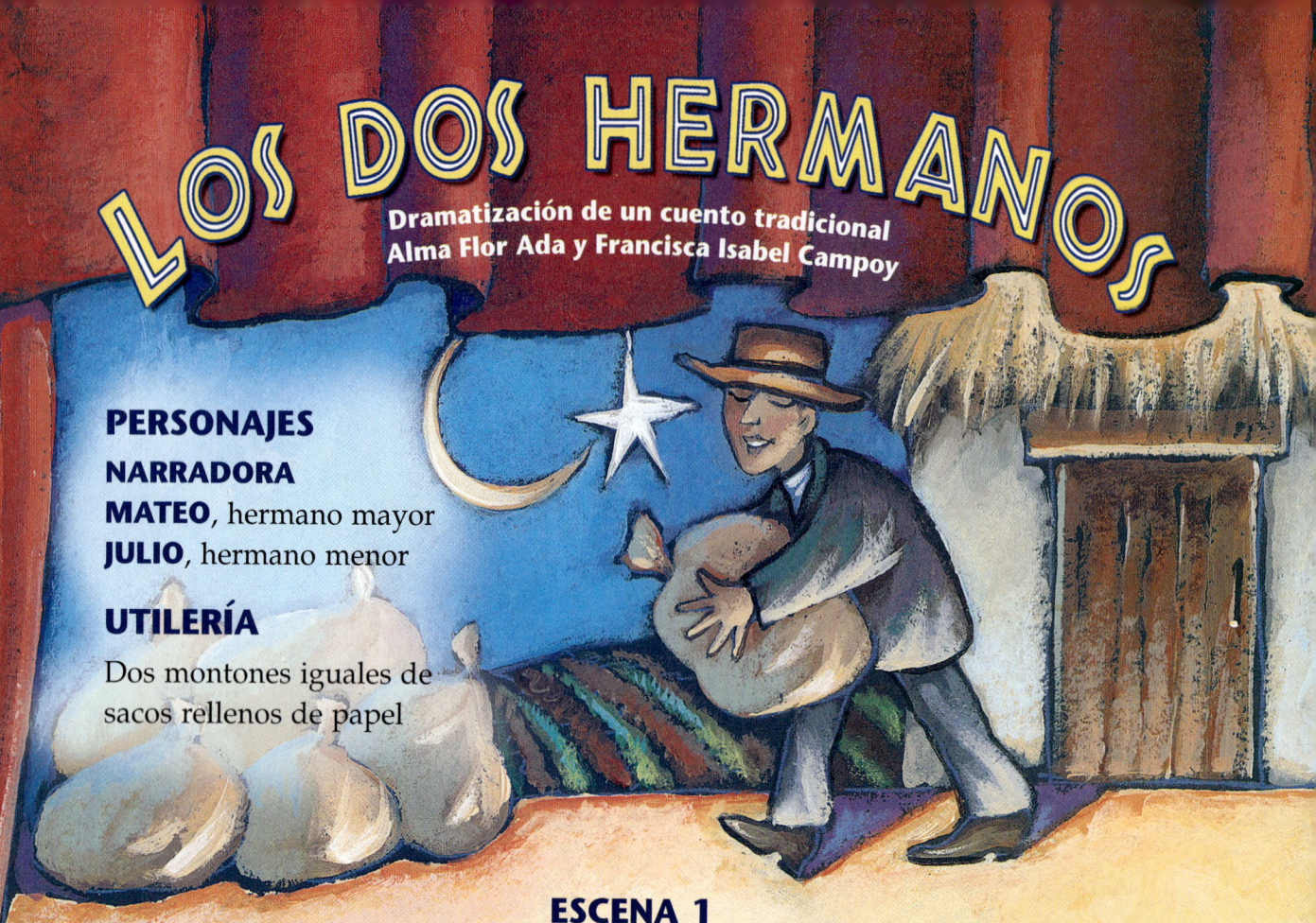

Dramatización de un cuento tradicional
Alma Flor Ada y Francisca Isabel Campoy

PERSONAJES
NARRADORA
MATEO, hermano mayor
JULIO, hermano menor

UTILERÍA
Dos montones iguales de sacos rellenos de papel

ESCENA 1

NARRADORA Hace muchos, muchísimos años, en un pueblecito en lo alto de los Andes, vivían dos hermanos Julio y Mateo. Compartían la vieja casa que había sido de sus padres. Y trabajaban juntos el pedazo de tierra que habían heredado de ellos.

(Aparece Julio por la izquierda. Es joven y ágil. Pero se le ve preocupado. Se queda mirando los dos montones de sacos de maíz.)

JULIO *(Pensando en voz alta.)* ¿Hemos repartido el maíz con justicia? Yo tengo cuatro hijos, que cuando crezcan, me ayudarán. Mi hermano Mateo, en cambio, no tiene hijos. Y él y Juana, su esposa, ya no son jóvenes.

(Julio toma tres sacos del montón de la izquierda y los va llevando al montón de la derecha. Luego sonríe satisfecho y se marcha.)

(Entra Mateo por la derecha. Es algo mayor y camina lentamente. Se le ve preocupado.)

MATEO *(Pensando en voz alta.)* Me parece que no hemos repartido el maíz con justicia dividiéndolo en partes iguales. Mi hermano Julio tiene cuatro hijos pequeños que alimentar. Juana y yo no tenemos hijos y todavía estamos fuertes.

(*Mateo toma tres sacos del montón de la derecha y los pasa al montón de la izquierda. Sonríe satisfecho y se marcha.*)

ESCENA 2

NARRADORA Al día siguiente, Mateo y Julio vieron, con asombro, que los dos montones de maíz seguían iguales. Pero ninguno dijo nada. Y esa noche . . .

(*Entra Mateo por la derecha, pensativo.*)

MATEO (*Pensando en voz alta.*) Quizás la cantidad de maíz que pasé anoche al montón de mi hermano era demasiado pequeña.

(*Mateo toma cinco sacos de maíz y los coloca en el montón de la izquierda. Se marcha sonriendo.*)

(*Entra Julio por la izquierda.*)

JULIO (*Pensando en voz alta.*) Anoche debo haber pasado muy poco maíz al montón de mi hermano.

(*Toma cinco sacos de maíz de la izquierda y los pasa a la derecha.*)

ESCENA 3

NARRADORA Al día siguiente los hermanos miraron los montones de maíz con sorpresa. No podían explicarse cómo podían seguir siendo idénticos. Pero no dijeron nada. Y así pasaron muchos días. Cada noche, en cuanto todos se habían dormido, Julio se levantaba y aumentaba el montón de maíz de su hermano mayor. Y cada madrugada, justo antes de que amaneciera, Mateo aumentaba el montón de maíz de su hermano menor. Hasta que una noche...

(Entra Julio por la izquierda y empieza a pasar sacos de maíz al montón de la derecha. Cuando todavía está pasándolos, aparece Mateo.)

JULIO ¡Mateo, hermano!

MATEO ¡Julio, hermano mío!

(Los dos corren a abrazarse.)

NARRADORA Esa noche, Mateo y Julio no sólo comprendieron el misterio que mantenía iguales sus montones de trigo. Comprendieron algo más importante. El amor entre ellos era la mayor riqueza que tenían.

Piénsalo

¿Por qué los dos hermanos pasaban los sacos de maíz de un montón al otro? Explica.

Conoce a las autoras

ALMA FLOR ADA

nació en Cuba. Creció en una casa grande y antigua en las afueras de Camagüey. Cuando salía por la puerta de adelante encontraba la calle. Pero cuando salía por la puerta de atrás encontraba "un mundo mágico de árboles, vacas, un caballo y un río". Alma Flor es autora de más de doscientos libros para niños y ganadora de numerosos reconocimientos internacionales. La escritura es su forma de recrear los sentimientos de alegría, entusiasmo y sorpresa que conserva de su niñez.

FRANCISCA ISABEL CAMPOY

es autora de muchos libros de poesía, teatro, cuentos, biografías y arte para niños. Su meta es mostrar a los niños la clave para ver el mundo de una manera divertida, desafiante y positiva. En la actualidad, vive en San Francisco, California.

Taller de actividades

Juguemos al teatro

MONTA UNA OBRA DE TEATRO

Reúnete con un compañero y piensen en algo que les haya ocurrido y que lo puedan representar. Escriban un guión. Luego seleccionen a otros compañeros y asígnenles papeles para poder realizar la puesta en escena. Recuerden que una representación es el esfuerzo de muchas personas. Usen la creatividad para hacer el decorado. Cuando todo esté listo, representen la obra en frente de la clase.

De un drama a un cuento

ESCRIBE UN CUENTO

Escribe una nueva versión de "Los dos hermanos", esta vez en forma de cuento. Procura que sea lo más divertida posible. Comparte tu cuento con la clase sin leer el final y pregunta a tus compañeros si pueden adivinar el final de tu cuento.

Resuelve algún problema

ESCRIBE UN PÁRRAFO

En la dramatización "Los dos hermanos" cada uno está pensando en el bienestar del otro al hacer la división de los sacos. Tanto Mateo como Julio se dedican a mover algunos sacos sin darse cuenta de que están deshaciendo el trabajo del otro. Imagínate cómo hubieran podido actuar de manera diferente para que el trabajo de cada uno no hubiera resultado en vano. Describe el problema en un párrafo y la solución en otro.

Hacer conexiones

HAZ UN ESQUEMA COMPARATIVO

¿Qué elementos del teatro en "Arriba el telón" se encuentran en la obra "Los dos hermanos"? ¿Qué elementos usarías tú en la puesta en escena de otra obra? ¿Cuáles no usarías? Haz un esquema comparando estos elementos. Comparte tu esquema con tus compañeros de clase.

Un grano de arroz

Un cuento popular matemático

Demi

Selección premiada por los profesores

Libro notable en Estudios sociales

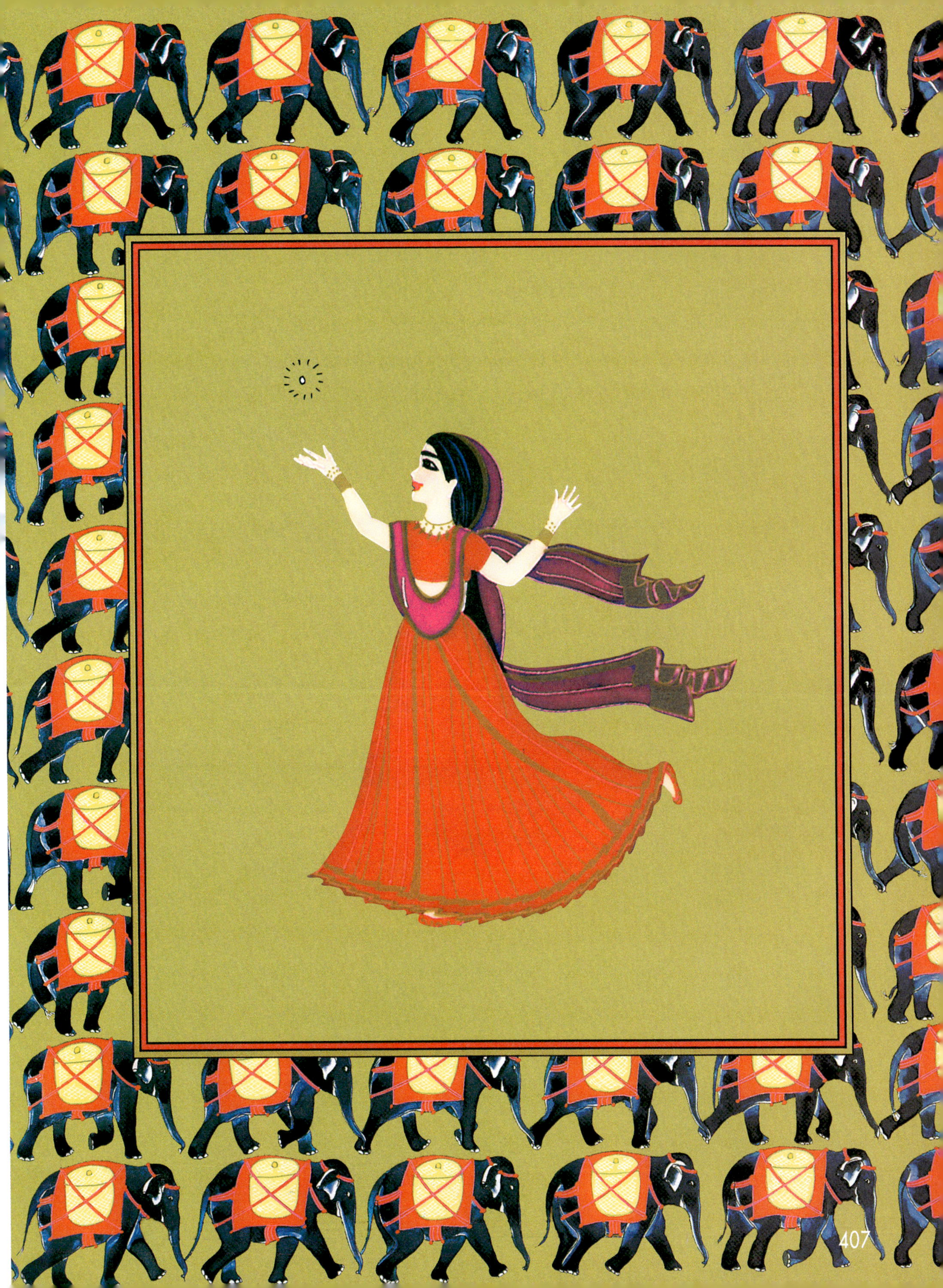

Hace mucho tiempo, en India, vivía un rajá que se creía sabio y justo, tal como debería ser un rajá.

Los habitantes de su provincia cultivaban el arroz. El rajá decretó que todos tenían que dar a él casi todo el arroz.

—Yo almacenaré el arroz en un lugar seguro —el rajá prometió a la gente—, para que en época de hambruna todos tengan arroz que comer y nadie pase hambre.

Cada año los recaudadores de arroz del rajá juntaban casi todo el arroz de la gente y lo llevaban a los almacenes reales.

Por muchos años el arroz creció bien. La gente daba casi todo su arroz al rajá y los almacenes estaban siempre llenos. Pero la gente se quedaba con sólo el arroz que necesitaba para sobrevivir.

Entonces hubo un año en que la cosecha de arroz no fue abundante y hubo hambruna. La gente no tenía arroz que darle al rajá y no tenía arroz que comer.

Los ministros del rajá le rogaron. —Su Majestad, permítanos abrir los almacenes reales y darle arroz a la gente como prometió usted.

—¡No! —gritó el rajá—. ¿Cómo sé cuánto tiempo durará la hambruna? Debo guardar el arroz para mí mismo. Promesa o no, ¡un rajá no debe pasar hambre!

El tiempo transcurrió y la gente pasó más y más hambre. Pero el rajá no les entregó el arroz.

Un día, el rajá pidió un banquete para él y su corte—como le parecía a él que un rajá debía hacer de vez en cuando, aun cuando había hambruna.

Un sirviente conducía un elefante de un almacén real al palacio, llevando dos cestos llenos de arroz.

Una niña del pueblo llamada Rani vio que caía una pequeña cantidad de arroz de uno de los cestos. Se puso de pie de un salto y caminó junto al elefante, echando en su falda el arroz que caía. Era lista, y empezó a hacer un plan.

En el palacio, un guardia llamó —¡Alto, ladrona! ¿Adónde vas con ese arroz?

—No soy ladrona —respondió Rani—. Este arroz cayó de uno de los cestos y yo vengo a devolvérselo ahora al rajá.

Cuando el rajá se enteró del buen acto de Rani, pidió a sus ministros que la trajeran ante él.

—Deseo premiarte por devolver lo que me pertenece a mí —dijo el rajá a Rani—. Pídeme cualquier cosa y te la daré.

—Su Majestad —dijo Rani—. Yo no merezco ningún premio. Pero si desea, puede darme un grano de arroz.

—¿Sólo un grano de arroz? —exclamó el rajá—. Por supuesto que me permitirá premiarla más abundantemente, como debería hacerlo un rajá.

—Muy bien —dijo Rani—. Si agrada a Su Majestad, puede premiarme de esta forma. Hoy me dará un solo grano de arroz. Entonces, cada día por treinta días me dará el doble del arroz que me dio el día anterior. Entonces, pues, mañana me dará dos granos de arroz, el próximo día cuatro granos de arroz, y así sucesivamente por treinta días.

—Esto me parece todavía un premio modesto —dijo el rajá—. Pero te lo daré.

Y le presentaron a Rani un solo grano de arroz.

Al otro día, le presentaron dos granos de arroz a Rani.

Al día siguiente, le presentaron a Rani cuatro granos de arroz.

Al noveno día, le presentaron a Rani doscientos cincuenta y seis granos de arroz. En total había recibido quinientos once granos de arroz, suficiente para un puñado pequeño.

—Esta chica es honrada, pero no es muy lista— pensó el rajá—. ¡Hubiera terminado con más arroz si se hubiera guardado lo que le cayó a la falda!

El duodécimo día Rani recibió dos mil cuarenta y ocho granos de arroz, unos cuatro puñados. El decimotercer día recibió cuatro mil noventa y seis granos de arroz, suficiente para llenar un plato hondo.

El decimosexto día le presentaron a Rani una bolsa que contenía treinta y dos mil, setecientos sesenta y ocho granos de arroz. Con todo tenía suficiente arroz para llenar dos bolsas.

—¡Doblar la cantidad de arroz así llega a ser mucho más arroz de lo que yo me esperaba! —pensó el rajá—. Pero seguramente su premio no llegará a mucho más.

414

El vigésimo día le presentaron a Rani dieciséis bolsas más de arroz.

El día veintiuno recibió un millón, cuarenta y ocho mil, quinientos setenta y seis granos de arroz, suficiente para llenar un cesto.

El día veinticuatro le presentaron a Rani ocho millones, trescientos ochenta y ocho mil, seiscientos ocho granos de arroz, suficiente para llenar ocho cestos que se los llevaron ocho ciervos reales.

El día veintisiete se necesitaron treinta y dos toros brahamanes para entregar sesenta y cuatro cestos de arroz.

El rajá estaba muy preocupado. —Un grano de arroz sí que ha crecido muchísimo —pensó—. Pero cumpliré con el premio hasta el final, como lo debería hacer un rajá.

El día veintinueve le presentaron a Rani el contenido de dos almacenes reales.

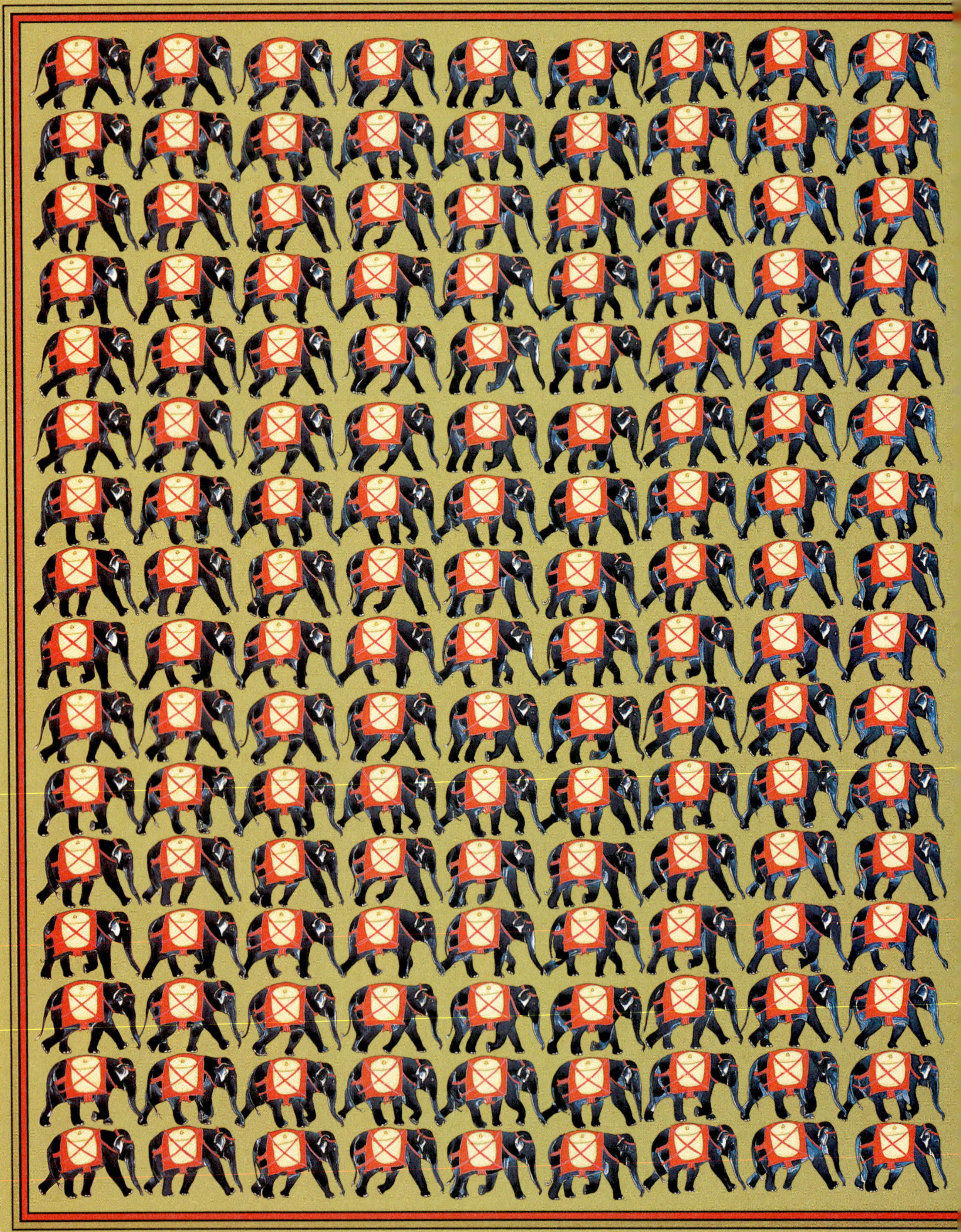

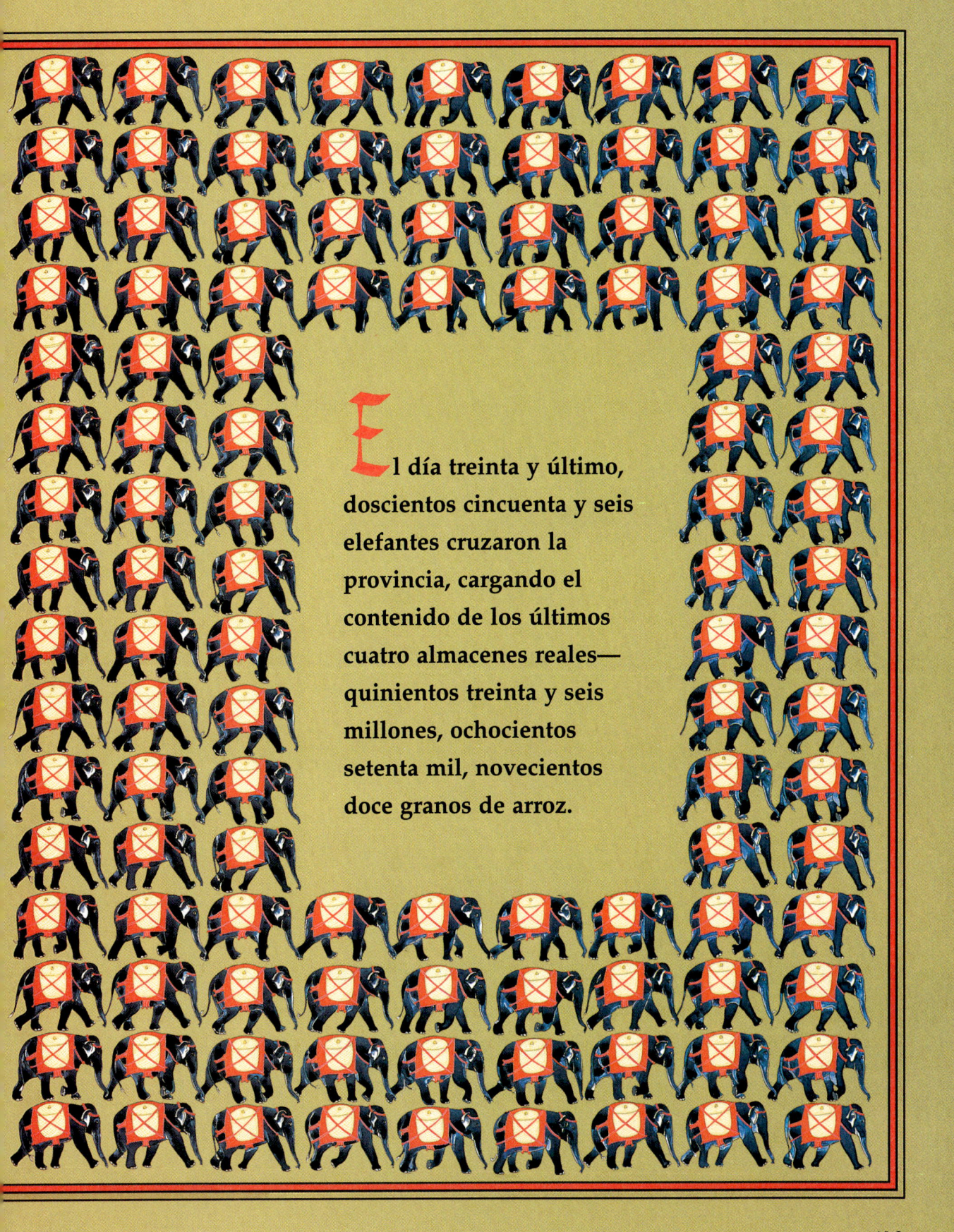

El día treinta y último, doscientos cincuenta y seis elefantes cruzaron la provincia, cargando el contenido de los últimos cuatro almacenes reales—quinientos treinta y seis millones, ochocientos setenta mil, novecientos doce granos de arroz.

En total, Rani había recibido más de un billón de granos de arroz. El rajá no tenía más arroz que dar. —¿Y qué harás con este arroz —dijo el rajá con un suspiro—, ahora que yo ya no tengo?

421

—Se lo daré a toda la gente hambrienta —dijo Rani—. Y le dejaré un cesto de arroz a usted también, si promete que de ahora en adelante sólo guardará lo que necesite.

—Lo prometo —dijo el rajá.

Y por el resto de sus días, el rajá fue verdaderamente tan sabio y justo como lo debería ser un rajá.

423

De un grano de arroz a un billón

Cada día Rani recibió el doble de arroz que había recibido el día anterior. Observa cómo un grano de arroz doblándose llega a ser mucho más.

Para contar cuántos granos de arroz recibió Rani en total, suma estos números. La respuesta: 1,073,741,823—¡más de un billón de granos de arroz!

DÍA 1 1	DÍA 2 2	DÍA 3 4	DÍA 4 8	DÍA 5 16
DÍA 6 32	DÍA 7 64	DÍA 8 128	DÍA 9 256	DÍA 10 512
DÍA 11 1,024	DÍA 12 2,048	DÍA 13 4,096	DÍA 14 8,192	DÍA 15 16,384
DÍA 16 32,768	DÍA 17 65,536	DÍA 18 131,072	DÍA 19 262,144	DÍA 20 524,288
DÍA 21 1,048,576	DÍA 22 2,097,152	DÍA 23 4,194,304	DÍA 24 8,388,608	DÍA 25 16,777,216
DÍA 26 33,554,432	DÍA 27 67,108,864	DÍA 28 134,217,728	DÍA 29 268,435,456	DÍA 30 536,870,912

Piénsalo

1. Describe el problema en el cuento y di por qué la solución de Rani es tan buena.
2. ¿Por qué sigue entregando el arroz el rajá, aun cuando ve lo que está pasando?
3. ¿Cómo crees que cambia el rajá al final del cuento? ¿Qué crees que ha aprendido?

Conoce a la autora e ilustradora
DEMI

Cuando era niña, a Charlotte Dumares Hunt le dieron el apodo de Demi. Ahora escribe e ilustra libros bajo ese nombre. Ella viene de una familia de artistas.

Demi ha estudiado arte en varios países. Vivió en India por dos años y se interesó por el arte y la cultura de India. También le encanta la pintura china, y esto ha influenciado mucho su trabajo. El esposo de Demi es de China. Él ha contado a Demi los cuentos populares y las fábulas que escuchaba cuando niño. Demi relata estos cuentos en sus libros.

La obra de Demi se ha exhibido en museos por todo el país. Ha creado murales, mosaicos, títeres, rollos de pinturas y objetos chinos de papel.

Visita *The Learning Site*
www.harcourtschool.com

Es simplemente matemáticas

por Linda O. George
ilustrado por Barbara Emmons

LOS TRUCOS CON NÚMEROS pueden ser divertidos. Aquí hay uno que puedes probar con tus amigos.

1. Piensa en un número.
2. Súmale 3 a este número.
3. Multiplica tu respuesta por 2.
4. Réstale 4.
5. Divide por 2.
6. Réstale el número con que empezaste.

Si hiciste todo correctamente tu respuesta será 1. Haz el truco de nuevo usando un número diferente. Tu respuesta seguirá siendo 1.

Aquí hay un ejemplo. Podemos empezar con cualquier número, así que empecemos con el 5.

1. Piensa en un número.   5
2. Súmale 3.   5 + 3 = 8
3. Multiplica por 2.   8 x 2 = 16
4. Réstale 4.   16 − 4 = 12
5. Divide por 2.   12 − 2 = 6
6. Réstale el número original.   6 − 5 = 1

¿Es esto magia? ¡No! Las matemáticas son magia sólo para los que no las entienden. Hay una explicación razonable para cada truco de números.

Usemos dibujos. Si nos imaginamos que nuestros números representan botones, podemos ver lo que pasa con este truco.

1. Piensa en un número.
   Podemos empezar con cualquier número de botones, así que escondámoslos en una bolsa.

2. Súmale 3.
   Nuestra bolsa de botones y tres botones más.

3. Multiplica por 2.
   Ahora tenemos 2 bolsas y seis botones en total.

4. Réstale 4.
   Quita 4 botones.

5. Divide por 2.
   Ahora tenemos 1 bolsa y 1 botón.

6. Réstale el número original.
   Quita la bolsa de botones con la cual empezamos, ¡y nos queda 1 botón!

Esto pasará siempre. Recuerda que podemos poner cualquier número de botones en la bolsa y que no hicimos nada para cambiar el número de botones dentro de la bolsa. Así que siempre terminamos con un solo botón al final de este truco. Este botón representa el número 1.

La próxima vez que veas un truco de números, trata de calcular por qué funciona. Puedes estar seguro de que si es matemáticas, no es magia.

Piénsalo

¿Piensas que el ejemplo de los botones y las bolsas es una buena explicación del truco? Explica tu respuesta.

Taller de actividades

Cuentos sobre la justicia

ESCRIBE UNA COMPARACIÓN

Compara este cuento con "En los días del rey Adobe". Piensa sobre lo que es injusto, qué truco resuelve el problema y cuáles son algunas de las características de los personajes. Escribe algunos párrafos comparando los cuentos.

Palacio de la pantomima

USA MOVIMIENTOS PARA CONTAR UN CUENTO

Muchas veces los cuentistas usan el movimiento o la danza cuando cuentan sus cuentos. En grupo, representen una pantomima de una escena de "Un grano de arroz". Usen muecas, gestos y expresiones para contar el cuento. Un narrador puede presentar la escena.

Contando arroz

ESTIMA LA CANTIDAD

El cuento nos dice que hay 511 granos en un puñado pequeño de arroz. Organiza un concurso en tu clase. Llena una botella pequeña transparente de frijoles o granos de arroz crudo. Luego, anima a tus compañeros de clase a que adivinen el número de frijoles o de granos de arroz.

Hacer conexiones

INVESTIGA LAS MATEMÁTICAS DIARIAS

El cuento y el artículo de revista contienen trucos de números. Puede que ya sepas algunos trucos como añadir un cero al final de un número si quieres multiplicar por 10. Busca más atajos curiosos para números. Puede que aprendas a estimar o sobre modos de calcular la propina en un restaurante. Comienza buscando en tu libro de matemáticas. Toma notas para ayudarte a recordar las estrategias que has aprendido.

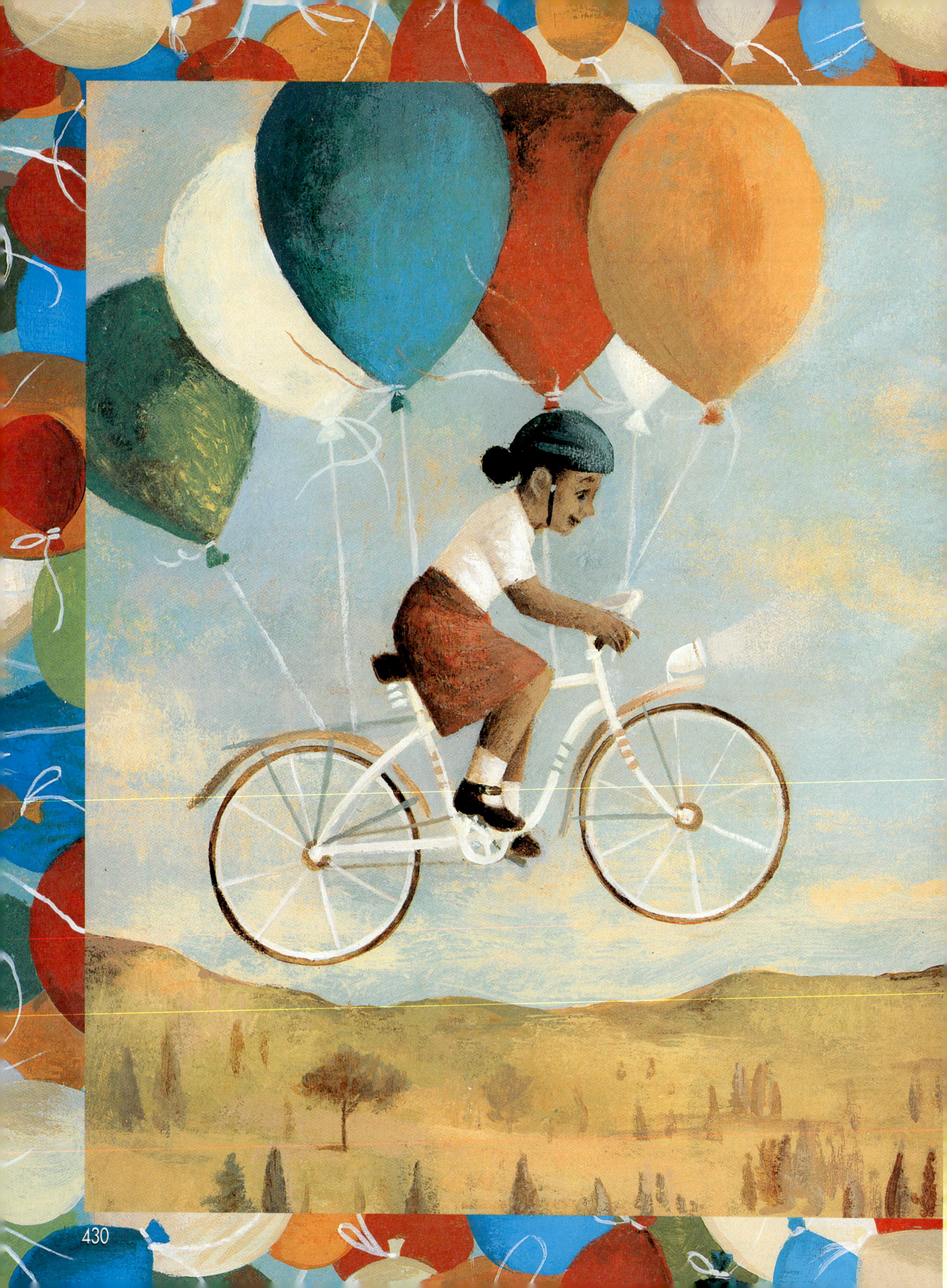

Conclusión del tema

Encuentro de los personajes

ESCRIBE UNA CONVERSACIÓN
Escribe una conversación entre dos personajes de diferentes selecciones de este tema que hayan tenido que enfrentar algún problema. Haz que se presenten y luego se cuenten cómo solucionaron sus problemas.

De cuento a obra de teatro

ESCRIBE DE NUEVO UNA ESCENA En grupo, escoge una selección de este tema con la que se pueda hacer una buena obra de teatro. Trabajen juntos para adaptar una escena de esta selección a obra de teatro. Actúen la escena para sus compañeros y pídanles que comparen y contrasten la selección y su representación.

Mentes creativas, buenas ideas

HAZ UNA RED ¿Qué clases de ideas creativas se describen en este tema? Muestra tu respuesta en una red. Incluye los nombres de los personajes que usan cada una de estas ideas creativas.

Buenas ideas

Tema
Lazos comunitarios

Contenido

¡Fuego! 436
por Joy Masoff

PRUEBA TU DESTREZA:
Hecho y opinión 452

Un día muy importante 454
por Maggie Rugg Herold

**El misterio del
tiempo robado** 472
por Sarah Corona

PRUEBA TU DESTREZA:
**El propósito y la perspectiva
del autor** 490

El sauce azul 492
por Doris Gates

Lagartija con cuernos 506
por Pat Mora

En mi familia 510
por Carmen Lomas Garza

Mi pueblo 522
por Isaac Olaleye

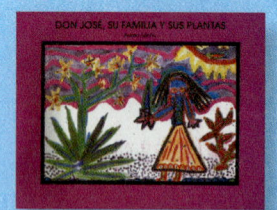

Don José, su familia y sus plantas
Relato ñähñu
CUENTO POPULAR

Una familia otomí se muda a un cerro en el desierto. Aunque la vida en este lugar es dura, han aprendido a extraer los recursos naturales no sólo para sobrevivir sino también para disfrutar de cada día.

COLECCIÓN DE LECTURAS FAVORITAS

Lucita regresa a Oaxaca
por Robin B. Cano
FICCIÓN REALISTA

Lucita y su abuela van a visitar a la familia en México por dos meses. Al principio, Lucita se siente extraña pero pronto descubre cosas maravillosas de su familia y herencia.

COLECCIÓN DE LECTURAS FAVORITAS

Los favoritos

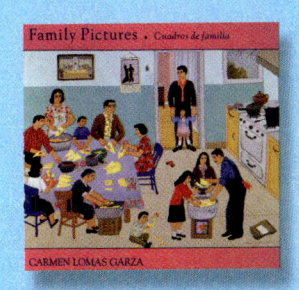

Cuadros de familia
por Carmen Lomas Garza

AUTOBIOGRAFÍA

Por medio de textos y de dibujos a todo color, la autora comparte los recuerdos de su niñez y de su cultura.

Autora premiada

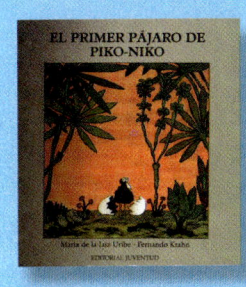

El primer pájaro de Piko-Niko
por María de la Luz Uribe

FANTASÍA

Un huevo blanco y suave cae del cielo. Del huevo sale un pajarito negro que no sabe ni su nombre ni de dónde es. Así comienza la aventura del pájaro de Piko-Niko y la búsqueda de su identidad.

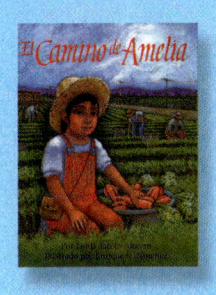

El camino de Amelia
por Linda Jacobs Altman

FICCIÓN REALISTA

La familia de Amelia viaja constantemente en busca de trabajo en las cosechas. Amelia sueña con poder permanecer en un solo lugar.

de los lectores

¡FUEGO!

En los Estados Unidos existen actualmente 35,000 estaciones de bomberos y cerca de 1,5 millones de personas dedicadas a esta labor. Esta selección tomada del libro *¡Fuego!* nos muestra la importancia que los bomberos tienen y han tenido a lo largo de los años en cada una de sus comunidades. Igualmente nos muestra la importancia que tiene el ser bombero para el bombero mismo, ya que le da ese sentido de pertenecer a una comunidad y la satisfacción de salvar vidas.

POR JOY MASOFF

¡FUEGO!

POR JOY MASOFF

EL DRAMA, EL ATUENDO, EL EQUIPO, LOS RESCATES, EL HEROÍSMO

Diferentes… sin embargo iguales

Cuando se recibe una llamada, ya sea para reportar un incendio en una finca del condado o la salida de humo en el piso cuarenta y ocho de un rascacielos, los bomberos sienten las mismas emociones. ¿Cómo será? ¿Podré ayudar? Pero cada ciudad es diferente y en cada estación de bomberos se hacen las cosas de distinta manera.

Todos tienen diferentes nombres para sus equipos y diferentes sistemas para realizar su trabajo. A diferencia de las ciudades pequeñas en las que los bomberos no reciben un salario por desempeñar esta labor, en las ciudades grandes sí reciben remuneración. Pero en algo son iguales. Para todos los bomberos su trabajo es siempre desafiante, exigente y emocionante.

En las ciudades grandes, los bomberos pueden recibir cerca de una docena de llamadas al día. Los bomberos de la ciudad permanecen en la estación.

En las ciudades pequeñas muchos de los bomberos son voluntarios. En todo el país existen cerca de un millón de bomberos voluntarios.

438

Respondiendo a la llamada

Eres un bombero. La gente espera que acudas inmediatamente después de recibir la llamada. Pero como no sabes exactamente cuándo la vas a recibir, deberás permanecer siempre listo. Revisas una y otra vez tu equipo. Quizás duermas en la estación de bomberos algunas noches al mes o lo hagas en tu casa con un localizador al lado de tu cama. Siempre estás esperando esa llamada en la cual te están pidiendo ayuda.

La estación de bomberos es tu segundo hogar. Las personas con quienes trabajas son más que simplemente colegas. Son las personas a las que confías tu vida. Se han convertido en familia, hermanos y hermanas a quienes quieres con todas tus fuerzas, aunque en algunas ocasiones no se lleven bien.

Esperas, revisas que todo esté en orden y practicas. Y entonces sucede. . . .

Cuando los timbres y las campanas suenan en la estación de bomberos hay un gran despliegue de actividad. Los bomberos bajan resbalándose por las barras; todos están listos para entrar en acción.

Los bomberos le llaman a esto **TAREA** o **LABOR**. Pretendamos que por un solo día vas a trabajar de bombero en una ciudad grande. ¡Acabas de ser contratado para esta TAREA!

TU PUESTO: CAMIÓN DE BOMBEROS #21

A diferencia de las estaciones de bomberos en las ciudades pequeñas que mantienen todo su equipo en un solo lugar, las estaciones de bomberos en las ciudades grandes lo tienen repartido entre las diferentes estaciones de toda la ciudad, asignando un número determinado de camiones a cada estación.

Cada camión de bomberos tiene su equipo de trabajo. Existe un **CONDUCTOR** (encargado del timón), un **OFICIAL** (encargado del personal) y los **BOMBEROS** (quienes luchan contra el fuego y preparan el rescate). Hace muchos años a estos bomberos se les llamaba "back-steppers" porque iban colgados en la parte de atrás de los camiones. Debido al peligro que esto representaba para sus vidas, los camiones nuevos de bomberos han sido diseñados para que los bomberos viajen en su interior.

Trabajarás en un turno, por lo general los turnos son de 24 horas, viviendo, comiendo y durmiendo en la estación. Recuerda que los incendios no tienen vacaciones ni los accidentes se toman la noche libre.

VIDA EN LA ESTACIÓN

Cuando te reportes a cumplir con tu turno, prepara todo tu equipo y colócalo en el camión de bomberos. Si vas a estar trabajando de noche, debes tender tu propia cama y ayudar a limpiar la estación. Por lo general, hay sesiones de entrenamiento a las que debes asistir. Quizás hasta te toque ir de compras a la tienda de comestibles y cocinar la comida. Siempre hay mucho que hacer.

Las llamadas entran al **DESPACHO** a través de la red del 911 y nunca se sabe qué puede ser: un niño encerrado en un baño, un carro que chocó contra una señal de alto, una tubería reventada, un olor extraño, un gato atorado entre paredes. La gente llama a la estación de bomberos para pedir cualquier tipo de ayuda.

▶ *Como puedes ver en la fotografía, estos pantalones ya han sido colocados en las botas para que los bomberos se los puedan poner en cuestión de segundos.*

INCENDIO EN UNA ESTRUCTURA, EN LA ESQUINA DE LAS CALLES PARK Y MAIN

Una llamada a la estación de bomberos siempre es especial. Y ahora, justo antes de sentarte a almorzar, entra una llamada. Está saliendo muchísimo humo de la ventana de una tienda en el centro de la ciudad. Escuchas que llaman el número de tu camión. En muchas estaciones de bomberos te podrás deslizar por la barra y una vez que estés en el primer piso deberás ponerte tu traje de combate. Luego, con tu corazón palpitando aceleradamente, te subes al camión.

TODOS A BORDO

Las sirenas y las luces intermitentes están prendidas. Estás en camino. Tratas de imaginar lo que está pasando y mientras tu mente especula, tu corazón continúa palpitando aceleradamente.

▶ *Ponte la capucha, ponte la máscara, verifica que haya circulación de aire y ¡entra al lugar de los hechos!*

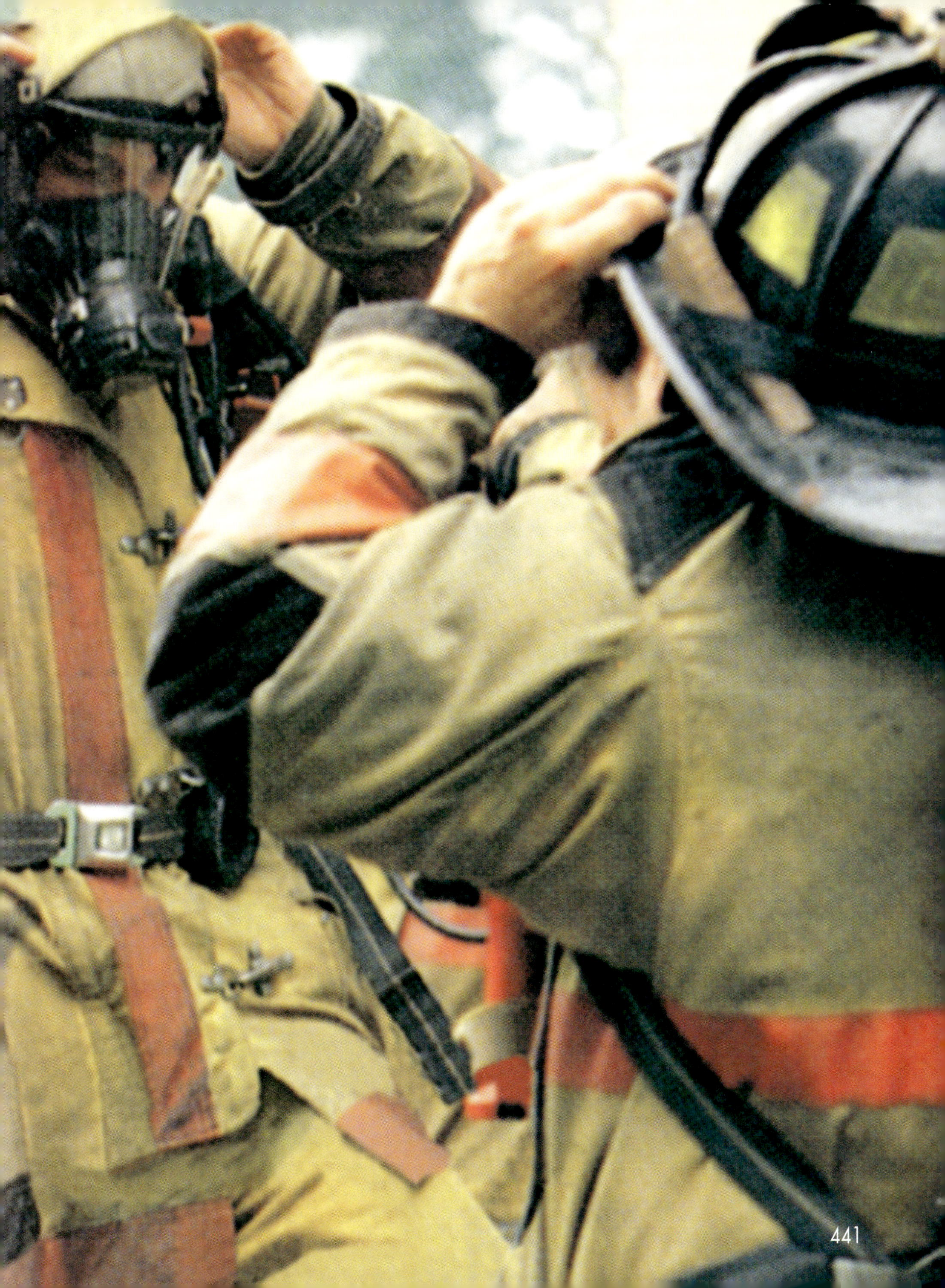

Sientes emoción. Para momentos como éstos es que has sido entrenado.

FUERA DE CONTROL

Cuando llegan al sitio de la emergencia, el personal se reparte en equipos. Algunos de ustedes van a jalar las mangueras para controlar las llamas. Otros van a acordonar el área. Otros son parte del equipo de BÚSQUEDA Y RESCATE tratando de localizar tanto personas como animales. Otros ventilarán el edificio, ya sea rompiendo ventanas o abriendo huecos en el techo.

Cuando ya todo haya pasado y el fuego esté casi totalmente EXTINGUIDO, deberás retirar las cenizas y sacar cualquier cosa que aún esté ardiendo. La debes sumergir en agua hasta que la puedas tocar con tus manos. Esto es lo que se llama REVISIÓN.

Una palabra que los bomberos no quieren escuchar jamás es REAVIVAR . . . un incendio que ellos ya daban por apagado pero que no lo está.

Ya están de regreso en la estación tres horas después de que sonó la primera alarma. Se toman una ducha rápidamente y por fin están listos para sentarse a almorzar.

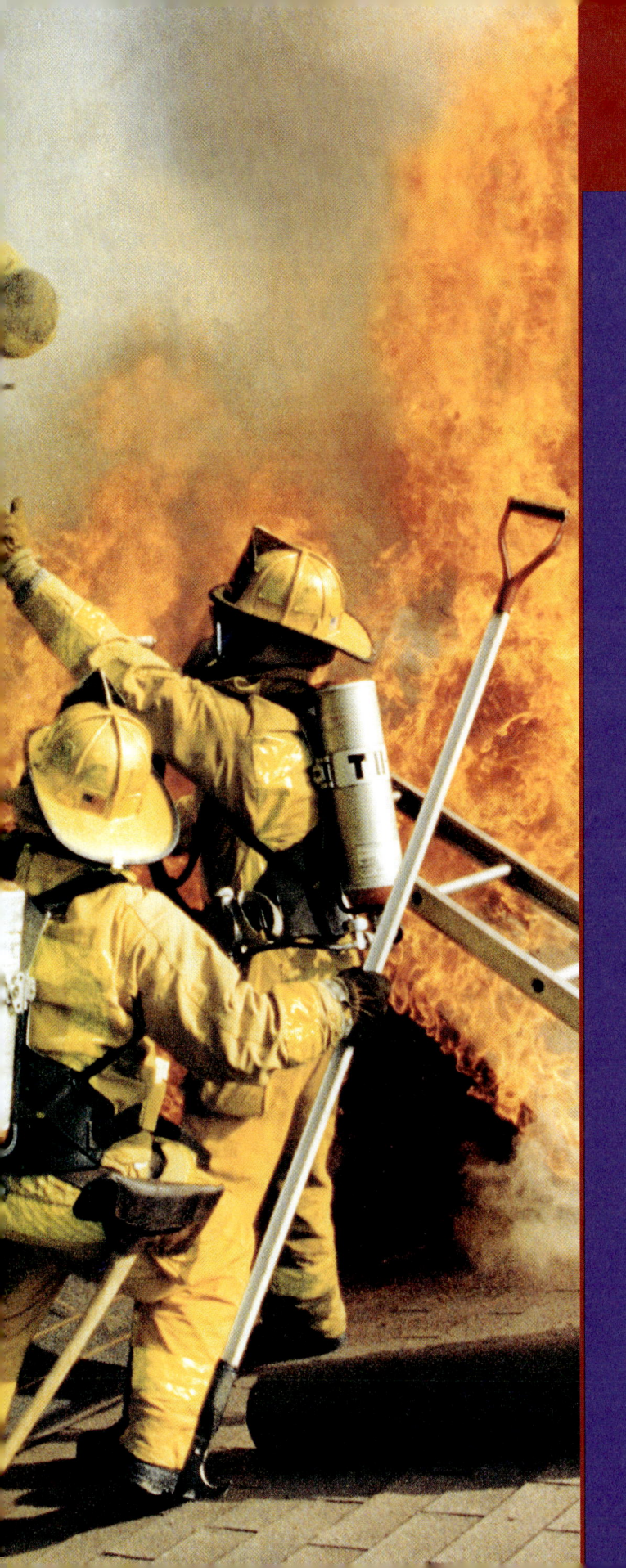

Aliméntate como un bombero

Receta de pollo cuatro-alarmas del bombero McNulty

Pide a un adulto que te ayude a preparar esta receta. Puede ser recalentada varias veces. Es suficiente para todos los bomberos de la estación.
(6 a 8 porciones)

- 4 tazas de pechuga de pollo, deshuesada y cortada en cubos
- 2 tazas de apio finamente picado
- $\frac{1}{4}$ taza de pimiento verde picadito
- $\frac{1}{4}$ taza de pimiento rojo picadito
- 2 cucharaditas de jugo de limón
- $1\frac{1}{2}$ tazas de salsa para espaguetis
- 1 taza de migas de pan
- 1 cucharada de mantequilla derretida
- 1 taza de queso cheddar rallado

Si deseas que te quede picante, agrega $1\frac{1}{2}$ *cucharadas de salsa Worcestershire y 1 cucharadita de salsa Tabasco.*

Mezcla los 6 primeros ingredientes y vierte la mezcla en un molde de hornear. Cúbrela con el queso cheddar. Finalmente, mezcla las migas de pan con la mantequilla derretida y vierte la mezcla sobre el queso. Hornéalo a 350 grados por 40 minutos. Este plato puede ser recalentado cada vez que seas interrumpido para acudir a un rescate.

Apagando fuegos desde siempre

El primer asentamiento de los ingleses en América se llevó a cabo en 1607 en Jamestown, Virginia. En 1608 ya estaba completamente destruido. La vida en el "nuevo mundo" parecía ser un gran incendio tras otro. Todos los años las personas construían sus casas para después verlas destruidas por las llamas. A continuación les damos el por qué . . .

EL PRIMER CERDITO CONSTRUYÓ SU CASA DE PAJA

Las primeras casas en nuestro país fueron construidas rápidamente, utilizando materiales que eran fáciles de encontrar tales como maleza, ramas de árboles, arcilla y pasto. Para hacer los techos se utilizaban paja y barro. Si has encendido alguna vez una fogata, sabes que la mayoría de estos materiales son ideales para empezar el fuego. No existía la calefacción, el agua caliente, ni las estufas eléctricas, razones por las cuales las personas mantenían el fuego ardiendo durante todo el día en chimeneas construidas humildemente.

▲ *Es fácil darse cuenta por qué Jamestown, Virginia continuamente ardía en llamas. Las casas eran construidas con materiales de fácil combustión.*

HASTA LOS NIÑOS ERAN BOMBEROS

Si hubieras vivido en el siglo XVII, hubieras formado parte del equipo de bomberos. Se necesitaban todos los habitantes de la ciudad para apagar un incendio. Para esto, cada hogar tenía un balde de cuero que permanecía cercano a la puerta de entrada en caso de que se necesitara. A diferencia de cómo es hoy que con tan solo abrir la llave ya sale agua, antiguamente las personas tenían que sacarla de las lagunas, los ríos y los pozos. Cuando se desataba un incendio, las personas formaban UNA BRIGADA CON BALDES. Se formaban dos hileras

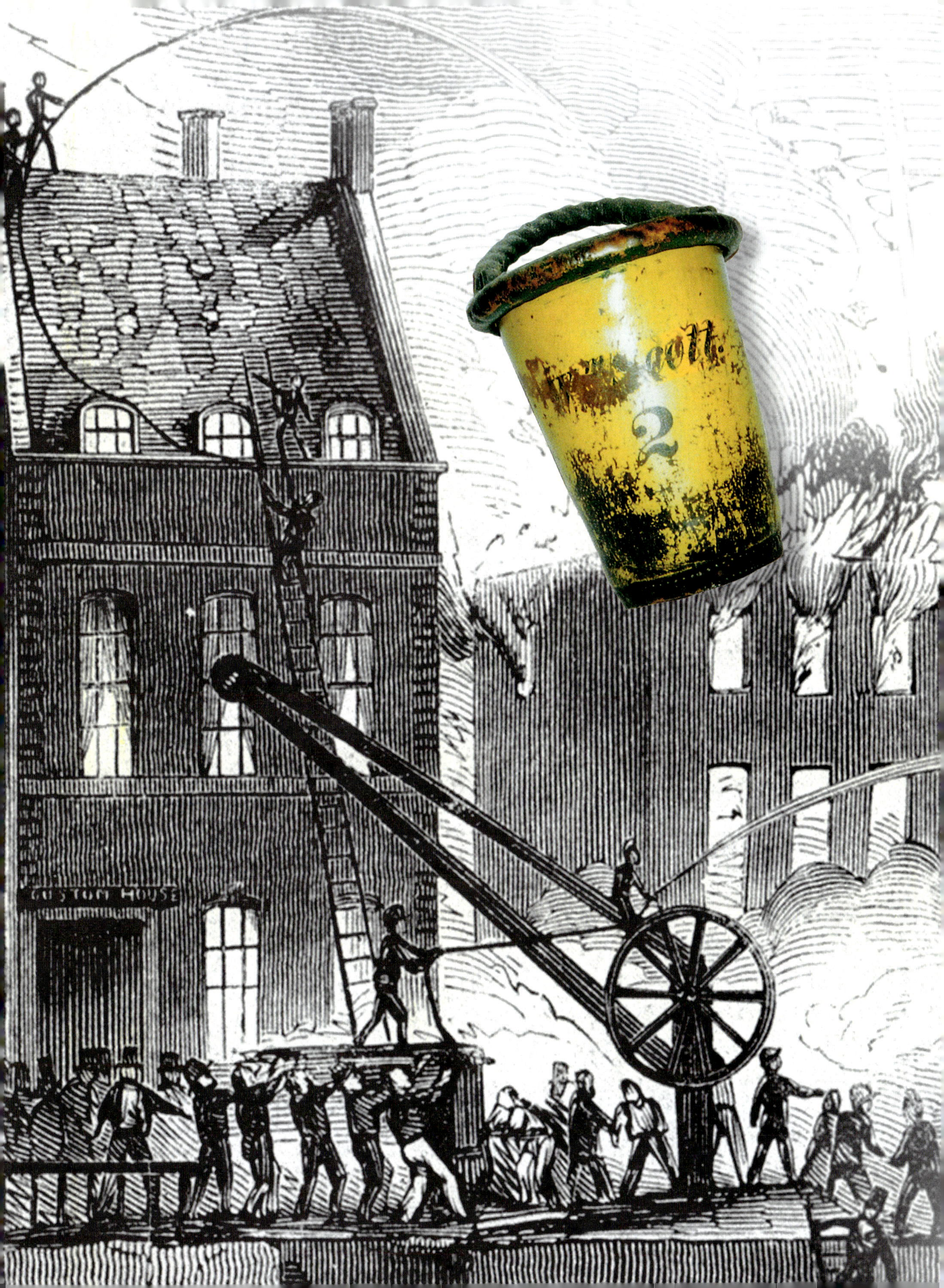
CUSTOM HOUSE
2

que iban desde la fuente de agua hacia el lugar que ardía en llamas y todos tenían un balde. Los hombres los llenaban y los pasaban hacia el fuego mientras que las mujeres y los niños devolvían los baldes vacíos para que fueran llenados de nuevo. Muchas veces era muy poca el agua y llegaba demasiado tarde. Ciudades tras ciudades se convertían en cenizas.

SON LAS 9 DE LA NOCHE. ¿ESTÁ APAGADO TU FUEGO?

Sabiamente, los ancianos tenían la certeza que las cosas cambiarían. Se dictaron leyes que prohibían el uso de materiales de construcción que fueran inflamables tales como la paja. Teniendo en cuenta que la mayoría de los incendios ocurrían durante la noche cuando las personas se iban a dormir dejando las chimeneas encendidas para calentarse, se impuso un toque de queda. No se podía tener ningún fuego encendido entre las 9 de la noche y las 4:30 de la mañana. Si violabas esta ley, tenías que pagar una multa y con este dinero se compraban baldes grandes, escaleras, mangueras y sogas.

▼ *También existen mujeres bomberos. La primera mujer bombero que se conoció fue Molly Williams, quien vivió a finales del siglo XVIII. Hacia los comienzos del siglo XX existían compañías de solamente mujeres como la que se aprecia en la fotografía, en Silver Spring, Maryland.*

EL RELOJ SONAJERO

Con el crecimiento acelerado de las ciudades, aumentó la construcción de casas, una pegada a la otra. Cuando una casa se incendiaba, docenas la seguían. En algunas ciudades se asignaban hombres para que vigilaran las calles de noche y estuvieran atentos. Cargaban consigo un sonajero de madera grande que producía un ruido alarmante al hacerlo girar. Esto en caso de que se desatara un incendio.

¿QUIÉN INVENTÓ LAS ESTACIONES DE BOMBEROS?

Benjamin Franklin, considerado como uno de los grandes americanos de la historia, convenció a un grupo de ciudadanos influyentes de Philadelphia para que se unieran y fundaran la Compañía de Bomberos de la Unión. Dispuestos a suspender cualquier otra actividad a la que estuvieran dedicados, accedieron a la idea y se lanzaron a esta tarea con lealtad y dedicación, espíritu que aún se conserva entre los bomberos. Franklin también publicó un periódico y frecuentemente publicaba artículos en los

▲ *Cuando Benjamín Franklin no estaba volando cometas durante las tormentas eléctricas, estaba trabajando para mejorar la calidad de vida.*

que insistía en que las personas fueran más cuidadosas. Con el fin de evitar que las personas movieran los carbones calientes de una habitación a otra, Franklin escribió la frase: "una onza de prevención vale más que una libra de remedios". George Washington, Paul Revere y Thomas Jefferson fueron bomberos voluntarios junto con muchos otros patriotas. Era lo apropiado para un país que estaba en crecimiento.

Herramientas del oficio

¿Saldrías a jugar en la nieve o en el hielo en traje de baño? Así como dependes de guantes, gorra, una chaqueta abrigada y botas para protegerte del frío, los bomberos dependen de su equipo de trabajo. Este equipo es el que marcará la diferencia entre un rescate emocionante y otro desastroso.

CAPUCHA (debajo del casco)

GAFAS PROTECTORAS

CASCO

HERRAMIENTA CONTRA INCENDIOS

MÁSCARA DE LA CARA (debajo de las gafas protectoras)

CILINDRO DE AIRE

REGULADOR (controla la circulación de aire)

GUANTES RESISTENTES AL FUEGO

TRANSMISOR-RECEPTOR PORTÁTIL (se lleva en el lado izquierdo de la chaqueta)

VÁLVULA DE PRESIÓN (muestra cuánto aire queda en el tanque)

BOLSILLO PARA HERRAMIENTAS

PANTALONES DE COMBATE

BOTAS

Peso total promedio del equipo: ¡68 libras!

Piénsalo

1 Enumera algunas de las cosas que los bomberos pueden hacer durante un turno de 24 horas.

2 ¿Cuál es el hecho más interesante o sorprendente que aprendiste en esta selección? Explica.

3 ¿Por qué crees que el autor se dirige en primera persona al lector en la sección: "Respondiendo a la llamada"?

Conoce a la autora

Joy Masoff es escritora y directora de arte en publicidad. Como líder del grupo de exploradores, llevó a su tropa a visitar la estación de bomberos que los patrocinaba. Allí se despertó su admiración por la labor que los bomberos desempeñaban en la comunidad. *¡Fuego!* es su primer libro. Masoff visitó muchos museos y estaciones de bomberos e hizo entrevistas para recopilar la información que aparece en su libro. En éste trata de capturar la emoción y el peligro que experimentan los bomberos y espera que sirva de inspiración para que la gente jóven decida dedicar su vida a tan importante profesión. Siguiendo su interés por las profesiones que se dedican a ayudar a la comunidad, escribió su segundo libro *¡Emergencia!*

Joy Masoff

Visita *The Learning Site*
www.harcourtschool.com

TALLER DE ACTIVIDADES

Medidas de seguridad

HAZ UN CARTEL
La mejor manera de luchar contra los incendios es prevenirlos. Lee un artículo sobre prevención de incendios en una enciclopedia o escribe al departamento de salud de tu condado o a una estación de bomberos local pidiendo información acerca de cómo prevenir incendios. Usa alguna de la información más valiosa que hayas obtenido para hacer un cartel de prevención de incendios. Exhibe tu cartel en algún pasillo de tu escuela.

Bomberos en acción

ESCRIBE UN ARTÍCULO PARA EL PERIÓDICO

Inventa una noticia de periódico sobre un incendio y un rescate. Responde a las preguntas *quién, qué, cuándo, dónde, por qué* y *cómo*. Nombra a tu artículo con un título que llame la atención.

En caso de incendio

HAZ UN MAPA

Asegúrate de que tus compañeros de clase sepan qué hacer en caso de incendio. Trabaja con un compañero para hacer un mapa de tu escuela que muestre la mejor ruta de escape. Quizás también quieras mostrar adónde ir si es hora del almuerzo o recreo. Muestra a la clase tu mapa ya terminado.

Los pros y los contras

HAZ UNA GRÁFICA

Imagina que estás tratando de decidir si quieres conseguir un trabajo como bombero. Piensa en razones en pro y en contra de escoger este tipo de trabajo. Escribe tus razones en una gráfica.

PRUEBA TU DESTREZA

Hecho y opinión

En "¡Fuego!" el autor nos cuenta muchos hechos de la vida de un bombero. Un **hecho** es una afirmación que se puede comprobar como verdadera. De vez en cuando el autor da una **opinión**, algo que cree ser verdadero pero que no puede comprobar. Esta gráfica muestra ejemplos de hechos y opiniones de la selección:

> Los hechos se pueden comprobar como verdaderos.
>
> Las opiniones son ideas en las que alguien cree. No se pueden comprobar.

Hechos

Los bomberos de la ciudad permanecen en la estación.

Las casas antiguas fueron construidas con materiales que se incendiaban fácilmente.

George Washington, Paul Revere y Thomas Jefferson fueron bomberos voluntarios.

Opiniones

Ser un bombero es siempre emocionante.

Una llamada a la estación de bomberos siempre es especial.

Unirse al cuerpo de bomberos voluntarios es una buena decisión.

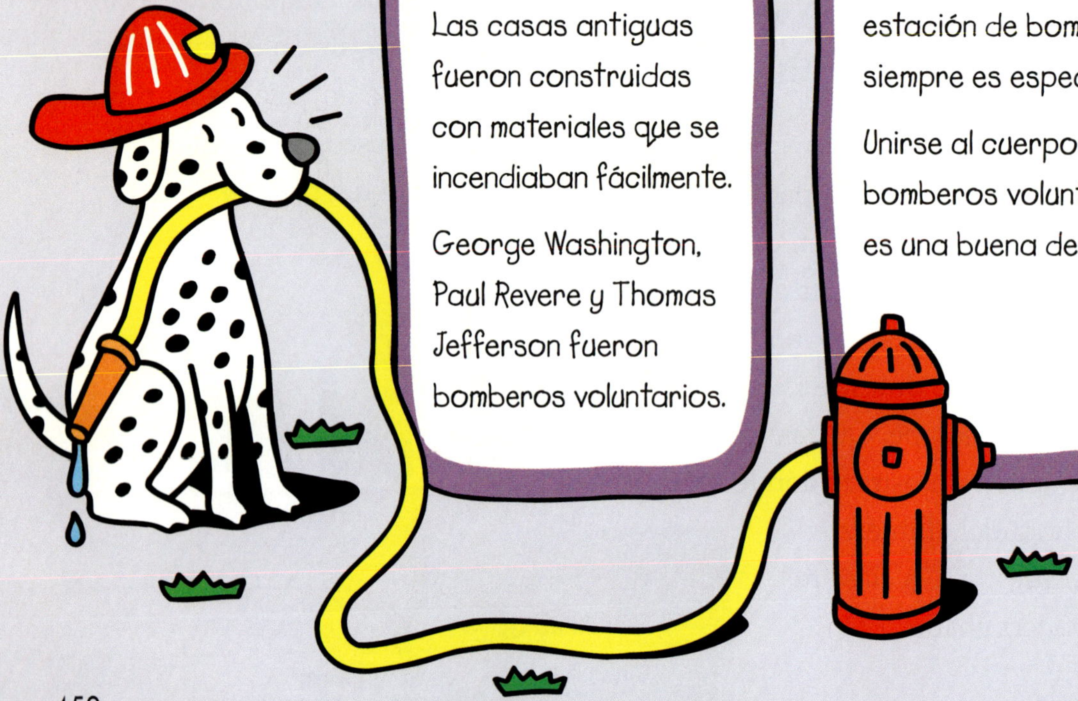

Saber la diferencia entre un hecho y una opinión puede ayudarte a hacer decisiones sobre lo que lees.

Lee el siguiente párrafo. Usa una gráfica como la de la página 452 para separar los hechos de las opiniones.

Muchos bomberos son paramédicos entrenados para dar atención médica. Ésta es una faceta emocionante del trabajo de un bombero. Cuando reciben una llamada de emergencia médica, los paramédicos se apresuran a ir en una ambulancia al lugar de los hechos. Prestan primeros auxilios y frecuentemente llevan al herido al hospital. Los paramédicos salvan vidas. Todos debemos mostrarles aprecio.

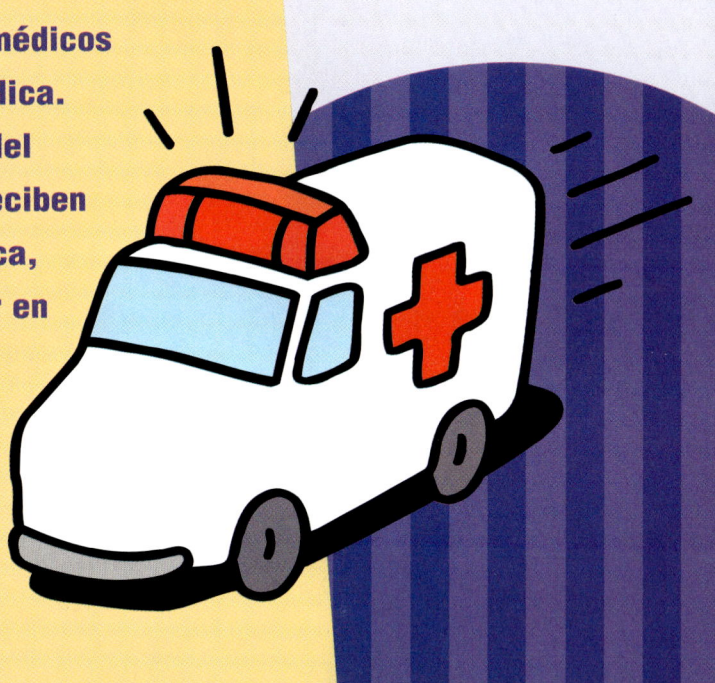

¿QUÉ HAS APRENDIDO?

1. ¿Cuáles son algunos hechos que aprendiste acerca de los bomberos? ¿Cuál es una opinión con la cual estés de acuerdo?

2. Di si esperarías encontrar más hechos o más opiniones en cada uno de los siguientes: una noticia en el periódico, una carta de un amigo, un anuncio en la televisión. Explica tus respuestas.

INTÉNTALO • INTÉNTALO

¿Pueden los niños y niñas de tu edad hacer algo para ayudar a prevenir incendios? Da una opinión. Luego da algunos hechos para respaldar tu opinión. Haz otra gráfica como la de la página 452 para anotar tus ideas.

Visita *The Learning Site*
www.harcourtschool.com

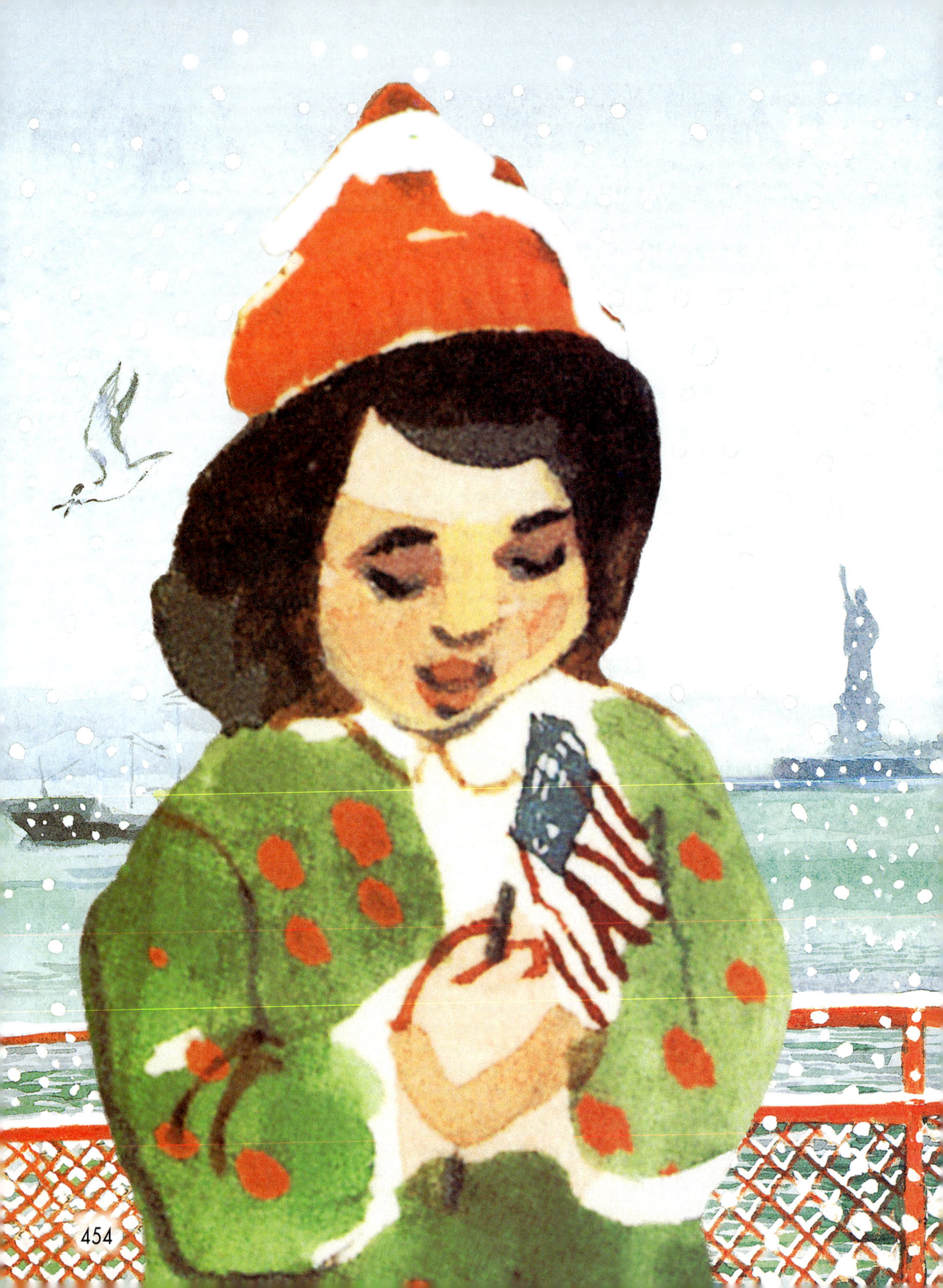

Un día muy importante

por Maggie Rugg Herold
ilustrado por Catherine Stock

Libro notable en Estudios sociales

Nelia Batungbakal estaba demasiado nerviosa para dormir. Estaba mirando por la ventana, escuchando música en su *Walkman,* ¡cuando le pareció ver nieve!

Efectivamente, poco después, escuchó al locutor de la radio. —Son las tres de la mañana en Nueva York y está nevando. Se esperan de cuatro a seis pulgadas para el mediodía.

La mente de Nelia era un trompo. Imaginen, nieve en un día tan importante. Esto no pasaría nunca en las Filipinas. Su hijo, su nuera y los nietos estaban profundamente dormidos. Iba a tener que despertarlos temprano para darles más tiempo para viajar al centro.

Rosa Huerta llamó a su hermano. —Despierta Miguel. Está nevando. Hay por lo menos dos pulgadas en la escalera de incendio.

—¡Qué bien! —dijo Miguel, saliendo rápido del cuarto. Abrió la ventana y recogió un poco de nieve.

—¡Cierra esa ventana! —le ordenó su padre—. Aquí dentro hace frío y, Miguel, ¿qué tienes en la mano, nieve?

—Sí papá, la primera del año.

—Échala afuera antes de que se derrita. Y justo en este día tan importante. Esto no pasaría en México, al menos no en el sur.

—Vamos, rápido —los apuró su madre—. Son las seis y media. Podemos salir un poco antes para el centro.

Veena Patel recién había puesto la mesa cuando sonó el timbre de la puerta. —Ésos son los niños —dijo su esposo Mohandas.

Pero eran sus vecinos, los Pitambers, que se disculparon por venir tan temprano. —Teníamos miedo de no verlos y queríamos desearles lo mejor en este día tan importante.

—Desayunen con nosotros —dijo Veena. —Nuestra hija y su familia llegan en cualquier momento. Ellos creen que debemos salir antes porque la nieve nos va a demorar. Es una preocupación que nunca tuvimos en la India.

El timbre de la puerta sonó de nuevo y esta vez eran los niños. Todos se reunieron rápidamente alrededor de la mesa, hablando con ansiedad sobre la mañana especial que tenían por delante.

Los Leonovs salieron y bajaron los escalones, primero Eugenia, luego su hermano Lev, seguidos por su abuelo, abuela, madre y padre.

457

—La nieve me recuerda a Rusia —dijo la madre.

—¡Me encanta la nieve! —dijo Eugenia.

Su abuelo se agachó, recogió dos puñados de nieve y se los arrojó a sus nietos.

Y empezó la pelea.

Justo en ese momento, el Sr. Dionetti lanzó una bola de nieve desde la puerta de su tienda de comestibles de la esquina. —¿Hoy es el gran día? —les preguntó—. ¿Van para el centro?

—Sí —contestó el padre. Esta batalla de nieve va a tomar el metro.

—¡Felicitaciones! —les gritó el Sr. Dionetti. Y lanzando un gran puñado de nieve al aire, cruzó la calle para darles la mano.

Kostas y Nikos Soutsos estaban limpiando la acera enfrente del restaurante de su familia cuando su madre salió del departamento arriba del restaurante. Llevaba en brazos a su hermanita, Kiki.

—Kiki, esto es nieve —dijo Kostas.

—¿Te gusta? —le preguntó Nikos.

Kiki parecía confundida por los copos de nieve que le caían en la nariz.

Su madre se rió. —Se acostumbrará a ella, viviendo aquí. No es como en Grecia, donde nieva a lo mejor una vez cada diez años. Pero, ¿dónde está tu padre? Ya deberíamos estar en camino.

—Fue a hacer un cartel para la puerta. Ves, allí está.

—Pongan esas palas adentro, y salgamos —dijo el padre—. Y lean el cartel, ¿qué dice?

A coro todos respondieron:

—Cerrado por un día muy importante.

Duong Hao dijo: —¡Por fin! Ahí está el autobús.

Él y su hermana mayor, Trinh, se sacudieron entre sí la nieve y subieron detrás de su madre al autobús. Al principio, éste estaba muy lleno, pero luego de unas paradas todos consiguieron asientos.

—Bueno, aquí estamos —dijo la madre —en medio de una nevada en el día más importante desde que llegamos de Vietnam.

Repentinamente, el conductor frenó muy duro.

Todos fueron tirados hacia adelante.

—¡Un carro patinó en el semáforo y no pudo parar! —gritó el conductor—. ¿Están todos bien?

Por suerte, sólo se habían caído algunos paquetes.

—Faltó poco —dijo la madre.

—Sí —dijo Trinh —pero nuestro conductor es bueno.

Duong asintió con la cabeza.

—A lo mejor sabe que este día sí tenemos que llegar al centro.

459

Jorge Báez exclamó: —Me encanta el ferry. —A mí también —asintió su primo Pedro Jiménez, —especialmente en la nieve. Vamos a la cubierta.

—No solos, yo iré con ustedes —dijo el padre de Pedro.

—Y yo les voy a hacer compañía —añadió el padre de Jorge.

—Yo también —suplicó la hermana de Jorge—. Quiero ir afuera.

—Muy bien —dijo su padre. —Ya eres bastante grande.

Fueron arriba a la cubierta, dejando a los pequeños adentro con la madre y tía de Jorge.

—Estoy tan contento que en este día crucemos el río —dijo el padre de Pedro—. Nunca me canso del viaje.

—Ni yo —dijo el padre de Jorge—. Aun con la nieve, este panorama es el mejor de la ciudad. Y ahora lo recordaremos como parte del día más importante desde que llegamos de la República Dominicana.

Por las angostas calles, sobre las aceras sin limpiar, la familia Zeng avanzaba caminando. Repentinamente, de arriba, una voz los llamó.

Bailong, el amigo de Yujin, estaba asomado a la ventana.
—Los estaba esperando —dijo—. No lo abran hasta más tarde. ¡Tomen esto!

Un pequeño paquete, envuelto en papel de colores brillantes, cayó entre los copos, justo en las manos extendidas de Yujin.

—Gracias, Bailong. Gracias por recordar que éste es un día muy importante.

—El más importante desde que llegamos de China.

Yujin guardó el paquete dentro de su abrigo, dijeron adiós, saludaron con las manos y siguieron de nuevo su camino hacia el sur.

Jihan Idris y sus padres también habían salido de su casa temprano para viajar al centro. Ya habían salido del metro y tenían tiempo para desayunar.

—Veo una cafetería más adelante —dijo la madre de Jihan.

—Yo me quiero sentar en el mostrador —dijo Jihan.

Entraron y se sentaron en tres taburetes, Jihan en el medio.

—Yo quiero gofres —le dijo Jihan a la mesera.

—Y yo panqueques —dijo el padre—. Con café y jugo de toronja.

—Huevos revueltos y un panecillo tostado, por favor —dijo la madre—. Con jugo de naranja y té.

Rápidamente la mesera regresó con los desayunos.

—¿Qué los hizo salir tan temprano en un día de nieve como hoy? —les preguntó.

—¿Puede adivinarlo? —preguntó la madre de Jihan.

—Es el día más importante desde que llegamos de Egipto —dijo el padre de Jihan.

—¡Preparados, listos, ya!

Y ambos salieron corriendo, calle abajo.

—Empatamos —dijo Efua al pie de la escalinata.

—Yo corría en Ghana —dijo Kwame —pero nunca en la nieve.

—Espera —dijo Efua, sacando una cámara de su bolsa.

—Antes de entrar, en este día tan importante, pidamos a alguien que nos tome una foto.

Le pidieron a un desconocido, quien amablemente les tomó la foto, y luego, de la mano, subieron la escalinata de los tribunales.

Cuando Robert MacTaggart cruzó la puerta de los tribunales, escuchó voces familiares que lo llamaban. —Robert. Estamos aquí.

Cerca de la entrada estaban sus amigos Elizabeth y Alan. Cada uno le dio un fuerte abrazo.

—Llegaron —dijo Robert—. Muchas gracias por venir. Tenía miedo de que no lo hicieran por la nieve.

—Oh, no, no en un día tan importante —dijo Elizabeth.

—Pero, nos estábamos preocupando por *ti* —dijo Alan.

—Y yo voy a celebrarlo con gofres. Nunca me los hacen en casa.

Kwame Akuffo le dijo a su esposa Efua, mientras doblaban la esquina caminando rápidamente: —Ahí está el edificio de tribunales.

Efua se detuvo. —Sólo dos cuadras más. Te corro una carrera hasta la escalinata.

Kwame se detuvo también.

—¿Estás loca? ¿No está resbaloso? ¡Acepto! ¿Lista?

Efua asintió con la cabeza.

463

Roberto se rió. —¿Unos pocos copos de nieve van a derrotar a un hombre de las tierras altas de Escocia? Vamos a buscar el salón. Está en este piso.

Luego de saludar a familiares y amigos que esperaban en el salón exterior, Álvaro Castro, su esposa Romelia y sus niños entraron en el salón lleno de gente. Fueron los últimos en conseguir asientos.

Pronto apareció el funcionario y todo el mundo se calló.

—Cuando los llame, por favor, pasen al frente a recibir sus certificados.

Llamó muchos nombres; mucha gente pasó al frente. Luego: —Álvaro y Romelia Castro y sus niños, Marta, José y Oscar.

Los Castro se acercaron al funcionario.

—Por favor, firmen aquí —dijo el funcionario a Álvaro—. Y aquí —le dijo a Romelia. —Éstos son sus documentos.

—Gracias —dijo Alvaro. —Éste es un momento que nos enorgullece.

Los Castro volvieron a sus asientos. —Nuestro largo viaje desde El Salvador ha terminado —le susurró Romelia a su esposo y él le apretó la mano.

Cuando el funcionario había terminado, dijo: —Por favor, dejen entrar a los familiares y amigos.

La gente inundó el salón. Había tanta que llenaba los pasillos y se alineaba a lo largo de las paredes del salón.

—Por favor, pónganse de pie —dijo el funcionario, y cuando todo el mundo lo hizo, entró al salón un juez.

—Señor Juez —dijo el funcionario —estos postulantes han cumplido los requisitos para convertirse en ciudadanos de Estados Unidos.

—Entonces —dijo el juez, —repitan después de mí el juramento de ciudadanía. Comencemos: Yo juro . . .

—Yo juro . . .

Al repetir las palabras del juez, oración por oración, todas las voces resonaron como una, jurando lealtad a Estados Unidos.

—Felicitaciones —dijo el juez—. Los que puedan, por favor, siéntense.

A medida que el salón volvía a quedar en silencio, el juez se aclaró la voz. —Doscientos

465

diecinueve de ustedes, de treinta y dos países, se han convertido hoy y aquí, en ciudadanos de Estados Unidos. Ustedes continúan una tradición que se remonta a los primeros días de nuestro país, pues casi todos los estadounidenses llegaron aquí de algún otro lado. Que la ciudadanía enriquezca sus vidas, así como sus vidas enriquecen nuestro país. Bienvenidos. Nos alegra tenerlos con nosotros. Éste es un día muy importante.

Todos se pusieron de pie y dijeron con el juez el Juramento de Lealtad.

Familiares, amigos y desconocidos se felicitaban entre sí: "¡Les deseo lo mejor! Estoy tan contento por ti. Debe estar tan orgulloso. ¿No es maravilloso? ¡Qué día! Déjeme darle la mano. Deja que te dé un beso. Déjame que te dé un abrazo."

Zeng Yujin rompió el envoltorio del paquete de su amigo Bailong. Adentro había pequeñas banderas americanas, más o menos una docena, suficientes para compartir con todos sus familiares y con otros nuevos ciudadanos que lo rodeaban.

En una ola de entusiasmo todos salieron del salón; fueron por el pasillo de regreso a la puerta de tribunales.

—¡Miren! —exclamaron todos hablando al mismo tiempo. —Dejó de nevar. Brilla el sol. Será fácil volver a casa y continuar celebrando. Éste se ha convertido en nuestro país en este día tan importante.

Piénsalo

1. ¿En qué se parecen y en qué se diferencian las personas de este relato?

2. ¿Qué significan para ti estas palabras: "Que la ciudadanía enriquezca sus vidas, así como sus vidas enriquecen a nuestro país"?

3. ¿Por qué crees que el autor espera hasta el final del cuento para decir lo que es el día especial?

CONOCE A LA AUTORA
Maggie Rugg Herold

CONOCE A LA ILUSTRADORA
Catherine Stock

La reseña de un libro habla sobre él y da una opinión. Puede ser algo así.

Libros sobre América: Libros destacados

Si estás buscando buenos libros sobre la ciudadanía, un libro que debes ver es "Un día muy importante." Este libro con coloridas ilustraciones fue escrito por Maggie Rugg Herold e ilustrado por Catherine Stock.

En un día con nieve en Nueva York, gente de todo el mundo viaja al centro de la ciudad. En cada página, los lectores encuentran una familia diferente con el mismo plan. El texto de Herold mantiene a los lectores adivinando lo que es tan importante y las brillantes acuarelas de Stock establecen una atmósfera alegre.

La autora y la ilustradora forman un buen equipo para crear un libro como éste. Herold ha hecho carrera en la publicación de libros para niños. Stock es autora e ilustradora, y muchos de sus libros celebran días festivos. Stock vive en la ciudad de Nueva York y Herold vive en la cercana comunidad de Montclair, Nueva Jersey.

Éste es un libro sobre el verdadero significado de la ciudadanía del cuál disfrutarán sus lectores.

Visita *The Learning Site*
www.harcourtschool.com

Taller de

¡Bienvenidos!

DA UN DISCURSO

En los tribunales, el juez da la bienvenida a los nuevos ciudadanos con un discurso. Escribe tu propio discurso de bienvenida para la gente nueva en tu comunidad. Puedes desearles buena suerte y explicar cómo su llegada enriquecerá a la comunidad. Practica tu discurso y luego preséntalo con énfasis.

De todas partes

BUSCA PAÍSES

La gente de la ceremonia vino de treinta y dos países. Trabajen en grupo para hacer una lista de los doce países mencionados en la selección. Luego busquen cada uno de los países en un mapamundi. Busquen en un almanaque para encontrar los datos básicos sobre cada país. Escriban algunos datos en etiquetas autoadhesivas para marcar la ubicación de cada país en el mapa.

actividades

Canciones de libertad

PRESENTA CANCIONES

La Estatua de la Libertad es un símbolo de libertad. Trabajen en grupo para buscar canciones y poemas sobre la libertad. Úsenlos para hacer una presentación para la clase. Si quieren, pueden usar algunos objetos y poner música de fondo que hayan grabado en un casete.

La isla Ellis

ESCRIBE UN REPORTAJE

A principios de los años 1900 muchos miles de inmigrantes entraron en Estados Unidos por la isla Ellis, cerca de Nueva York. Busca en libros de estudios sociales o en una enciclopedia para aprender más sobre ese lugar histórico. Averigua lo que experimentaron los inmigrantes al pasar por la Isla Ellis. Escribe un informe corto sobre lo que aprendes.

El misterio del tiempo robado

por Sarah Corona
ilustrado por Sally Wern Comport

Hubo una vez, no me acuerdo bien cuando fue, que en mi pueblo perdimos el tiempo. No quiero decir que nos hayamos dedicado a no hacer nada. Ni tampoco que hubieran venido a distraernos desde la mañana hasta la noche. No, tampoco fue eso. En realidad nos quitaron el tiempo: alguien robó el único reloj del pueblo.

Una mañana, todos despertamos tarde porque el reloj de la plaza que daba las horas había desaparecido. Desde ese momento, todo cambió.

En mi pueblo ya no sabíamos si era la hora de comer o de merendar.

Don Pancho abría tan tarde su tienda que se formaba una larga cola de gente esperando para hacer sus compras. Finalmente estaban todos tan enojados que querían llevarse la mercancía sin pagar.

Sucedió que Jorge, su hijo, llegó tan tarde a recoger los huevos al gallinero que ya se habían convertido en pollitos.

Las maestras llegaban tarde a sus clases y los alumnos disfrutaban de recreos más largos.

El periódico, que generalmente ofrecía las noticias más recientes, ahora salía de noche, perdiendo su palpitante actualidad.

El misterio del tiempo robado
por Sarah Corona
ilustrado por Sally Wern Comport

El pobre Chirimilo, que vendía plátanos asados y camotes por la tarde, pasaba con su silbato anunciándose a la medianoche, cuando ya ni en sueños los niños y los ancianitos deseaban comprar.

El sabroso pan dulce y la leche recién ordeñada que normalmente se servían tempranito en los desayunos del pueblo no estaban listos antes del mediodía.

Los únicos que seguían como si nada eran los animales. Sin saber cómo, el gallo cantaba al amanecer, y el burro (que demostraba no ser tan burro), seguía rebuznando a la hora acostumbrada.

Para tratar de solucionar el problema, los mayores empezaron a medir el tiempo de otra manera.

Decían: "Ahí va el tren, deben ser las doce", o cuando se ponía el sol decían: "Deben ser alrededor de las siete".

También empezaron a relacionar el tiempo con las cosas que sentían; cuando tenían hambre, sueño o cansancio, lo relacionaban con una hora determinada.

Como los niños ahora jugaban más, se dedicaban a inventar cosas. Entre otras muchas, crearon diversos tipos de relojes que sirvieron para resolver un poco el problema.

Pero no eran tan prácticos ya que el reloj de sol no funcionaba de noche y el de arena sólo servía durante una hora.

Para contar los días, llenaban un frasco con siete caramelos y comían uno (y sólo uno) cada día. Cuando el recipiente se vaciaba, quería decir que había transcurrido una semana.

Los sistemas inventados no pudieron reemplazar al viejo y querido reloj de la plaza, de modo que Jaime y sus amigos idearon un plan.

Consistía, sencillamente, en construir otro reloj y usarlo como carnada para el ladrón, que seguramente intentaría robarlo de nuevo.

Se decidieron por el de sol, y usaron como manecilla una rama seca del viejo árbol que había en medio de la plaza.

Para marcar el tiempo señalaron con las estacas numeradas los lugares que recorría el sol y bastaba con mirar la "manecilla de sombra" para saber qué hora era.

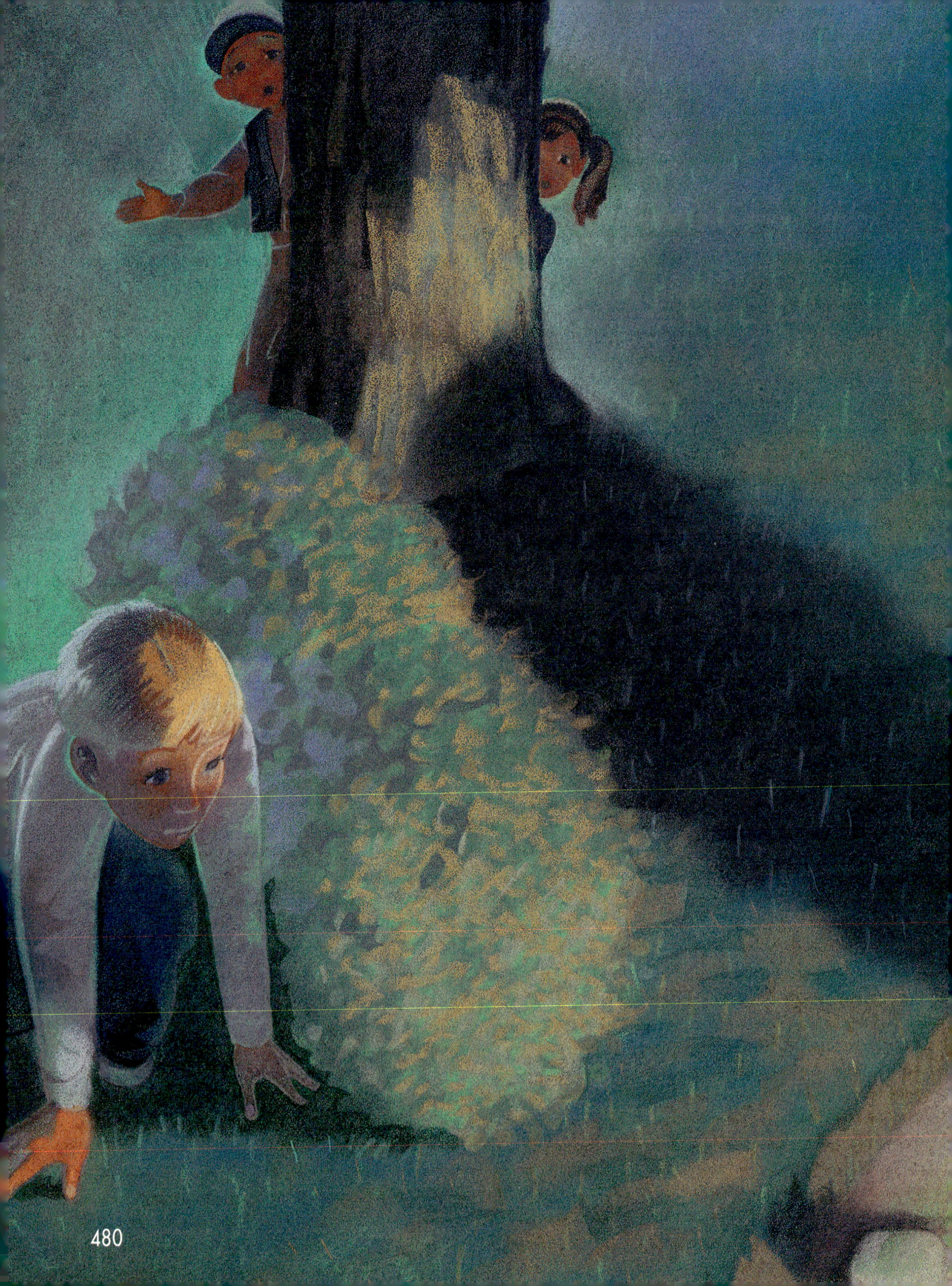

Esa noche esperaron muy quietos, escondidos en diferentes lugares. De repente, ¡zas!, una sombra saltó sobre la rama elegida por los niños:

—¿Será el ladrón? —se preguntaban casi sin respirar. Pero la sombra pronto se alargó, estirándose sobre el árbol y mostrando el esbelto cuerpo de un gato que se afilaba las uñas con placer.

Más tarde, cuando los pequeños vigilantes estaban casi dormidos, los sorprendió una desafinada melodía. Un hombre, ni joven, ni viejo, cantaba con entusiasmo:

*Reloj no marques las horas
porque voy a enloquecer
ella se irá para siempre
cuando amanezca otra vez.*

Seguramente el dueño de la voz era el ladrón. Un corazón enamorado anhela que el momento sea eterno para estar con su amada.
Pero de nuevo se equivocaron, la implorante voz junto con el hombre, desaparecieron en la oscuridad.

Finalmente apareció una sombra sigilosa, que con rapidez desenterraba las señales que habían puesto esa mañana, se oía su respiración agitada y hasta parecía que hablaba solo.

Los niños se lanzaron decididamente sobre ella, le arrancaron la bolsa y le iluminaron la cara con una linterna.

Y entonces se quedaron asombrados:

—¡Pero si es don Diego, el relojero!

Después del susto y mientras se sacudía el polvo, don Diego contó su historia.

El tiempo pasaba, y él se sentía cada vez más viejo, más solo. Poco a poco todos los relojes del pueblo ya habían sido imposibles de arreglar. Nadie quería fabricar las pequeñas piezas que hacían falta para componerlos.

Quedaba únicamente un reloj funcionando, el de la plaza. Y hasta era un buen reloj que no le daba mucho trabajo.

Para colmo, parecía que los niños y los jóvenes ya no querían conversar con él. Entonces para él las estaciones del año parecían transcurrir cada vez con mayor lentitud, entristeciéndolo aún más.

Se sentía tan abandonado que un día tuvo una idea descabellada: llegó a pensar que si robaba el único reloj que funcionaba, el tiempo se detendría y él ya no envejecería más.

A la mañana siguiente, ya se había reunido casi todo el pueblo en la plaza para saber qué había pasado.

Al oír la historia del viejo relojero, los que escuchaban se sentían un poco culpables: unos se habían olvidado de visitar a don Diego, otros no lo conocían, pero la mayoría no había tenido tiempo para platicar con él.

Don Diego devolvió el reloj y entre todos lo colocaron en la plaza del pueblo. Entre abrazos, lo perdonaron y se comprometieron a encontrar la forma de fabricar las pequeñas piezas que requería don Diego para reparar los otros relojes.

Entonces don Diego prometió enseñar a los niños cómo se componen los relojes de cuerda.

Desde ese día, hubo reloj y también hubo tiempo para muchas cosas.

Piénsalo

1. ¿Cómo cambió todo cuando desapareció el reloj de la plaza?

2. ¿Cómo crees que cambiaría tu vida y la de tu familia si no tuvieran reloj?

3. ¿Crees que hubiera sido diferente el cuento si en vez de robarse el reloj se hubieran robado el almanaque? Explica.

Conoce a la ilustradora

Sally Wern Comport suele perder la noción del tiempo. ¡A veces cuando dibuja hasta se olvida de comer!

Sally trabaja como artista desde que tenía dieciséis años cuando dibujaba muebles para los anuncios de periódico para su padre. Después de estudiar arte en la universidad puso un negocio de ilustración con su esposo. El negocio se llama W/C Studio, y es allí donde se mantiene muy ocupada.

¡Nunca tiene el tiempo que le gustaría tener para dibujar al pastel y con sus carboncillos! Hay muchos relojes en el estudio de Sally pero ella está segura de que las manecillas de sus relojes se mueven dos veces más rápidamente que las de otras personas.

Visita *The Learning Site*
www.harcourtschool.com

Taller de

Es muy exacto pero...

HAZ UN ESQUEMA COMPARATIVO

Busca información en una enciclopedia sobre las diferentes maneras que las personas han usado para medir el tiempo y los diferentes tipos de relojes que se han inventado. Selecciona dos tipos de relojes y haz un esquema comparativo para mostrar las diferencias, semejanzas, ventajas y desventajas entre ellos. Muestra y explica tu esquema a la clase.

Estimado señor alcalde

ESCRIBE UNA CARTA

Imagínate que las autoridades de la ciudad donde vives han decidido que a partir de la semana próxima estará prohibido el uso del reloj que conocemos hoy en día, y que se utilizarán los relojes de sol y de arena. Escribe una carta al alcalde de tu ciudad en la cual des tu opinión sobre la medida que se va a tomar. Di si estás de acuerdo o no y explícale tus razones.

	Semejanzas	Diferencias	Ventajas	Desventajas
reloj mecánico				
reloj electrónico				

actividades

Tarea para la casa

HAZ UN DIBUJO

En una cartulina grande dibuja un reloj despertador de cuerdas. Luego utiliza etiquetas para nombrar todas las partes externas del reloj. Puedes pedir ayuda a tus padres. Al terminar muestra tu dibujo a la clase.

Del reloj de ayer al reloj de mañana

DISEÑA EL RELOJ DEL FUTURO

A través de los años, el reloj ha sido perfeccionado y cada día, gracias a la tecnología, contamos con relojes más modernos y precisos. ¿Qué clase de reloj crees que van a utilizar las próximas generaciones? Diseña el reloj del futuro y utiliza etiquetas para mostrar las diferencias con uno de los relojes de hoy en día.

PRUEBA TU DESTREZA

El propósito y la perspectiva del autor

En "El misterio del tiempo robado", Sarah Corona nos habla acerca de una aldea a la que le roban su único reloj y acerca de las razones que motivaron al ladrón a hacerlo. Ella nos quiere hacer ver la importancia que tiene para el ser humano el reloj y el sentirse útiles, queridos y necesitados. La razón que mueve a un autor a escribir se llama **el propósito del autor**. En algunas ocasiones el autor tiene más de un propósito. El diagrama que se muestra a continuación nos describe los tres propósitos principales que puede tener un autor para escribir.

Persuadir
animar a los lectores a que crean o actúen de una manera determinada

Informar
informar a los lectores acerca de hechos

Entretener
entretener a los lectores

El punto de vista del autor se conoce como **la perspectiva del autor**. La perspectiva del autor puede estar conectada con el tema.

¿Por qué la autora quiere que un personaje haga algo como robarse un reloj?

Perspectiva
La autora quiere hacernos ver las motivaciones de las personas.

La autora nos hace comprender los sentimientos de las personas.

490

La perspectiva del autor afecta la forma en cómo él o ella escriben. También el autor nos puede contar una historia desde su punto de vista y experiencia. Lee los siguientes párrafos y para cada uno identifica tanto el propósito como la perspectiva del autor.

Mi papá trabaja en una fábrica de relojes de cuerda. Él dice que el reloj de cuerda es una gran invención para el mundo en que vivimos. También existen los relojes de baterías y los llamados relojes digitales electrónicos. Pero a los primeros les tienen que cambiar las baterías frecuentemente y con los otros corres el riesgo de que si ocurre un apagón se te pueda quemar lo que estás horneando o se te pueda hacer tarde para llegar a la escuela. Yo creo que el mejor reloj es el reloj de cuerda. Todos deberíamos tener uno. ¡Ah! No se te puede olvidar darle cuerda diariamente.

Para mi clase de estudios sociales observamos el tráfico de la ciudad en los alrededores de la escuela. Primero averiguamos que cerca de nuestra escuela existen dos escuelas más. Luego observamos que la mayor congestión de tráfico en esa zona ocurre entre las 7 y 9 de la mañana y luego entre las 12 y 1 de la tarde. Desde las 9 de la mañana hasta las 12 de la tarde son muy pocos los carros que transitan esa área.

¿QUÉ HAS APRENDIDO?

1. ¿Cuál crees que fue el propósito de Sarah Corona cuando escribió "El misterio del tiempo robado"? ¿Crees que narró la historia como realmente sucedió? Apoya tu opinion.

2. Piensa en algo que hayas leído recientemente en donde el autor te muestre una nueva forma de ver determinado tema. Describe la perspectiva y el propósito del autor.

INTÉNTALO • INTÉNTALO

Escoge una propaganda de algún producto para personas jóvenes y en 2 ó 3 frases descríbelo desde tu propia perspectiva. Especifica cuáles partes del anuncio te atraen y cuáles no. Por último, di si crees o no en el producto y explica tu respuesta.

Visita *The Learning Site*
www.harcourtschool.com

El sauce azul

por Doris Gates
ilustrado por Robert Crawford

El papá de Janey trabaja en los campos recogiendo las cosechas. Su familia, como aquéllas de muchos trabajadores migratorios de los años 40, debe mudarse continuamente adondequiera que se necesite su trabajo. La familia sólo lleva consigo los artículos absolutamente necesarios, con excepción de un plato con el dibujo de un sauce azul, que le había pertenecido a la tatarabuela de Janey. Para Janey el plato es un recuerdo de la época cuando tenían un hogar. Cada vez que encuentra un lugar como el del dibujo del plato y encuentra a su amiga Lupe, comienza a desear que esta vez no se muden.

EL SAUCE AZUL
por Doris Gates
ilustrado por Robert Crawford

Mención honorífica Newbery

Janey y Papá iban camino a los campos de algodón. Papá iba a trabajar; Janey iba a la escuela. Era octubre. El sol, aunque brillante y tibio, no estaba tan caliente como el mes anterior, y las montañas, como si premiaran al valle por su clima templado, dejaban ver sus contornos azules. Los girasoles silvestres miraban hacia el este con sus caras brillantes y, de vez en cuando, los pequeños remolinos de polvo cruzaban por el llano haciendo espirales con feliz abandono. Pero Janey, acurrucada en el maltratado asiento delantero, permanecía de mal humor e indiferente a cuanto la rodeaba. Tenía las comisuras de los labios hacia abajo, el labio inferior sobresalía con una mueca y sus ojos lo veían todo con descontento. No estaba contenta de ir a la escuela y menos a ésta. ¡Si tan sólo la llevaran a la escuela del pueblo, a la que iban Lupe y los demás niños del distrito! Es decir, irían si pertenecieran al distrito. Janey estaba muy consciente de que ella también podía asistir a esa escuela. No había ley que lo prohibiera. Pero también era un hecho que en algunas comunidades ella no hubiera sido bienvenida, y Papá, sabiendo esto, había establecido su propia ley con respecto a Janey.

—Nos quedaremos con los nuestros —había dicho una vez cuando ella había protestado—. Las escuelas de los campamentos están ahí para que las usemos, y las usaremos y seremos agradecidos. Además, se aprende en cualquier lugar si se está dispuesto a hacerlo.

Janey no le había discutido más en aquella ocasión y tampoco deseaba hacerlo hoy. Sabía que asistir a la escuela "regular" ya no sería suficiente para ella porque el solo hecho de asistir a la escuela del distrito no le daría un sentido de pertenencia. Había empezado a desear quedarse en este lugar, y el asistir a la escuela del distrito ya no le era suficiente. Lo que Janey quería era echar raíces en este lugar y asistir a la escuela del distrito porque, como miembro de la comunidad, tenía derecho a ello. La escuela del campamento ahora sería un fuerte y constante recordatorio de que no tenía raíces en ninguna parte, y esto le daba temor.

Ella bien sabía cómo sería la escuela del campo. Ninguno de los niños allí habría adquirido el mismo nivel de aprendizaje y todo sería una confusión. En algunas lecciones Janey estaría más adelantada que la mayoría de los niños de su edad, y también se esperaría que ella supiera cosas que nunca había tenido la oportunidad de aprender. La mayoría de las veces estaría perdida, le harían una cantidad interminable de preguntas y muchos reclamos tediosos.

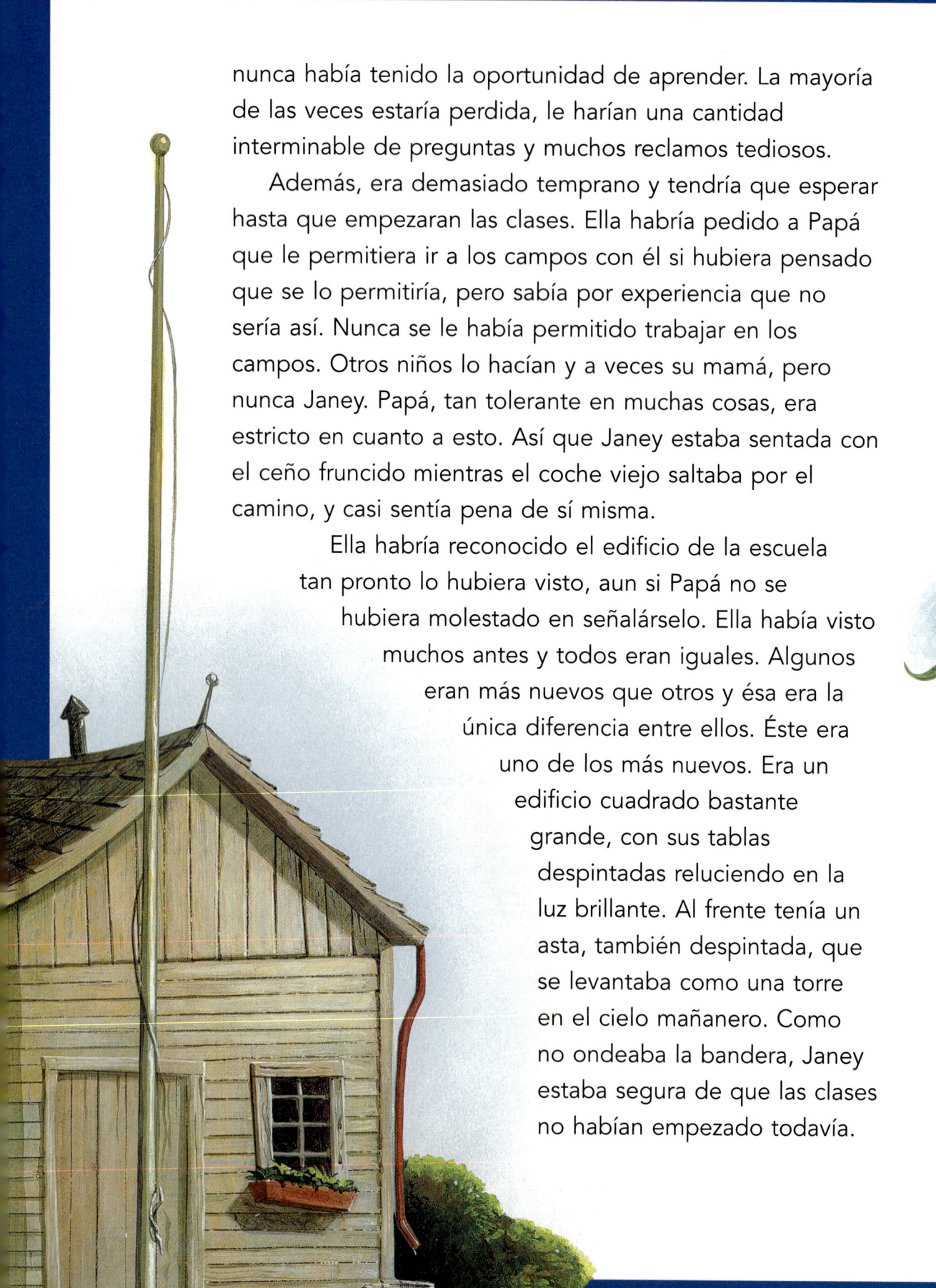

Además, era demasiado temprano y tendría que esperar hasta que empezaran las clases. Ella habría pedido a Papá que le permitiera ir a los campos con él si hubiera pensado que se lo permitiría, pero sabía por experiencia que no sería así. Nunca se le había permitido trabajar en los campos. Otros niños lo hacían y a veces su mamá, pero nunca Janey. Papá, tan tolerante en muchas cosas, era estricto en cuanto a esto. Así que Janey estaba sentada con el ceño fruncido mientras el coche viejo saltaba por el camino, y casi sentía pena de sí misma.

Ella habría reconocido el edificio de la escuela tan pronto lo hubiera visto, aun si Papá no se hubiera molestado en señalárselo. Ella había visto muchos antes y todos eran iguales. Algunos eran más nuevos que otros y ésa era la única diferencia entre ellos. Éste era uno de los más nuevos. Era un edificio cuadrado bastante grande, con sus tablas despintadas reluciendo en la luz brillante. Al frente tenía un asta, también despintada, que se levantaba como una torre en el cielo mañanero. Como no ondeaba la bandera, Janey estaba segura de que las clases no habían empezado todavía.

Su padre la dejó frente a las escaleras de la entrada y se fue a estacionar. Se alejó para estacionar en una fila de coches que parecían haber venido de la misma pila de chatarra. Janey se sentó a esperar con el paquete del almuerzo a su lado.

Frente a ella estaban las cabañas, fila tras fila de ellas, que componían el campamento. Al ver esas pequeñas chozas de un solo cuarto, tan pegadas unas a las otras que sus aleros casi se tocaban, se sintió agradecida por la suerte de tener mucho terreno alrededor de la choza de su familia.

Por supuesto que había mucho terreno por aquí. Sin embargo el campamento estaba apeñuscado en un espacio mínimo para no utilizar más de lo estrictamente necesario de los terrenos dedicados al cultivo del algodón. El verde profundo de las plantas de algodón se veía en derredor. Y aquí y allá contra el verde de cada arbusto se mostraba claramente un brillo blanco. Era el lugar donde una cápsula de algodón había reventado para liberar las fibras esponjosas que serían recogidas a mano de cada cápsula. Habría miles, quizá millones de estos pequeños montones blancos y tomaría muchos dedos trabajando muchas horas al día para recoger todo el algodón maduro. Ésta era la razón por la cual había en este lugar un pueblo de casas pequeñas con una escuela a la mano. Durante la temporada de la cosecha, centenares de personas vivían y trabajaban aquí hasta cosechar todo el algodón. Entonces cargarían sus coches con todas sus pertenencias, y con sus niños y niñas, los recogedores de algodón se mudarían a otra parte del país donde se necesitaran sus manos y sus mentes.

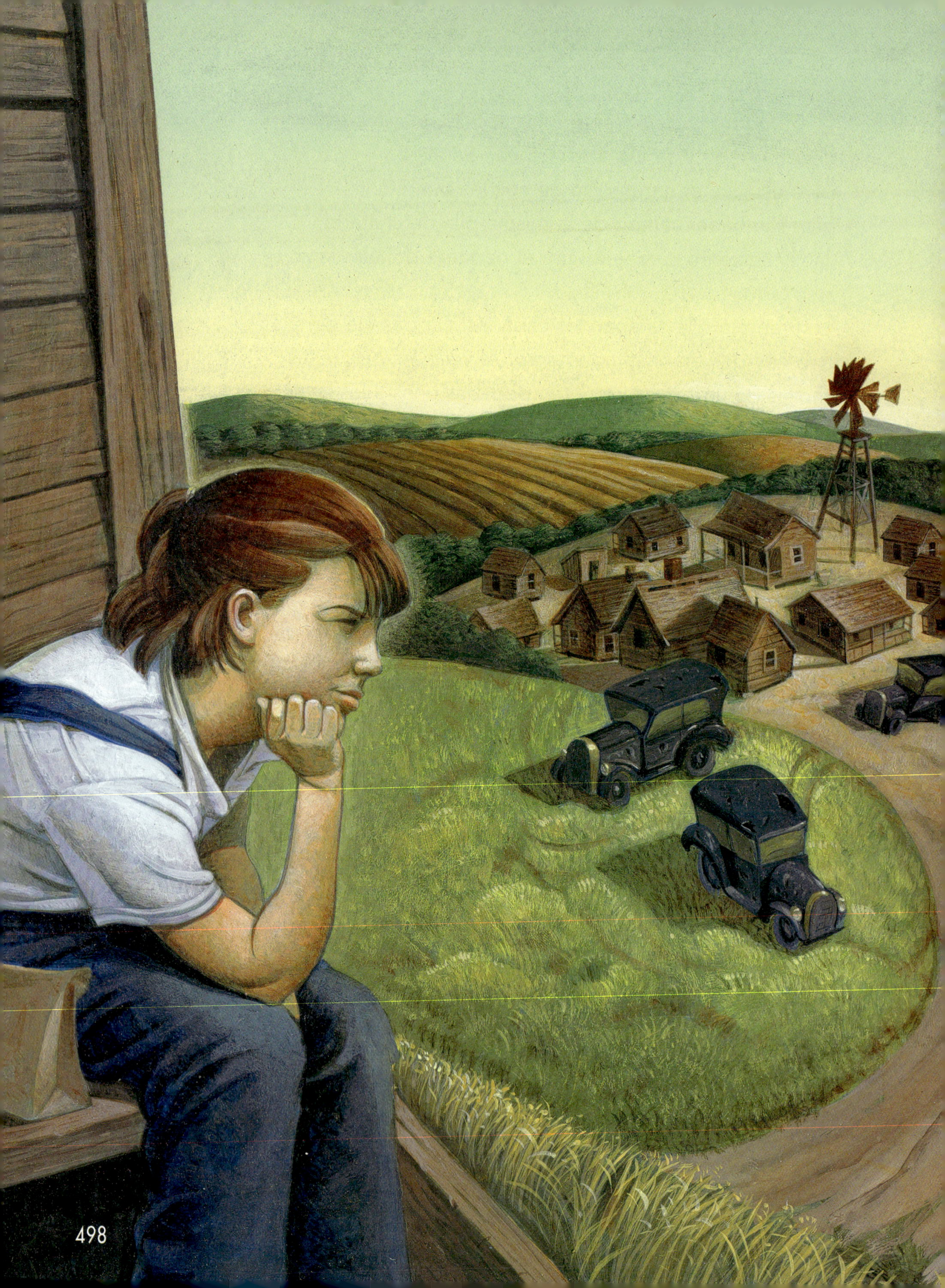

Por supuesto que Janey no pensaba en todo esto mientras estaba sentada en las escaleras de la escuela. Era parte de su vida y no se molestaba en pensar en ello, así como no se molestaba en pensar en cómo respirar.

Por unos diez minutos Janey permaneció sentada, una figura entristecida y melancólica, cuando de pronto se dio cuenta de que algo se movía en el polvorín frente a ella. Fue un movimiento tan ligero que primero pensó que sus ojos la estaban engañando, pero un segundo después se repitió. En eso, saltó del escalón y se tiró al suelo boca abajo para agarrarlo. Despacio encogió el brazo con el puño cerrado, y se levantó del suelo. Quedó de pies a cabeza cubierta de un polvillo fino. Ni siquiera se detuvo a quitarse el polvo antes de empezar a abrir los dedos, parpadeando para ver lo que sostenía ahí. Una amplia sonrisa le atravesó la cara porque en el hueco oscuro de su palma había un pequeño sapo con cuernos. Sus ojos, simples cabezas de alfiler de un negro brillante, la miraban ferozmente y su boca sin mentón era inflexible. Pero Janey no estaba asustada. Ella había capturado muchos sapos como éste en ocasiones anteriores, y sabía que a pesar de su expresión feroz y su cubierta de púas, éstas eran criaturas bastante inofensivas. Lentamente volvió a sentarse en las escaleras para inspeccionar a su prisionero.

Para la mayoría de la gente el sapo con cuernos no tiene nada de hermoso, pero para Janey era un objeto de encanto.

Sus cuatro patitas con sus diminutas garras eran perfectas, y desde el fleco de escamas miniaturas que cubrían lo que debía haber sido su mentón, hasta el último pico infinitesimal de su breve cola, estaba completo. Janey se enamoró de él al momento y comenzó cuidadosamente a acariciarle con un dedo la cabecita dura.

De pronto le vino una idea. Usaría este sapo para poner a prueba a la nueva maestra. En todas las escuelas a las que ella había asistido, alguien le había asegurado solemnemente que cada vez que tuviera que mencionar un "sapo con cuernos" debería llamarlos "lagartijas con cuernos" ya que no eran sapos en realidad. Janey estuvo siempre completamente de acuerdo con que no eran exactamente "sapos con cuernos", pero no era posible llamarlos de otra manera. En cuanto dijeras "lagartija con cuernos" cambiarías un perfecto sapo con cuernos en un nuevo y feo animal. Ella aborrecería que alguien se refiriera a su nueva mascota como una lagartija con cuernos, y si la nueva maestra lo hiciera, el respeto que sentiría Janey por ella como ser humano se vería completamente destrozado. Pensó que sería como decir "tú" en lugar de "usted". Si usas este último, estarías en lo correcto, pero no serías un amigo. Estaba dispuesta a descubrir si la nueva maestra era una amiga o meramente una persona correcta.

Ella y su sapo con cuernos no tuvieron que esperar mucho tiempo. Janey apenas se había sacudido un poco la tierra que la cubría cuando un automóvil polvoso se detuvo abruptamente a la sombra de la escuela y una mujer gruesa y sonriente salió de él. Janey sintió esperanza.

—Hola —dijo la mujer—. ¿No hay por aquí algún erudito de las diez de la mañana?

Janey sintió que su esperanza aumentaba mientras se acercaba a recibir a la desconocida, quien era indudablemente la maestra. Seguramente nadie quien te citara a Mamá Gansa antes de preguntar tu nombre llamaría a un sapo con cuernos una lagartija con cuernos. Más aún, ella sabría qué hacer contigo si te iba bien en lectura y mal en aritmética. De repente, el tono del día cambió. Pero faltaba la prueba final.

—Mire —dijo Janey, sosteniendo a su prisionero.

—Bueno, bendito sea —dijo la mujer cordialmente, inclinándose sobre la mano de Janey—. ¡Un sapo con cuernos! ¿Lo atrapaste tú?

Janey asintió con la cabeza, ya que el gusto que sentía le impedía hablar. Entonces dijo: —Pero todavía no le he puesto nombre.

—No lo podemos dejar sin nombre. Vamos a ver. —La mujer pensó por un momento. Entonces dijo: —Ya sé. Vamos a llamarlo Fafnir. Era un dragón de primera clase cuando los gigantes dominaban la Tierra. Y este amigo se parece mucho a un dragón. Un dragón de cuentos de hadas. ¿Te gusta Fafnir?

Janey asintió con la cabeza.

La maestra se sonrió. —Yo creo que lo apropiado sería dejar que el sapo decida por sí mismo un asunto tan importante. Pero al juzgar por su apariencia debo decir que no está muy de acuerdo con nosotras todavía.

Le dio a Janey una mirada alegre y directa. Eran ojos de confiar que guardaban secretos amigables en sus profundidades.

—Soy la Srta. Peterson —dijo.

—Yo soy Janey Larkin.

Un brazo corpulento rodeó los hombros estrechos de Janey y por un momento se sintió apretada contra el lado tibio y bien acogedor de la Srta. Peterson.

—Bienvenida a la escuela del campamento Miller, Janey. Adelante. Empezaremos el día juntas—dijo la señorita Peterson.

No hubo preguntas ni fastidio, sólo un "adelante", como si se hubieran conocido siempre. Janey deslizó un brazo alrededor de la cintura amplia de la Srta. Peterson y entraron juntas al edificio, la pequeña niña caminando de puntillas para deleite secreto de su maestra. La Srta. Peterson se hubiera sorprendido de saber que ella era la causa inocente de tan extraño comportamiento. Pues Janey estaba emocionadísima al tener la certeza de que esa misma mañana, sola e inesperadamente, había descubierto a la maestra más maravillosa del mundo. ¡Esto era suficiente para hacer que cualquiera caminara de puntillas! Pocos minutos antes había sentido lástima por sí misma y allí habían estado Fafnir y la Srta. Peterson todo el tiempo. ¡Ni siquiera Lupe que asistía a la escuela "regular" podría haber tenido tanta suerte!

Durante la media hora siguiente Janey ayudó a la Srta. Peterson a prepararse para el día de trabajo. Limpió los pizarrones y puso las mesas y sillas en orden. Unas petunias de color rosa florecían en una maceta en la ventana y Janey las regó usando la llave de agua que estaba al otro lado de la puerta. Después recogió las flores marchitas que le dejaron los dedos tan pegajosos que tuvo que regresar a la llave de agua para lavarse las manos. Pronto los niños y niñas empezaron a llegar. El día de clases empezó a las nueve en punto cuando uno de los niños llevó la bandera al asta despintada y la ató a la cuerda perfectamente asegurada. Mientras toda la escuela permanecía atenta y firme, el niño izó la bandera lentamente hacia el cielo matutino hasta que llegó a descansar en lo alto del asta y se desdobló sobre la escuela y el campo. La pequeña ceremonia terminó y salieron todos juntos para ir a sus clases.

Mientras avanzaba la mañana, el respeto que sentía Janey por la Srta. Peterson aumentaba. Debido a que los niños estaban apretados en los bancos y no tenían las piernas suficientemente largas para alcanzar el piso, la maestra se aseguró de que los niños tuvieran la oportunidad de moverse y de descansar. Y pareció ser la costumbre que dos o tres niños les contaran a los demás qué parte del país habían encontrado más interesante durante sus viajes. Janey, al escuchar a los otros niños, decidió que cuando fuera su turno, iba a contarles de un lugar a orillas del río que había descubierto el otro día. El lugar que se parecía a la escena pintada en el plato con el sauce azul.

Piénsalo

1. ¿Cómo cambiaron los sentimientos de Janey con respecto a la escuela del campamento? ¿Por qué cambiaron?

2. ¿Por qué crees que los padres de Janey no le permitían hacer el trabajo de campo?

3. ¿Por qué es importante el sapo con cuernos en el desarrollo del cuento?

Conoce a la autora
Doris Gates

Algunas enciclopedias dan datos sobre una materia, como los animales o la música. Aquí tenemos una entrada de una enciclopedia de autores.

GATES, Doris (1901–1987) Nacida el 26 de noviembre de 1901 en Mountain View, California; hija de Charles y Bessie Gates. Murió el 3 de septiembre de 1987 en Carmel, California.

Educación: Colegio de Maestros del Estado de Fresno, Escuela de Bibliotecarias de Los Ángeles, Universidad Western Reserve

Carrera: directora de bibliotecas, escritora, maestra, editora

Doris Gates creció en un rancho, donde conoció a recolectores de fruta migratorios que tenían que mudarse de acá para allá en busca de trabajo. Después enseñó a niños cuyas familias eran pobres debido a los daños hechos a las granjas en los estados donde había sequías prolongadas. Estas experiencias la alentaron a escribir "El sauce azul," su libro más famoso, publicado en 1940. Gates a menudo escribía sobre la importancia que tiene el hogar para un niño.

Visita *The Learning Site*
www.harcourtschool.com

Lagartija con cuernos

por Pat Mora
ilustrado por Steve Jenkins

Tan quieta como una roca,
miras abejas, hormigas,
tu almuerzo sinuoso.
Te miro,
con cuidado te pongo, vientre de
almohadilla, en mi palma,
sólo por un minuto toco
tu coronilla espinosa.
Soplo. Un globo tibio
me sopla en la mano.
Paf
te vas brincando por la arena caliente,
suave, con púas, criatura del desierto,
como yo.

Autora premiada

507

El más diestro para el trabajo

ESCRIBE UN ANUNCIO DE EMPLEO

Imagina que un día la señorita Peterson se va de la escuela del campamento. Escribe un anuncio que podría usar la escuela del campamento para encontrar otra buena maestra. Cuenta algo sobre los estudiantes que asisten a la escuela, y haz una lista de las características que debe reunir la maestra. Lee anuncios de periódico como modelos.

El primer día

ESCRIBE EN UN DIARIO

Escribe en un diario lo que Janey podría haber escrito luego de su primer día en la escuela del campamento. Cuenta algo sobre Fafnir, la señorita Peterson y la escuela. También puedes explicar lo que Janey siente ahora por la escuela del campamento y por qué.

actividades

Hacer conexiones

ESCRIBE UNA DESCRIPCIÓN

Relee las descripciones de los sapos con cuernos en "El sauce azul" y "Lagartija con cuernos". Piensa en cómo cada autor utiliza detalles para ayudar al lector a "ver" y a "sentir" al animal. Luego estudia una fotografía en primer plano de un animal pequeño. Escribe una descripción clara y vívida de dicho animal. Si necesitas ayuda para encontrar la palabra precisa, usa un diccionario de sinónimos.

Comparar notas

REPRESENTA UNA CONVERSACIÓN

Imagina que Janey se encuentra con uno de los niños de "Un día muy importante". ¿Qué podrían decir los personajes de sus experiencias? ¿Qué podrían decir sobre el sentirse parte de algo? Con un compañero, representa esa conversación. Antes de comenzar, toma notas acerca de tu papel.

En mi

Cada vez que pinto, tengo un propósito: fomentar el orgullo en nuestra cultura méxico-americana. Las pinturas y los relatos en este libro son mis memorias de cuando era niña en Kingsville, Tejas, cerca de la frontera con México. —**Carmen Lomas Garza**

familia

por Carmen Lomas Garza

Autora/Ilustradora premiada

Los camaleones

Cuando éramos niños, mi mamá y mi abuela se enojaban con nosotros cuando jugábamos bajo el sol caliente del mediodía. Nos decían que éramos como los camaleones al mediodía que juegan sin importarles nada.

    Yo estaba fascinada por los camaleones. Se parecen a las ranas, pero no son ranas. Son lagartijas. Tienen cuernos por todo el cuerpo para protegerse de animales más grandes que quieran comérselos.

    Aquí está mi hermano Arturo dándole de comer una hormiga a un camaleón. Yo estoy detrás de él, de puntitas, pues no quiero que se me suban las hormigas. Ésas son hormigas coloradas. Son de las que sí pican.

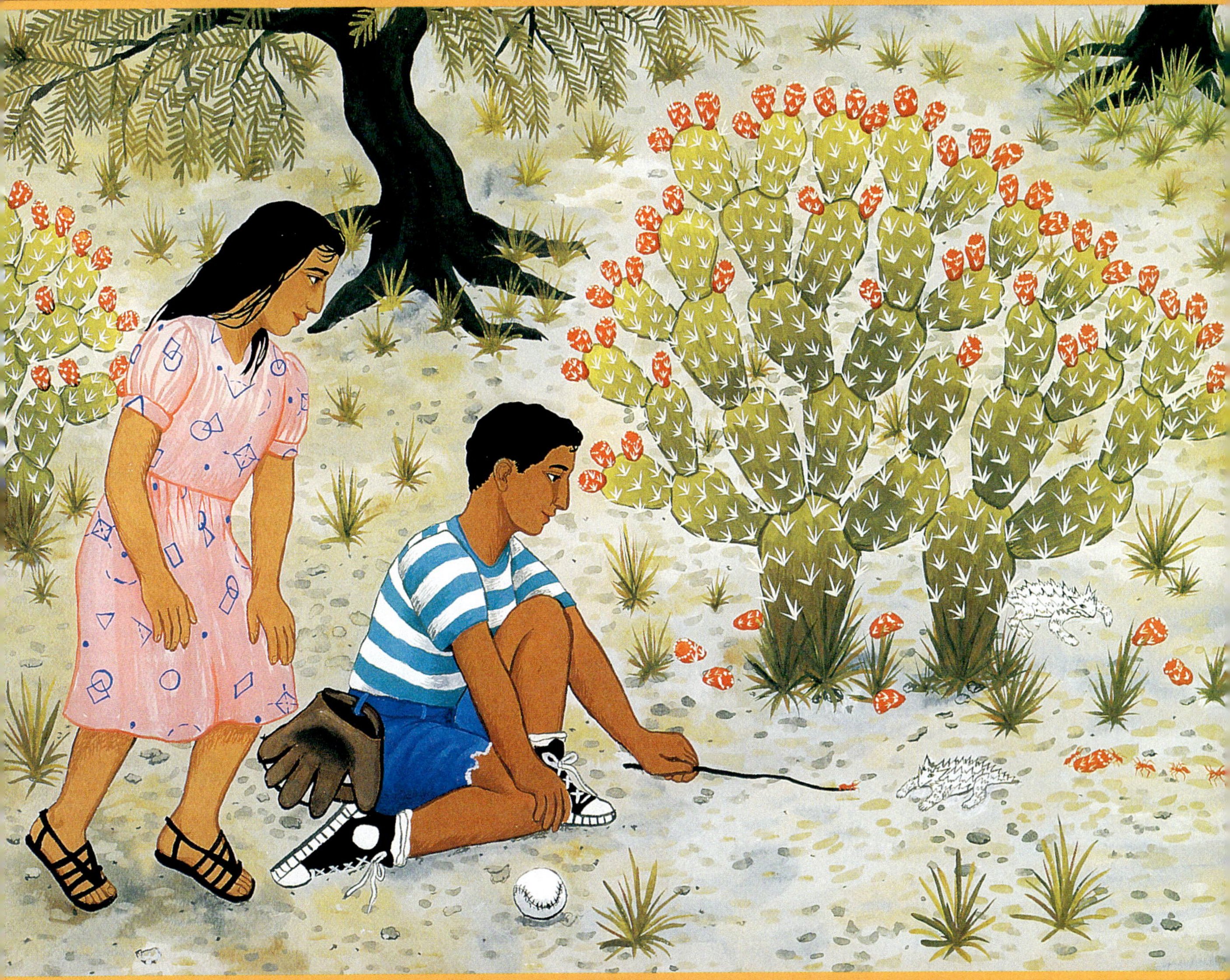

Limpiando nopalitos

Éste es mi abuelo, Antonio Lomas. Les está quitando las espinas a las pencas recién cortadas, llamadas nopalitos. Mi hermana Margie lo observa hacer esta labor.

Los nopalitos también son conocidos como "la comida del último recurso", pues cuando no había refrigeradores y se acababan las provisiones de comida de invierno, uno sabía que podía comerse las pencas del nopal hasta que terminara el invierno y llegaran los primeros días de la primavera.

Mi abuela hervía los nopalitos en agua con sal, los cortaba en cachitos, y los freía con chile y huevo para el desayuno.

Empanadas

Una vez al año mi tía Paz y mi tío Beto hacían docenas y docenas de empanadas, dulces panecillos rellenos de camote o calabaza de su jardín. Invitaban a todos los parientes y amigos a que vinieran a probarlas y uno se podía comer todas las que quisiera. Mis tíos vivían en una casita de un cuarto y todas las superficies disponibles en la casa se cubrían con platos llenos de empanadas. No había lugar donde sentarse.

Allí está mi tío Beto extendiendo con un rodillo la masa. Mi tía Paz, que lleva un vestido amarillo con flores rojas, les pone el relleno. Mi mamá y mi papá toman café. La del vestido azul soy yo.

Barbacoa para cumpleaños

Ésta es la fiesta de cumpleaños de mi hermana Mary Jane. Ella le pega a la piñata que le hizo mi mamá. Mi mamá también hizo y decoró el pastel. Allí está ella trayendo la carne lista para cocinarse. Mi papá cocina en el horno de barbacoa que diseñó y construyó él mismo. Mi abuelo está con una pala echándole carbón de leña de mezquite.

Bajo el árbol están unos jovencitos muy enamorados. Mi tío consuela a mi primito que llora, y lo anima a que le pegue a la piñata. Mi abuela lleva en brazos a un bebé. Ella siempre llevaba en brazos a bebés, les daba de comer y los ponía a dormir.

Cascarones

Éste es el comedor de mis padres. Mi mamá, mis hermanos, mis hermanas y yo estamos alrededor de la mesa decorando cascarones para el Domigo de Pascua. Los llenábamos de confeti, el cual hacíamos cortando pedacitos de periódicos y revistas.

El Domingo de Pascua, después de la iglesia, íbamos a nadar. Después de nadar, comíamos, y después de comer, sacábamos los cascarones. Sin que nos vieran, sorprendíamos a nuestros hermanos o amigos y les quebrábamos los cascarones en sus cabezas, revolviéndoles el confeti en todo el cabello. Algunas veces mis hermanos les ponían harina a los cascarones para que al quebrarse sobre el cabello mojado la harina se hiciera una pasta. Así eran de traviesos mis hermanos en ocasiones.

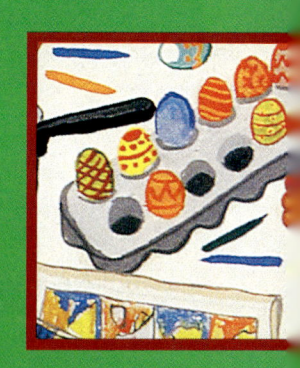

Baile en el jardín

Ésta es una noche de sábado en *El Jardín,* un restaurante familiar de mi pueblo natal. Es verano y hace tanto calor que la gente baila afuera. Un conjunto toca con tambora, acordeón, guitarra y bajo. Ésta es la música con la que crecí. Todos bailan formando un gran círculo: las parejas jóvenes, las parejas mayores, y los viejitos bailan con adolescentes o niños. Hasta los bebés se ponen a bailar.

Yo aprendí a bailar con mi padre y mi abuelo. De ahí nació mi amor por el baile. Para mí, el baile representa fiesta, celebración. Aquí está la música, los hermosos vestidos, y todos los miembros de la familia bailan juntos. Es como el cielo. Es la gloria.

Piénsalo

1. ¿Cómo se siente la autora acerca de su niñez? Los cuadros pueden ayudarte a contestar esta pregunta.

2. ¿Cuál de los cuadros te gusta más? ¿Por qué?

3. ¿Cómo da la autora información sobre la cultura méxico-americana por medio de sus cuadros y sus palabras?

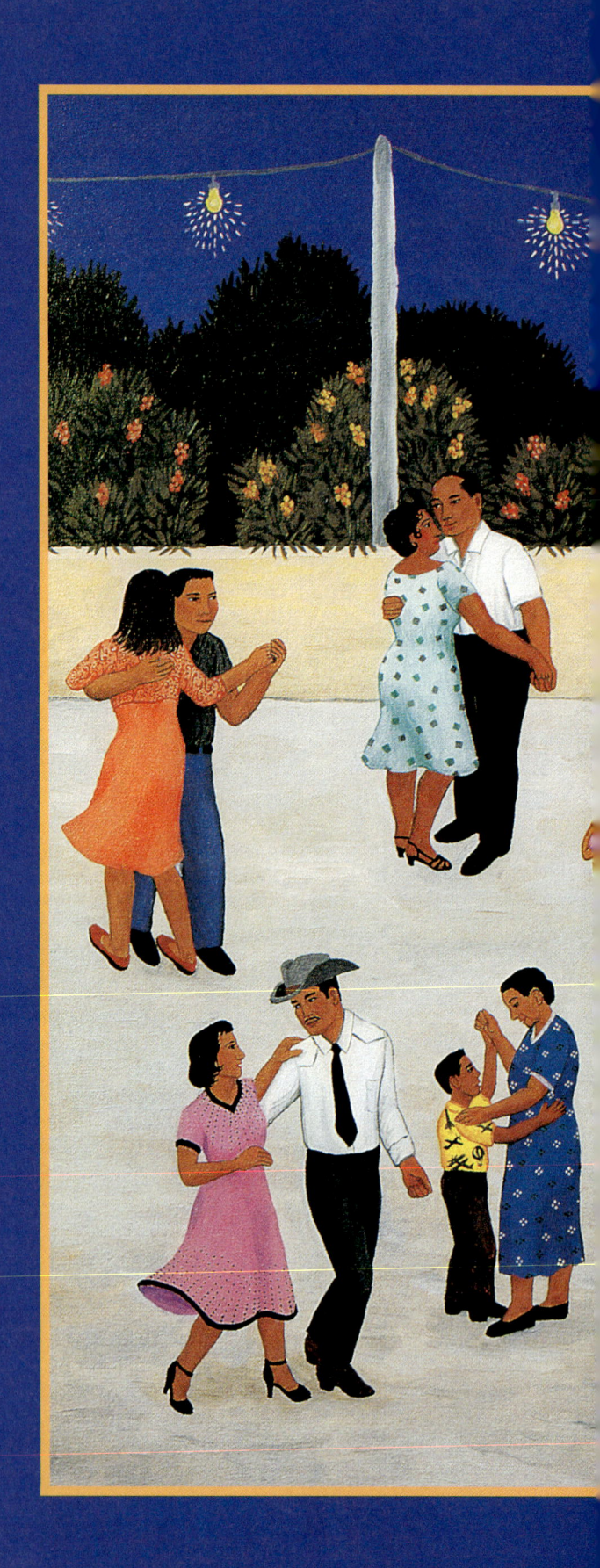

519

Conoce a la autora e ilustradora
Carmen Lomas Garza

¿Cuántos años tenía usted cuando empezó a hacer arte?

Tenía trece años cuando decidí hacerme artista. Me enseñé yo misma a dibujar practicando todos los días. Dibujaba todo lo que veía —libros, gatos, mi mano izquierda, mis hermanas y hermanos, sillas, chiles, bolsas de papel, flores— cualquier cosa o persona que se quedara quieta por unos minutos.

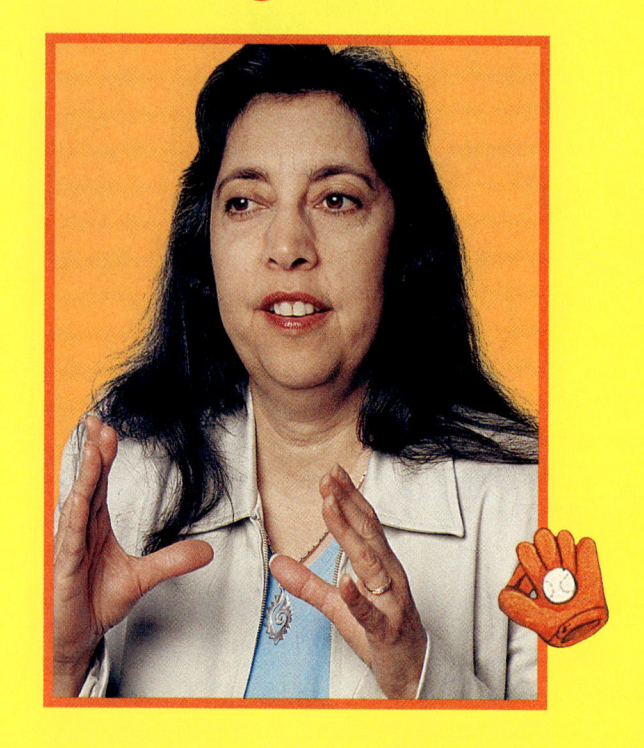

¿Cuánto tiempo le tarda hacer un cuadro?

Me tarda de dos a nueve meses completar un cuadro. Puedo pintar unas seis horas al día y entonces se me cansan los dedos y los ojos. No pinto todos los días porque también tengo que trabajar en mi oficina escribiendo cartas, haciendo llamadas telefónicas y haciendo apuntes para mi negocio de arte.

contesta las preguntas de los niños

¿Vende usted sus obras de arte?

He vendido casi todos mis cuadros y litografías grabadas. A veces es muy difícil deshacerme de los cuadros porque me encariño de ellos así como los padres se encariñan de los hijos y no quieren que se vayan de la casa.

¿Cuál de sus cuadros es su favorito?

En realidad no puedo decir cuál es mi favorito, pero me gusta pintar las habitaciones interiores como las alcobas y cocinas. Lo que prefiero pintar es la ropa. Todavía recuerdo algunos de los colores y diseños de la ropa que me hizo mi madre.

¿Asistió usted a la escuela universitaria?

Tengo tres títulos universitarios. Cuando estaba en la escuela secundaria no veía el momento de graduarme para que pudiera asistir a la escuela universitaria y estudiar el arte. Mis padres insistieron en que todos fuéramos a la escuela universitaria para estudiar lo que quisiéramos.

CARMEN LOMAS GARZA

Visita *The Learning Site*
www.harcourtschool.com

Mi pueblo

por Isaac Olaleye
ilustrado por Stéphan Daigle

Èrín es el nombre
de mi pueblo africano.
Èrín quiere decir risa
en el idioma yoruba.

En los arroyos,
las mujeres y los niños
todavía recogen agua en calabazas y ollas de barro
que balancean en las cabezas.

La luz eléctrica no ha brillado en mi pueblo.
Con el aceite de palma rojo color rubí
echado en un recipiente de barro
vemos de noche.

Mi pueblo Èrín es tranquilo,
como un mundo escondido.
Está envuelto por un color verde radiante
y rodeado por cinco arroyos.

Como un arroyo,
el amor por mi pueblo
corre.

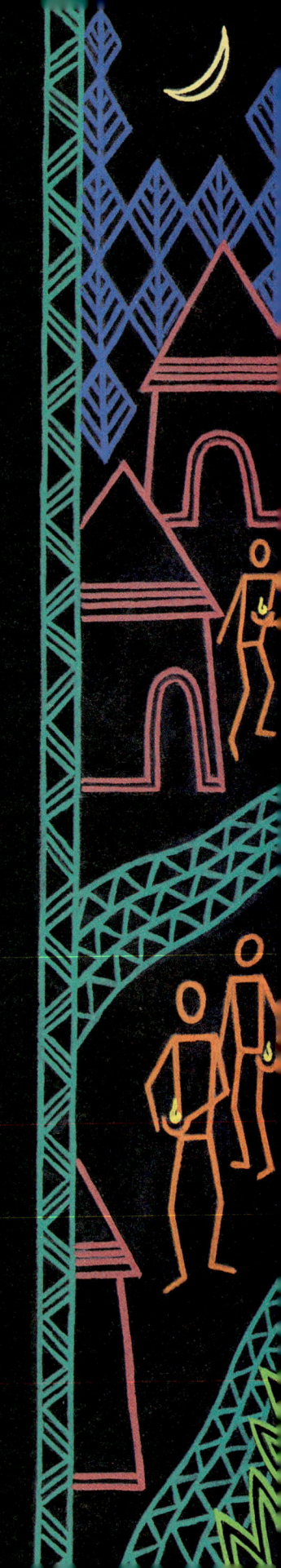

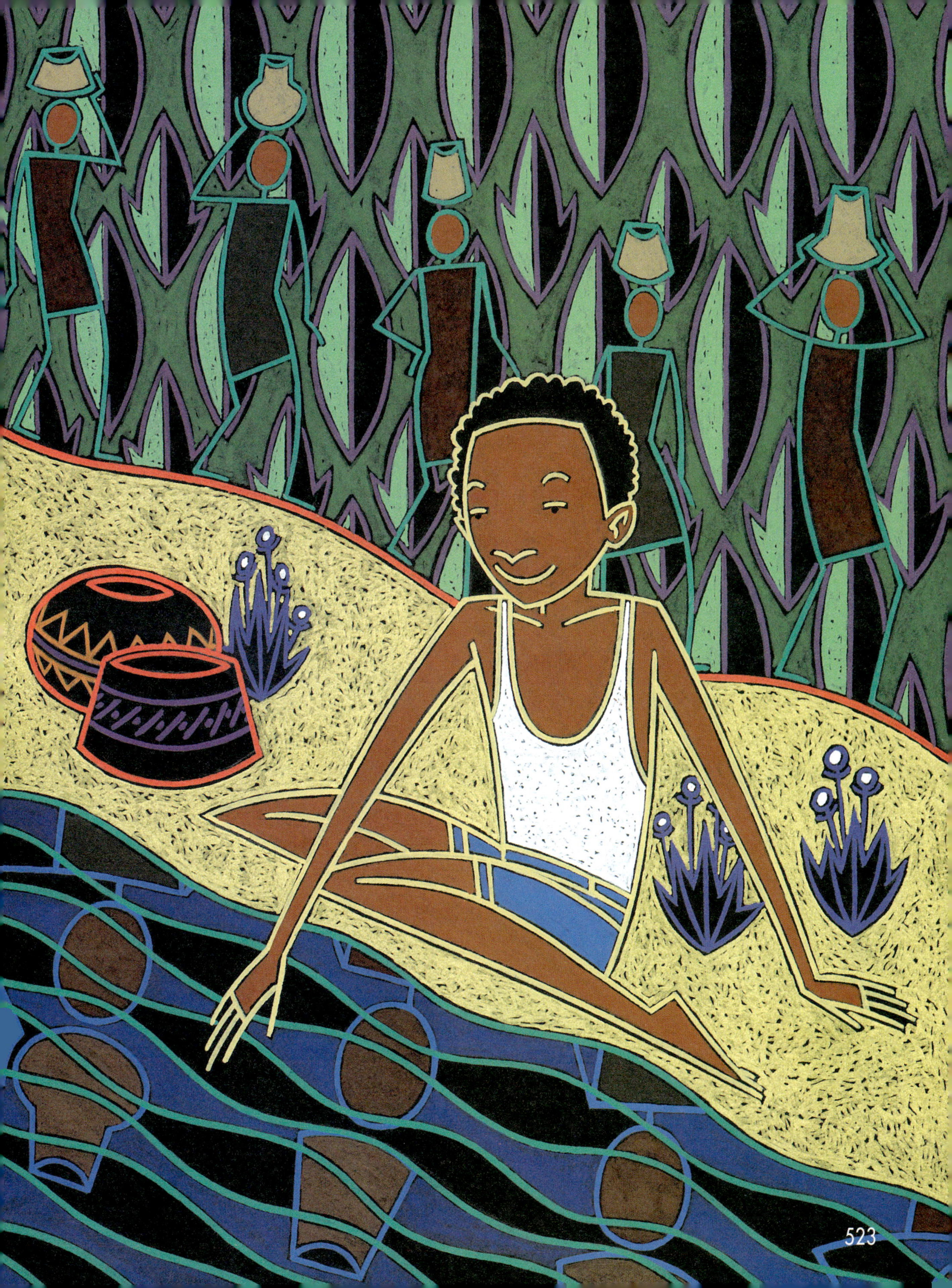

Taller de actividades

Eventos especiales

DIBUJA UNA ESCENA

Los cuadros de Carmen Lomas Garza muestran eventos especiales que ella disfruta con su familia y sus amigos. Haz un dibujo a color que muestre un evento feliz al que tú hayas asistido. Escribe algunos párrafos para describir tu dibujo como lo hace la autora.

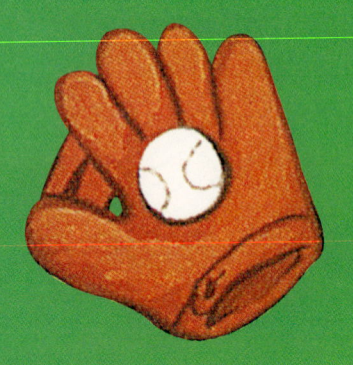

Dibujos de palabras

ESCRIBE UN POEMA

¿Cuál es la mejor celebración en la que has participado? Escribe un poema sobre ella. Puedes describir dónde te encontrabas, quién más estaba allí, qué comiste o lo que hiciste.

Vamos a comer

ESCRIBE UNA RECETA

La familia de Carmen se reúne para hacer empanadas. Averigua cómo hacer un plato que a tu familia le gusta mucho comer. Escribe la receta del plato. Busca en algunos libros de cocina para averiguar cómo se escriben las recetas. Si puedes, escribe tu receta usando una computadora.

Hacer conexiones

ESCRIBE UN PÁRRAFO

Imagina que has visitado una de las comunidades sobre las que has leído en "En mi familia" y "Mi pueblo". Escribe un párrafo que describa las cosas interesantes que has visto o has hecho. Usa detalles del cuento o del poema y de las ilustraciones para describir el escenario.

Conclusión del tema

Citas significativas

ENCUENTRA CITAS CITABLES Encuentra, en una de las selecciones de este tema, dos oraciones o pasajes cortos en donde se exprese la importancia de pertenecer a una comunidad. Escribe cada oración o pasaje en tarjetas en blanco. En la parte de atrás, escribe el nombre de la selección de donde obtuviste la información y di por qué la escogiste.

Hechos fascinantes

LISTA Y COMENTA Repasa las selecciones de este tema. ¿Qué aprendiste que fuera interesante o sorprendente? Escoge dos o tres cosas y escríbelas en una lista al igual que el número de las páginas en donde aparecen. Quizás quieras poner la información en tus propias palabras. Comparte tu lista con un grupo pequeño y comenta por qué la información te pareció interesante o sorprendente.

Roles dentro de la comunidad

HAZ UNA TABLA Las selecciones de este tema nos muestran los diferentes roles que las personas tienen dentro de una comunidad, tanto en los hogares como en los trabajos. Repasa las selecciones y haz una tabla en donde muestres los roles que encuentras en ellas. En la primera columna, escribe los nombres de las selecciones. En la segunda columna lista los roles. En la tercera columna describe brevemente la importancia que tiene cada rol.

Selección	Rol	Por qué es importante

Tema: NUEVAS TIERRAS

Contenido

He oído hablar de una tierra 532
por Joyce Carol Thomas

PRUEBA TU DESTREZA:
Vocabulario en contexto 558

Pepino 560
por Berta A.G. López

El tango 574
por E. Argüero Tilghman

Dos tierras, un corazón: El viaje de un niño americano al Vietnam de su madre 578
por Jeremy Schmidt y Ted Wood

PRUEBA TU DESTREZA:
Fuentes gráficas 596

Ecología para los niños 598
por Federico Arana

El árbol 614
por la Dra. Silvia Nogués Garrido

Antiguas culturas de las Américas 618
por Alma Flor Ada y F. Isabel Campoy

Artefactos arqueológicos ...632
tomado de la revista *Kids Discover*

Los favoritos de los lectores

La música de la chirimía
por Jane Anne Volkmer

CUENTO POPULAR GUATEMALTECO

Pluma Negra conquista el amor de la hija del Rey cuando con la chirimía aprende a tocar música más placentera que la de los pájaros.

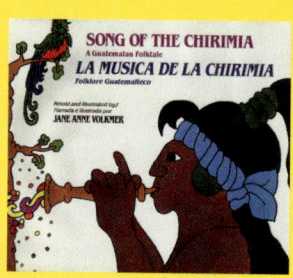

Selección premiada por los padres

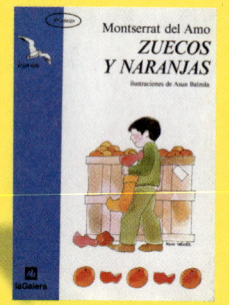

Zuecos y naranjas
por Montserrat del Amo

FICCIÓN REALISTA

Vicente, un niño español, asiste a una nueva escuela en Dinamarca. En su primer día, es acogido calurosamente por sus compañeros. No sólo aprende nuevas palabras en danés sino que también aprende a comunicarse por medio de gestos.

Lista de honor del premio de la CCEI

COLECCIÓN DE LECTURAS FAVORITAS

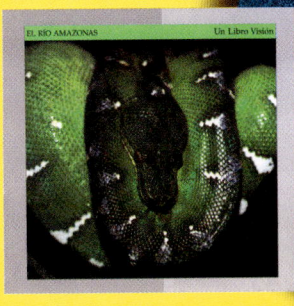

El río Amazonas
ENSAYO FOTOGRÁFICO

El río más poderoso de la Tierra es la fuente de vida de cientos de miles de variedades de animales y vegetación, pero si no lo cuidamos, todo se puede perder para siempre.

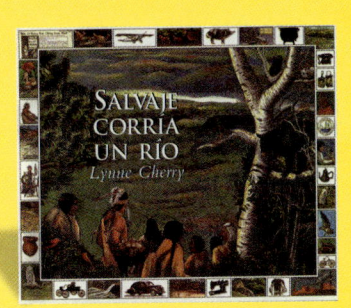

Salvaje corría un río
por Lynne Cherry
NO FICCIÓN

La autora nos relata la belleza salvaje del río Nashua durante el asentamiento de aldeas indígenas hace miles de años, la destrucción de sus bosques y la contaminación de sus aguas debido a la colonización en el siglo XVII. Finalmente, vemos el trabajo que se lleva a cabo actualmente en pro de la protección del río Nashua y de todos los que desembocan en él.
COLECCIÓN DE LECTURAS FAVORITAS

Siesta de tres años
por Dianne Snyder 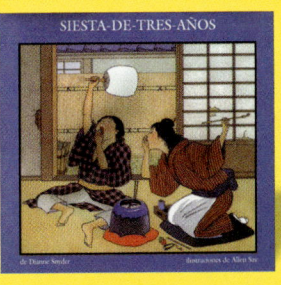
CUENTO POPULAR JAPONÉS

Taro, el muchacho más perezoso del pueblo, elabora un plan que termina por casarlo con la hija del mercader rico que se acaba de mudar al pueblo. El plan resulta pero Taro tiene que trabajar.

He oído de una tierra

Libro notable ALA

Premio Coretta Scott King

por Joyce Carol Thomas
ilustrado por Floyd Cooper

hablar

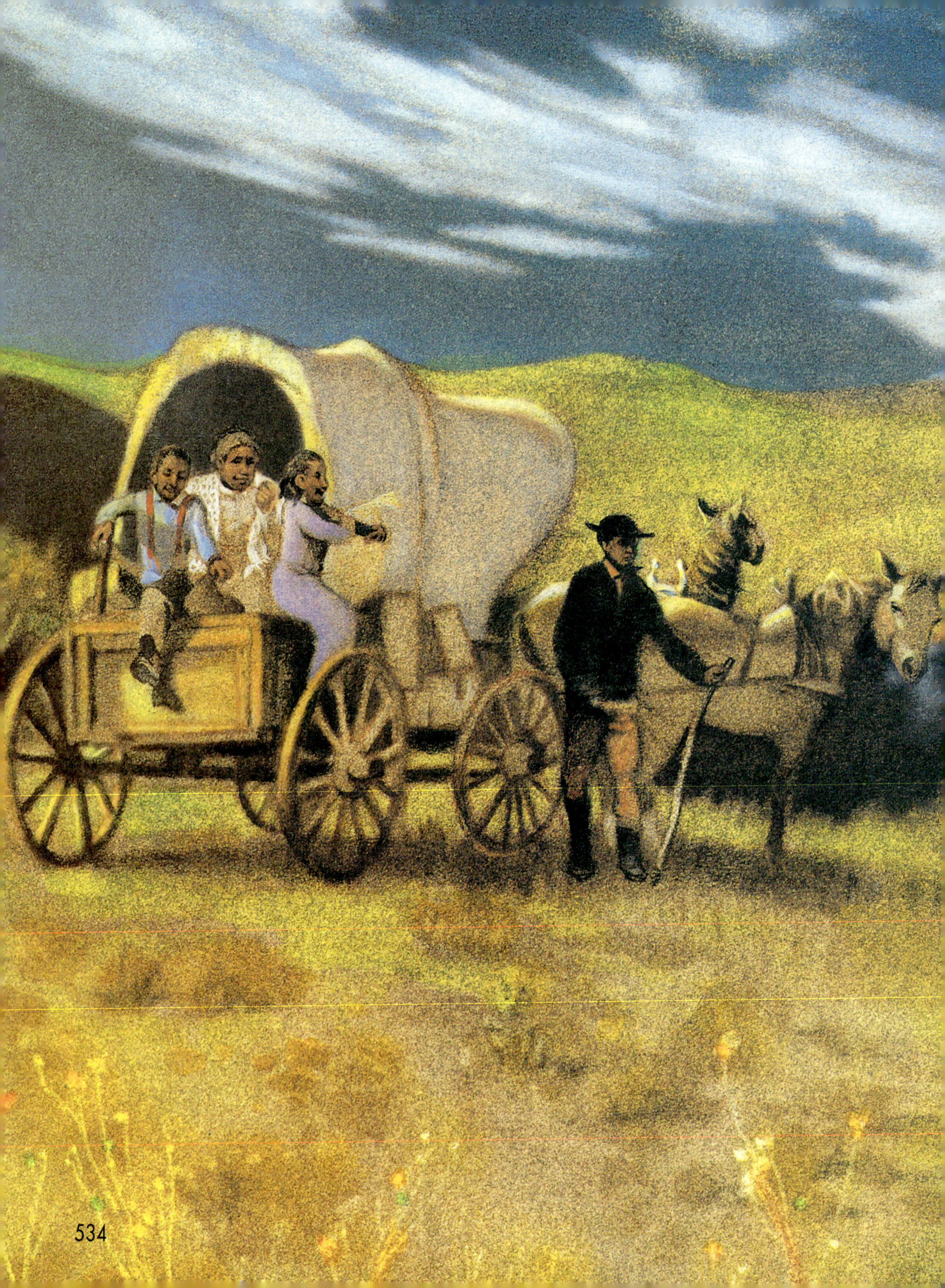

He oído hablar de una tierra
Donde la tierra es roja por estar llena de promesas
Donde los árboles de ciclamor atrapan la luz
Y la arrojan en un juego de rayos de sol y sombra
A los álamos de un lado a otro

He oído hablar de una tierra

Donde una pionera sólo tiene que levantar los pies

Para divisar las rocas

La tierra fértil, el arroyo alegre

Levantar los pies corriendo por la tierra

Como si corriera por su vida

Y al correr reclamarla

La recompensa es la vida y el trabajo que se pone en ella

He oído hablar de una tierra

Donde los álamos son inocentes

Donde la llamada del coyote es una canción de cuna por la noche

Y la tierra no tiene límites

Y una mujer puede sembrar su cosecha y caminar todo el día sin llegar a su fin

537

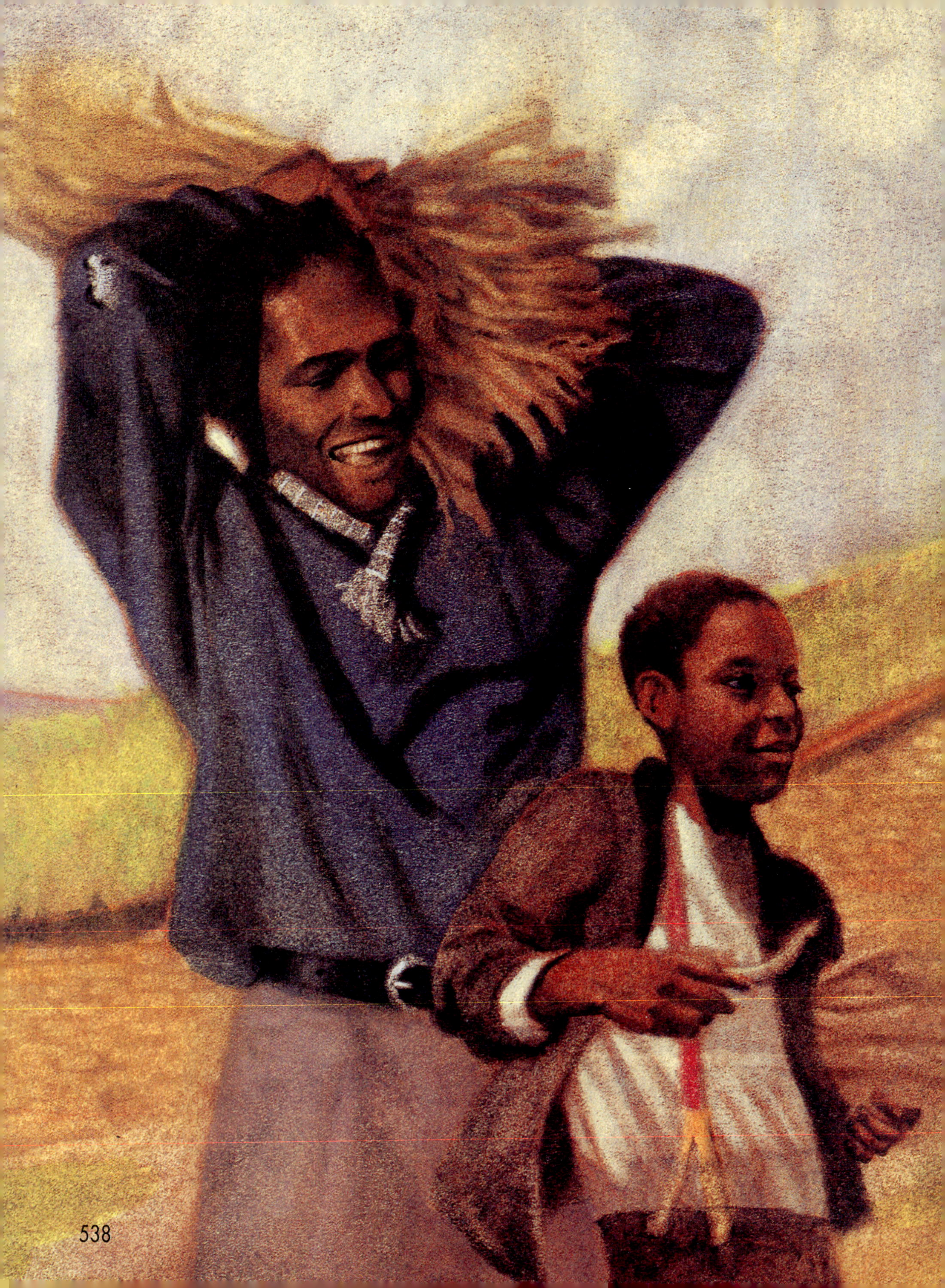

He oído hablar de una tierra
Donde la imaginación no tiene cercas
Donde lo que se sueña una noche
Se logra al otro día

He oído hablar de una tierra donde los panqueques
Se extienden tan grandes como las ruedas de una carreta
Donde la mantequilla es del color del sol derretido
Y el almíbar es miel
Agitada por mil abejas hasta ponerse gruesa

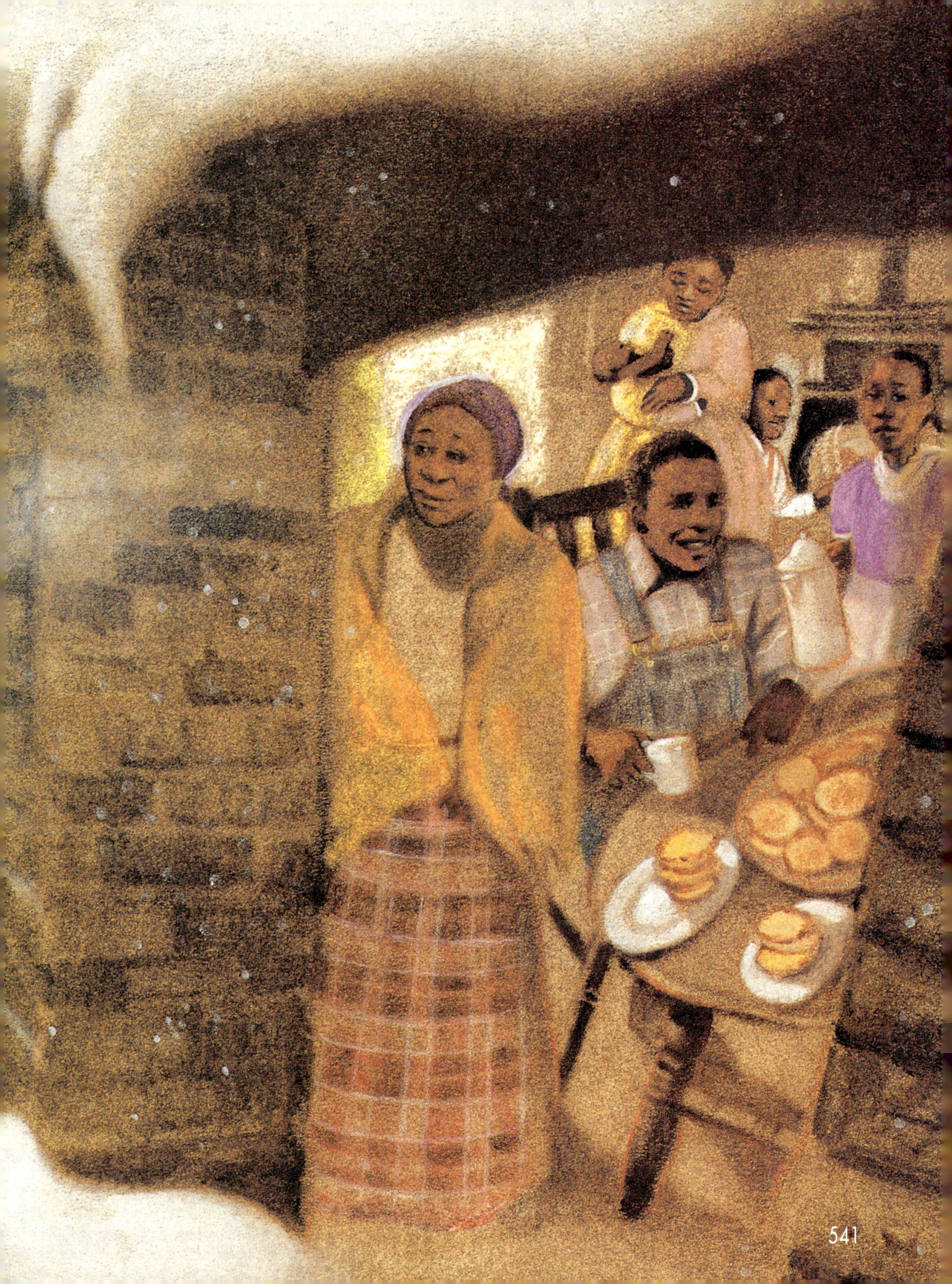

He oído hablar de una tierra
Donde el invierno trae avisos de tormentas
Y los pioneros se preguntan si
Las tijeretas cantarán alguna vez en primavera

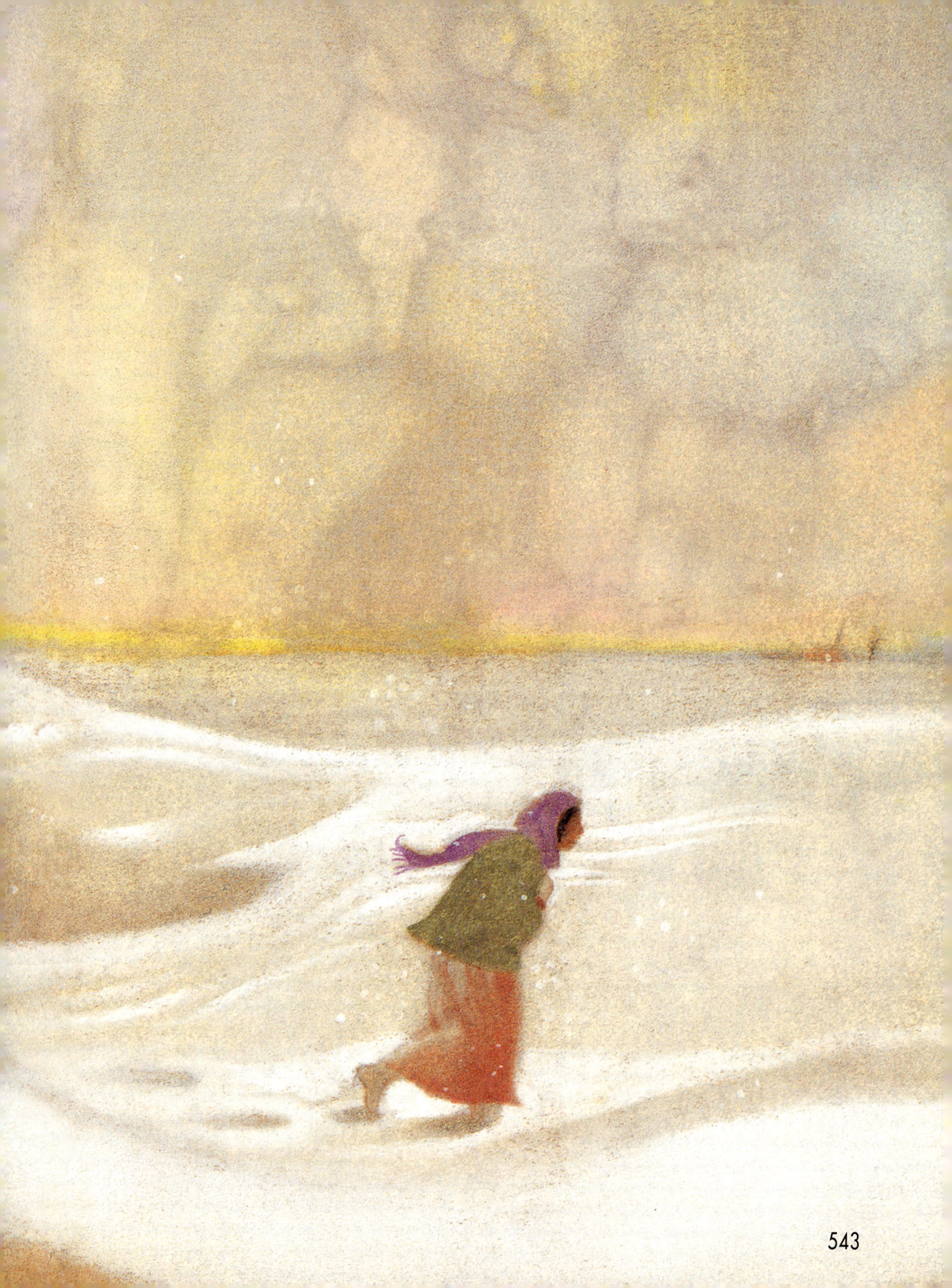

He oído hablar de una tierra donde los niños
Se mecen en columpios caseros colgados de
Las ramas fuertes de los árboles

He oído hablar de una tierra
Donde los grillos chirrían en armonía
Y los bebés sujetados a las espaldas de sus madres en los
    campos ríen más de lo que lloran

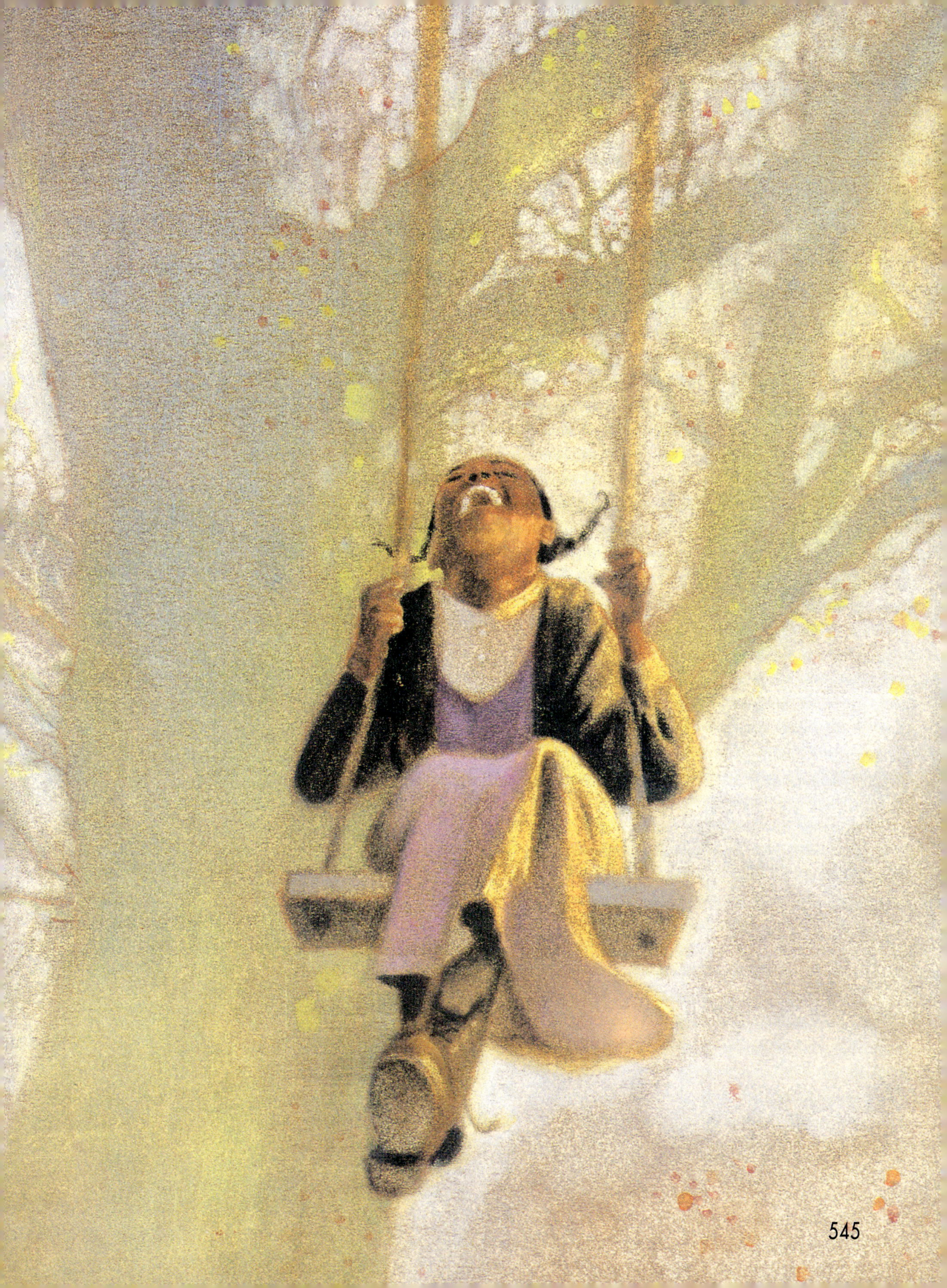

He oído hablar de una tierra donde la oración
Tiene lugar en una iglesia al aire libre
Bajo una glorieta de arbustos
Y los himnos suenan igual de dulces

He oído hablar de una tierra
Donde una mujer duerme en una choza de barro
    cavada profundamente en el corazón de la Tierra
Su techo es de maleza
Un hoyo en la tierra es su hornillo
Y una silla de montar es su almohada
Se despierta pensando en una cabaña de tres piezas

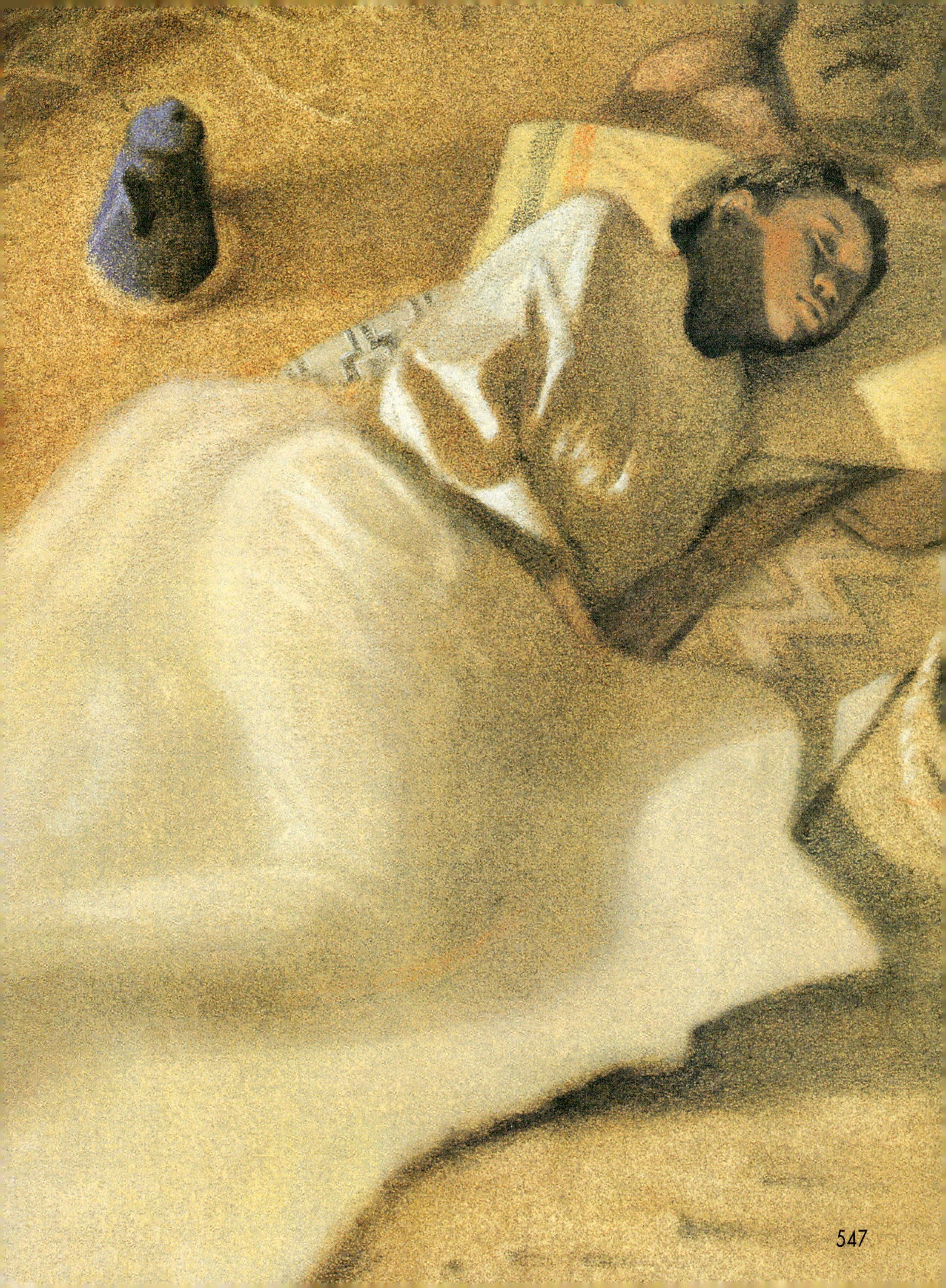

Y pronto esa mañana sus vecinos
   y sus hijos e hijas
Ayudan a levantar los troncos y a ponerlos en su lugar
Juntos alzan hasta lo alto las vigas
Después de la cena, terminan el portal
   donde se sientan y cuentan historias
Finalmente, cuando todos los demás se han ido a casa
Ella misma serrucha las tablas
   para las escaleras

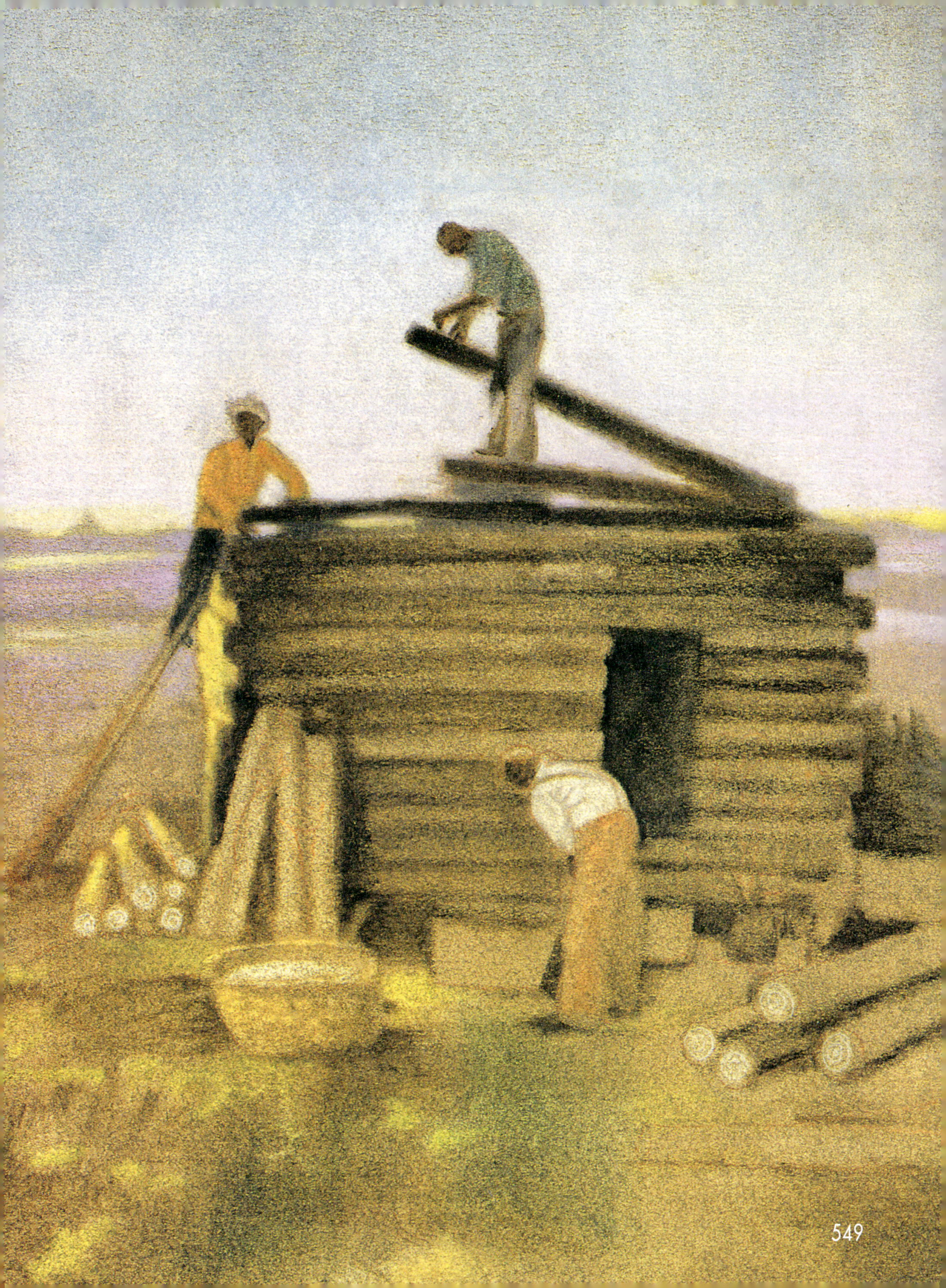

550

Esa noche a la luz de una lámpara de aceite
Ella escribe en su diario:

    Cultivo casi todo lo que como
    La tierra es buena aquí
    Muelo el maíz para hacer la harina
    Cultivo la caña y hago almíbar de sorgo
    Y si me siento con ganas
    Improviso sémola de maíz

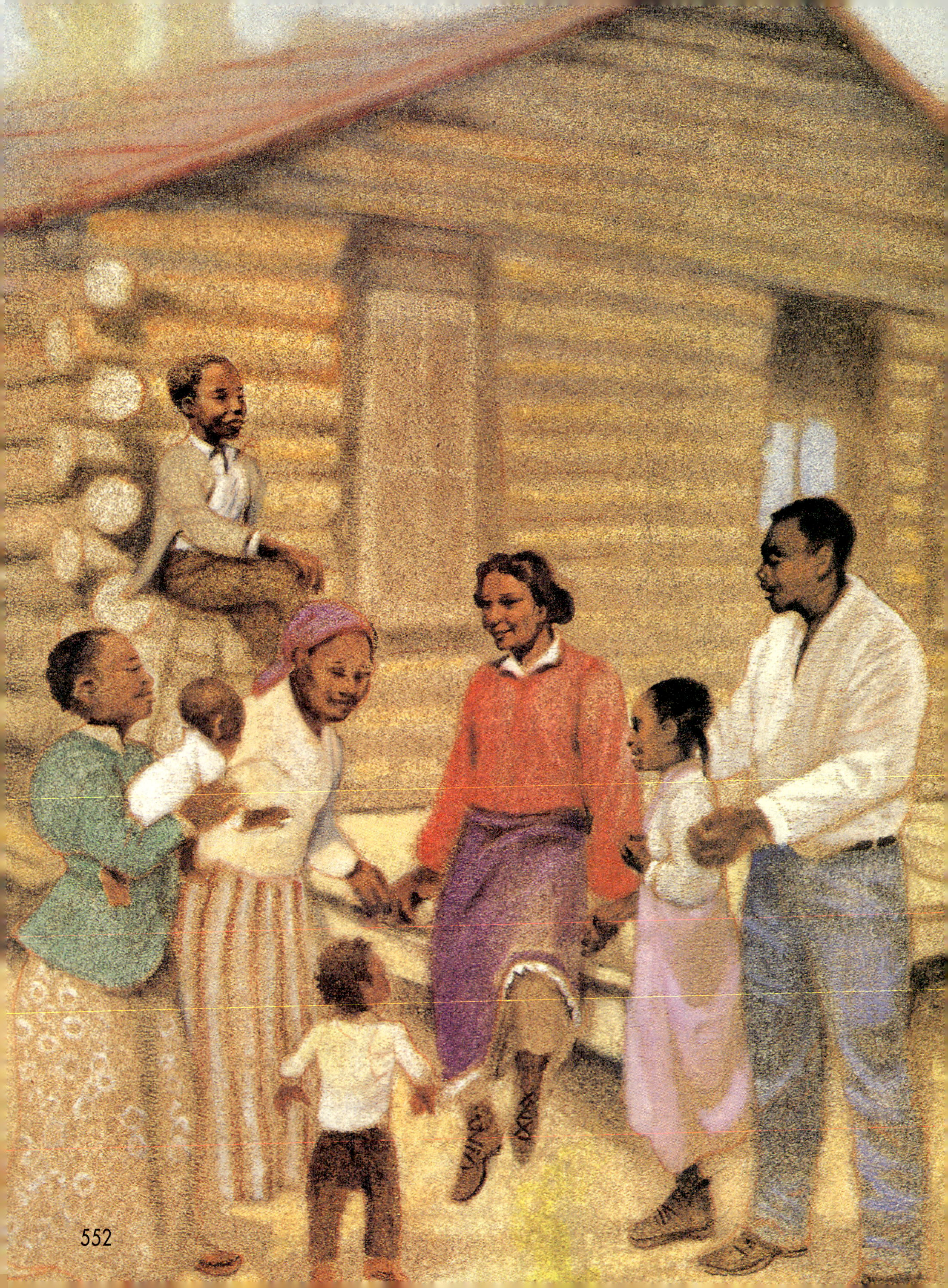

He oído hablar de una tierra
Donde todavía vive la pionera
Sus posibilidades se extienden tan lejos
Como pueden ver sus ojos
Y tan lejos como pueden
    llevarnos nuestras imaginaciones

Piénsalo

1. ¿Cuáles son las cosas buenas que hacen que los pioneros quieran viajar a esta tierra? ¿Cuáles son algunas de las dificultades que deben enfrentrar?

2. ¿Cuáles dibujos y descripciones de la tierra te gustan más? Da varios ejemplos.

3. ¿Cómo crees que la autora quiere que los lectores se sientan acerca de los pioneros? Explica.

CONOCE A LA AUTORA
Joyce Carol Thomas

Pregunta: ¿Por qué escribió *He oído hablar de una tierra*?

Joyce Carol Thomas: Quería contar los cuentos de mi familia. A los esclavos que ponían en libertad les daban tierras gratis si se establecían en el territorio de Oklahoma. En el libro yo me imagino los sentimientos de mi bisabuela que viajó a Oklahoma desde Tennessee para establecer un hogar en esas tierras.

Escribí otros libros que también tienen lugar en Oklahoma que es donde nací.

Pregunta: ¿Cómo se preparó para ser escritora?

Thomas: Cuando niña leía muchos libros y componía canciones, poesías y obras de teatro. Estudié en la Universidad del Estado de California y en la Universidad de Stanford. Enseñé en escuelas intermedias, en colegios universitarios y en universidades antes de dedicarme a escribir.

Pregunta: Usted escribe poesía. ¿Cree que eso influye en su forma de escribir cuentos?

Thomas: Sí. Las palabras, aun cuando escribo cuentos, tienen que tener un ritmo de canción.

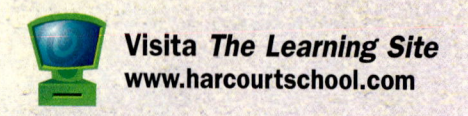

Visita *The Learning Site*
www.harcourtschool.com

CONOCE AL ILUSTRADOR
Floyd Cooper

Pregunta: ¿Tiene usted conexiones personales con *He oído hablar de una tierra*?

Floyd Cooper: Sí. Mis bisabuelos corrieron para conseguir tierras en Oklahoma. Yo nací y fui criado en Tulsa, y estudié en la Universidad de Oklahoma.

Pregunta: ¿Por qué quiso ser artista?

Cooper: Cuando estaba en el segundo grado la maestra colgó mi dibujo de un girasol en la pared. Los dibujos de todos los otros estudiantes estaban en la pared también, pero sentí mucho orgullo al ver el mío exhibido. Pensé, así se sienten siempre los artistas.

Después de estudiar en la universidad trabajé en una compañía de tarjetas de salutaciones. Sentí que no podía ser creativo desempeñando este trabajo. Intenté trabajar en publicidad por un tiempo. Entonces descubrí el mundo del arte para libros de literatura para niños.

Pregunta: ¿Cómo pintó los dibujos que están en *He oído hablar de una tierra*?

Cooper: Usé un borrador de goma amasado. Primero pinté el fondo usando una hoja de papel pegado a una hoja de cartulina. Entonces puse formas en el fondo usando el borrador amasado. Después agregué el color—lavados livianos de pintura al óleo. Ésta es la técnica que uso para todas mis pinturas actualmente.

Taller de

Rumbo al Oeste

DIBUJA UN DIAGRAMA

Las mujeres de "He oído hablar de una tierra" viajaron en una carreta. Averigua sobre la carreta Conestoga, el "camello de la pradera", que llevó a muchos pioneros hacia el Oeste. Dibuja un diagrama de una carreta Conestoga. Dibuja y rotula algunos de los alimentos, herramientas y otros suministros que llevaban las carretas.

¿Vale la pena?

ESCRIBE UNA CARTA

Imagina que te has mudado al Oeste en los años de 1880. Escribe una carta a un amigo o a un familiar de tu lugar de origen. Describe las cosas buenas y las cosas malas sobre tu mudanza y sobre la vida pionera. Decide si quieres persuadir a tu amigo o familiar a mudarse también al Oeste.

actividades

Vida al descampado

APRENDE UNA CANCIÓN

Muchos pioneros escribieron canciones sobre su nuevo hogar. En un libro infantil de canciones populares, busca canciones sobre el Oeste. Aprende una de las canciones y enséñala a tus compañeros de clase.

Entonces y ahora

HAZ UNA TABLA DE COMPARACIÓN

Mudarse a un nuevo lugar y construir una casa son cosas muy distintas ahora de lo que eran en los tiempos de los pioneros. Haz una tabla que compare estas actividades. En una columna, haz una lista de detalles sobre cómo eran en tiempo de los pioneros y, en otra columna, sobre cómo son hoy.

PRUEBA TU DESTREZA
Vocabulario en contexto

¿Leíste algunas palabras nuevas en "He oído hablar de una tierra"? ¿Habías oído hablar antes de *tijeretas*? ¿Sabías lo que quiere decir *chirriar*?

Cuando lees, te encuentras a menudo con palabras nuevas. A veces las buscas en el diccionario o le pides a un adulto que te ayude. A menudo sigues leyendo y usas las claves del cuento para adivinar el significado de la palabra nueva. Éstas se llaman **claves de contexto**. El contexto está formado por las palabras, oraciones e ilustraciones que están alrededor de una palabra.

Esta tabla muestra cómo un lector puede usar las claves de contexto:

TIPOS DE CLAVES DE CONTEXTO

- una definición corta cerca de una palabra
- un sinónimo o un antónimo cerca de una palabra
- detalles descriptivos
- ilustraciones y diagramas

Palabra nueva en contexto	Cómo usé las claves de contexto
Y los pioneros se preguntan si Las tijeretas cantarán alguna vez en primavera	Sé que los pájaros cantan en primavera, así que pienso que tijeretas es un tipo de pájaro.
los grillos chirrían en armonía	La armonía tiene que ver con la música, así que chirriar debe significar "producir alguna clase de música".
Su techo es de maleza	La palabra maleza puede significar enfermedad. También puede significar abundancia de arbustos o de malas hierbas. Sé que la maleza está cubriendo el techo de la casa, por lo tanto sé que se refiere a arbustos.

Algunas palabras, como maleza, son palabras que tienen varios significados. El contexto le dice al lector qué significa la palabra en esa ocasión.

Usar las claves de contexto te hará un lector más rápido porque no tendrás que buscar el significado de cada palabra nueva. También te hará un lector más activo porque harás conexiones entre las palabras.

Lee el párrafo que sigue. Explica cómo puedes deducir lo que significa cada palabra subrayada.

Cuando la familia del abuelo no tenía leche o huevos, hacía pan de maíz. El pan de maíz se parecía mucho a la torta de maíz, pero no era tan sabroso. Abuelo lo mojaba con melaza oscura y dulce. Abuelo dice que el olor a melaza siempre lo catapulta de vuelta a su niñez.

¿QUÉ HAS APRENDIDO?

1. En "He oído hablar de una tierra", ¿cómo puedes deducir lo que significan *columpio* y *glorieta*?

2. Busca una palabra que no te resulte familiar en un libro que estés leyendo por tu cuenta. ¿Qué claves de contexto te ayudan a deducir lo que significa la palabra?

Visita *The Learning Site*
www.harcourtschool.com

INTÉNTALO • INTÉNTALO

Piensa en una palabra que tus compañeros de clase quizás no conozcan, como el nombre poco usual de un plato, una planta o un animal. Escribe un párrafo corto en el que uses la palabra y des claves de su significado. Prueba si un compañero de clase puede deducir lo que significa la nueva palabra con la ayuda del contexto.

PEPINO

por Berta A.G. López
ilustrado por Jennifer Bolten

Nací un domingo 6 de mayo. Mis padres me cuentan que ése fue un día muy especial. No sólo porque había nacido yo, sino por todas las cosas que acontecieron ese día. Cuenta Mamá que a las 12 del día empezó a oscurecer, y que para eso de las diez de la noche, hora en que yo nacía, ya los gallos estaban cantando.

A partir de ahí todas las cosas se trafucaron. A la Luna la pintaron de amarillo para que pudiéramos tener claridad a la hora de ordeñar las vacas, y al Sol lo pintaron de blanco para que alumbrara la noche. El problema era ahora con las estrellas. Que si salimos con la Luna, que si con el Sol, que el Sol no nos gusta porque se las da de señorón. En fin, que les dijeron, —si salen con la Luna se tienen que convertir en nubes. Y así hicieron algunas. Otras, en su negativa de convertirse en nubes, se resignaron y no les quedó más remedio que salir con el Sol.

Pero como les iba contando, ese día nací yo. Y como que era un día tan especial, pues yo también tenía que ser especial. Y aquí estoy yo. Del tamaño de un pepinillo. Mido exactamente ocho centímetros. Así era como me quería nombrar mi papá, Pepinillo, pero Mamá dijo que a la hora de escribir mi nombre me iba a confundir con eso de la *ll* y la *y*, y que como eso era muy difícil, iba a terminar escribiendo mi nombre con falta de ortografía. Y como Mamá dice que si empiezas por escribir tu nombre con falta de ortografía terminas escribiendo vaca con *b* de burro, pues decidió que mejor me llamaría Pepino.

PEPINO

por Berta A.G. López
ilustrado por Jennifer Bolten

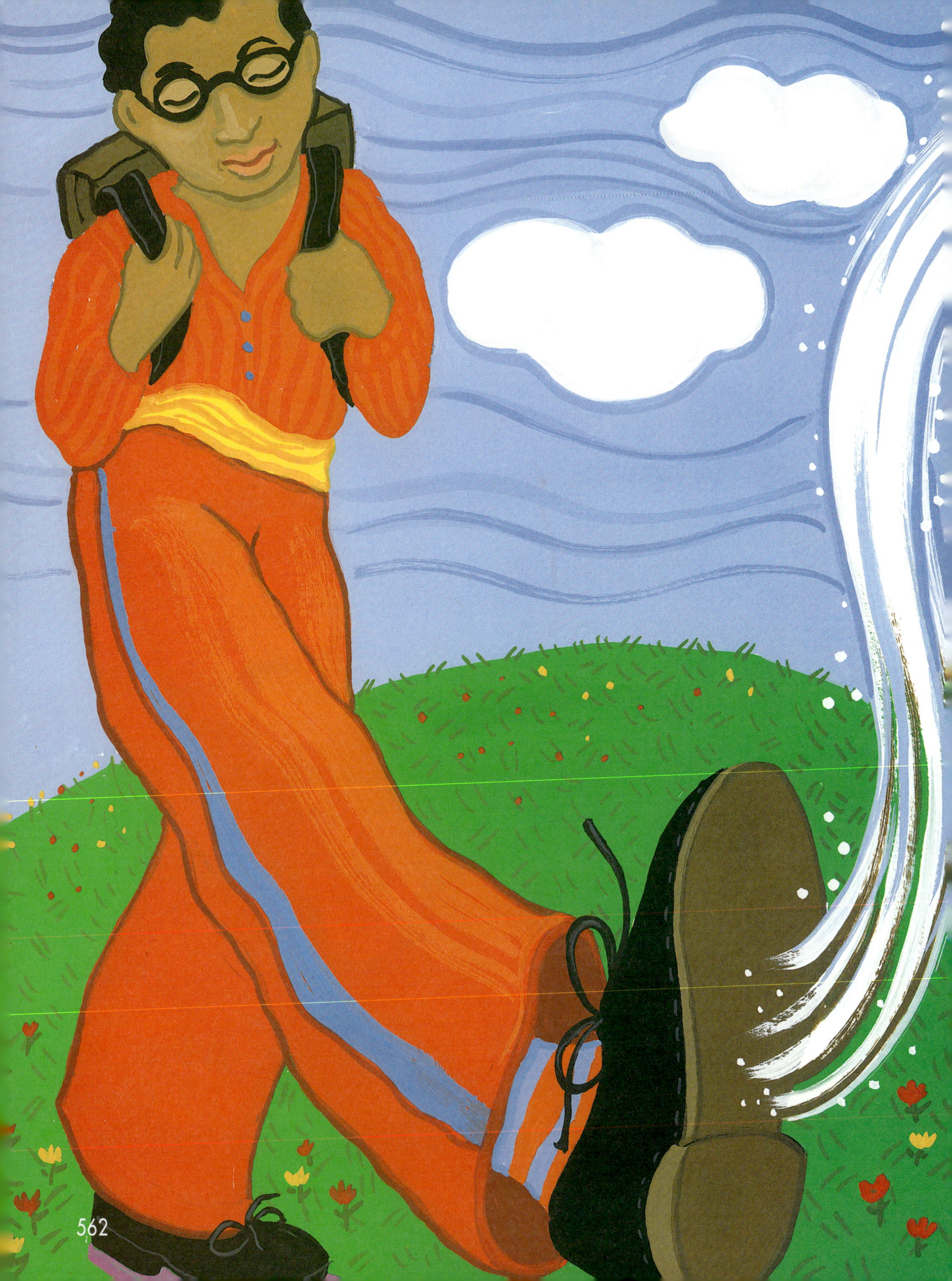

De más está que les cuente por todos los tropiezos que he tenido que pasar. Conseguir un amigo, por ejemplo, me ha costado más que los siete trabajos de Hércules. Eduardito era el candidato ideal. Es amigable, preocupado, me ayuda con las tareas de la escuela, pero es miope. Ya en varias ocasiones, sin querer por supuesto, me ha aplastado. Primero, con su maletín lleno de esos libros de textos tan grandes y pesados que nos dan en cuarto grado. Luego, estaba parado un día en su servilleta e imaginen lo estrujado que quedé luego de que el muy cegato se limpiara las manos. En otra ocasión, no vio que caminaba delante de él, y al dar su primer paso, me alzó en la punta de su zapato y me lanzó con tal fuerza que fui a parar a la orilla del río Chico, donde Papá me lleva a pescar, que queda a dos horas de camino desde casa.

Ya era demasiado. Así que me cansé de andar buscando amigos humanos cuando conocí a la pulga Clotilde. La conocí en el laboratorio de ciencias el día del experimento para ver cómo germina una semilla.

Allí estaba ella de chismosa asomada a la ventana. Dice que le encanta merodear las escuelas por las cosas de que se entera. Que si los números no tienen fin, que una oración tiene sujeto y predicado, que si la capa de ozono. Oye, ¡Esa pulga sí que sabe! Aquel día, cuando la maestra preguntó sobre los dos elementos más importantes que necesita una semilla para germinar, se oyó una vocecita desde la ventana: agua y luz.

Desde ese día somos inseparables. Clotilde me ayuda a estudiar. También come y juega conmigo. Cuando estoy en el salón de clases la veo asomada a la ventana y me dice adiós. Ahora le ha dado por decir que va a ir a hablar con el señor Ministro de la República para preguntarle por qué no hacen una ley que diga que la educación es obligatoria para todas las pulgas. Así las pulgas, en vez de andar por ahí molestando a perros y gatos, emplearían su tiempo en instruirse que falta les hace.

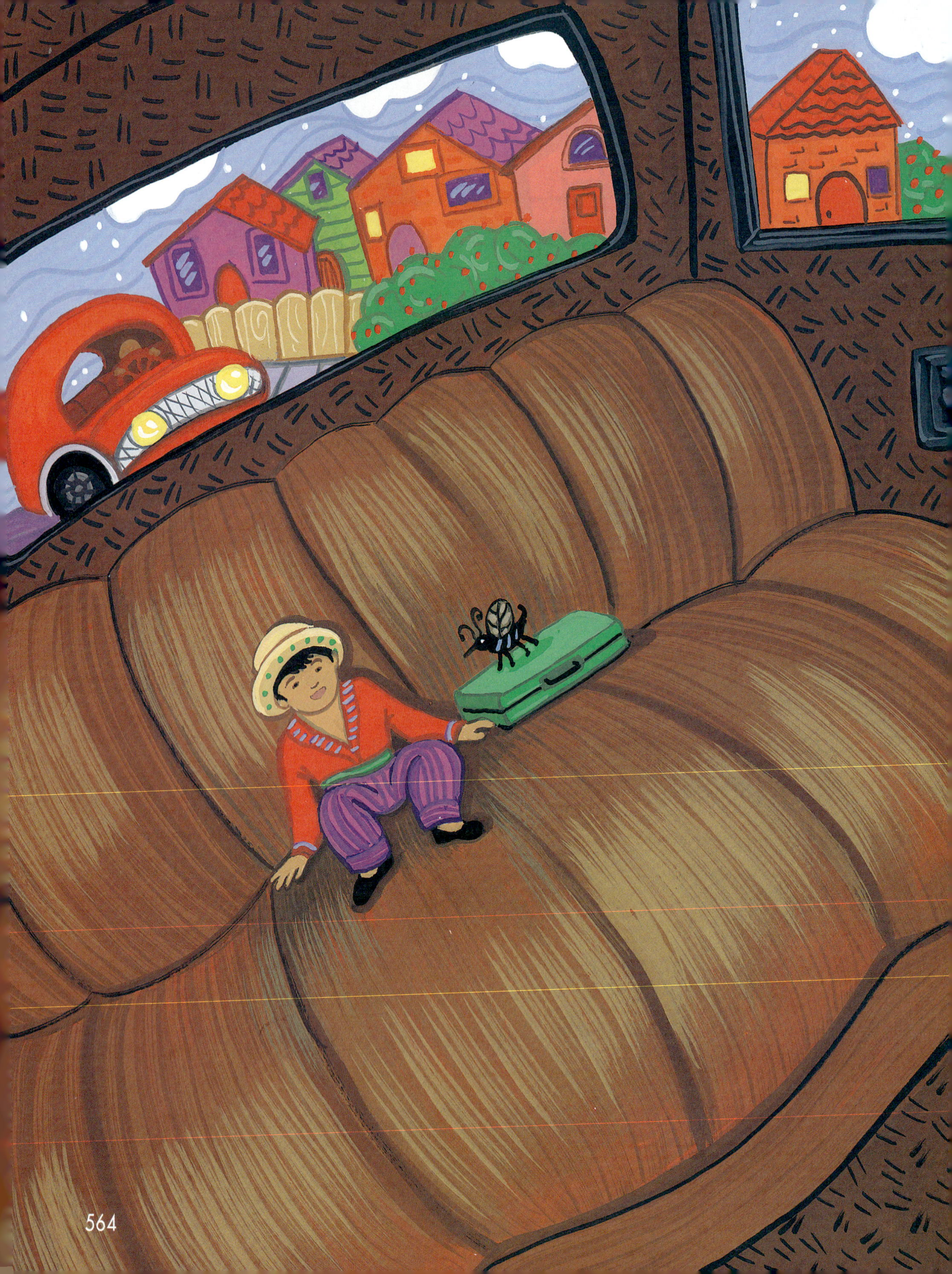

El otro día en la clase de historia sí que la maestra habló en chino. Nos pidió que hiciéramos una investigación sobre los bailes de otros países. ¿Se imaginan? Yo que no sé ni bailar. Y no es que a mí no me guste. A mí me encanta, pero yo digo que bailar tiene dos motivos. Uno es bailar para que te vean y te aplaudan, el cual a mí no me aplica por eso de que mido ocho centímetros y si no me ven cómo me van a aplaudir, y el otro es bailar para disfrutar; no creo que nadie disfrute el ser pisoteado, empujado, lanzado y hasta mordido por Eduardito que estoy seguro que a la primera me confunde con una de esas croquetas que dan en las fiestas, y sabe usted adónde iré a parar.

Cuando le hablé a Clotilde sobre el trabajo investigativo se entusiasmó muchísimo.

—Ya tengo la solución —me dijo—. Recoge tu pasaporte que nos vamos.

—¿Pero adónde? —pregunté yo.

—A comenzar la investigación. Hoy es viernes y el próximo lunes es día festivo. Como no hay clases hasta el martes, tenemos tres días para recorrer América, desde la Patagonia hasta el Caribe y entregar el trabajo investigativo a tiempo.

Lo próximo que recuerdo es que agarramos un taxi camino al aeropuerto. Cuando llegamos, Clotilde de un salto se metió en mi bolsillo. A las pulgas no las dejan viajar, ni les dan pasaportes, por eso de que si el Ministerio de Agricultura, bla bla bla. Así que escondida en mi bolsillo llegamos a Brasil Clotilde y yo. En las afueras del aeropuerto Clotilde conoció a Paolo, otra pulga instruida como Clotilde, de esas difíciles de encontrar.

Paolo, después de ponerse al tanto de todo, se convidó para ser nuestro guía y ayudarnos en nuestra tarea. Montados en un perro callejero de nombre Sato, llegamos a Río de Janeiro justo a tiempo para el Carnaval.

RIO DE JANEIRO

566

"Usted me olvidó. Lalalalalalala me olvidó". Esa música sí que tiene ritmo. Clotilde, Paolo y Sato no paraban de bailar. Yo, desde el vuelo de la manga del vestido de una carioca, lo observaba todo.

—Corre Clotilde que ahí viene otra carroza —grité yo—. ¿Qué música tan pegajosa es ésa?

—Eso es samba. Nuestro baile popular —dijo Paolo.

— Ah, ésa sí que me gusta. Y comencé a bailar y a dar vueltas como un trompo, pero sin bajarme del vuelo del vestido de la brasileña por aquello de que si no me ven. Bailé tanto que se me zafó una cadera. La verdad es que no exagera la gente cuando dice que los carnavales de Río de Janeiro son los mejores carnavales del mundo.

Ya bien entrada la noche, Clotilde me recordó que debíamos continuar. En contra de mi voluntad dejamos a Río y a aquella carioca que yo creo que le caí bien porque cuando le dije que me iba comenzó a llorar; aunque también me fijé que al mismo tiempo se marchaba aquel muchacho que había estado bailando prendido de su cintura toda la noche.

Paolo y Sato decidieron acompañarnos. Unos pájaros que por ahí pasaban y que picoteaban las palomas de maíz que la gente había dejado caer, nos dijeron que iban en nuestra misma dirección y se ofrecieron a llevarnos. Agotados por el cansancio, nos quedamos dormidos y parece que en el momento que pasábamos por unas turbulencias perdimos el equilibrio y nos caímos. Para nuestra sorpresa caímos en Barranquilla, ciudad costera de Colombia. Todo el pueblo estaba listo para comenzar el Festival. La música salía de todas partes, pero no se parecía a la samba. Yo tenía que salir de duda. Fue entonces cuando conocí a Lucho. Lucho es chiquito como yo, pero no anda con una pulga. Su mejor amigo es un gato negro que se llama Filiberto. Todos montados en Filiberto nos fuimos a recorrer Barranquilla. Lucho nos contó que esa música que escuchábamos se llama cumbia y que es un baile folklórico colombiano.

Me encantó la cumbia. Cumbia era lo que necesitaba para que se me zafara la otra cadera y poder emparejarme, porque con eso de que una cadera sí y otra no, estaba caminando un poco cojo. Y al compás de la cumbia y de una voz que cantaba "Rosa, qué linda eres" bailamos hasta el amanecer. La verdad es que no exagera la gente cuando dice que el Festival de Barranquilla es el mejor festival del mundo.

Nuevamente teníamos que seguir camino. Esta vez Lucho se ofreció a acompañarnos. Su amigo Filiberto dijo que él hablaría con un camarón amigo suyo que le debía favores, porque una vez lo tenía entre sus garras listo para comérselo y luego de que éste le suplicara lo dejó ir, para que los llevara. Todos nos montamos arriba de Rojo, así se llama el camarón. Clotilde y Lucho iban arriba de Filiberto por eso de que Rojo no tiene pelo. Así fue como cruzamos el mar Caribe y llegamos a Santiago de Cuba.

Ya iban por el tercer día de Carnaval Santiaguero. Allí conocimos a Violeta. Una simpática cubana nacida en la Habana y criada en Santiago, que lleva el ritmo en su sangre. Violeta nos llevó a ver la comparsa del solar. Reunidos en forma de círculo había más de mil personas. En el medio, un hombre, negro como el betún, tocaba el tambor. A su lado, otro señor sacaba música de una cazuela grande de hierro. Una mujer tocaba con dos palitos, que después supimos que se llaman claves, y un niño como de mi edad tocaba las maracas. Esa Violeta empezó a temblar de momento, y yo un poco preocupado, pensé que era que se sentía mal. Ahí fue cuando me dijo que era que ella llevaba el ritmo en su sangre, y que al sonar de los tambores la música le sube por los pies hasta la cabeza. Me contó que lo que los músicos estaban tocando se llama rumba y que todos los cubanos bailan la rumba como los colombianos la cumbia y los brasileños la samba. También nos dijo que la rumba es espontánea y que para tocar una rumba no se necesitan instrumentos sofisticados. Que con un par de cazuelas viejas y ritmo en la sangre, la rumba se manifiesta por sí sola. Luego nos enteramos de que a Violeta la conocen en Santiago como Violeta la rumbera.

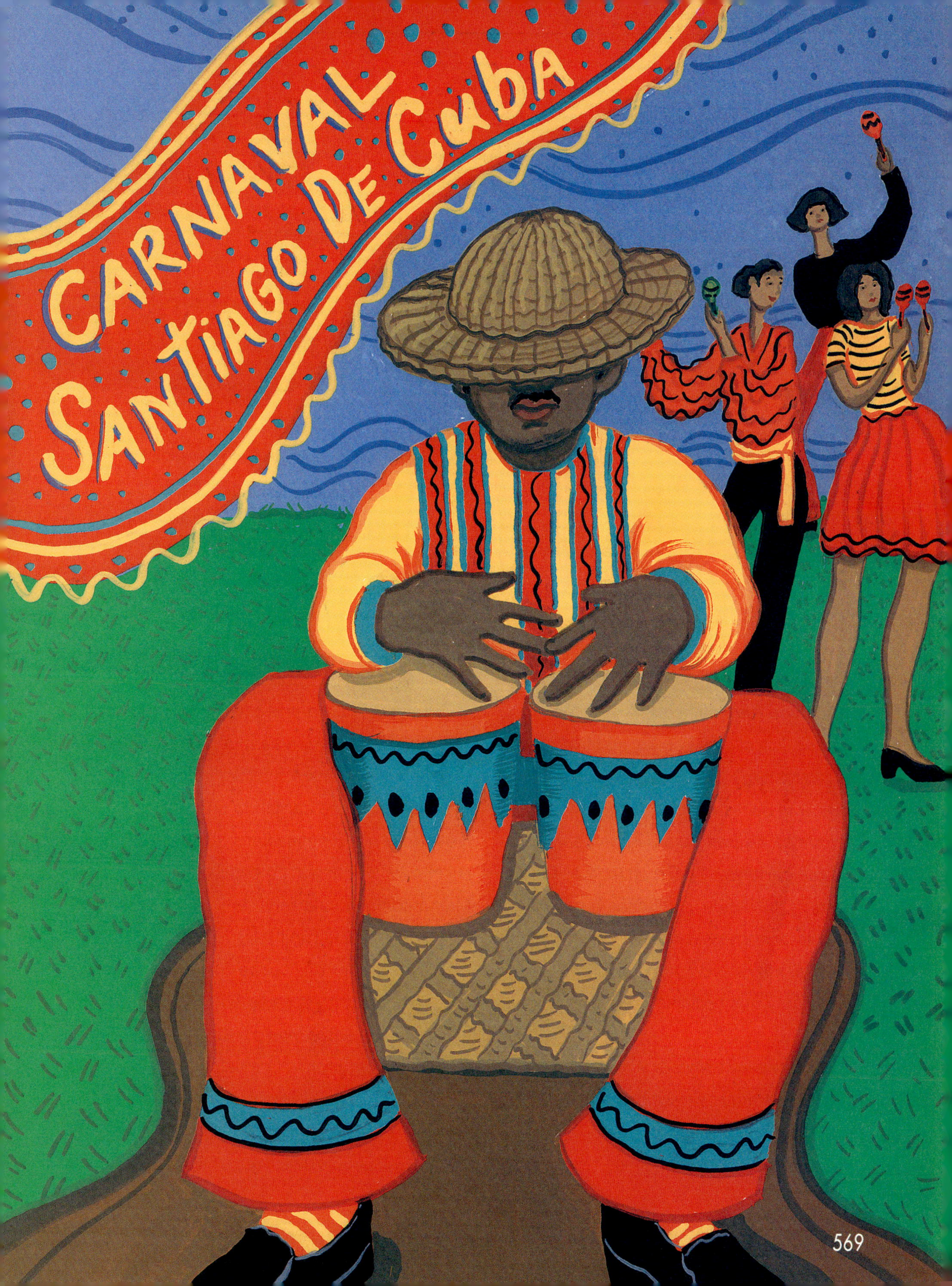
CARNAVAL
SANTIAGO DE CUBA

Seguimos escuchando aquella música cuando me fijé que Clotilde y Paolo estaban comenzando a temblar. Me doy vueltas para pedir ayuda a Lucho, Sato y Rojo, y cual fue mi sorpresa. ¡Todos temblaban! De pronto sentí como una cosquillita que me subía por los pies. En menos de un segundo todos bailábamos rumba mientras Violeta cantaba "Siento un bombo, mamita me está llamando". La verdad es que no exagera la gente cuando dice que los carnavales de Santiago de Cuba son los mejores carnavales del mundo. Y al son de la rumba, bailamos y bailamos hasta bien entrada la noche cuando Clotilde, quién sino ella, me recordó que no había tiempo para más y que teníamos que regresar a casa.

Esta vez invitamos a Violeta la rumbera para que viniera con nosotros. Pero como Rojo dijo que él no podía con tanto equipaje nos montamos todos en una canoa que tenía el papá de Violeta y que con mucha gentileza nos prestó.

Llegamos a casa con justo el tiempo para ponerme el uniforme y correr a la escuela. La maestra dio los buenos días y acto seguido comenzó a pedir los trabajos investigativos. Cuando llegó mi turno se llevó la sorpresa del siglo.

Le dije que para presentar mi trabajo había pedido la ayuda de mis padres y unos amigos. Primero fue Papi quien entró al salón de clases cargando una grabadora que de inmediato la colocó encima de una mesa. Lo seguía Mamá con una caja llena de lupas para todos (dos para Eduardito), para que todos nos pudieran ver y a nadie se le ocurriera pisotearnos o lanzarnos. Tan pronto la música comenzó a tocar, hicieron entrada todos mis amigos. Primero venían Clotilde, Paolo, Filiberto,

570

Rojo y Sato. Lucho entró después, vestido con una de esas camisas con dibujos de palmeras y cocoteros. Por último entró Violeta, con una falda roja corta y una blusita de ésas que se te ve la barriga y un pañuelo rojo atado a la cabeza.

Y al ritmo de la samba, la cumbia y la rumba hicimos la presentación de nuestro trabajo investigativo. La maestra estaba sorprendida y contenta. Los demás niños comenzaron a temblar, y esta vez no me preocupé. Ya sabía que era lo del ritmo en la sangre. Eduardito, sin que nadie le dijera nada, comenzó a sacar música de una lata de maníes. Yo me paré a su lado y agarré dos lápices para imitar las claves mientras que la maestra usaba el sonido de sus llaves para imitar el de las maracas. Y la rumba sonó hasta que Eduardito, ciego como es, quiso usar también la mesa de tumbadora y PLAF, me dio un manotazo que me dejó grabado en la mesa. Pero esa música que te sube por los pies me sacó del hueco, me sacudió y lo próximo que recuerdo es que encaramado en las escobas con que limpiamos el salón de clases, bailé una cumbia con la maestra.

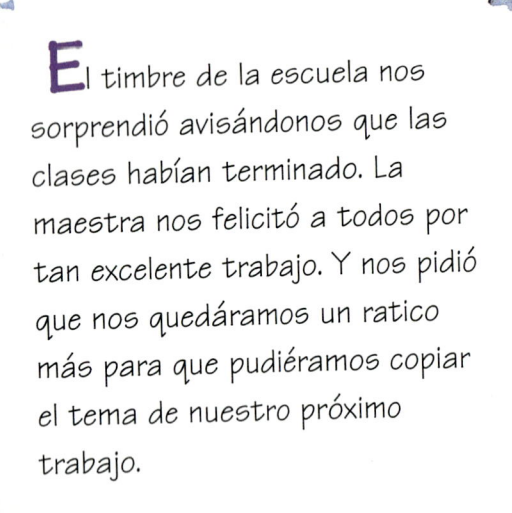

El timbre de la escuela nos sorprendió avisándonos que las clases habían terminado. La maestra nos felicitó a todos por tan excelente trabajo. Y nos pidió que nos quedáramos un ratico más para que pudiéramos copiar el tema de nuestro próximo trabajo.

TRABAJO INVESTIGATIVO

TEMA: BAILES FOLKLÓRICOS DE MÉXICO Y GUATEMALA. ENTREGAR LA PRÓXIMA SEMANA

FIN

Piénsalo

1. ¿Qué países visitaron Pepino y Clotilde y qué bailes aprendieron?
2. Si tu maestra te pidiera hacer un informe sobre bailes folklóricos del mundo, ¿qué países visitarías y qué bailes investigarías?
3. ¿Por qué crees que la autora hizo a Pepino tan pequeño? Explica.

Conoce a la ilustradora

Jennifer Bolton

Hace unos años Jennifer Bolton se mudó con su perro de Cincinnati, Ohio a San Francisco, California. Dejó atrás a su familia y a sus amigos porque sintió deseos de crecer artísticamente y en San Francisco encontró un paisaje más urbano, un clima templado y una cultura diversa.

Actualmente trabaja con varias compañías como Estée Lauder, Old El Paso Foods, PepsiCo., y numerosas otras también. Jennifer exhibe sus obras en la comunidad artística de San Francisco.

Visita *The Learning Site*
www.harcourtschool.com

El tango*

por Elizabeth Argüero Tilghman

*baile argentino

Bailan en la plaza.
¡Vengan a ver!
El hombre de negro
También la mujer.

¡Qué rápido bailan!
Cómo mueven los pies.
Dan vueltas y vueltas
Conté hasta diez.

Los instrumentos cantan
¿O lloran quizás?
El bandoneón nos dice:
¡Sigan el compás!

Con el revuelo de notas
Llega el final,
pero la cantante invita
¿No quieren bailar?

Taller de

¡Qué increíble!

HAZ UNA PRESENTACIÓN ORAL

Pepino nos cuenta lo que pasó con el Sol y la Luna el día de su nacimiento. Piensa en algún otro suceso especial que pudo haber pasado ese día. Recuerda que este cuento es una fantasía, por lo tanto puedes pensar en cosas que no sean reales. Toma apuntes de tus ideas. Luego, haz una presentación oral frente a la clase.

A bailar se ha dicho

INVESTIGA LOS BAILES DE OTROS PAÍSES

En "Pepino" pudimos aprender acerca de algunos bailes típicos como la samba de Brasil, la cumbia de Colombia y la rumba de Cuba. Escoge otros tres países y haz una investigación acerca de sus bailes típicos. Escribe un informe resumiendo lo que encontraste. Comparte tu informe con tus compañeros.

actividades

Hacer conexiones

TRAZA LA RUTA EN UN MAPA

En "Pepino" viajamos a Barranquilla en Colombia, Río de Janeiro en Brasil y Santiago de Cuba en Cuba. En "El tango" nos transportamos a Argentina. Con un compañero busca un mapamundi. Tomando como punto de partida Argentina, traza la ruta posible que Pepino y Clotilde siguieron para visitar estos países. Muestra tu ruta a los demás compañeros.

Había una vez . . .

ESCRIBE UN CUENTO

El cuento nos dice que Pepino se cansó de buscar amigos entre los humanos y a cambio se hizo muy amigo de varios animalitos. Si tuvieras que escoger uno o varios animalitos como tus compañeros de andanzas, ¿cuáles escogerías? Escribe un cuento describiendo a tus nuevos amiguitos y una de las aventuras que compartirían.

DOS TIERRAS, UN CORAZÓN

Ilustrador premiado

POR JEREMY SCHMIDT
Y TED WOOD

FOTOGRAFÍAS DE
TED WOOD

DOS TIERRAS, UN CORAZÓN

POR JEREMY SCHMIDT Y TED WOOD
FOTOGRAFÍAS DE TED WOOD

El viaje de un niño americano al Vietnam de su madre

La madre de TJ, Heather, es de Vietnam. Ella y los tíos de TJ, Jason y Jenny, fueron separados del resto de su familia durante la guerra de Vietnam y fueron adoptados y criados por una familia en América. Muchos años después se han enterado de que sus padres están vivos y sanos.

La madre de TJ y su tío Jason ya han ido de visita a Vietnam una vez. Esta vez TJ, su madre, su tía Jenny y su abuela americana han hecho el largo viaje en avión de Denver, Colorado a Ciudad Ho Chi Minh. Les quedan todavía dos días más de viaje para llegar a la granja de los abuelos de TJ.

El paisaje de la costa es de un verde vivo con campos de arroz que se ven hasta donde alcanza la vista.

El vuelo a Vietnam, en el sudeste de Asia, es largo.

Después de dos días en Saigón[1], es hora de que TJ y su familia vayan a la granja de la familia. A las siete de la mañana, una camioneta de alquiler los recoge en el hotel y una hora más tarde han dejado atrás la ciudad. El paisaje, un verde brillante de arrozales, cocoteros y altos grupos de bambú se parece al paisaje que TJ había visto en fotos. Pero aun en este sitio, la ruta está llena de bicicletas, motonetas, carros tirados por caballos, carros, camiones y pesadas carretas arrastradas por carabaos—los tractores tradicionales de Vietnam. En este pequeño país, con más de setenta millones de personas, las rutas están siempre atestadas.

Alrededor del mediodía, se detienen en un pequeño pueblo para almorzar. Este restaurante se parece a uno de los americanos, con mesas y meseros y vasos de agua. ¡Pero qué menú! Gorriones a la parrilla, sopa de anguila, patas de

---

[1]Saigón fue renombrada Ciudad Ho Chi Minh, pero mucha gente todavía la llama Saigón.

581

TJ vive en las Montañas Rocosas y nunca antes ha visto el océano. Mientras juega con su madre en la playa, TJ se deleita al sentir por primera vez la tibia agua del mar.

Pequeños pueblos marcan la costa de Vietnam y coloridos botes de pesca llenan las calmadas bahías.

rana fritas, sopa de nido de pájaro. Tal vez si su hermano Bradley estuviera con él, TJ le pediría una anguila, solamente para ver si puede comérsela. Pero para él pide algo más conocido, pollo frito.

Luego, están de nuevo en la ruta, la que pronto comienza a subir por las montañas que bordean al mar. TJ nunca ha visto el océano y cuando la camioneta pasa la última loma, ve el azul claro del mar de China meridional, extendiéndose sin límites frente a él. Todo lo que se le ocurre a TJ es saltar dentro de esa gran piscina azul, pero tiene que esperar hasta que se detengan esa tarde en Nha Trang, donde enfrente de su hotel, hay una playa de arena que se extiende por millas. Cuando por fin TJ va a la playa, no puede creer lo que ve. La playa está repleta de millares de chicos de más o menos su edad. Los chicos tratan de jugar y hablar con TJ, pero él no entiende su idioma y los chicos se van, confundidos por su silencio. Al final, TJ se adentra en el agua tibia y tranquila y se ríe mientras flota como un corcho. Quiere quedarse ahí para siempre, pero finalmente su madre lo arrastra a su habitación.

Al día siguiente, empiezan el día temprano. Todavía hay que conducir mucho hasta llegar a la granja. Las montañas son más escarpadas y al mirar hacia abajo, TJ puede ver pueblos de pescadores en ensenadas arenosas, centenares de pies más abajo. A medida que aumenta el calor de la tarde y ellos dejan las montañas, el paisaje comienza a ser siempre igual, hasta que el conductor disminuye la velocidad y sale de la ruta. Dejan atrás el pavimento y entran en un túnel sombreado sobre un camino estrecho de tierra roja que serpentea entre arrozales. Repentinamente, todos están despiertos, ansiosos y nerviosos al mismo tiempo. Después de seis días de viaje, están a pocos minutos de la granja.

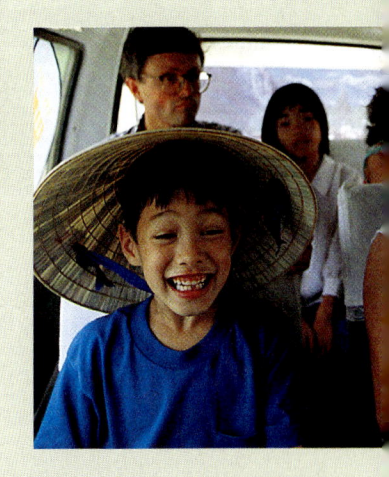

TJ apenas puede controlar su entusiasmo cuando la camioneta se acerca a la granja de la familia.

*L*a casa está apartada del camino, apenas visible detrás de un denso grupo de árboles y bambúes. El conductor toca la bocina. Guiados por los abuelos de TJ, una multitud sale corriendo para recibirlos. Están llorando descontroladamente, mientras rodean a Jenny y Heather. TJ es rodeado por un montón de brazos que lo tocan y lo acercan. Él no sabe qué hacer. El llanto y la conmoción lo asustan, pero ve el amor que fluye, junto con las lágrimas, en las caras de sus abuelos.

Con los brazos alrededor de Heather y Jenny, el abuelo los dirige a la casa. Situada debajo de grandes árboles de sombra, la casa es de ladrillos con un techo de tejas. La familia se apiña en el pequeño comedor para hablar mientras beben agua de coco fresca.

Si bien TJ ya sabe como decir "abuelo", *ông* en vietnamés, toda la conversación es a través de un intérprete. Después de veinte años de vivir en América y de hablar inglés, la madre de TJ se ha olvidado del vietnamés. A TJ le gustaría aprender unas pocas palabras, pero es un idioma difícil de pronunciar. Por ejemplo, la palabra *dau:* Si la pronuncias alzando el tono de voz, como si estuvieras haciendo una pregunta (¿*dau?*), significa "dolor de cabeza". Si la pronuncias bajando el tono de voz, quiere decir "cacahuate". TJ podría pedir un tazón de dolores de cabeza, ¿y qué le darían?

Los abuelos de TJ dan una fiesta para darles la bienvenida a Vietnam con docenas de platillos que TJ nunca ha comido antes.

Al día siguiente, llegan familiares y amigos de varias millas a la redonda para una fiesta familiar. Es como un gran Día de Acción de Gracias con docenas de familiares apiñados en una casa. Aun con mesas en todos los cuartos, la gente tiene que turnarse para comer. Los visitantes de América son la atracción principal. Hay tanta gente mirándolos a través de las ventanas y puertas que TJ no puede ver hacia afuera. De la cocina llega un interminable desfile de platillos, y TJ encuentra algunos de ellos muy extraños. ¿A quién se le hubiera ocurrido servir carne con especias y frutas? ¿O mojar tortas de arroz en una salsa picante y salada? ¿O freír una ensalada?

A TJ le gustan algunos de los platillos, especialmente el arroz frito. —¡Ông, mira esto! —dice, y levanta arroz de su tazón con los palillos chinos como un experto. TJ quisiera poder hablar vietnamés con su abuelo, pero está orgulloso de mostrarle que por lo menos puede comer como un chico vietnamita.

Cuando termina, TJ va hacia la cocina. De todas las habitaciones, ésta es la que más se diferencia de las de las casas en América. El único mueble es una mesa. Las tías de TJ cocinan sobre el piso de tierra, sobre fogones sin chimeneas y las paredes están negras por el humo de la madera que flota en el aire. Hay grandes ollas de sopa burbujeando al lado de sartenes que chirrían de calientes. No hay ni horno microondas, ni estufa eléctrica, ni licuadoras o mezcladoras, ni siquiera una nevera. Es asombroso ver una cocina sin ninguno de los elementos modernos, pero a TJ le encanta. Le recuerda de los viajes con su familia para acampar en las Rocosas. Él se hace cargo de poner palitos en el fuego, mientras las mujeres de la familia, sentadas en el suelo, pican y cortan.

No hay ni hornos microondas ni estufas eléctricas en esta casa. TJ ayuda a sus tías a preparar la cena sobre fuegos de madera.

Darse una ducha en la granja es echarse un cubo de agua sobre la cabeza. TJ ayuda a su primo menor a sostener el cubo.

No hay agua corriente en la casa. El abuelo de TJ le muestra cómo sacar agua del pozo.

El lugar para lavar está afuera, a un costado de la casa. En vez de un fregadero, hay varios recipientes de barro enormes llenos de agua. El agua viene de un pozo, hecho por el tatarabuelo de TJ —un pozo profundo de unos tres pies de diámetro y revestido con ladrillos. Inclinándose sobre el borde, TJ puede distinguir el débil brillo del agua treinta pies más abajo. Su abuelo le cuenta cómo antes sacaban el agua con un cubo, pero que ese año habían agregado una bomba eléctrica y una manguera. Ông está orgulloso de la bomba. Es la única maquinaria eléctrica en la granja, y hace todo mucho más fácil. Sin embargo, él quiere mostrarle a TJ cómo sacaban agua antiguamente. Arroja el cubo en el pozo y se escucha un ruido cuando el cubo choca con el agua. Luego, el abuelo lo levanta tirando de una cuerda. Parece mucho trabajo para tener un poco de agua para lavarse las manos.

Al final del día, TJ descubre la nariz y los cálidos ojos color café de un buey mirando desde un pequeño granero de techo de paja. Pero ya es hora de que su familia vuelva al hotel donde se está quedando, y por eso TJ tendrá que esperar hasta el día siguiente para descubrir los misterios de la granja.

A la mañana siguiente, TJ está impaciente por explorar la granja y los alrededores. La granja tiene sólo unos acres de terreno y sería considerada pequeña en América, pero no en Vietnam. Para TJ tiene el tamaño perfecto y a cada pocas yardas, puede descubrir algo nuevo. En los campos cultivan arroz, soja, maíz y hojas de morera para alimentar a los gusanos de seda. Enfrente de la casa hay un huerto y a lo largo de los senderos crecen cocoteros y árboles de guayaba, papaya, aguacate, plátanos y mangos. Los bambúes y eucaliptos proveen madera y sombra. Los árboles más grandes tienen unas frutas verdes extrañas que crecen directamente de sus troncos. Son más grandes que pelotas de fútbol, están cubiertas con nudos espinosos y se llaman nanjea. No parecen muy apetitosas, pero su interior es amarillo y dulce. Por fin TJ se da cuenta de por qué no

Los gusanos de seda son inofensivos, pero a TJ le parecen horripilantes.

ha visto ningún supermercado; todos tienen un supermercado en su patio.

TJ está aprendiendo que Vietnam es un lugar muy caluroso y mayo es la época más calurosa del año. Todos los días la temperatura sube hasta casi los 100 grados. La gente trabaja por la mañana cuando hace fresco y descansa a la sombra en el mediodía. En su casa, la mamá de TJ pondría el aire acondicionado. Aquí, la gente usa maneras antiguas para mantenerse frescos. El abuelo descansa en una cama de bambú, bajo la sombra de un árbol de guayaba. Las gallinas se suben a las vigas del granero. TJ prefiere la hamaca porque, si se empuja con un pie contra la pared, puede mantener el aire en circulación y es como si estuviera en una cama mecedora bajo un ventilador.

Cuando refresca al fin de la tarde, la gente empieza a moverse nuevamente. Las mujeres, con sombreros de paja, trabajan en los arrozales y el tío Thao lleva a TJ a caminar a lo largo del sendero de tierra. TJ siempre está listo para acompañarlo. Thao le cae bien, tal vez porque sus bromas tontas le recuerdan al tío Jason, el hermano mayor de Thao. El tío Thao se parece a Jason y hasta tiene su misma risa. Ayer, durante la cena, Thao le robó a TJ una torta de arroz del plato y se la comió de un bocado, con una gran sonrisa, igual que cuando Jason se luce con TJ.

En el camino, pasa gente montada en bicicleta, llevando cargas que TJ jamás vería en Denver. En una bicicleta llevan dentro de un canasto un cerdo tan grande como la bicicleta. Otra viene con unos 100 patos atados por las patas a un marco grande de madera, cabeza abajo, y todos haciendo "cuac". Más adelante en el camino, un carabao ha tenido el equivalente a una llanta reventada. Una herradura se le ha desgastado y tres hombres le están clavando una herradura nueva. Son de metal, como las de los caballos, pero como los carabaos tienen las pezuñas

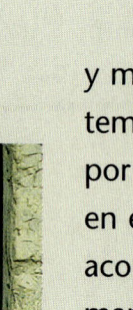

TJ encuentra una nanjea creciendo en un árbol cercano casi tan grande como él.

hendidas, necesitan dos herraduras en cada pata. Cuando los hombres terminan, el gran animal va lentamente al canal de irrigación y se tira al agua con sólo su cabeza fuera de ella. Donde más les gusta estar a los carabaos es en el agua.

    Si bien sus vecinos usan carabaos en vez de tractores, Thao está orgulloso de los bueyes de su familia, que son más valiosos que los carabaos y más fáciles para manejar. TJ ama a estos dóciles animales y está encantado cuando Thao le pide que lo ayude a arar un nuevo campo para sembrar maíz. Del granero, Thao trae a los bueyes, el yugo y el arado, y salen para el campo. Los bueyes los siguen como si fueran perros, como si supieran qué hacer. En el campo se paran juntos, haciendo para Thao más fácil engancharlos al arado.

    Luego, tan fácilmente como si arrancara un carro, Thao dice una palabra y los bueyes comienzan a caminar siguiendo el borde del campo. Parece tan fácil. Thao simplemente camina al lado de los bueyes, y de vez en cuando toca uno de ellos con una rama de bambú para dirigirlo; el arado hace surcos derechos y profundos. TJ quiere intentar pero enseguida se da cuenta de que si los bueyes son los que tiran, el trabajo es también duro en la otra punta. TJ trata de mantener el arado derecho y a un ángulo para cortar a la profundidad debida. Pero el arado es pesado y TJ se cae a un costado en la tierra, mientras los

El carabao es el animal de granja que más trabaja en Vietnam.

El tío Thao se divierte mucho cuando TJ trata de mantenerse encima de uno de los bueyes.

TJ trata de diferenciar entre una hierba y una planta de arroz mientras ayuda a su tía a desherbar el arrozal.

Bajar cocos de un cocotero es un trabajo duro. TJ usa una vara larga de bambú para hacer caer los cocos.

El tío Thao y TJ exploran el río que corre cerca de la granja.

bueyes siguen tirando. Luego de hacer dos pasadas, TJ se da vuelta. Sus surcos parecen culebras al lado de las líneas rectas de Thao. TJ lo mira de reojo y ve que su tío se está riendo.

TJ prueba otro trabajo con su tía Phieu, ayudándola en el arrozal. En esta época del año, las plantas de arroz sólo tienen un pie de altura y el trabajo más importante es arrancar las malas hierbas. Como el arroz necesita mucha agua, el arrozal está anegado. TJ camina descalzo en el barro blando, teniendo cuidado de poner los pies entre las delicadas plantas para no aplastarlas. Phieu le muestra cómo diferenciar las hierbas del arroz, y una vez que TJ comienza a arrancarlas, encuentra hierbas en todas partes. Estar agachado bajo el sol caliente con sólo un sombrero de bambú como sombra es un trabajo duro. En su casa, la tarea principal de TJ es limpiar su cuarto, algo que en este momento le parece muy fácil.

TJ está muerto de sed después de todo este trabajo bajo el sol. En su casa, podría abrir la nevera y tomar un refresco. Pero aquí, uno tiene que cosechar su refresco. *Ông* le da a TJ una vara especial y lo lleva a un cocotero en el patio delantero. Con la vara, TJ hace caer uno de los pesados cocos verdes, esquivándolo para que no le caiga en la cabeza. Luego, el tío Thao lo abre con un cuchillo grande y vierte el agua del coco, dulce y clara, en un vaso. TJ no está acostumbrado a ver salir agua de una fruta y aunque sabe bien, él en realidad preferiría beber una soda.

De camino al establo de los bueyes, TJ ve una canoa de bambú en las vigas. —Tío Thao —grita TJ—. ¿Podemos llevarla al río? La canoa no es para divertirse. Su función principal es llevar los productos de la granja río abajo para venderlos en la ciudad. Pero Thao no puede dejar pasar la oportunidad de lucirse delante de TJ. Con su ayuda, lleva la canoa hasta el agua, donde la deja caer, haciendo salpicar el agua.

El río es perfecto para aprender a andar en canoa. Thao y TJ reman pasando por campos cultivados y debajo de grandes árboles que extienden sus ramas sobre el río. Un granjero vecino camina a lo largo de la costa con una bandada de patos. Del otro lado de un recodo, TJ y su tío pasan a dos chicos lavando sus bueyes y, más tarde, un hombre cruza el río en un carro tirado por dos carabaos. El río no ha cambiado desde que el abuelo de TJ era un chico. Es un lugar tranquilo, sin motores y donde nada se mueve más rápidamente que una canoa flotando en la corriente.

Mientras reman de regreso al amarradero, las cuatro primas de TJ los están esperando con caras traviesas.
—Oh, no —dice TJ con una gran sonrisa. El agua es tan baja que las chicas pueden caminar hasta la canoa y, sin previo aviso, empiezan a echarle agua. En segundos, TJ está empapado. Thao salta de la canoa, riéndose y poniéndose a salvo, y deja a TJ a merced de sus primas. No pasa mucho tiempo hasta que todos están en el río, salpicándose y riéndose. Los primos son iguales en todas partes.

Es hora de abandonar el barco cuando las primas de TJ atacan la canoa de modo juguetón.

Piénsalo

1 ¿Por qué viaja TJ a Vietnam y qué aprende allí?

2 ¿Qué partes del viaje de TJ crees que te hubieran gustado? ¿Qué partes crees que no te hubieran gustado?

3 ¿Por qué crees que los autores eligieron el título "Dos tierras, un corazón"?

Conoce a los autores
Jeremy Schmidt y Ted Wood

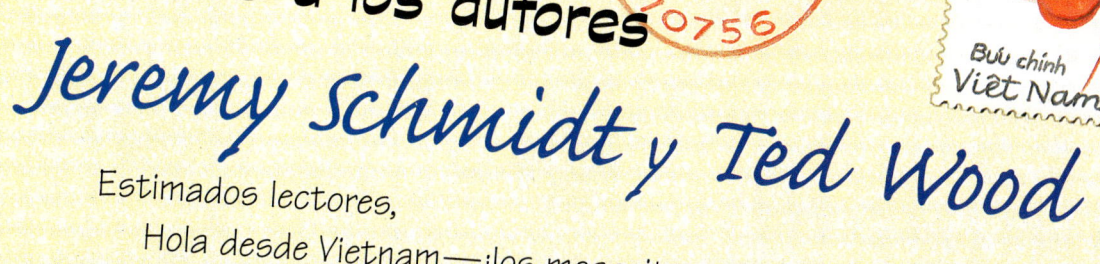

Estimados lectores,

Hola desde Vietnam—¡los mosquitos mandan sus saludos! Hace calor y es húmedo aquí. No estamos acostumbrados a esto porque somos de los estados montañosos, como TJ. Aun así, el paisaje es hermoso.

Viajar a nuevos lugares es una de las partes divertidas de nuestro trabajo. Jeremy ha estado en Asia muchas veces antes, y fuimos a la India la primera vez que colaboramos para hacer un libro. Hemos trabajado en revistas, libros, guías de viaje y ensayos fotográficos. Pensamos que trabajar en libros como "Dos tierras, un corazón" es de lo más divertido —¡con tal que traigas repelente de insectos!

Buen viaje,

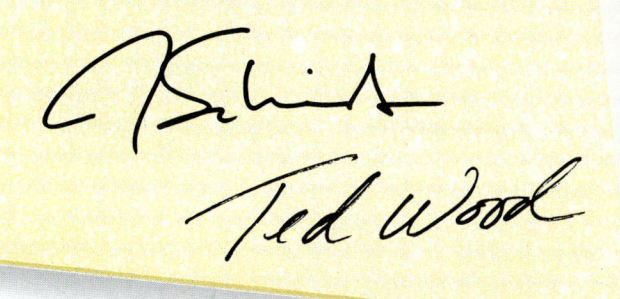

Schmidt
Ted Wood

Visita *The Learning Site*
www.harcourtschool.com

En Estados Unidos

ESCRIBE UNA GUÍA PARA LA SUPERVIVENCIA

En grupo, creen una guía de supervivencia para ayudar a un primo vietnamita de TJ a acostumbrarse a la vida diaria en Estados Unidos. Pueden incluir sugerencias para el transporte, el dinero y la comida. Primero, consulten algunas guías para saber qué tópicos se incluyen.

Taller de

Granos de arroz

ESCRIBE UN INFORME

TJ ayuda a su tía a desherbar un arrozal. Averigua más sobre el arroz, uno de los alimentos más importantes del mundo. Usa fuentes de referencia como un almanaque mundial para averiguar dónde crece el arroz y para qué se utiliza aparte de alimento. Escribe un informe para compartir lo que averigües.

actividades

¡Buena suerte!

COMUNÍCATE CON GESTOS

¿Cómo podría haberse comunicado TJ en Vietnam sin un intérprete? En grupo, hagan una lista de señales que comunican mensajes sobre trasladarse, comer y otros tópicos importantes. Por ejemplo, mover la cabeza de arriba abajo significa "sí". Hagan un vídeo para demostrar y explicar los movimientos o represéntenlos para la clase.

¡Qué pequeño es el mundo!

HAZ UN CARTEL

Después de una maravillosa lucha de agua, TJ decide que "los primos son iguales en todas partes". Haz una lista de otras cosas que son iguales en cualquier parte. Luego haz un cartel. Haz un dibujo con el mundo en medio. A su alrededor, escribe oraciones que describan cómo algunos aspectos de la vida son iguales en todas partes.

PRUEBA TU DESTREZA

Fuentes gráficas

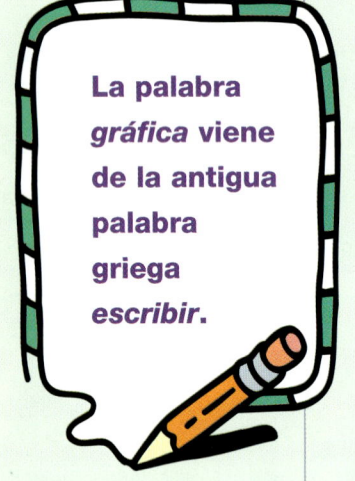

La palabra gráfica viene de la antigua palabra griega escribir.

"Dos tierras, un corazón" contiene mapas y fotos que le dan al lector información adicional sobre Vietnam. Algunos tipos de información pueden comunicarse mejor con fotografías. En libros, revistas y en Internet, la información se muestra de muchas maneras, incluyendo fotografías, mapas, dibujos, esquemas, gráficas, tablas, cronologías y diagramas. Se llaman **fuentes gráficas** o simplemente **gráficas**.

Los mapas pueden dar mucha información. Aquí hay algunas cosas que puedes aprender de los mapas:

- la distancia entre lugares
- los nombres de ciudades y países
- el tamaño y la ubicación de países
- los nombres de cuerpos de agua

Éste es un mapa de Vietnam. Muestra las áreas o zonas agrarias.

Zonas agrarias

- Tierras de cultivo
- Cosechas de frutas, verduras y árboles
- Pastos
- Bosques y selvas

VIETNAM

Ciudad Ho Chi Minh

596

Las gráficas muestran información sobre números o cantidades de cosas. A continuación se muestran dos gráficas de barras que dan información sobre la temperatura y las precipitaciones en Ciudad Ho Chi Minh. ¿Qué información te dan sobre el clima del sur de Vietnam? ¿Crees que preferirías visitar Vietnam en enero o en julio?

CIUDAD HO CHI MINH

Temperatura promedio | **Precipitaciones**

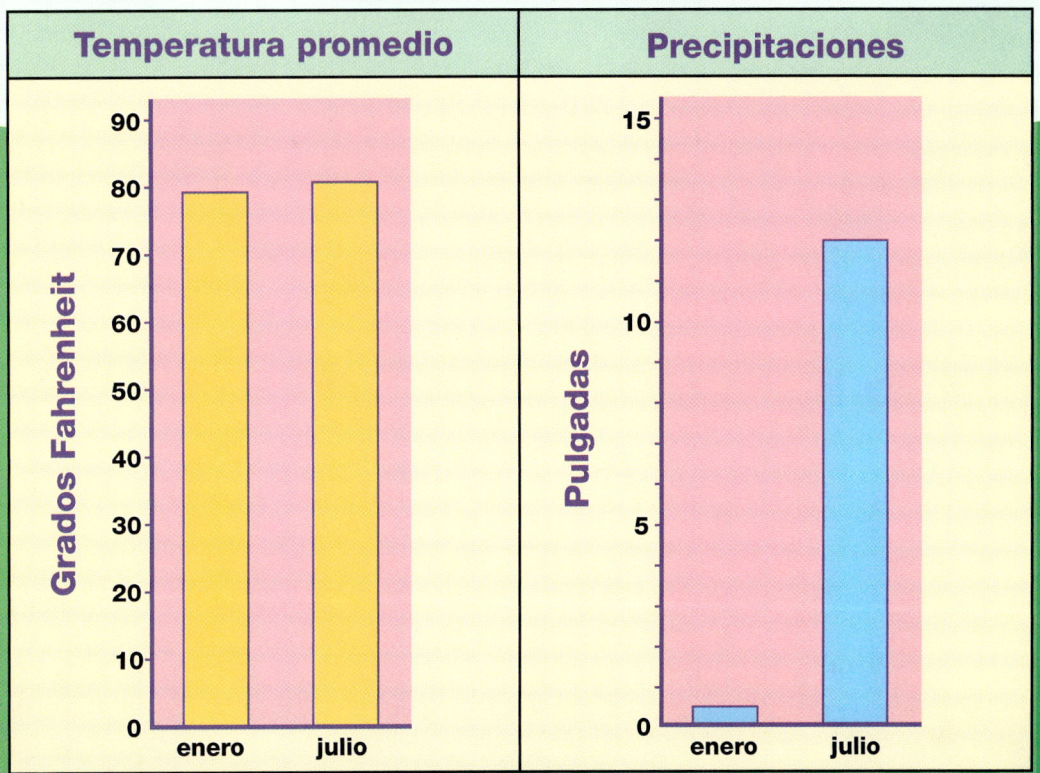

¿QUÉ HAS APRENDIDO?

1. ¿Cómo contribuyen los mapas de las páginas 581 y 596 a tu comprensión de la selección?

2. Haz una tabla a partir de la gráfica anterior. ¿Cuál de estas dos maneras de mostrar información seleccionarías si fueras a escribir un reporte del clima en Ciudad Ho Chi Minh? Explica.

INTÉNTALO • INTÉNTALO

Haz una línea cronológica para los primeros siete días de la estancia de TJ en Vietnam. Usa puntos para mostrar cuándo se marcha TJ de Saigón, cuándo llega a la granja, cuándo la familia tiene el banquete y cuándo TJ explora la granja.

Visita *The Learning Site*
www.harcourtschool.com

ECOLOGÍA
para los niños

POR FEDERICO ARANA

ECOLOGÍA
para los niños
POR FEDERICO ARANA

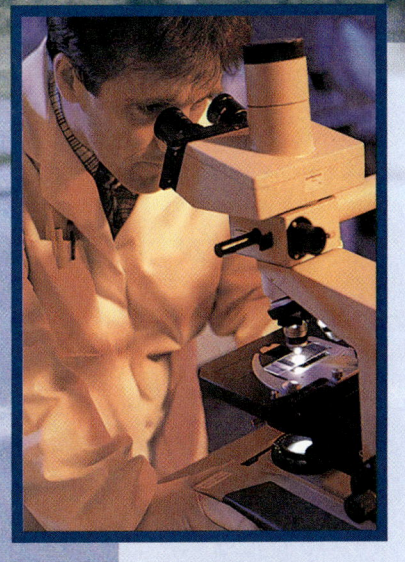

ECOLOGÍA

Ecología es una palabra formada por términos griegos que, traducidos al español, significan "estudio de la casa". Sin duda, el biólogo alemán Ernesto Haeckel estaba pensando realmente en nuestro planeta que está habitado por todos los seres vivientes tales como animales, plantas, hongos y cantidades asombrosas de microbios.

En realidad, los organismos no sólo se relacionan entre sí, sino con otra cantidad de materiales. Lo que conocemos como medio ambiente incluye agua, gases, rocas, temperatura y arena entre muchísimos otros.

La ecología es el estudio de la relación recíproca entre los organismos y el ambiente.

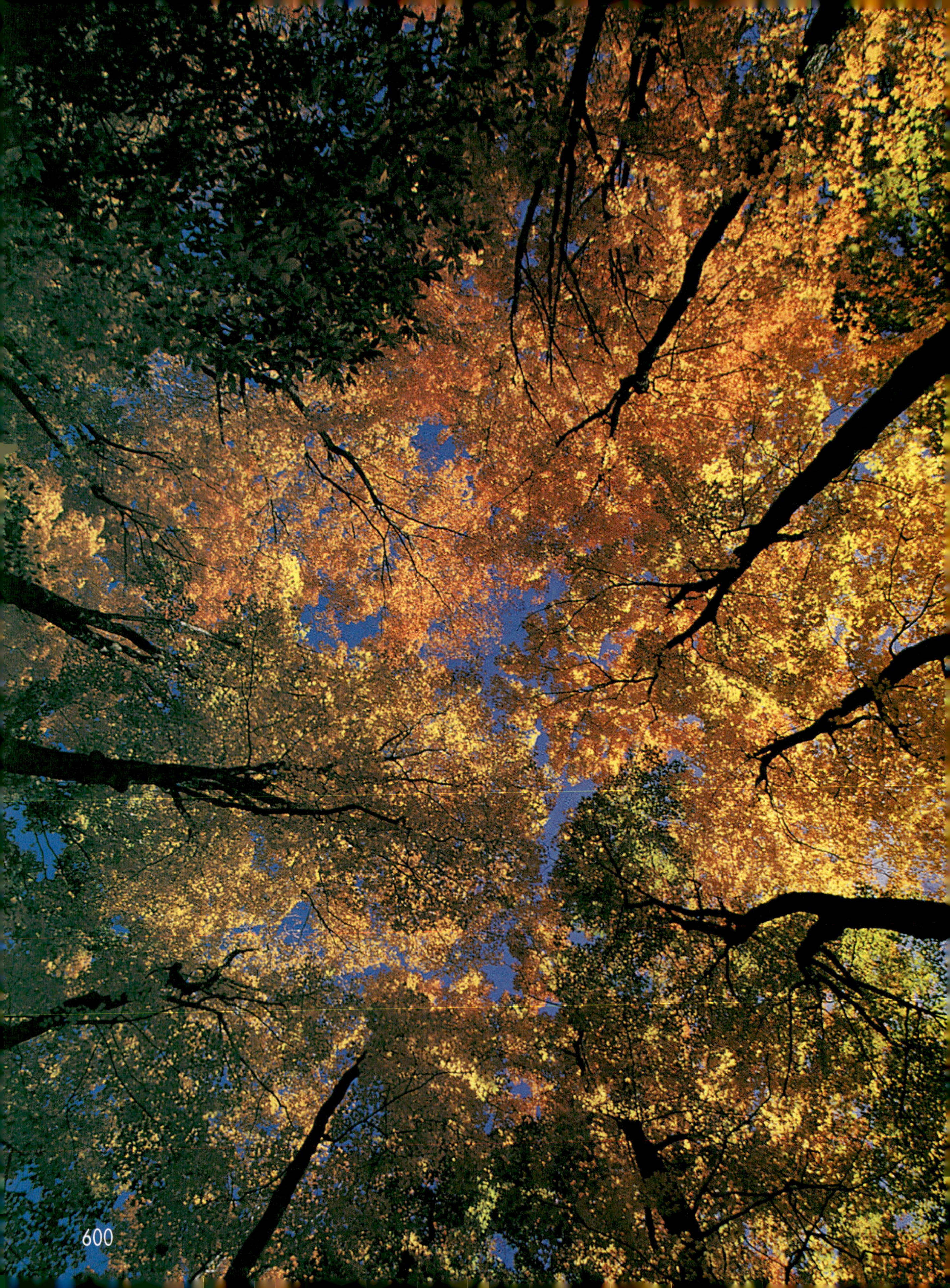

En cierta ocasión un ecólogo preguntó a un niño cómo imaginaba la protección del ambiente natural. Ésta fue su respuesta:

—Te vas al bosque. Buscas a alguien deseoso de tumbar un árbol, le quitas el hacha y le echas un sermón sobre la importancia de los árboles para la lluvia, la formación y conservación del suelo, la oxigenación del aire, la belleza del paisaje, la vida de pájaros y lagartijas, mariposas y . . .

—Eso no estaría mal —respondió el ecólogo— pero me parece difícil andar por ahí discutiendo con leñadores y, además, recuerda que no siempre es malo cortar un árbol. Lo importante para conservar el bosque es no cortar ni un árbol de más, pero tampoco ninguno de menos. Si se cortan demasiados árboles, el bosque desaparece pero, si no se corta ninguno, el bosque no produce.

—Ya veo —exclamó el niño—. Si el bosque no produce, no hay madera, ni muchas otras cosas hechas de diversas plantas, ni papel . . . y sin papel no habría libros, ni periódicos, ni cuadernos.

—De cualquier modo —apuntó por último—, recuerda dos cosas fundamentales para proteger el ambiente natural. Primero, aprender un poco de ecología y segundo, actuar enérgicamente.

LOS ECOSISTEMAS

Para estudiar apropiadamente la biosfera hay que dividirla en numerosas unidades llamadas ecosistemas.

Llamamos ecosistema a un área determinada donde interactúan grupos de seres vivos y no vivos con su medio ambiente. Así, por ejemplo, un bosque, un pantano o un islote son ecosistemas distintos.

A pesar de que un ecosistema aparenta tener bastante independencia, a menudo depende de otros y no es raro, además, que ciertos organismos pasen de su ecosistema al del vecino para buscar agua o comida. Por ejemplo, un oso que vive en el bosque puede acudir a un lago en pos de deliciosos pescados o un poco de agua fresca.

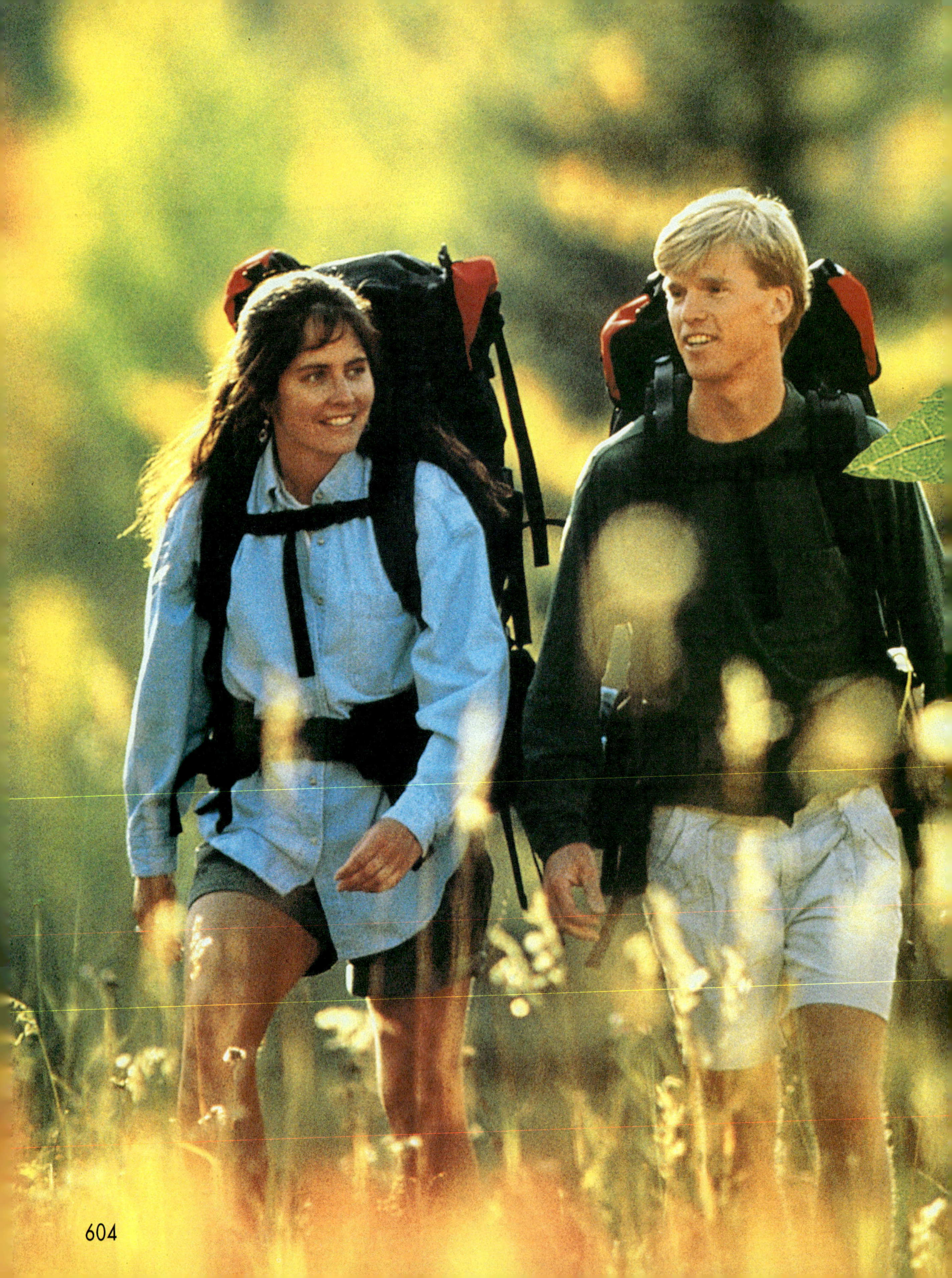

LA PROTECTORA CAPA DE OZONO

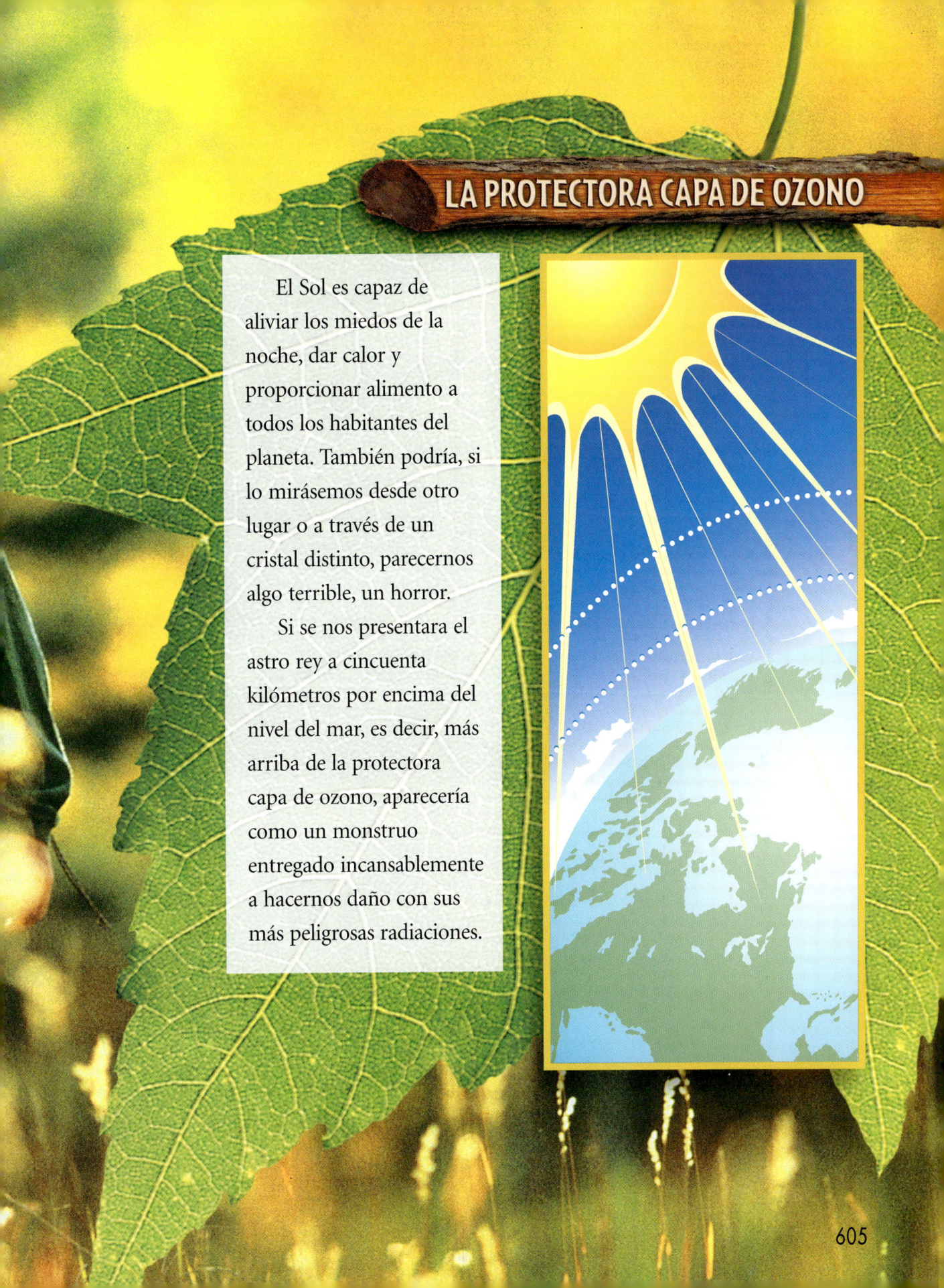

El Sol es capaz de aliviar los miedos de la noche, dar calor y proporcionar alimento a todos los habitantes del planeta. También podría, si lo mirásemos desde otro lugar o a través de un cristal distinto, parecernos algo terrible, un horror.

Si se nos presentara el astro rey a cincuenta kilómetros por encima del nivel del mar, es decir, más arriba de la protectora capa de ozono, aparecería como un monstruo entregado incansablemente a hacernos daño con sus más peligrosas radiaciones.

Gracias al Sol, la Tierra recibe luz y calor en cantidades adecuadas para la existencia de los seres vivos que conocemos. Todos los seres vivos dependen de la llegada a nuestro planeta de los famosos rayos solares. Éstos incluyen no sólo la luz visible, sino otras radiaciones como los rayos X, los ultravioleta y las ondas microondas que son muy capaces de ocasionar muchos daños.

El planeta recibe, en condiciones naturales, la cantidad justa de radiaciones para el desarrollo de la vida. Si llegara a desaparecer la capa de ozono, la Tierra recibiría cantidades excesivas de rayos ultravioleta dañinos para la salud. Además peligrarían las plantas y los animales.

DESTRUCCIÓN DE LAS SELVAS

En la Tierra existen, entre el trópico de Cáncer y el de Capricornio, selvas tropicales húmedas. En cuatro de los siete continentes existen restos de lo que en otros tiempos fueron extensísimas selvas tropicales.

¿Cómo se llegó a esto? En primer lugar por extraer maderas preciosas y en segundo por abrir nuevas tierras a la agricultura. La capa de tierra donde se asienta la selva es delgada y perdida la protección del follaje, no tarda en ser arrastrada por el agua de lluvia hasta quedar reducida a terrenos secos y arenosos donde la vida casi no prospera.

Y es aún más grave de lo que parece porque no sólo se extinguen plantas y animales valiosísimos e interesantísimos, sino desaparece un área productora de grandes cantidades de oxígeno. Se calcula que la selva amazónica produce la tercera parte del oxígeno atmosférico habido en el planeta. También en las plantas que crecen en las selvas se encuentran sustancias de gran ayuda para lo científicos. Por ello vale la pena prevenir la destrucción de las selvas.

EL MAR NO ES UN BASURERO

El mar, esa masa de agua salada que ocupa cuatro quintas partes de la superficie del planeta, es un mundo fascinante habitado por todo tipo de criaturas y tesoros.

Peces, delfines, focas, morsas, ballenas, cangrejos, medusas, corales, erizos, esponjas, almejas, caracoles y algas son algunos tipos de organismos marinos conocidos. Pero la variedad es tan grande que ni siquiera los especialistas pueden conocer todas las especies de peces o cangrejos establecidos en el mar.

El mar nos aporta cincuenta millones de toneladas de pescado anuales, cifra capaz de poner en peligro a algunas especies. Conocer los ciclos vitales de las especies en cuestión así como sus relaciones con otros organismos y con el ambiente puede ser útil para proteger la vida marítima. Se pueden establecer vedas y emplear redes adecuadas para no atrapar especies demasiado jóvenes ni dañar a otros organismos.

Pero aunque lo animales marinos aprovechables son muchos, no perdamos de vista que el mar aporta también minerales como sales, hierro y cobre, y combustibles fósiles tales como petróleo y gas natural.

Por si fuera poco, el mar también nos ayuda a transportar personas, animales, plantas y materiales diversos; y constituye, gracias a la fuerza de las mareas, una prometedora fuente de energía para el futuro.

Tú puedes poner tu granito de arena para frenar la contaminación del ambiente natural. He aquí algunas sugerencias:

Por favor no botes nunca la basura en el valle ni en la calle, ni en la acera ni en la carretera ni en la feria ni en el río ni en el patio de tu tío; ni en el tren ni en el andén; ni en la playa, ni en el mar ni en la casa de Baltasar; ni en el bosque ni en la escuela ni en el cuarto de tu abuela, ni aquí ni allá ni acullá.

Procura usar relojes y calculadoras activados por energía solar. Si usas aparatos de pilas, procura, al cambiarlas, devolverlas para su reciclaje.

Los cohetes y fuegos artificiales son artilugios muy divertidos, pero, por su acción contaminante, más vale no usarlos. Además, pueden ocasionar incendios, muertes y lesiones graves.

No tengas animales silvestres como mascotas. Transmiten enfermedades.

Cuando salgas de una habitación apaga la luz y los aparatos eléctricos. De hacerlo, así no sólo ayudarás a reducir la energía eléctrica necesaria, sino favorecerás a quienes carecen de ella y ahorrarás dinero a tu familia.

Ahorra agua a toda costa. Cierra bien los grifos. Si alguno de ellos gotea, pide a un adulto que lo arregle.

Por último, no te enojes. La mayor parte de la gente carece de información sobre asuntos relativos a ecología y contaminación, de modo que pueden cometer errores.

Si compartimos con los demás lo que acabamos de aprender en esta lectura, y si todos seguimos ciertas reglas básicas, estaremos contribuyendo a tener un mejor medio ambiente para nuestro futuro.

Piénsalo

1. ¿A qué llamamos ecología?
2. Menciona algunas de las cosas que harías para proteger el medio ambiente.
3. ¿Por qué crees que el autor nos quiso informar acerca de este tema? Explica.

EL ÁRBOL

**por la Dra. Silvia Nogués Garrido
ilustrado por Susan Tolonen**

Había una vez un árbol que no quería tener nidos. Su frondoso ramaje de hojas permanentes, tupido y fuerte, no permitía que ningún pájaro se acercara.

Ni siquiera el picaflor, con su cucurucho inverosímil, había morado en él.

Cuando un pajarito, desconociendo la prohibición de aquel gigante verde, se acercaba, él sacudía con rabia la rama elegida y el futuro inquilino huía despavorido dejando caer la ramita o el plumón, que era como el primer ladrillo de su casita.

Como el jardín era muy grande, el egoísmo del árbol no era conocido y otros árboles daban generosamente abrigo a los pequeños cantores emplumados.

Pero ocurrió que los dueños de la casa vendieron la mitad de aquel terreno inmenso y sólo el árbol egoísta quedó en pie, porque entraba en el predio conservado con la propiedad.

Los árboles fueron abatidos ese invierno para construir una casa y aunque hiciera oídos sordos, el cedro oía el ruido de las sierras barullentas cortar las ramas y los troncos de sus hermanos sentenciados. Entre el ramaje veía, llevados por el viento como copos desgarrados, los nidos de ese verano.

Cuando todo terminó, en la primavera, los pajarillos llegaron contentos como siempre a elegir el lugar de su vivienda y todos marcharon hacia el cedro que era el único árbol protector y seguro.

Ya se había corrido la voz de que aquel coloso no permitía allí la instalación de sus hogares, beneficio de terreno que la naturaleza da gratuitamente a los pájaros y no tenemos los hombres. Por su propia voluntad el cedro se hacía solidario.

Entonces los pájaros decidieron en asamblea pedir asilo y revoloteando a su alrededor cantaban, cada uno a su turno, para conmoverlo.

Al principio permaneció indiferente, pero cuando oyó la voz del chingolo, sus hojas se cubrieron de una especie de rocío en plena mañana.

—¡El cedro llora! —gritó el gargantillo y todos los pajaritos trajeron sus pajitas y empezaron a construir los nidos hasta formar un pueblo, desapercibido en el inmenso y hermoso árbol, vencido por el amor.

Esa primavera el cedro conoció la felicidad que es dar abrigo a esas flores aladas y de aquí para allá, con los ojos de sus ramas, veía hogares felices que él protegía con su fuerza.

—¡Papá! —gritaron una mañana Juancito y Luis—: ¡Hay nidos en el cedro!

615

Taller de

¡Alerta!

HAZ UN AVISO

Imagina que a ti y a tus compañeros les han dado la tarea de proteger un bosque que hay cercano a la escuela. En una cartulina grande, haz un aviso de alerta para informar a los campistas sobre algunas normas que se han establecido para proteger el bosque. Por ejemplo, podrían escribir "No tirar basura", "No escribir en los troncos de los árboles". Usen letras grandes y colores llamativos.

Mi medio ambiente

HAZ UN DIBUJO

En una cartulina, dibuja tu medio ambiente. Puedes incluir algunos seres vivos de tu vecindario. Podrían ser insectos o algunas de las mascotas de tus vecinos. Debajo de tu dibujo, escribe una descripción en la que expliques cómo los cambios del medio ambiente podrían afectar a los seres que en él viven y se desarrollan. Comparte tu dibujo con los demás estudiantes.

actividades

Teatro en el medio ambiente

HAZ UNA REPRESENTACIÓN

Trabaja con un grupo de compañeros para buscar más información sobre el medio ambiente y los animales y plantas que en él interactúan. Luego, escriban un diálogo sobre una conversación que podrían tener entre ellos. Pueden hablar sobre lo que aporta cada uno al medio ambiente, y qué cosas les gustaría que las personas hicieran para protegerlos. Asignen los papeles y hagan una representación.

Hacer conexiones

CREA UN FOLLETO

Las selecciones "Ecología para los niños" y "El árbol" nos hacen ver la importancia que tienen los árboles para el desarrollo armónico de la vida. ¿Qué árboles se encuentran en tu región? Crea un folleto de turismo que animaría a los amantes de la naturaleza a visitarla. Dibuja los árboles que se encuentran en tu región. Debajo de cada dibujo, escribe una breve descripción del árbol donde incluyas datos como el nombre y el tipo de región donde abunda. Usa colores llamativos para las ilustraciones de tu folleto. Muestra tu folleto a los demás compañeros de clase.

ANTIGUAS CULTURAS DE LAS AMÉRICAS

por Alma Flor Ada
y Francisca Isabel Campoy

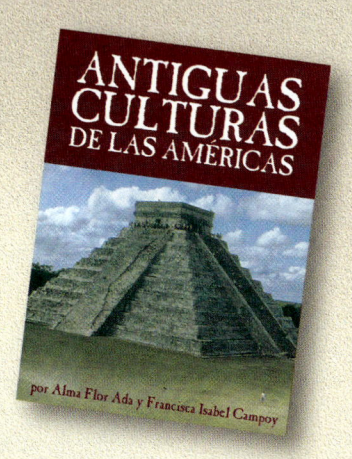

LA EXTRAORDINARIA CULTURA MAYA

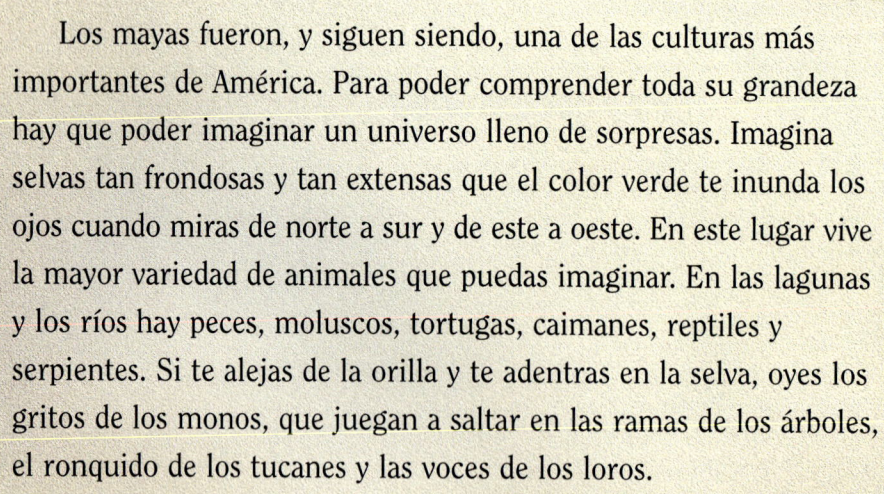

Los mayas fueron, y siguen siendo, una de las culturas más importantes de América. Para poder comprender toda su grandeza hay que poder imaginar un universo lleno de sorpresas. Imagina selvas tan frondosas y tan extensas que el color verde te inunda los ojos cuando miras de norte a sur y de este a oeste. En este lugar vive la mayor variedad de animales que puedas imaginar. En las lagunas y los ríos hay peces, moluscos, tortugas, caimanes, reptiles y serpientes. Si te alejas de la orilla y te adentras en la selva, oyes los gritos de los monos, que juegan a saltar en las ramas de los árboles, el ronquido de los tucanes y las voces de los loros.

Pero a veces se hace un silencio que dura unos momentos; la selva sabe que se acerca un jaguar, un ocelote o un puma. Hay que esperar a que se marche hacia otras tierras antes de que el quetzal levante vuelo y pasee su enorme cola por los cielos.

La historia de los mayas se divide en varios periodos. En el período más antiguo se llegó a un gran esplendor cultural. Se construyeron grandes palacios y se crearon ciudades como Palenque, que aquí aparece.

Los mayas eran grandes artistas y decoraban el interior de los palacios con relieves y mosaicos, como éstos del palacio de Palenque.

Allí, en una extensión que cubría cerca de 324,000 kilómetros cuadrados, vivían los mayas. La población habitaba la península de Yucatán y las regiones de las tierras bajas, hoy Guatemala, Honduras y Belice. Hablaban más de 24 lenguas y construyeron grandes monumentos que todavía permanecen como testimonios de su cultura.

El juego de pelota era muy importante para la cultura maya. Este juego se parece al baloncesto porque hay que meter la pelota por un círculo que está pegado a la pared. Este juego era un ritual para sus dioses. Los jugadores que perdían el partido, perdían también la vida. Aquí puede verse la extensión del campo, la altura de los palcos y las decoraciones de las paredes interiores en dos campos diferentes, uno en Mitla y el otro en Chichén Itza.

Hoy en día, más de dos millones de personas de la cultura maya siguen ocupando aquellos territorios. Desgraciadamente muchas de aquellas lenguas se han perdido.

Sabemos mucho del pueblo maya porque era una civilización muy desarrollada que escribió su historia en códices. Algunos de ellos se han conservado casi completos y se ha estudiado y descifrado lo que decían.

Sin embargo hay muchas cosas que no sabemos de ellos, y que quizás no lleguemos a saber nunca. ¿Por qué construyeron aquellas ciudades magníficas para luego abandonarlas? ¿Qué les hizo abandonarlas?

Es difícil imaginar qué ocurrió en aquella sociedad que había llegado a un nivel de esplendor a finales del siglo VIII. Para este pueblo de astrónomos y matemáticos, arquitectos y urbanistas, y sobre todo profundamente religioso, llegó

"El Castillo" Chichén Itza, post clásico maya, Yucatán, México

un momento en que lo abandonó todo. Dejaron de construir pirámides y palacios, y de estudiar astronomía. Dejaron de pintar jeroglíficos en los muros de los edificios y de usar calendarios. ¿Cómo? ¿Por qué?

Algunas teorías sobre lo que le ocurrió al pueblo maya sugieren que hubo plagas de enfermedades que acabaron con la población, o desastres naturales como huracanes, terremotos o la erupción de algunos de los volcanes que abundan en aquella zona.

Otros se preguntan si demasiadas personas agrupadas en las ciudades agotaron la fertilidad de la tierra que las sustentaba, y tuvieron que emigrar a otros lugares.

Pero otras teorías sostienen que los gobernantes decidieron dar más importancia a la pesca y a la comunicación por la costa y abandonaron las ciudades del interior. De este nuevo estilo de vida nacen otras construcciones, como Chichén Itza.

Lo cierto es que la monumental ciudad de Palenque fue abandonada, sus templos se cubrieron de vegetación, y muchos de sus edificios quedaron enterrados por el verde de la selva, como si aquellos palacios no hubieran existido nunca. Hoy en día se siguen desenterrando monumentos y encontrando hasta qué punto aquellas ciudades fueron importantes hace más de mil años.

CULTURAS DEL ANTIGUO MÉXICO

Una gran cultura antigua fue la olmeca, que tuvo su mayor esplendor entre los años 1,500 a.C. al 1,000 a.C. Una de las obras más sorprendentes de esta cultura fue el tallado de estas cabezas gigantescas. Se han encontrado varias de ellas en la zona de la costa del Golfo de México. Están hechas de piedra de basalto, miden un metro y medio de alto y pesan más de veinte toneladas. Se cree que representan las cabezas de jugadores de pelota, o quizás de gobernantes olmecas.

Otra de las culturas más antiguas de México es la tolteca que floreció entre los años 900 d.C. y 1,100 d.C. Sabemos que eran grandes guerreros porque han dejado muchas esculturas de guerreros de tamaño gigantesco en los territorios que habitaron. Tuvieron mucha influencia en los mayas, quienes imitaron sus estilos para construir palacios y templos.

Cabezas colosales olmecas y representación de guerreros toltecas.

La cultura maya nos ha dejado restos suficientes que indican que alcanzó un gran desarrollo. Ya hemos visto sus templos y sus ciudades, su escritura y sus juegos. Aquí tenemos ejemplos de su escultura.

Sabemos que los mayas prestaban mucha atención a la ropa y a las joyas, tanto los hombres como las mujeres. Casi todas las esculturas que se conservan muestran a personas de la clase gobernante con brazaletes, collares y adornos para la cabeza.

623

CULTURAS DEL ANTIGUO PERÚ

Los habitantes de la zona del Perú debieron adaptarse desde la época prehistórica a climas y altitudes muy diversos. Al Perú lo cruza una cadena montañosa llamada la Cordillera de los Andes. La cima de las montañas está siempre cubierta de nieve y las temperaturas son muy bajas. Los Andes dividen al Perú en tres regiones, la de la costa del Pacífico, un largo estrecho desierto, la de la alta sierra y la de la selva húmeda del Amazonas, llamada "La montaña".

Cuando hablamos de las antiguas culturas del Perú estamos hablando de siete grupos culturales, que a su vez se dividieron en otros cuatro o cinco más pequeños. La cultura más antigua es la de Chavin, que tuvo su esplendor entre los años 1,000 y 300 a.C.

La cultura nazca floreció entre los años 100 y 800 d.C. En ese período se hicieron unos dibujos gigantescos en el desierto. Representan formas de animales, como monos y pájaros que sólo podían verse desde una gran altura. Aún hoy no sabemos cómo se diseñaron aquellas figuras.

Las formas tan originales de estas vasijas y sus preciosos dibujos nos dan una idea de lo importante que eran estos objetos en esta cultura y la gran creatividad de la cultura nazca.

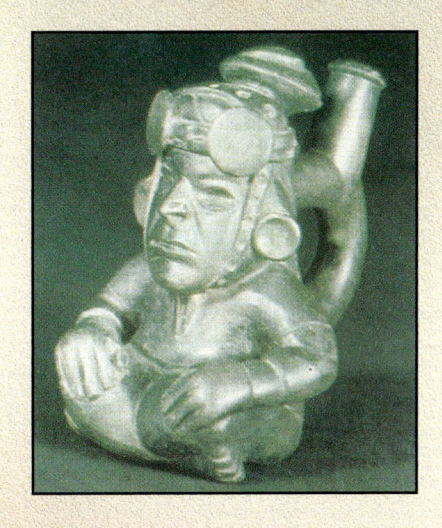

Estos vasos de la cultura mochica nos muestran cómo se vestían, cómo eran sus caras y qué adornos llevaban en la cabeza. Incluso podemos ver vasijas decoradas con insectos, animales y plantas.

También entre los años 100 y 800 d.C. se desarrolló en el Perú la cultura mochica. Los mochicas eran navegantes. Descubrieron que juntando unos juncos (de la planta llamada totora) y haciéndolos flotar en el agua, se podían subir en ellos y navegar como si fueran montados a caballo. Sus naves reciben el nombre de "caballitos de totora".

Las culturas tiahuanaco, huari y chimú le dieron gran importancia a la artesanía, ganadería y agricultura. Se dedicaron a la cría de la llama, el único animal de carga que había en aquella época en esa zona.

Pero la más importante de todas fue la cultura inca. En un momento de su historia, los incas tuvieron el imperio más grande que haya habido en la tierra. Ellos heredaron tres mil años de cultura y de desarrollo tecnológico. Su gobernante se llamaba a sí mismo hijo del dios Sol. Desde Cuzco partían en todas direcciones caminos llenos de mercaderes, tropas armadas, vigilantes del imperio y chasquis. Los chasquis eran los carteros del rey y llevaban corriendo las noticias del imperio.

Los incas no tenían escritura sino que hacían unos nudos en cuerda que sólo podían descifrar ciertas personas. A esas cuerdas las llamaban quipus. Eran arquitectos extraordinarios y aún hoy pueden verse los muros de los palacios y casas construidos por ellos hace más de 500 años, sobre todo en Machu Picchu, Ollantaytambo y Sacsayhuamán.

TRABAJOS DE PLUMAS DEL AMAZONAS

Dicen que, en la antigüedad, las selvas del Amazonas estaban habitadas por miles de pájaros diferentes. Dicen que podía oírse a cientos de kilómetros de distancia el ruido que hacían sus voces al cantar, al llamar a su pareja o a sus hijos al nido, o al alertarse porque venía algún peligro.

Los habitantes de la zona apreciaban tanto su belleza que quisieron imitarlos vistiéndose con plumas. Para ello, los cazaban y los criaban en jaulas enormes y usaban sus plumas para hacer toda clase de ornamentos, desde colgantes a vestidos, sombreros, pendientes o brazaletes.

Distintas piezas de ornamentación hechas con plumas por habitantes de la zona del Amazonas.

627

ANTIGUAS CULTURAS DE COLOMBIA

La población indígena que habitó la zona de la actual Colombia hizo excelentes trabajos en oro. La mayoría eran piezas para adornarse los hombres y mujeres, pero también usaron el oro para fabricar vasijas y objetos decorativos.

Estas tres joyas nos muestran el gran amor que los artesanos tenían por la belleza. Estas joyas fueron hechas hace más de 2,000 años.

LA RIQUEZA DEL BARRO

Uno de los materiales que ha unido a todas las culturas del mundo es el barro. Desde Mesopotamia a Arizona, y desde las orientales a las africanas, todas las culturas han usado el barro para fabricar cosas útiles, como platos, vasos y jarras, y para realizar creaciones artísticas.

La decoración en las piezas de barro distingue a las culturas. Unos pintaban seres humanos, otros, figuras geométricas y otros, animales y plantas.

Cada cultura ha trabajado el barro de una manera especial, según sus ideas y su forma de interpretar la realidad. Para algunos pueblos era importante hacer figuritas de barro con cuerpo de mujer o de hombre, de animales, de plantas. Para otras era importante hacer cosas útiles como platos, vasos o vasijas. Otras culturas, o a veces la misma, pero muchos años más tarde, le daban forma a las vasijas imitando a una mujer y así eran objetos por un lado útiles y por otro hermosos.

Aquí tienes muestras bellísimas de lo que se puede hacer en barro.

En América se unieron la tradición de las culturas indígenas de crear vasijas de barro, vasos ceremoniales y esculturas, con la tradición alfarera que los españoles habían heredado de los romanos y los árabes.

Como consecuencia, en Hispanoamérica se encuentra una inmensa riqueza artesanal en el campo de la cerámica.

Las antiguas culturas de las Américas nos han dado gran variedad de riquezas históricas y culturales. Al estudiar esta importante herencia no sólo aprendemos algo del pasado sino que también aprendemos algo de las culturas actuales. Esta extraordinaria riqueza nos ayuda a apreciar las diversas culturas de las Américas, y esta apreciación nos anima a conservarlas.

El barro negro produce una cerámica lustrosa de gran belleza. En Oaxaca, México, se producen hermosísimas piezas de cerámica negra.

Piénsalo

1. ¿De cuáles culturas trata la lectura? ¿Qué aprendiste de ellas?
2. ¿Cuál de las culturas te gustaría investigar? ¿Por qué? Explica.
3. ¿Por qué crees que las autoras decidieron usar fotografías y no dibujos?

Artefactos arque

El dicho "Eres lo que comes" con frecuencia resulta cierto en arqueología. La dieta diaria de la gente, según revelan elementos relacionados con la alimentación, como las semillas, el polen (esporas de las plantas), huesos de animales, fogones y utensilios de cocina, son testimonio de lo sana y rica que era esa sociedad.

Las tumbas reales del Egipto antiguo estaban llenas de los mejores alimentos existentes. (Los egipcios creían que la comida sería necesaria en el más allá.) La tierra de Egipto era una de las más fértiles (productivas) de la antigüedad. Como revelan sus tumbas, la mayoría de la gente comía bien, y los miembros de la familia real comían muy, pero muy bien.

Los objetos relacionados con la alimentación no son, sin embargo, las únicas claves sobre la vida en el pasado. Tres otros dichos son aplicables: "Eres lo que vistes"; "Eres lo que tienes"; "Eres donde vives". ¿Estamos de acuerdo? Si no, fíjate en lo que comes, tienes, vistes y en donde vives. Si quedaras congelado tal como eres hoy, ¿qué podrían averiguar acerca de ti los arqueólogos del siglo XXIII? ¿Qué errores podrían cometer al estudiar tus "artefactos"?

El artefacto más común es la cerámica rota o intacta. Cada cultura tiene un estilo distinto. Los materiales, los diseños y los colores pueden reflejar las ideas y creencias de una cultura. O pueden revelar simplemente los recursos disponibles en esa época. Éste es un tipo de ánfora o jarrón con dos asas.

Podría ser un jarrón de estilo kamares, procedente de Iráklion, Creta, Grecia.

Esta vasija data de alrededor del siglo tercero a.C. (Antes de Cristo)

Vasija mexicana

Cántaro acampanado "Glockenbecher" de la baja Austria

ológicos

¿Quién es el dueño de artefactos como éste? Esta pregunta ha provocado muchas disputas. Por ejemplo, después de que ciertos artefactos nativos de Estados Unidos fueran encontrados por el gobierno y limpiados y clasificados por los arqueólogos, algunos grupos de nativos como los indios Narragansett protestaron. Su principal dirigente, John Brown, no quería que el gobierno "muestre la historia de nuestros antepasados como si fueran adornos". Pidió que algunos de los artefactos fueran enterrados nuevamente, a fin de respetar sus creencias espirituales. En años recientes, se produjeron conflictos similares entre grupos de nativos y los arqueólogos.

Los jugadores del juego Ur se llevaron a la tumba las reglas, hace 4,500 años (Ur era una ciudad en Sumeria, hoy Iraq.) Nunca sabremos cómo era el juego de mesa más antiguo del mundo. Los arqueólogos se preguntan lo siguiente: ¿Se parecen las piezas a las modernas? ¿Cuántos tipos de piezas hay? En base a las piezas ¿cuántos jugadores practicaban este juego? ¿Es el tablero una pista? ¿Dónde comienza y termina? Los dados son pirámides con dos de sus cuatro ángulos marcados. ¿Cómo funcionan?

Las civilizaciones mayas de Honduras (entre los años 1830 y 1840). Por espacio de siglos, las ruinas de las grandes ciudades mayas permanecieron ocultas bajo la jungla. En 1839, los arqueólogos descubrieron Copán, en Honduras. Se encontraron otras ruinas después.

Los arqueólogos dependen, en gran medida, de los escritos y del arte de la antigüedad para comprender cómo eran las civilizaciones desaparecidas. Pero antes deben descifrar (decodificar) esos mensajes. El manuscrito Voynich, encontrado en Italia, aún no ha sido descifrado. Tiene alrededor de 500 años de antigüedad. El lenguaje es el latín, pero las palabras, escritas en código, no tienen sentido. Los dibujos muestran plantas. Pero, ¿por qué codificar un documento de esa naturaleza?

¿Cuál es mejor para cortar árboles: un hacha de piedra o una de bronce? Al talar árboles con ambas hachas, los arqueólogos descubrieron que no hay diferencia alguna. Sólo con hierro, que fue utilizado mucho más tarde, pudo hacerse la tarea más rápidamente.

Archienemigos

La arqueología tiene numerosos enemigos: son los que dañan y destruyen los artefactos. La mayoría son microscópicos (como las bacterias) o invisibles (como los vientos y los terremotos). Algunos son seres humanos como, por ejemplo, los saqueadores y vándalos que han robado los artefactos y arruinado los sitios donde estaban guardados desde, por lo menos, los tiempos del Egipto antiguo.

Por suerte, la Tierra tiene lugares seguros donde los artefactos han durado por miles de años. Allí, las bacterias no los atacan porque el clima es muy caliente, muy frío o muy seco. Los objetos están protegidos del viento y las olas. Los terremotos, los volcanes y los huracanes no pueden alcanzarlos, ni tampoco los seres humanos destructivos. ¿Adónde están esos refugios?

La bulliciosa ciudad de Port Royal, Jamaica, atrajo a los piratas en el siglo XVIII. Hoy, atrae a los peces y a los arqueólogos. Las dos terceras partes de Port Royal se hundieron en el mar después del terremoto de 1692. El estar sumergida y su tamaño hacen difícil la tarea de excavarla. La excavación y estudio de la taberna, la tienda del zapatero, del carpintero y otros edificios podrían exigir cien años de trabajo.

Egipto, África (1799)
LA PIEDRA DE ROSETTA. Un mensaje en tres lenguas reveló los secretos de los jeroglíficos egipcios (escritura con figuras o símbolos). Los soldados de Napoleón Bonaparte encontraron la piedra. El investigador Jean-François Champollion descifró los jeroglíficos en 1822, usando la versión griega para entender la escritura original egipcia.

Todas las cosas verdes crecen velozmente en el bosque tropical. Una ciudad abandonada no tiene la más mínima oportunidad de permanecer visible por mucho tiempo. La selva crece y sepulta los edificios, los caminos y demás ruinas en apenas unas décadas. Las raíces, el peso y la humedad de la vegetación pueden causar daños. Arriba se muestran ruinas de la antigua ciudad de Angkor, Cambodia.

En 1912, Robert Scott y su tripulación llegaron al polo Sur (poco tiempo después de Roald Amundsen). Pero nunca regresaron. La tripulación murió de hambre y frío a sólo 11 millas de distancia de un lugar seguro. El frío extremo preservó sus cuerpos y la cabina donde se refugiaban. Pero los glaciares de la Antártida (los glaciares son ríos de hielo en movimiento) están transportando lentamente los restos hacia el mar.

El pueblo Moche vivió en lo que es Perú desde el siglo primero hasta el octavo d.C. En 1978, los saqueadores de tumbas encontraron sepulturas del pueblo Moche cargadas de oro. Los arqueólogos rescataron algunos de los artefactos de las tumbas.

Casos sin explicación

Los arqueólogos no tienen todas las respuestas. Y, algunas veces, las respuestas que encuentran resultan equivocadas. Los casos sin explicación no tienen que ver con sólo unos pocos y aislados artefactos.

El mayor misterio de la historia tiene por protagonistas a continentes enteros. ¿Quién fue el primer europeo que pisó el suelo americano? Por cierto, no fue Cristóbal Colón, como los arqueólogos una vez pensaron y los historiadores una vez nos enseñaron.

Los pueblos históricos que se establecieron en América hace decenas de miles de años dejaron un débil pero verdadero rastro de artefactos. Pero, ¿cuándo llegaron los primeros europeos? Los vikingos le ganaron a Colón por 500 años. Los arqueólogos encontraron evidencias claras: un pueblo construido por los vikingos en el este de Canadá.

Dos misterios rodean al famoso Stonehenge de Inglaterra. ¿Cómo pudo la gente, 2,900 años antes de Cristo, mover piedras tan gigantescas? Y, ¿por qué? Los megalitos (monumentos de piedras enormes) eran comunes en Europa cuando los egipcios levantaban sus pirámides. Como las pirámides son tumbas, quizás los megalitos también lo sean. O, a lo mejor, eran lugares de reunión. O calendarios (una forma de seguir el transcurso de los días por medio de la luz del Sol y las sombras que proyecta).

LISTA DE DATOS SOBRE STONEHENGE
Más de 160 piedras, 100 pies de diámetro, 24 pies de altura, 50 toneladas de peso (Piedra Trilithon), 10 pies de altura, 26 toneladas de peso (Piedra en Pie)

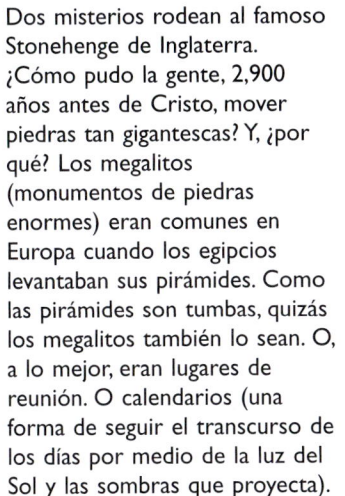

El cañón del Chaco fue la casa de centenares de anasazis, hace aproximadamente 800 años. Los acantilados los protegían de sus enemigos y de los elementos (vientos, lluvias y otras fuerzas naturales). La existencia de una red de caminos demuestra que comerciaban con otras culturas. Entonces, ¿por qué desaparecieron los anasazis? ¿Debido al hambre o a las sequías? ¿Los asustó algún enemigo?

Algunos misterios no se pueden resolver fácilmente. Entonces es cuando la gente encuentra respuestas increíbles, muy increíbles. ¿Fueron extraterrestres los que crearon Stonehenge, las pirámides, y los tremendos petroglíficos en Colorado? No hay un rastro de evidencia que apoye esta idea. La mayoría de los arqueólogos piensan que los habitantes terrestres de la antigüedad tenían suficientes conocimientos para construir tales edificios.

Piénsalo

Explica por qué son importantes los hallazgos arqueológicos.

Taller de actividades

¡Su atención, por favor!

HAZ UN ANUNCIO

La profesora de historia anuncia por el altoparlante de la escuela que el club de culturas antiguas tiene abierta una exhibición nombrada "Antiguas culturas de las Américas". Escribe un anuncio explicando a los visitantes qué verán cuando entren en el salón de clases. Lee tu anuncio a algunos de tus compañeros o haz una grabación y después compártela con el resto de la clase.

Conversación con el pasado

HAZ UNA ENTREVISTA

Imagina que podrías entrevistar a una persona que formaba parte de una de las antiguas culturas mencionadas en "Antiguas culturas de las Américas". ¿Qué preguntas le harías? Haz una lista de preguntas y las posibles respuestas que daría la persona. Con un compañero de clase, haz la entrevista ante el resto de la clase.

Investigaciones del pasado

HAZ UNA LISTA DE RECURSOS DE INFORMACIÓN

Al leer "Antiguas culturas de las Américas" te informas acerca de algunas de las culturas antiguas de nuestras tierras. ¿Cuáles son otras formas en que podemos informarnos de estas culturas? Haz una lista de recursos que podrías usar para aprender más acerca del tema. Comparte tus ideas con tus compañeros de clase.

Hacer conexiones

ESCRIBE UN ARTÍCULO

Imagina que eres un arqueólogo egipcio que acaba de volver de México, Colombia, Perú, o Brasil. Escribe un artículo en el cual describas algunos de los artefactos que encontraste en estos lugares. Compáralos con los que se mencionan en "Artefactos arqueológicos". ¿En qué se parecen? ¿En qué se diferencian? Comparte tu artículo con el resto de la clase.

Conclusión del tema

Lugares adonde ir

ESCRIBE PÁRRAFOS Supón que puedes ir de viaje con dos personas o dos personajes de las diferentes selecciones de este tema. ¿Cuáles dos escogerías? Escribe dos párrafos para explicar por qué los escogiste.

Propósito del autor

HAZ UNA TABLA Los autores de las selecciones de este tema tuvieron diferentes propósitos para escribir. Haz una tabla que muestre estos propósitos: entretener, informar, persuadir. Encuentra un ejemplo de cada uno de estos propósitos en las selecciones. Escribe el nombre de la selección y su autor. Explica por qué lo escogiste como ejemplo.

Formas de vida

COMENTA ACERCA DE DIFERENTES CULTURAS Las selecciones de este tema nos muestran cómo las personas han vivido en diferentes épocas, lugares y culturas. En grupo, escoge por lo menos tres selecciones. Comenta acerca de lo que te muestran respecto a cómo viven las personas. Luego, comparte tus ideas con tus compañeros de clase. Por ejemplo, puedes hacer un cartel reflejando las diferencias y similitudes, o leer en voz alta un pasaje de cualquier selección.

Entretener	Informar	Persuadir

Cómo puede este Manual de destrezas de estudio ser útil

¡Las herramientas de estudio son la clave del éxito!

Nos ayudan a encontrar información, comprobar su exactitud y aprender a cómo emplearla.

- **localizar información**
- **estudiar**
- **redactar un informe o**
- **tomar una prueba**

Consulta el Manual cuando te pidan que hagas algunas de estas tareas.

Después, usa las herramientas de estudio para que tu trabajo sea más sencillo, más rápido y de mejor calidad.

Índice de materias

La biblioteca/Centro de información **642–645**
    Sistema decimal Dewey 642
    Fichero electrónico 643
    Guía de publicaciones periódicas para los lectores ... 644
    Recursos en CD-ROM 645

Técnicas de investigación **646–649**
    Proceso de investigación 646–647
    Búsqueda electrónica 648–649

Resúmenes **650–653**
    Resúmenes de estudios 650–651
    Resúmenes de informes 652–653

Estrategias para tomar pruebas **654–657**
    Datos que ayudan a tener éxito 654–655
    Cómo responder a las preguntas de
        una prueba 656–657

Cómo seguir instrucciones escritas **658–661**
    Cómo comprender las instrucciones 658–659
    El uso de los mapas 660–661

Cómo localizar información **662–665**
    Partes de un libro 662–663
    El glosario 664
    El índice 665

Fuentes de referencias **666–671**
    Enciclopedia 666
    Diccionario de sinónimos 667
    Atlas 668–669
    Diccionario 670
    Internet 671

LA BIBLIOTECA/CENTRO DE INFORMACIÓN

Sistema decimal Dewey

La mayoría de las bibliotecas emplean el **Sistema decimal Dewey** para organizar sus libros y demás materiales. Los libros y anaqueles se identifican con los números decimales del sistema Dewey.

PAUL BUNYAN 398.2

Tu guía del Internet 004.6

Los libros de ficción, las cintas y los CD son colocados por el apellido de cada autor ordenado alfabéticamente. Los libros de no ficción, las enciclopedias, las cintas y los CD son agrupados por temas. Los libros se pueden buscar por tema, autor o el título usado en el **fichero**.

Sistema decimal Dewey

000-099	Obras generales	Los almanaques, las enciclopedias y los periódicos se encuentran aquí.
100-199	Filosofía	
200-299	Religión	Los libros sobre vacaciones, costumbres y los cuentos populares se encuentran aquí.
300-399	Ciencias sociales	
400-499	Lenguaje	Incluye química, matemáticas y biología.
500-599	Ciencias	
600-699	Technología	Incluye libros sobre agricultura, salud y animales.
700-799	Arte y recreación	
800-899	Literatura	Aquí se hallan las obras sobre pintura, música y deportes.
900-999	Geografía e Historia	

¿QUÉ HAS APRENDIDO?

Escribe el tema y el conjunto de números del Sistema decimal Dewey que corresponden a los siguientes tópicos: historia de Texas, festividades, matemáticas, trucos, fútbol.

INTÉNTALO • INTÉNTALO

Haz un dibujo sencillo de tu Biblioteca/Centro de información. Rotula las distintas secciones por tema, y por los números del Sistema decimal Dewey que en cada caso correspondan.

Fichero electrónico

En muchas bibliotecas puedes usar una computadora para encontrar en un **fichero electrónico** el libro que buscas.

Para encontrar libros sobre el *Cinco de mayo,* busca en la computadora el sitio "Búsqueda por tema" y escribe *Cinco de mayo.*

Elige uno de los títulos y escribe el número que le corresponde en el Sistema decimal Dewey o **número de clasificación.**

	Harcourt	
Atrás Adelante Primera página Repetir Busca Correo Imprimir Carpeta		

	Cinco de mayo	Busca Cómo buscar
TÍTULO	¡FIESTA! CINCO DE MAYO	
AUTOR	Behrens, June	
EDITORIAL	Chicago: Children's Press, c. 1978	
DESCRIPCIÓN	30 págs.	

Número de clasificación	Material	Categoría
394.2	Libro	Verificar en los anaqueles

Mira los rótulos en los anaqueles de la biblioteca. Te dirán qué números de clasificación contienen cada uno de ellos. Usa el número de clasificación para encontrar el libro que buscas. Estará junto con otros en el grupo sobre festividades.

¿QUÉ HAS APRENDIDO?

¿Quién es el autor de "¡Fiesta! Cinco de mayo"? ¿Cuándo fue publicado? ¿Cuántas páginas tiene?

INTÉNTALO • INTÉNTALO

Consigue un libro sobre un tema que te interese. Compártelo con tus compañeros de clase. Diles su número de clasificación y explícales cómo lo encontraste.

643

LA BIBLIOTECA/CENTRO DE INFORMACIÓN

Guía de publicaciones periódicas para los lectores

La *Guía de publicaciones periódicas para los lectores* es un índice de artículos de revistas. Cuando busques un tema en esta guía, podrás encontrar una entrada como la siguiente:

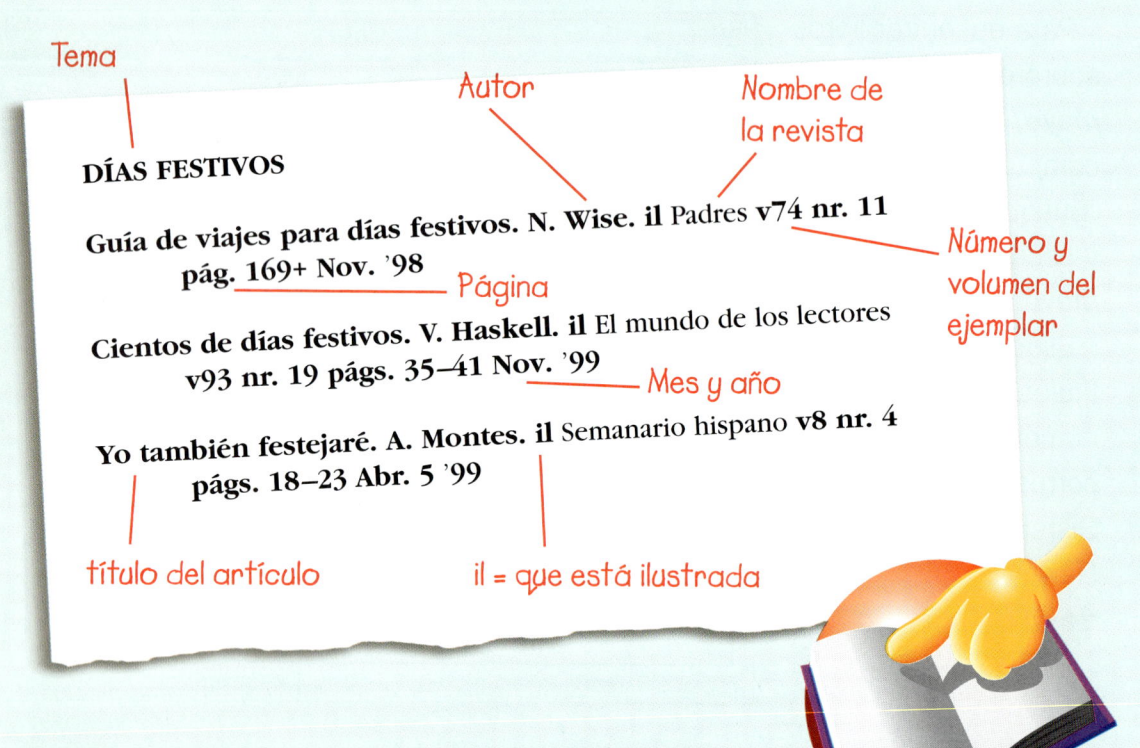

Tema — *Autor* — *Nombre de la revista*

DÍAS FESTIVOS

Guía de viajes para días festivos. N. Wise. il Padres **v74 nr. 11** pág. 169+ Nov. '98 — *Página* — *Número y volumen del ejemplar*

Cientos de días festivos. V. Haskell. il El mundo de los lectores **v93 nr. 19** págs. 35–41 Nov. '99 — *Mes y año*

Yo también festejaré. A. Montes. il Semanario hispano **v8 nr. 4** págs. 18–23 Abr. 5 '99

título del artículo — *il = que está ilustrada*

El bibliotecario o especialista de información puede decirte cuáles revistas están disponibles en la biblioteca o centro de información.

¿QUÉ HAS APRENDIDO?

¿Quién escribió el artículo de revista "Yo también festejaré"?

INTÉNTALO • INTÉNTALO

Busca en la *Guía de publicaciones periódicas para los lectores* artículos de revistas sobre tu festividad preferida. Puedes conseguir los artículos, leerlos e informar a tu grupo sobre la investigación que realizaste.

Recursos en CD-ROM

Muchas de las obras que las bibliotecas ofrecen a sus lectores, como las enciclopedias y los atlas, están también disponibles en CD-ROM. Algunos programas en CD-ROM incluyen banda sonora y fragmentos de vídeos.

La mayoría de las **enciclopedias en CD-ROM** incluyen un índice con el listado de los artículos y temas que tienen. Pasa revista a la lista de artículos o busca en el menú el sitio "Localiza" y escribe en él el tópico que buscas.

Una **festividad Nacional** es un día reservado para conmemorar un hecho especial. En esas ocasiones, la mayoría de los comercios y de las escuelas cierran sus puertas. Con frecuencia, se realizan ceremonias públicas o privadas tales como desfiles, banquetes y distribución de regalos.

En un comienzo, un día feriado o festividad era un día reservado para conmemorar una fecha religiosa. Las expresiones *festividad*, *fiestas* y *festivo* provienen del latín *festivus* y *festus* que quieren decir júbilo, regocijo.

En los tiempos modernos, las festividades que no tienen relación con la religión son llamadas simplemente días feriados nacionales o locales.

¿QUÉ HAS APRENDIDO?

¿Qué otros artículos hay en esta página que provienen de la enciclopedia en CD-ROM? ¿Cómo utilizarías un atlas en CD-ROM para buscar información sobre tu estado?

INTÉNTALO • INTÉNTALO

Busca un país en un atlas en CD-ROM o en un atlas impreso. Toma notas y comparte la información con tus compañeros de clase.

645

TÉCNICAS DE INVESTIGACIÓN

Proceso de investigación

Cuando das comienzo a un proyecto de investigación puedes optar por un tópico tan amplio como la producción de Guatemala. Después, tendrás que pensar en los componentes más pequeños del trabajo o escoger sólo una parte del mismo, como las artesanías de Guatemala, que puedas desarrollar debidamente.

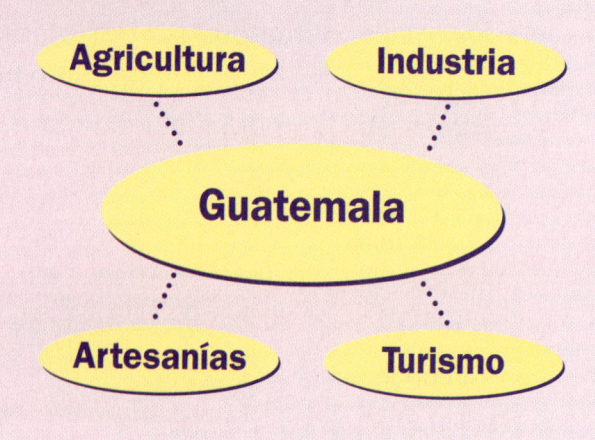

- Agricultura
- Industria
- Guatemala
- Artesanías
- Turismo

Te habrás dado cuenta que el tema de la producción de Guatemala es demasiado grande para un informe. Piensa e identifica cuatro tipos de actividad productiva y elige una de ellas, a fin de que el tópico sea menos extenso.

- Mobiliario
- Tejidos
- Artesanías de Guatemala
- Artículos de barro
- Joyería

Cuando inicies la investigación quizás encuentres demasiados tipos de actividad productiva de Guatemala para incluir en tu informe. Tendrás que reducir aún más la extensión del tópico. Escoge las artesanías como tema de tu investigación.

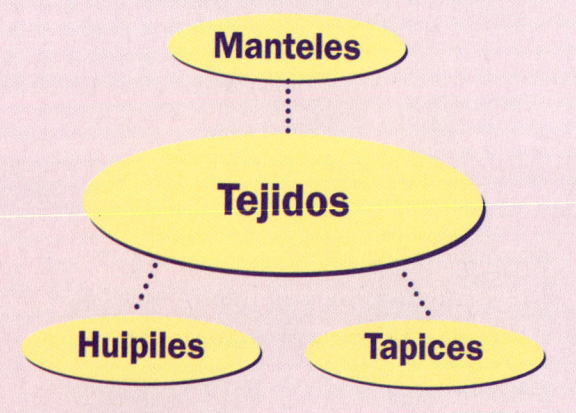

- Manteles
- Tejidos
- Huipiles
- Tapices

646

Presenta el tópico como una pregunta. Por ejemplo, ¿qué distingue a los tapices guatemaltecos de otros tapices? Después puedes comenzar la investigación para dar respuesta a esa pregunta.

Decide dónde buscarás la información. Una biblioteca cuenta con recursos impresos, como las enciclopedias y libros especializados de no ficción. La biblioteca también puede tener recursos electrónicos, como computadoras con acceso a Internet. Para ayudarte a elegir, debes antes decidir si necesitas información histórica actualizada.

Características de los recursos impresos

- ✔ contienen información histórica
- ✔ puedes llevarlos contigo a tu casa
- ✔ tienen índice
- ✔ pueden ser fáciles de leer

Características de los recursos electrónicos

- ✔ tienen información actualizada
- ✔ puedes imprimir la información
- ✔ permite establecer nexos con otras fuentes
- ✔ ofrece una amplia variedad de recursos en un solo lugar

¿QUÉ HAS APRENDIDO?

Elige el tópico de las artesanías de Guatemala y los artículos de barro. Después reduce el tópico de modo que puedas desarrollarlo en una composición de tres párrafos.

INTÉNTALO • INTÉNTALO

Lee un cuento o un libro de no ficción donde se describan las artesanías de otros países. Después busca tres medios informativos impresos o electrónicos que puedan darte datos adicionales.

TÉCNICAS DE INVESTIGACIÓN

Búsqueda electrónica

Puedes buscar información en una enciclopedia, diccionario o atlas en CD-ROM. También puedes encontrar enciclopedias, diccionarios y atlas en la Internet.

Hay muchos motores de búsqueda disponibles en la Internet que te ayudarán a encontrar los datos que buscas. Para usarlos, debes escribir una **palabra clave,** cuya función es la de describir un tema.

| Guatemala | Busca |

Para encontrar exactamente la información que buscas debes ser lo más preciso que puedas. Emplea la palabra **Y**, o en muchos motores de búsqueda **el signo más (+)**, a fin de limitar la búsqueda.

| Guatemala Y artesanías | Busca |

Ahora tu búsqueda te conducirá a alrededor de una docena de sitios en la Internet. Parte de esa lista se verá como la que se muestra:

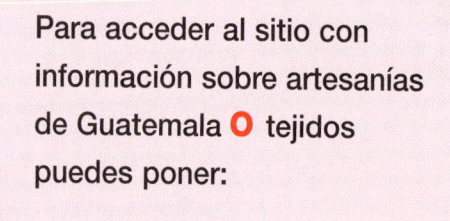

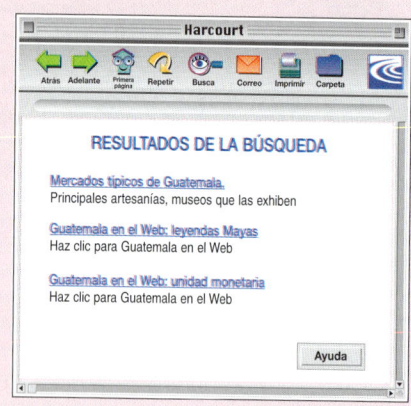

Para acceder al sitio con información sobre artesanías de Guatemala **O** tejidos puedes poner:

Harcourt

RESULTADOS DE LA BÚSQUEDA

Mercados típicos de Guatemala.
Principales artesanías, museos que las exhiben

Guatemala en el Web: leyendas Mayas
Haz clic para Guatemala en el Web

Guatemala en el Web: unidad monetaria
Haz clic para Guatemala en el Web

| Guatemala Y artesanías O tejidos | Busca |

Cómo usar la Ayuda en la Internet Si te es difícil hacer una búsqueda puedes conseguir ayuda en la Internet. Cerca del recuadro donde escribes la palabra clave, encontrarás el motor de búsqueda *Cómo buscar* o *Ayuda*. Debido a que cada motor de búsqueda tiene algo distinto de los demás, te puede resultar útil leer las instrucciones en la Internet para el uso de cada uno de ellos.

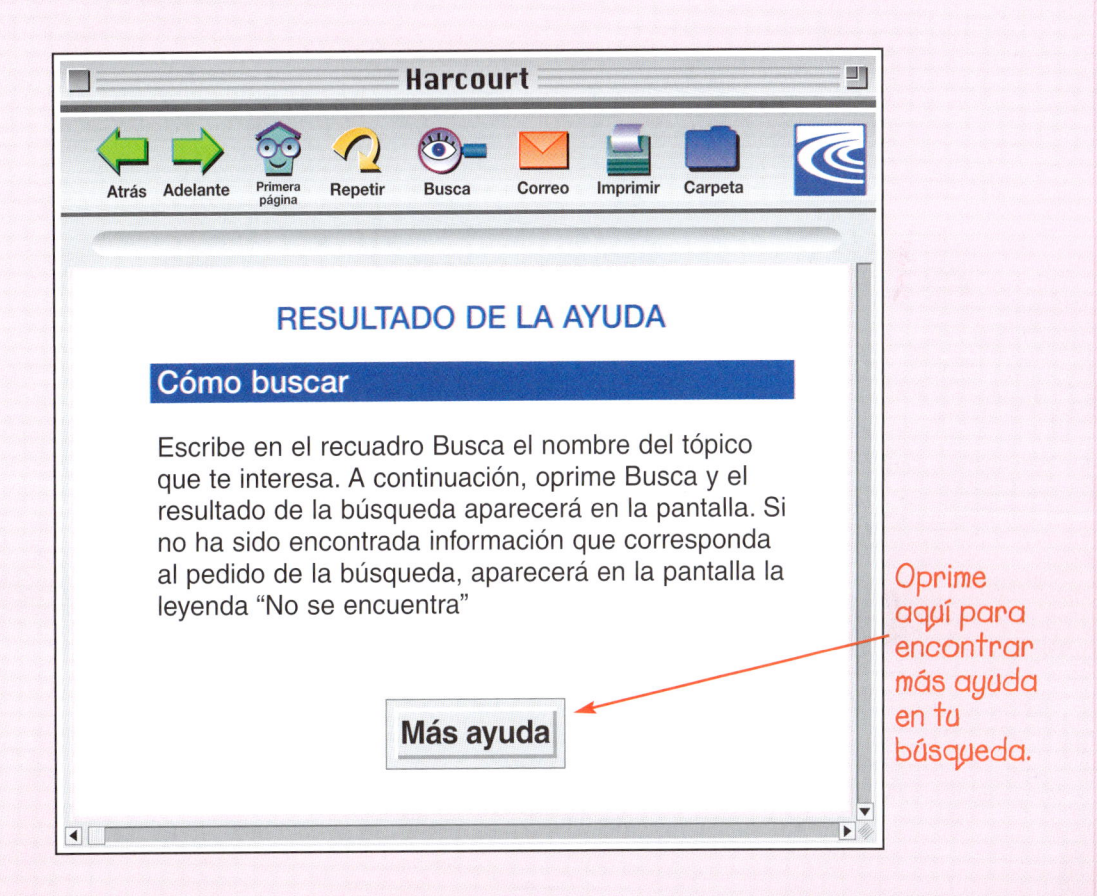

Harcourt

Atrás | Adelante | Primera página | Repetir | Busca | Correo | Imprimir | Carpeta

RESULTADO DE LA AYUDA

Cómo buscar

Escribe en el recuadro Busca el nombre del tópico que te interesa. A continuación, oprime Busca y el resultado de la búsqueda aparecerá en la pantalla. Si no ha sido encontrada información que corresponda al pedido de la búsqueda, aparecerá en la pantalla la leyenda "No se encuentra"

[Más ayuda]

Oprime aquí para encontrar más ayuda en tu búsqueda.

¿QUÉ HAS APRENDIDO?

Escribe las palabras clave que podrían servir para encontrar respuesta en la Internet a la siguiente pregunta:
- ¿Cuál es el ave nacional de Guatemala?

INTÉNTALO • INTÉNTALO

Busca respuesta en la Internet a la pregunta de la izquierda. Si no tienes acceso a la Internet, busca la respuesta en algún recurso informativo impreso.

RESÚMENES

Resúmenes de estudios

Cuando estudias, saber cómo resumir puede ayudarte a organizar la información de modo que te resulte fácil usarla y recordarla. A medida que lees, presta atención a los tópicos, las ideas de apoyo y los detalles. Los incorporarás a tu resumen.

Vida animal en el bosque tropical

A primera vista, un bosque tropical parece una gran maraña verde. En realidad, se divide en tres capas: la bóveda, la capa inferior y el suelo. La vida animal en cada capa es distinta.

La bóveda es la capa superior del bosque tropical. Está formada por las copas de los árboles enormes y frondosos. Los monos habitan la bóveda, por lo general. Pero los monos bajan al suelo para buscar alimentos. Los osos hormigueros también viven en la bóveda. Por cierto, allí también habitan muchas variedades de aves, incluyendo los loros y los tucanes.

La capa inferior está formada por las copas y las ramas de los árboles de menor altura. Está ubicada inmediatamente debajo de la bóveda. En la capa inferior vive un gato salvaje llamado ocelote. Los murciélagos también habitan la capa inferior.

- Tópico principal
- Tópico
- Ideas de apoyo
- Detalles

650

Éste es un resumen de la información presentada en la página 650. Presta atención a cómo las palabras destacadas en el texto se encuadran en el resumen.

Vida animal en el bosque tropical — Tópico principal

I. Bóveda — Tópico

   A. Monos
   B. Osos hormigueros — Ideas de apoyo
   C. Aves

      1. Loros
      2. Tucanes — Detalles

II. Capa inferior

   A. Ocelotes
   B. Murciélagos

¿QUÉ HAS APRENDIDO?

Según tu predicción, ¿cuál será el próximo tópico que se debatirá en el artículo "Vida animal en el bosque tropical"? ¿Cómo lo sabes?

INTÉNTALO • INTÉNTALO

Lee un artículo en una revista o en una enciclopedia sobre un animal que habite el bosque tropical. Haz después un resumen del artículo explicando qué aspecto tiene y de qué se alimenta.

RESÚMENES

Resúmenes de informes

Cuando busques datos para un informe, tendrás necesidad de tomar notas de una o más fuentes. A medida que leas, escribe las ideas más importantes en tarjetas para anotaciones.

Mono carayá
(Mono aullador de Paraguay y Brasil)
Fuerte aullido. Puede ser escuchado a 3 millas de distancia.
Tiene cola prensil (sirve para asir). La usa para agarrar comida, sostener objetos, mantener el equilibrio.

World Book Encyclopedia © 1998 Vol. H

Oso hormiguero

Vive en el bosque tropical
Tiene una trompa larga, garras poderosas.
Destroza hormigueros y los montículos de las termitas

Rain Forest Wildlife © 1999

Puedes organizar tus notas que tomaste de varias fuentes en un solo resumen.

Tópico principal — **LOS ANIMALES DE LOS BOSQUES TROPICALES**

Tópico — **I. Mono carayá**

    A. Fuerte aullido que se oye a 3 millas de distancia

Ideas de apoyo — **B.** Tiene cola prensil

Detalles —
      1. agarra comida
      2. sostiene objetos
      3. mantiene el equilibrio

II. Oso hormiguero

    A. trompa larga
    B. garras poderosas
    C. come hormigas, termitas

¿QUÉ HAS APRENDIDO?

Explica cómo tomar notas de un pasaje. Luego di cómo organizar las notas en forma de resumen.

INTÉNTALO • INTÉNTALO

Busca "bosques tropicales" en una fuente de información. Toma notas del artículo o partes del artículo que te interesan. Después, organiza las notas para hacer un resumen.

ESTRATEGIAS PARA TOMAR PRUEBAS

Datos que ayudan a tener éxito

Tendrás éxito si cuando

1. **LEES LAS INSTRUCCIONES CON CUIDADO** y las sigues al pie de la letra.

2. prestas atención a las palabras que se refieren a instrucciones especiales, como *subraya, encierra en un círculo* y *busca su equivalente.*

3. estudias todos los ejemplos que te proporcionen.

4. pides que te expliquen las instrucciones si no las entiendes.

5. examinas todo el cuestionario de la prueba antes de comenzar.

Las estrategias que aquí se mencionan te serán útiles cuando tomes una prueba.

tomas pruebas

6. prestas atención a los tipos de preguntas de la prueba.

7. contestas en primer lugar las preguntas que te resulten más fáciles. Después respondes a las más difíciles.

8. te aseguras de que tus respuestas den el tipo de información requerida.

9. ¡corriges tus respuestas! Revísalas todas.

10. administras el tiempo que tienes para que no tengas que apurarte al final.

¿QUÉ HAS APRENDIDO?

¿Cuál estrategia crees que te resultará mejor en la próxima prueba que tomes? ¿Por qué? ¿Qué otras estrategias también pueden ser útiles?

INTÉNTALO • INTÉNTALO

Haz un folleto con cinco estrategias para tomar pruebas que podrían ser de ayuda a nuevos miembros de tu clase. Describe las estrategias a razón de una por página.

ESTRATEGIAS PARA TOMAR PRUEBAS

Cómo responder a las preguntas de una prueba

Ejemplo de cómo aplicar las estrategias para tomar pruebas.

Respuestas
1 Ⓐ Ⓑ Ⓒ ●

A. Lee el comienzo de cada oración y las opciones de respuesta. En la hoja para las respuestas llena el círculo que hayas elegido para completar la oración adecuadamente.

Ejemplo ¿Qué animal llegó de México desde hace más de un siglo?
A la iguana
B la víbora cascabel
C el coatí
D el armadillo de nueve bandas

Estudia el ejemplo para asegurarte de saber qué hacer.

1 ¿A qué animal se parece el armadillo de nueve bandas?

A a su cabeza
B a sus orejas
C a un cerdo por sus ojos
D al caparazón de una tortuga

Sabes que la respuesta correcta es un animal.

2 ¿Con qué animales está emparentado?

F con los osos hormigueros
G con el monstruo Gila
H con el tapir
J con la tortuga

Si esta pregunta es demasiado difícil, vuelve a ella después.

3 ¿A qué especie pertenece?

A a los mamíferos
B insectos
C aves
D reptiles

Si esta pregunta es muy fácil, marca la respuesta ahora.

Respuestas
1 Ⓐ Ⓑ ● Ⓓ
2 ● Ⓖ Ⓗ Ⓙ
3 ● Ⓑ Ⓒ Ⓓ

656

Algunas pruebas se dividen en secciones. Cada sección puede requerir un tipo distinto de respuesta. Presta atención a las nuevas instrucciones.

B. Responde **a dos** de las tres preguntas siguientes. Asegúrate de completar las oraciones.

Si lees con cuidado las instrucciones no perderás el tiempo contestando las tres preguntas.

1. ¿**De qué** se alimenta el armadillo de nueve bandas? _____
_____

Asegúrate que tu respuesta explique de qué.

2. ¿Es un animal cazador o pescador? _____
_____

3. ¿Qué papel tiene la lengua en su alimentación? _____
_____

C. **Subraya** el nombre de un animal que pertenezca a la misma especie que el armadillo.
    tucán   hormiga   oso   águila

Presta atención a la indicación sobre cómo subrayar.

D. En una hoja de papel aparte escribe una oración explicando qué es el "sondeo" que hace el armadillo para procurarse alimento.

Debes escribir un párrafo para responder a esta pregunta. Ten cuidado de reservarte el tiempo necesario para hacerlo.

¿QUÉ HAS APRENDIDO?

¿Cuál de las estrategias deberías emplear para comenzar a contestar las preguntas de la prueba? ¿Cuál es la última cosa que debes hacer antes de entregar tu prueba?

INTÉNTALO • INTÉNTALO

Elige una prueba o un repaso al final de un capítulo de algún libro de texto. Haz una lista de las estrategias que te ayudarían a contestar las preguntas.

CÓMO SEGUIR INSTRUCCIONES ESCRITAS

Cómo comprender las instrucciones

Puedes hacer muchas cosas si sabes **seguir las instrucciones**. Léelas siempre con detenimiento. Si quieres participar en una competencia, tendrás que seguir instrucciones como las siguientes.

Cómo registrar tu cuadro en la
EXPOSICIÓN DE ARTISTAS
Parque Millcreek
12 de junio, desde las 10 hasta las 18 horas

1. Llena el formulario de abajo.
2. Uno de tus padres o tu tutor debe firmar en la línea indicada.
3. Incluye un cheque de $2.00 pagadero a Los amigos del Parque Millcreak.
4. Envía por correo el formulario y el cheque a:
   Comité de la exposición de artistas
   Los amigos del Parque Millcreek
   P.O. Box 55549
   Mill City, TX 79990

Nombre _____
Dirección _____
Ciudad_____ Estado_____ Código postal_____
Edad_____ Colegio_____ Grado _____
Nombre de la obra _____
Breve descripción de la obra _____
_____
Firma del padre o de la madre. En su defecto, firma del tutor.
_____

658

Recuerda estos consejos cuando sigas instrucciones escritas:

Consejos para seguir instrucciones

- Lee más de una vez los pasos a seguir.
- Estudia todos los diagramas o mapas.
- Comprueba que tienes los materiales que necesitas.
- Sigue los pasos uno a uno y en el orden establecido.

Si tienes en cuentas estos consejos cuando lees instrucciones podrás aprender a

- preparar o cocinar una receta
- ir de un lugar a otro
- practicar un juego
- realizar las tareas escolares que te hayan encomendado hacer en tu casa
- hacer funcionar una máquina o un juguete
- usar un programa de computación

¿QUÉ HAS APRENDIDO?

¿Qué clase de instrucciones escritas has tenido que seguir esta semana? ¿Qué te podría haber ocurrido si hubieras dejado de seguirlas al pie de la letra?

INTÉNTALO • INTÉNTALO

Copia el formulario de la página anterior y llénalo. ¿Cómo podrías ampliar o cambiar las instrucciones del formulario para mejorarlas?

CÓMO SEGUIR INSTRUCCIONES ESCRITAS

El uso de los mapas

Los visitantes de los parques de diversiones, ferias comunales, museos y demás lugares que ofrecen atracciones, generalmente reciben mapas al entrar que usan símbolos o dibujos como el que aquí se muestra. Antes de usar cualquier mapa, estudia su **clave** porque ésta explica qué representan los símbolos.

Exposición de artistas en el Parque Millcreek

Clave del mapa

- **T** Parada del trolebús
- **B** Baños
- **C** Comida y bebidas
- ||| Ruta del trolebús
- — Sendero
- Puente

sábado, 12 de junio, de 10 a 18 horas

Esculturas · **Edificio del arte de culturas antiguas** · **Obras presentadas por niños** · **Lago** · **Artículos de cerámica** · **Entrada principal** · **Boletas**

Cómo llegar a tu destino

Sigue estas indicaciones para llegar a la exposición de Arte moderno:

1. Compra tus entradas en la Entrada principal.
2. Toma el sendero situado a la izquierda de la Entrada principal.
3. Sigue el sendero hasta pasar la exposición de Fotografías.
4. Cruza el puente y continúa derecho. La exposición de Arte moderno se encuentra a tu izquierda.

¿QUÉ HAS APRENDIDO?

Lee las instrucciones o indicaciones para llegar a la exposición de Arte moderno. Sigue el trayecto con tu índice. Vuelve a escribir las indicaciones que no te resulten claras.

INTÉNTALO • INTÉNTALO

Usa el mapa que da las indicaciones para ir desde la Entrada Oeste al Edificio del arte de culturas antiguas, y desde allí hasta la Entrada principal.

661

CÓMO LOCALIZAR INFORMACIÓN

Partes de un libro

Las partes de un libro, de no ficción, proporcionan diferentes tipos de información sobre la obra, su contenido, y el autor o autora.

La **sobrecubierta** de un libro muestra el título de la obra y el nombre de su autor. A veces puede incluir también el subtítulo del libro que indica el tema que desarrolla.

Título
Subtítulo
Autor

¡Ven con nosotros a viajar por una ciudad americana! Lanelle Bruce describe la historia del transporte urbano desde el coche tirado por caballos hasta las calles de hoy, desbordantes de automóviles y camiones. Esta narración vívida ha sido ilustrada con numerosas tablas, dibujos y fotos históricas. ¡Será un paseo que nunca olvidarás!

Con frecuencia, en la **contracubierta** o en la **solapa** del libro hay un resumen de la obra. Puede también incluir información sobre el autor.

Al comienzo del libro está la **portada** con el título de la obra. Contiene también el nombre de la casa editorial y de la ciudad donde tiene su sede.

Título
Autor
Editorial

662

Por lo general, en una de las primeras páginas de un libro se advierte a quien pertenecen los **derechos de autor** o **copyright**. Esta página también proporciona el nombre de la casa editorial y el año en que se publicó el libro, así como también informa si la obra ha sido actualizada.

Fecha del copyright

Copyright © 1999 by Lanelle Bruce

All rights reserved under International and Pan-American Copyright Conventions.

Published in the United States by W. L. Milton Publishers

Printed in the United States of America
FIRST EDITION

El **índice de contenidos** frecuentemente sigue a continuación de la página de derechos de autor. Éste te da una idea sobre el tipo de información que contiene el libro.

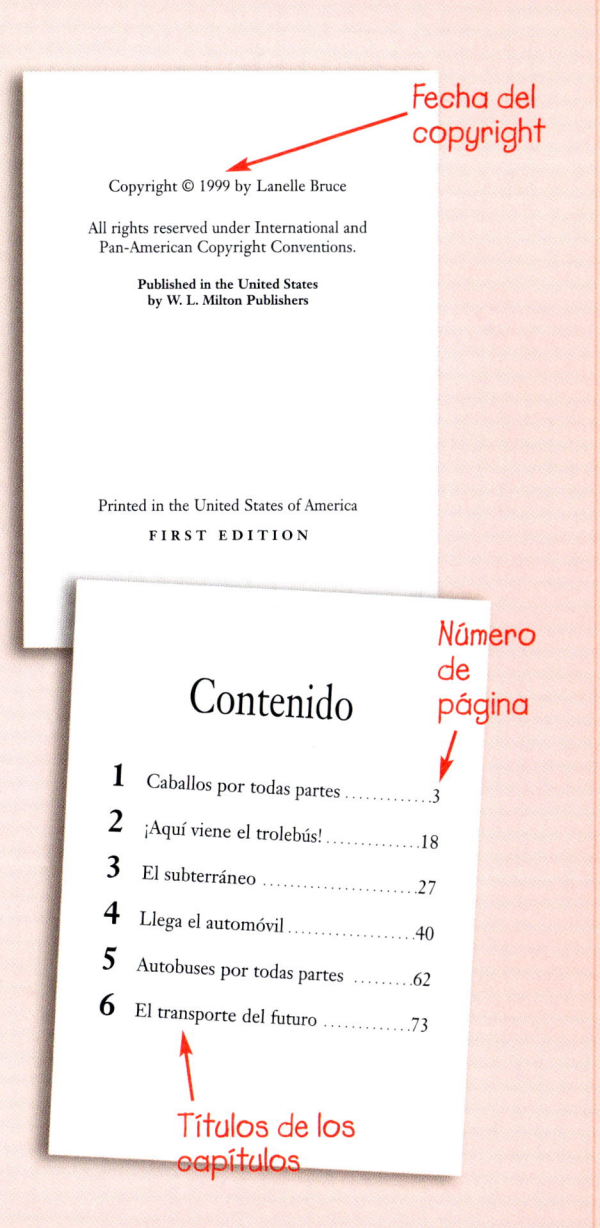

Contenido

Número de página

1 Caballos por todas partes 3
2 ¡Aquí viene el trolebús! 18
3 El subterráneo 27
4 Llega el automóvil 40
5 Autobuses por todas partes 62
6 El transporte del futuro 73

Títulos de los capítulos

¿QUÉ HAS APRENDIDO?

¿Qué tipo de información podrías encontrar en el libro que aquí se muestra? ¿En qué forma podría ser útil a una persona que investiga las características de una ciudad?

INTÉNTALO • INTÉNTALO

Busca un libro que no hayas leído. Mira el índice de contenidos. ¿De qué te enteras si solamente lees esa página? Cuenta a tus compañeros de clase qué has averiguado.

CÓMO LOCALIZAR INFORMACIÓN

El glosario

El **glosario** es muy parecido a un diccionario, pero solamente contiene las palabras usadas en un libro. El glosario está en la sección final de la obra.

A medida que lees, usa el glosario para aprender el significado de las palabras que no te son conocidas.

Glosario

asfalto   Material que se emplea en la pavimentación de las calles. Está hecho de una sustancia parecida al alquitrán, mezclada con piedras o arena.

calle   Sendero de asfalto.

garaje   Edificio en el cual se guardan los vehículos.

ómnibus   Vehículo para el transporte público de viajeros.

servicio interurbano   Sistema de transporte que une una ciudad y el cinturón suburbano que la rodea.

subterráneo   También llamado "metro" en algunas ciudades de Estados Unidos, y "tubo" en Inglaterra. Es un tren de transporte colectivo que recorre una red de túneles.

trolebús   Transporte público accionado por electricidad que toma de un cable aéreo. Se diferencia del tranvía en que no se desliza por rieles y tiene, en cambio, ruedas con neumáticos como el ómnibus.

trolebús

ventilación   Sistema de circulación y renovación del aire en la edificación urbana.

¿QUÉ HAS APRENDIDO?

¿Qué es un ómnibus? ¿Qué es un garaje? Escribe una oración con cada palabra. Usa el glosario como ayuda.

INTÉNTALO • INTÉNTALO

Mira el glosario de uno de tus libros de texto y el glosario de una obra informativa. Compara los dos glosarios. Comparte con tus compañeros de clase las diferencias que has encontrado entre los dos glosarios.

El índice

El **índice** es una lista alfabética de los temas de un libro. Encontrarás el índice cerca de las últimas páginas del libro. El índice incluye temas y subtemas.

Piensa detenidamente cuando busques en el índice. Imagina que quieres localizar el tema de las luces que regulan el tráfico de peatones y vehículos en una ciudad. Como no hay referencia en el índice a la palabra "luz" o "luces", debes de pensar en otra alternativa. Por ejemplo, como el tráfico es regulado por luces busca bajo "tráfico" y allí encontrarás una pista que te llevará a la palabra "semáforo", o aparato con luces de colores verde, rojo y amarillo que ordenan el tráfico.

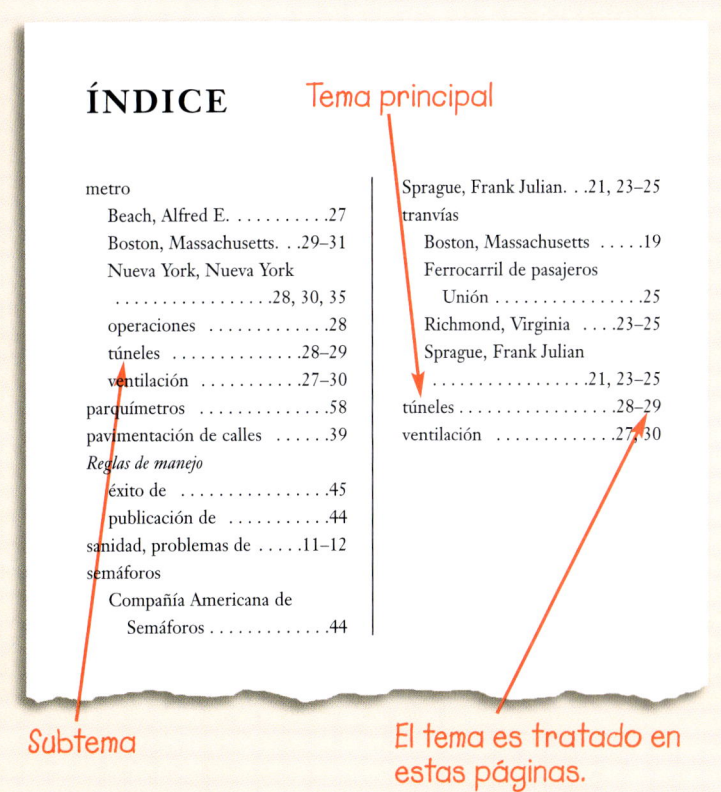

ÍNDICE

metro
    Beach, Alfred E. 27
    Boston, Massachusetts. . .29–31
    Nueva York, Nueva York
      . . . . .28, 30, 35
    operaciones 28
    túneles 28–29
    ventilación 27–30
parquímetros 58
pavimentación de calles 39
Reglas de manejo
    éxito de 45
    publicación de 44
sanidad, problemas de 11–12
semáforos
    Compañía Americana de
      Semáforos 44

Sprague, Frank Julian. . .21, 23–25
tranvías
    Boston, Massachusetts 19
    Ferrocarril de pasajeros
      Unión 25
    Richmond, Virginia 23–25
    Sprague, Frank Julian
      . . . . .21, 23–25
túneles 28–29
ventilación 27, 30

Tema principal
Subtema
El tema es tratado en estas páginas.

¿QUÉ HAS APRENDIDO?

Busca "tranvías" en el índice. ¿En qué página se mencionan los tranvías de Richmond, estado de Virginia? ¿Qué información incluye el autor sobre la obra "Reglas de manejo"?

INTÉNTALO • INTÉNTALO

Piensa en un tema que te interese. Busca en la biblioteca un libro sobre ese tema, y emplea el índice para localizar lo que deseas leer.

FUENTES DE REFERENCIAS

Enciclopedia

Una **enciclopedia** es un libro, o un conjunto de libros, en los cuales los artículos están ordenados alfabéticamente.

En el lomo de cada volumen aparece la primera letra de los temas que contiene.

Imagina que necesitas información sobre Alexander Graham Bell. Podrías buscar en el volumen identificado con una "B". Allí encontrarías un artículo titulado "Bell, Alexander Graham."

240 Bell, Alexander Graham — Palabras guía

Comienzo del artículo

Los subtítulos indican los temas que tocan las distintas partes del artículo.

Bell, Alexander Graham (1847-1922), inventor y educador americano, ampliamente conocido por haber inventado el teléfono. Bell tenía 27 años cuando desarrolló el fundamento teórico de la transmisión eléctrica de la palabra, y había cumplido 29 años cuando, en 1876, le fue concedida la patente de un modelo básico de teléfono.

El telégrafo había sido inventado antes de Bell. Se habían transmitido eléctricamente, por vía de un alambre, señales, música y hasta sonidos parecidos a la voz humana. Pero las palabras pronunciadas por un ser humano nunca habían sido transmitidas de ese modo. Muchos inventores se esforzaban por encontrar la forma de hacerlo; Bell fue el primero en lograrlo.

La gran invención de Bell fue consecuencia de su profundo interés en la voz humana, su conocimiento básico de la acústica, y su propósito de desarrollar un sistema más avanzado de transmisión telegráfica. Además, lo consumía el deseo de lograr fama y fortuna.

Sus primeros años. La familia de Bell y la educación que recibió ejercieron una influencia profunda sobre su carrera. Había nacido el 3 de marzo de 1847 en Edinburgo, Escocia. Su madre, Elisa Grace Symonds, era retratista al igual que consumada ejecutora de piezas musicales.

Impreso con el permiso de World Book, Inc.

¿QUÉ HAS APRENDIDO?

¿En cuál volumen de la enciclopedia buscarías un artículo sobre Pablo Neruda? ¿En cuáles buscarías al Dr. Carlos J. Finlay y a Ernest Hemingway?

INTÉNTALO • INTÉNTALO

Piensa en alguien mencionado en tu libro de estudios sociales. Lee un artículo sobre esa persona en una enciclopedia. Comparte la información con tus compañeros de clase.

Diccionario de sinónimos

El **diccionario de sinónimos** proporciona palabras que significan lo mismo, o aproximadamente lo mismo, que otras palabras.

A fin de evitar el uso repetido de una misma palabra, puedes encontrar palabras que significan lo mismo en un diccionario de sinónimos, donde están ordenadas alfabéticamente.

Palabra guía — **inventar**

Sinónimos

Artículo — **inventar** *v.* concebir, desarrollar, descubrir, idear, imaginar, fabricar, fingir, forjar, fraguar, hallar, imaginar. *A los 29 años Alexander Graham Bell inventó el teléfono.* **Ant.** copiar, imitar.

Antónimos

inventivo *adj.* capaz de inventar, artístico, creativo, imaginativo. *En la Exposición de Ciencias se muestran proyectos fruto de la capacidad inventiva.*

invento *s.* invención, descubrimiento. *Benjamin Franklin hizo un invento: el pararrayos.*

investigar *v.* hacer diligencias para descubrir una cosa, examinar, explorar, indagar, inquirir. *La policía va a investigar el asalto del banco.* **Ant.** adivinar, suponer.

Ejemplo de oración

¿QUÉ HAS APRENDIDO?

Explica cómo emplearías el diccionario de sinónimos para buscar palabras que signifiquen lo mismo, o aproximadamente lo mismo que *investigar*.

INTÉNTALO • INTÉNTALO

Con demasiada frecuencia se usan palabras como *lindo, bonito, interesante*. Busca adjetivos con el mismo significado en el diccionario de sinónimos. Recuérdalos para que los puedas usar en tus escritos.

FUENTES DE REFERENCIAS

Atlas

Un **atlas** es un libro de mapas. Algunos atlas también incluyen información sobre población, producción y características físicas como montañas, lagos y ríos.

Si quieres saber dónde está ubicado un lugar determinado, usa un **atlas**. Puede que ya sepas que Alexander Graham Bell trabajó en Boston, Massachusetts. Para encontrar en el atlas a Boston, Massachusetts, debes localizar Boston en el índice alfabético.

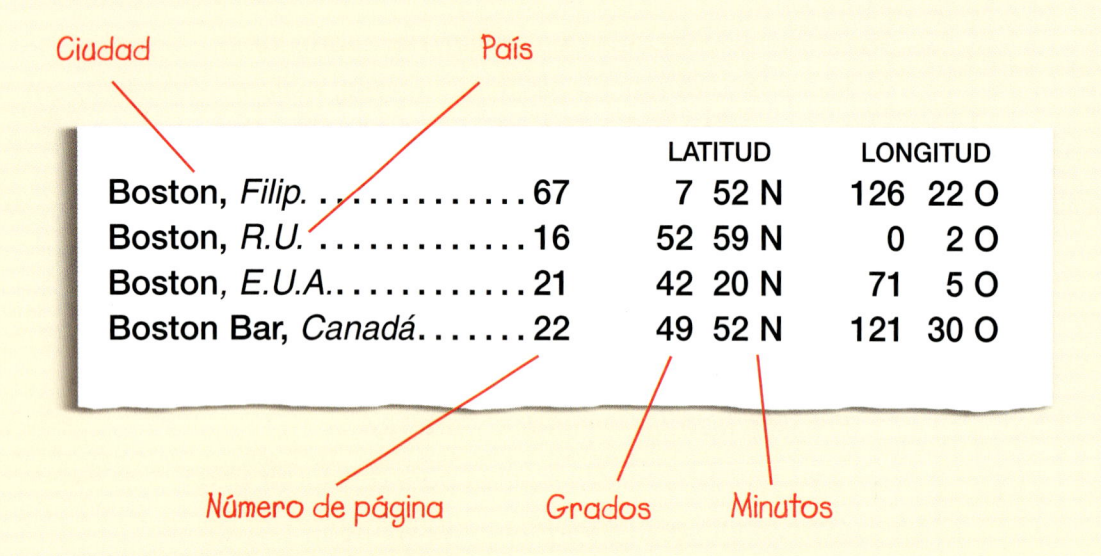

Ciudad   *País*

		LATITUD		LONGITUD	
Boston, *Filip.*	67	7	52 N	126	22 O
Boston, *R.U.*	16	52	59 N	0	2 O
Boston, *E.U.A.*	21	42	20 N	71	5 O
Boston Bar, *Canadá*	22	49	52 N	121	30 O

Número de página   *Grados*   *Minutos*

En la página 21 del atlas encontrarás el mapa de Estados Unidos. Recuerda lo que aprendiste en estudios sociales: la latitud y la longitud son líneas imaginarias que entrecruzan los mapas y el globo terráqueo. Puedes utilizar la latitud y la longitud que proporciona el atlas para ubicar a Boston en el mapa. (Como ocurre con la mayoría de los mapas, no se muestran todas las líneas de latitud y longitud.) Por ello, si es necesario debes emplear las líneas más próximas a la latitud y longitud que buscas.

Título del mapa

Escala del mapa: muestra la distancia en el mapa proporcional a la distancia real en la Tierra.

Claves del mapa: explica qué significan los símbolos que se usan en el mapa

Ubicador del mapa: Muestra la ubicación en el globo terráqueo.

LOS ESTADOS UNIDOS

- ⊛ Capital nacional
- ★ Capital estatal
- — Fronteras nacionales
- — Fronteras estatales

Latitud (corre de este a oeste)

Longitud (corre de norte a sur)

Rosa de los vientos: ubica los puntos cardinales (norte, sur, este y oeste)

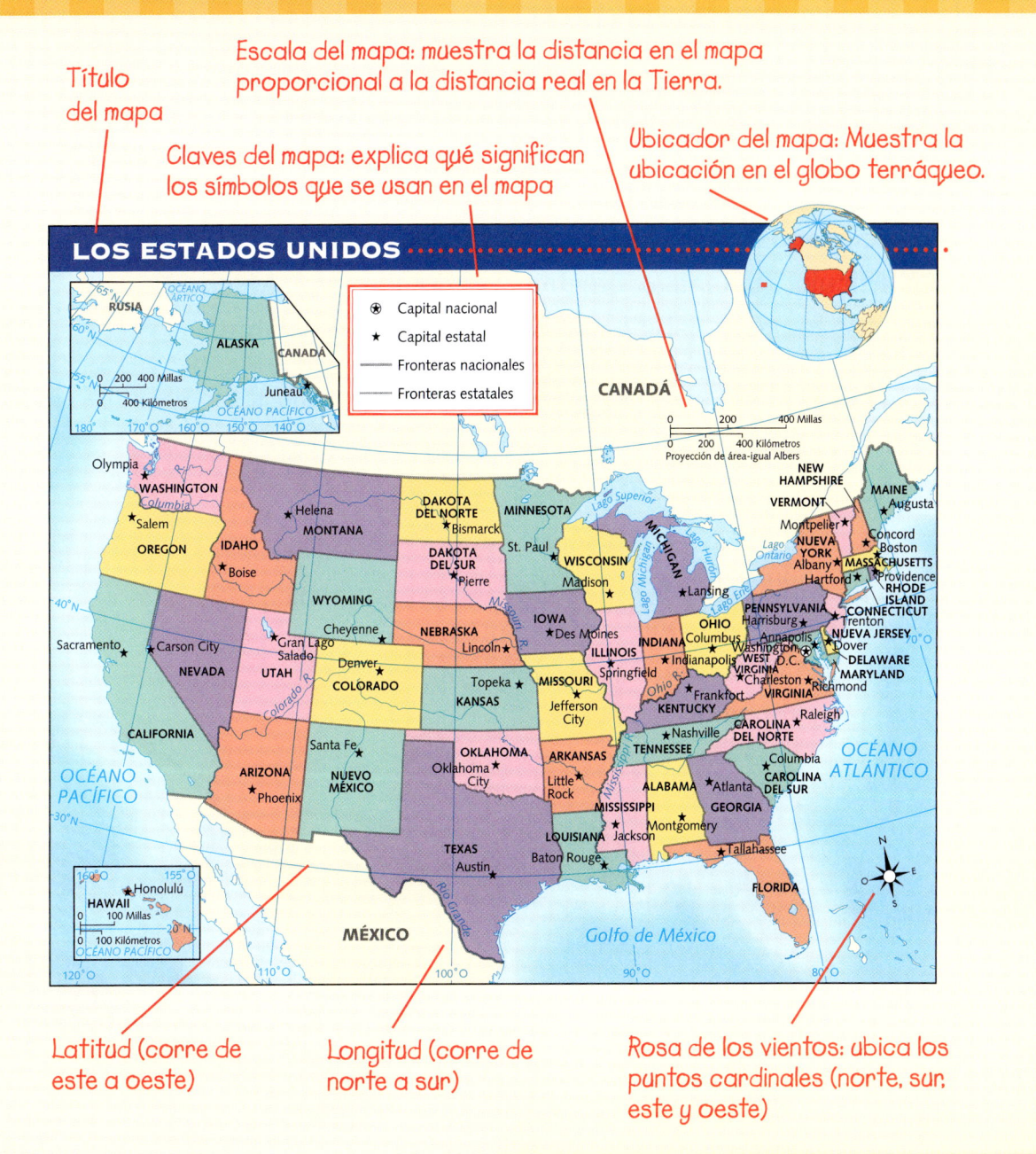

¿QUÉ HAS APRENDIDO?

¿Qué tipo de información proporciona el mapa del atlas que aparece en esta página? Si quieres buscar más información sobre Boston, ¿qué mapa usarías?

INTÉNTALO • INTÉNTALO

Busca en el atlas tu estado, o cualquier otro estado. Si es posible, fíjate en el mapa más de una vez. ¿Qué información te suministra el atlas? Comparte la información con tus compañeros de clase.

669

FUENTES DE REFERENCIAS

Diccionario

Un **diccionario** contiene una lista alfabética de la mayoría de las palabras de nuestra lengua y las define.

Los diccionarios identifican el papel de una palabra en la oración (verbo, artículo, sustantivo, adjetivo, pronombre etc). Muchos diccionarios también hablan sobre el origen de la palabra.

Artículo — *Parte en la oración*

teléfono *s.* **1** Sistema para transmitir y recibir la palabra humana. **2** *s.* Dispositivo de dicho sistema que convierte los sonidos en impulsos eléctricos transmisibles y los transforma posteriormente en sonidos.

definiciones

¿QUÉ HAS APRENDIDO?

¿En qué podría ayudarte un diccionario para escribir un informe sobre un inventor?

INTÉNTALO • INTÉNTALO

Busca una palabra conocida en una revista o en una enciclopedia. Lee su significado en el diccionario. Comenta con tus compañeros de clase la definición del diccionario.

Internet

La **Internet** es una red mundial que conecta las computadoras con fuentes de información sobre todos los temas que te puedas imaginar. La información en la Internet suele ser la más actualizada que se puede obtener.

Para aprender a buscar un tema en la Internet, consulta la sección de este Manual sobre *Técnicas de investigación*. Debes tener cuidado con el uso de la información proveniente de la Internet porque es posible que no sea correcta. Compárala siempre con una fuente de información que te merezca confianza. Puedes obtener indicios acerca de la confiabilidad de un sitio de la Red si te fijas en su dirección.

Tipos de Sitios en la Internet

Páginas con domicilios privados	Son colocadas en la Internet por personas que pueden incluir información confiable, o no.
Sitios de la Internet que terminan en *.com* o *.org*	Sitios de empresas tales como comercios o industrias. La terminación *.com* significa comercial; la terminación *.org* significa organización.
Sitios de la Internet que terminan en *.org*	Algunas organizaciones que no tienen fines de lucro, como los museos o las instituciones de caridad, también usan la terminación *.org*.
Sitios de la Internet que terminan en *.edu*	Organizaciones educativas, como los colegios y las universidades. La terminación *.edu* significa educativo.
Sitios de la Internet que terminan en *.gov*	Son los sitios de la Internet del gobierno de Estados Unidos o sus agencias. La terminación *.gov* significa gobierno.

¿QUÉ HAS APRENDIDO?

Compara los sitios de la Internet descritos en esta página. ¿Cuál de ellas crees que puede tener la información más correcta? ¿Por qué?

INTÉNTALO • INTÉNTALO

Busca información en la Internet sobre la invención del teléfono. Haz una lista con las direcciones de los sitios en la Internet que encuentres. ¿Cuál de ellas crees que puede tener la información más correcta?

Uso del glosario

Igual que los diccionarios, este glosario presenta una lista de palabras en orden alfabético. Para encontrar una palabra, sólo busca las primeras letras de la misma.

Para ahorrar tiempo, consulta las **palabras guía** al principio de cada página. Las palabras guía te dicen cuáles son la primera y la última palabra de esa página. También indican si la palabra que buscas se encuentra en la página.

Observa este ejemplo de una entrada de glosario:

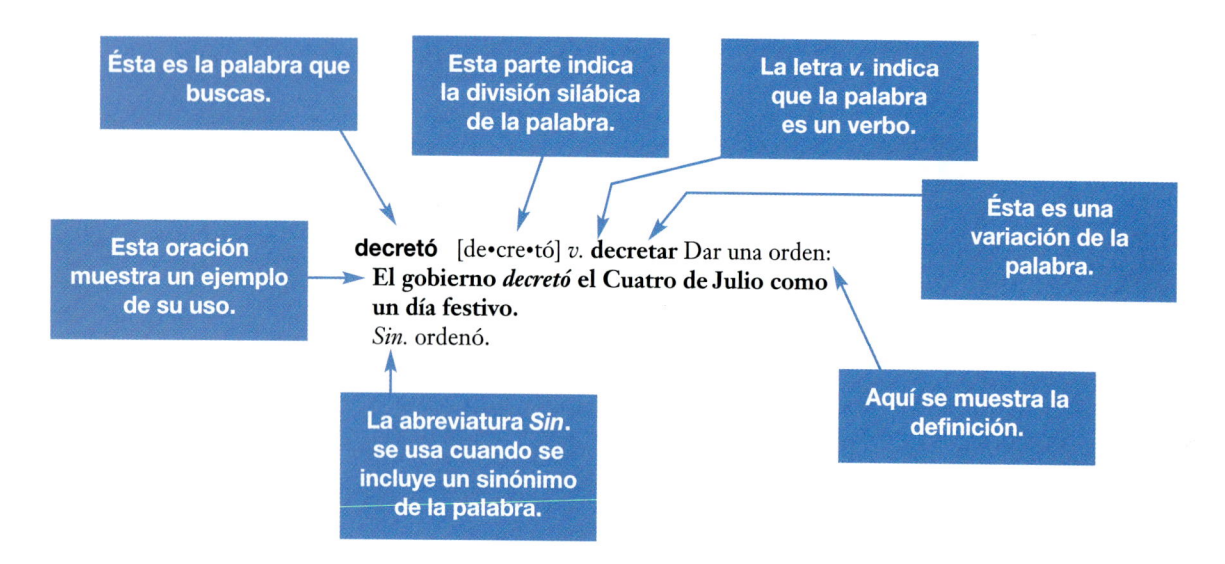

- Ésta es la palabra que buscas.
- Esta parte indica la división silábica de la palabra.
- La letra *v.* indica que la palabra es un verbo.
- Ésta es una variación de la palabra.
- Esta oración muestra un ejemplo de su uso.
- Aquí se muestra la definición.
- La abreviatura *Sin.* se usa cuando se incluye un sinónimo de la palabra.

decretó [de•cre•tó] *v.* **decretar** Dar una orden: **El gobierno *decretó* el Cuatro de Julio como un día festivo.** *Sin.* ordenó.

Origen de las palabras

En este glosario encontrarás notas sobre el origen de algunas palabras o los cambios que han tenido con el paso del tiempo. Estos datos pueden ayudarte a recordar el significado de muchas palabras.

Observa este ejemplo sobre el origen de las palabras:

familiar Término que proviene del latín *familiaris*. En un principio significaba "de la *familia*", pero su significado se amplió y ahora también significa "conocido" o "usual".

La división silábica

Las palabras se dividen en sílabas. Cada sílaba constituye un sonido o un conjunto de sonidos. Las sílabas siempre tienen por lo menos una vocal. En el caso de los diptongos, la sílaba tiene dos vocales, y en los triptongos la sílaba tiene tres vocales.

REGLAS DE LA DIVISIÓN SILÁBICA

Cada vocal se agrupa con la consonante anterior a ella.

ca·mi·sa   ma·ña·na   a·bue·la

Las siguientes combinaciones de consonantes son inseparables: bl, br, cl, cr, dr, fl, fr, gl, gr, pl, pr, tr.

blu·sa   glo·bo

A excepción de las combinaciones anteriores, cuando hay cualquier otra pareja de consonantes entre dos vocales, cada consonante se agrupa con una sílaba diferente.

bal·sa   lin·ter·na

Cuando hay tres consonantes juntas y hay una de las combinaciones de consonantes inseparables, la combinación inseparable se queda junta y la otra consonante se separa y forma parte de la otra sílaba.

tem·blar   ren·glón

Cuando hay cualquier otro grupo de tres consonantes, dos consonantes se agrupan con la primera vocal y la otra consonante con la segunda vocal.

cons·tan·te   ins·tan·te

Cuando hay cuatro consonantes juntas, se agrupan dos con una sílaba y dos con la otra.

mons·truo   ins·tru·men·to

Otros símbolos
- **divide las palabras en sílabas**

Abreviaturas: *adj.* adjetivo, *adv.* adverbio, *s.* sustantivo, *v.* verbo, *Sin.* sinónimo, *Ant.* antónimo, *Fig.* figurativo

A

acorralada [a·co·rra·la·da] *adj. Fig.* Que se siente rodeada sin poder escapar: **El día del Carnaval me sentí *acorralada* entre tanta gente.**

acostumbrados [a·cos·tum·bra·dos] *adj.* **acostumbrado** Que ha adquirido el hábito de hacer algo: **Estamos *acostumbrados* a visitar a nuestros abuelos durante las vacaciones.**

acróbata [a·cró·ba·ta] *s.* Persona que hace pruebas de gimnasia sobre cuerdas o alambres en el aire: **Ayer vimos un *acróbata* en el circo.** *Sin.* equilibrista.

acróbata

Origen
acróbata Esta palabra deriva de dos expresiones griegas: *acro*, cuyo significado es altura (*acrofobia*, por ejemplo, quiere decir miedo a las alturas) y *batein* que significa caminar en puntas de pie.

acudas [a·cu·das] *v.* **acudir** Ir a un sitio de donde se es llamado: **Espero que *acudas* tan pronto recibas mi llamada.**

administra [ad·mi·nis·tra] *v.* **administrar** Acción de manejar un negocio, una tienda, un grupo de personas, etc.: **Mi padre *administra* la tienda de la esquina.**

afirman [a·fir·man] *v.* **afirmar** Asegurar que algo es cierto: **Los señores *afirman* que vamos en la dirección correcta.**

afortunado [a·for·tu·na·do] *adj.* Que tiene buena suerte: **Es un perro *afortunado* porque tiene buenos dueños.** *Sin.* feliz.

almacenaré [al·ma·ce·na·ré] *v.* **almacenar** Colocar cosas en algún lugar para cuando se necesiten: **A partir de mañana *almacenaré* la comida en la bodega nueva.**

almíbar [al·mí·bar] *s.* Azúcar disuelta en agua y espesada al fuego: **Me encantan los panqueques con *almíbar*.**

alojar [a·lo·jar] *v.* Recibir y acomodar a gente en la casa de uno: **Los niños que vienen a jugar el campeonato se van a *alojar* en nuestra casa.** *Sin.* hospedar.

alternativa [al·ter·na·ti·va] *s.* Opción que permite escoger entre dos o más cosas: **Tengo la *alternativa* de ir al cine o al parque de diversiones.**

amasaba [a·ma·sa·ba] *v.* **amasar** Formar o hacer masa de un sólido con algún líquido: **Mi mamá *amasaba* para hacer galletas todos los domingos.**

ambiente [am·bien·te] *s.* Lo que rodea: **Este *ambiente* es apropiado para el cultivo de fresas.**

ambulantes [am·bu·lan·tes] *adj.* **ambulante** Que va de un lugar a otro: **En la feria hay muchos vendedores *ambulantes*.**

ángulo [án·gu·lo] *s.* Figura formada por dos líneas que se originan en un mismo punto: **Éste es un *ángulo* recto.** *Sin.* esquina, rincón.

antepasados [an·te·pa·sa·dos] *s.* **antepasado** Anterior, ascendiente: **Nuestros *antepasados* eran de origen español.** *Sin.* antecesor.

asciende [as·cien·de] *v.* **ascender** Subir: **En las competencias de alpinismo, Marta *asciende* hasta la cima de una montaña.**

asomada [a·so·ma·da] *adj.* Que se muestra por alguna abertura: **Mi vecina pasa mucho tiempo *asomada* a la ventana.**

atestadas [a·tes·ta·das] *adj.* **atestada** Que está llena con demasiadas personas o cosas: **Las calles en las ciudades grandes están *atestadas* de bicicletas, motocicletas, carros y personas.** *Sin.* abarrotadas.

augurio [au·gu·rio] *s.* Señal de que algo va a pasar: **Si mañana amanece soleado, es buen *augurio* para que vayas a pescar.**

Origen
augurio Proviene de la palabra latina *augurium*, la que deriva de *augur*; sacerdote de Roma antigua que practicaba la adivinación interpretando el canto de las aves, su vuelo, su forma de comer y otros signos e indicios generalmente basados en supersticiones.

B

banquete [ban•que•te] *s.* Comida elegante y exquisita que se sirve a un grupo grande de personas: **A fin de año haremos un *banquete* para colectar dinero para la escuela.** *Sin.* festín.

biombo [biom•bo] *s.* Puerta plegable compuesta de varios bastidores articulados: **Mami compró un *biombo* para jugar al teatro en casa.**

bondad [bon•dad] *s.* Cualidad de ser amable y bueno: **La *bondad* es una cualidad que heredaste de tu padre.** *Sin.* generosidad.

C

cañaveral [ca•ña•ve•ral] *s.* Terreno sembrado de caña de azúcar: **Los trabajadores tenían que cruzar el *cañaveral* para llegar a la casa.**

cañaveral

caparazón [ca•pa•ra•zón] *s.* Cubierta que tienen algunos animales o que se pone a alguna cosa: **El cangrejo tiene un *caparazón* muy duro.**

carioca [ca•rio•ca] *adj. y s.* Natural de Río de Janeiro: **La mujer *carioca* tiene mucho ritmo para bailar samba.**

carnada [car•na•da] *s.* Cebo para cazar o pescar: **No pudo pescar porque se le olvidó la *carnada*.**

cascadas [cas•ca•das] *s.* cascada Salto de agua: **Este río tiene dos *cascadas* muy bonitas.**

cazatalentos [ca•za•ta•len•tos] *s.* cazatalento Persona que busca a alguien que tenga alguna habilidad: **El *cazatalentos* del circo está buscando a un trapecista.**

centenares [cen•te•na•res] *s.* centenar Gran número de personas o cosas: **En el cielo hay *centenares* de estrellas.**

cercano [cer•ca•no] *adj.* Que está próximo: **El pueblo más *cercano* queda a 5 kilómetros.** *Sin.* inmediato.

certificados [cer•ti•fi•ca•dos] *s.* certificado Papel que oficialmente estipula un hecho: **Estos *certificados* nos los entregaron cuando finalizamos los estudios.** *Sin.* diploma.

ciudadanos [ciu•da•da•nos] *s.* ciudadano Persona que pertenece a un país y que tiene derecho a vivir en él: **Tú eres *ciudadano* del país en que naciste.**

> **Origen**
> **ciudadano** La palabra *ciudadano* proviene del latín *civis* (ciudadano de Roma) que, a su vez, deriva de *civitat*, que significa ciudad, estado, país. Esta palabra latina dio lugar a muchas otras como *civil* y *civilización*.

coartada [co•ar•ta•da] *s.* Excusa que prueba que una persona no pudo haber cometido el crimen del cual le acusan: **Juanito dice tener una *coartada* ya que cuando sucedió el accidente él estaba en casa de su amigo.**

coleccionista [co•lec•cio•nis•ta] *s.* Persona a quien le gusta juntar cosas de una misma clase, a lo largo de un período de tiempo: **El papá de Pedro es *coleccionista* de estampillas.**

comerciante [co•mer•cian•te] *s.* Persona que se dedica a comprar y vender: **El *comerciante* vendió todas las cámaras de fotografía.**

comestibles [co•mes•ti•bles] *adj. y s.* comestible Que se puede comer: **En la finca, el campesino sembró muchas plantas *comestibles*.**

compartir [com•par•tir] *v.* Dividir una cosa entre dos o más personas: **Gracias por *compartir* tu comida conmigo.** *Sin.* distribuir.

concesión [con•ce•sión] *s.* Acuerdo al que se llega una vez que las partes han desistido de algunas de sus exigencias: **Después de dos días de discusión llegamos a una *concesión*.**

conformó [con•for•mó] *v.* **conformar** Convenir con una cosa; aceptar sin decir nada: **Se *conformó* con recibir sólo una parte de lo que pedía.**

confundida [con•fun•di•da] *adj.* Que no tiene una idea clara con respecto a algo: **La niña estaba *confundida* cuando le hicieron las preguntas.**

conmovido [con•mo•vi•do] *v.* **conmover** Sentir inquietud: **La despedida del pelotero lo había *conmovido* mucho.** *Sin.* emocionado.

constantemente [cons•tan•te•men•te] *adv.* De manera constante: ***Constantemente* te tengo que decir que hagas las tareas de la escuela.** *Sin.* permanentemente.

coraje [co•ra•je] *s.* Valor, valentía: **Hay que tener *coraje* para subir esa montaña.**

> **Origen**
> **coraje** Su origen es la expresión latina *coragium*, derivada de *cor*, corazón. Se creía en la Roma antigua, y hasta hace pocos siglos, que el valor, la memoria y los sentimientos residían en el corazón.

cordialmente [cor•dial•men•te] *adv.* De manera amistosa y afectuosa: **No olvides tratar *cordialmente* a tu amigo.** *Sin.* amigablemente.

corral [co•rral] *s.* Lugar con una cerca donde se guardan algunos animales en una granja: **En el *corral* de nuestra finca tenemos muchos cerdos.**

corral

CH

chozas [cho•zas] *s.* **choza** Casa pequeña construida con estacas y cubierta con hojas o paja: **En el pueblo se han construido muchas *chozas*.**

D

decretó [de•cre•tó] *v.* **decretar** Dar una orden: **El rey *decretó* los domingos como días de fiesta.** *Sin.* ordenó.

depredadores [de•pre•da•do•res] *s.* **depredador** Dícese del animal que caza y devora piezas vivas: **El león es un *depredador* de la selva.**

derriban [de•rri•ban] *v.* **derribar** Echar abajo una cosa: **Para fabricar una casa, primero *derriban* los árboles del terreno.** *Sin.* tumbar.

descifrado [des•ci•fra•do] *v.* **descifrar** Leer lo que no se entiende: **Por fin el experto ha *descifrado* el documento.**

descomponen [des•com•po•nen] *v.* **descomponer** Pudrir: **Las plantas se *descomponen* cuando mueren.**

desenterrar [des•en•te•rrar] *v.* Sacar lo que se ha puesto debajo de la tierra: **Los excursionistas fueron a *desenterrar* un tesoro.**

desparramó [des•pa•rra•mó] *v.* **desparramar** Esparcir, extender: **El bebé *desparramó* los juguetes por el suelo.**

desperdicios [des•per•di•cios] *s.* **desperdicio** Derroche. Lo que sobra de una cosa: **Los *desperdicios* de comida se botan a la basura.**

destrezas [des•tre•zas] *s.* **destreza** Habilidad para hacer algo bien: **Sus *destrezas* son muchas, además de pintar puede cantar y bailar.**

diminutas [di•mi•nu•tas] *adj.* **diminuta** Muy pequeña: **Aunque prefiero las rosas grandes, sólo tengo unas flores *diminutas*, pero perfumadas.**

disculparon [dis•cul•pa•ron] *v.* **disculpar** Absolver de culpa: **Todos se *disculparon* por haber llegado tarde.**

diseminar [di•se•mi•nar] *v.* Esparcir o extender, hacer que algo llegue a muchos sitios: **Queremos *diseminar* la noticia por los canales de televisión.** *Sin.* dispersar.

diseñó [di•se•ñó] *v.* **diseñar** Idear y dibujar algo que puede ser construido: **Un arquitecto muy famoso *diseñó* nuestra casa.**

disfrutaba [dis•fru•ta•ba] *v.* **disfrutar** Gozar de algo que se hace: **El estudiante *disfrutaba* las excursiones al museo.**

disgustada [dis•gus•ta•da] *adj.* Que está molesta, enojada: **La profesora estaba *disgustada* porque no encontraba el libro.**

distinguido

distinguido [dis·tin·gui·do] *adj.* Notable, elegante: **El presidente es un hombre *distinguido*.**

dramaturgos [dra·ma·tur·gos] *s.* **dramaturgo** Autor de obras dramáticas: **La calidad de una obra de teatro depende del *dramaturgo* que la escribe.**

E

encender [en·cen·der] *v.* Hacer que una cosa se prenda: **Cuando se revela un rollo fotográfico no se puede *encender* la luz.**

enorgullece [e·nor·gu·lle·ce] *v.* **enorgullecer** Sentirse demasiado bien por algo que se hizo o por alguien: **Me *enorgullece* que te haya ido tan bien en la carrera.**

ensordecedor [en·sor·de·ce·dor] *adj.* Que causa sordera: **El trueno que cayó hizo un ruido *ensordecedor*.**

entretenimiento [en·tre·te·ni·mien·to] *s.* Recreación, diversión: **Su *entretenimiento* favorito es leer cuentos de misterio.**

equilibrio [e·qui·li·brio] *s.* Estado o posición de estabilidad: **Para montar en bicicleta hay que tener *equilibrio*.**

esbelto [es·bel·to] *adj.* Delgado, alto: **Si él es *esbelto* le sirve la talla 28.**

espectadores [es·pec·ta·do·res] *s.* **espectador** Asistentes a una función teatral o diversión pública: **Cientos de *espectadores* acudieron a la puesta en escena de "Hamlet". *Sin.* público.**

espectadores

esplendor [es·plen·dor] *s. Fig.* Lustre, magnificencia: **La época del Renacimiento se considera un período de gran *esplendor* cultural.**

fértil

espontáneamente [es·pon·tá·ne·a·men·te] *adv.* De manera espontánea, voluntaria y sin previa preparación: **Miguel me ayudó *espontáneamente* a hacer las tareas.**

estilos [es·ti·los] *s.* **estilo** Modo, manera, forma: **En el museo se exhiben pinturas de varios *estilos*.**

estribo [es·tri·bo] *s.* Anillo de metal donde el jinete pone el pie cuando está montando: **El jinete se cayó cuando perdió un *estribo*.**

Datos importantes

estribo Este anillo de metal, donde el jinete pone el pie cuando monta a caballo, tiene una importancia histórica. Antes de que se inventara el estribo, los jinetes no podían instalarse firmemente sobre el animal y usaban sus manos para mantener el equilibrio. El estribo les permitió emplear las manos para otros fines. Así nació la caballería como la más formidable arma de esa época pues los jinetes cargaban lanzas y otras armas.

extensión [ex·ten·sión] *s.* Dimensión, amplitud: **¿Qué *extensión* tiene esa cordillera?**

extinguido [ex·tin·gui·do] *v.* **extinguir** Apagar: **Cuando los bomberos llegaron ya el fuego se había *extinguido*.**

extras [ex·tras] *adv.* **extra** Algo adicional; más de lo usual: **Toma unos pesos *extras* por si no te alcanza lo que llevas.**

extraviarse [ex·tra·viar·se] *v.* **extraviar** Perder el camino: **El explorador temía *extraviarse* en el desierto. *Sin.* perderse.**

F

fascinada [fas·ci·na·da] *adj.* Estar encantada, atraída por una persona, actividad u objeto: **Estoy *fascinada* con el libro que compré.**

ferozmente [fe·roz·men·te] *adv. Fig.* De manera brava, violenta: **Rosita se impulsó *ferozmente* y saltó la valla. *Sin.* bravamente.**

fértil [fér·til] *adj.* Tierra que produce mucho y que sustenta el crecimiento de las plantas: **La tierra *fértil* produce buena cosecha.**

677

fiadas [fi·a·das] *adj.* **fiada** Que se dan o se toman sin que sean pagadas en ese momento: **Las manzanas son *fiadas*, pero me las pagas mañana.**

fomentar [fo·men·tar] *v.* Aumentar la actividad o intensidad de algo: **Vamos a *fomentar* la campaña para evitar la extinción de los animales.**

funcionaba [fun·cio·na·ba] *v.* **funcionar** Ejecutar una actividad: **No sé qué pasó, porque ayer la máquina *funcionaba* muy bien.**

G

germina [ger·mi·na] *v.* **germinar** Brotar las semillas: **Ese tipo de planta *germina* a los cinco días después de sembrarla.** *Sin.* retoña.

glorieta [glo·rie·ta] *s.* Espacio generalmente redondo que suele haber en los jardines: **En la *glorieta* de nuestro vecindario puedes ver las flores.**

guarida [gua·ri·da] *s.* Cueva o hueco donde se refugian los animales: **No encontraban al lobo porque estaba escondido en su *guarida*.** *Sin.* madriguera.

guion [gui·ón] *s.* Texto que contiene todo el desarrollo de una película, obra teatral o programa de radio o de televisión: **Tengo que estudiar el *guion* para aprendérmelo de memoria.**

H

hábitat [há·bi·tat] *s.* Lugar que reúne ciertas características para que vivan los animales y las plantas: **El *hábitat* de los animales salvajes es la selva.**

hambruna [ham·bru·na] *s.* Hambre, necesidad de comer: **El rajá se dio cuenta que la gente de su pueblo sufría de *hambruna*.**

herraduras [he·rra·du·ras] *s.* **herradura** Hierro que se clava en los cascos de los caballos: **Tengo que ponerle *herraduras* nuevas a mi caballo.**

hortalizas [hor·ta·li·zas] *s.* **hortaliza** Legumbre, planta comestible: **En el patio de mi casa siembro zanahorias, remolachas y otras *hortalizas*.**

huérfanos [huér·fa·nos] *s. y adj.* **huérfano** Persona o animal que ha perdido a sus padres: **Mi vecina adoptó a unos perritos *huérfanos*.**

húmedas [hú·me·das] *adj.* **húmeda** Algo que está cargado de vapor de agua: **En la Florida la *humedad* es muy alta.**

I

improviso [im·pro·vi·so] *v.* **improvisar** Hacer lo mejor que se pueda con los elementos que se tengan: **Para cavar un pozo, el hombre ha *improvisado* nuevas técnicas.**

impulso [im·pul·so] *s.* Empuje para crear movimiento: **El amigo le dio un *impulso* para que se tirara al río.** *Sin.* empujón.

inconfundible [in·con·fun·di·ble] *adj.* Que puede distinguirse claramente: **Te reconocí por tus ojos negros *inconfundibles*.**

indígenas [in·dí·ge·nas] *s. y adv.* **indígena** Originario del país: **Los *indígenas* de esa zona tienen costumbres diferentes a las nuestras.** *Sin.* nativos.

infatigable [in·fa·ti·ga·ble] *adj.* Que no se cansa: **Es un hombre *infatigable*, trabaja día y noche.**

inmigrantes [in·mi·gran·tes] *adj. y s.* **inmigrante** Persona que se va a vivir a otro país: **Los *inmigrantes* que viven en este vecindario vinieron de Rusia.**

inquebrantable [in·que·bran·ta·ble] *adj.* Que no se puede quebrar: **Te hice una promesa *inquebrantable*.**

inseguridad [in·se·gu·ri·dad] *s.* Falta de seguridad o confianza: **Para que puedas hacer las tareas tú solo, tienes que vencer tu *inseguridad*.**

instruirse [ins·tru·ir·se] *v.* **instruir** Adquirir conocimientos: **Los niños deben *instruirse* para tener un futuro mejor.**

intelectuales [in·te·lec·tua·les] *s.* **intelectual** Persona que se dedica a ocupaciones relativas al entendimiento: **En la universidad se reunieron los *intelectuales* más famosos de la ciudad.**

intemperie [in·tem·pe·rie] *s.* Algo que está afuera y al descubierto: **Anoche vimos el desfile a la *intemperie* y nos dio mucho frío.**

intermitentes [in·ter·mi·ten·te] *adj.* **intermitente** Que se enciende y apaga regularmente: **Las luces *intermitentes* del carro policía nos dijeron que algo pasaba.**

intérprete [in·tér·pre·te] *s.* Persona que traduce a viva voz de un idioma a otro: **Mi mamá trabaja en el aeropuerto como *intérprete*.**

irrigación [i·rri·ga·ción] *v.* **irrigar** Llevar agua a la tierra donde crecen los sembrados: **Los campesinos dicen que la *irrigación* de sus tierras es muy importante para obtener buenas cosechas.**

J

jinetes [ji·ne·tes] *s.* **jinete** Persona que monta a caballo: **En la película que vimos los *jinetes* eran mexicanos.**

jinetes

juramento [ju·ra·men·to] *s.* Promesa que hace una persona y que debe cumplir: **El primer día de clase hicimos el *juramento* a la bandera.**

L

lejanos [le·ja·nos] *adj.* **lejano** Algo que está a mucha distancia: **Ella deseaba ver los pajaros pero ya estaban muy *lejanos*.**

M

macizas [ma·ci·zas] *adj.* **maciza** Gruesa, fuerte, sólida: **El edificio del Capitolio tiene columnas *macizas*.**

madriguera [ma·dri·gue·ra] *s.* Lugar escondido en la tierra en donde viven algunos animales: **El conejo vive en su *madriguera*.**

marionetas [ma·rio·ne·tas] *s.* **marioneta** Títere o figurilla que se mueve por medio de hilos u otro artificio: **Rolando sabe manejar muy bien las *marionetas*.**

> **Datos importantes**
>
> **marioneta** Las marionetas se consideran los títeres más delicados y difíciles de manejar. Algunas marionetas son capaces de imitar casi todas las acciones de los humanos y de los animales. En una marioneta simple, las cuerdas se aplican en nueve lugares, en las piernas, las manos, los hombros, las orejas y en la base de la espina dorsal.

matutino [ma·tu·ti·no] *adj.* y *s.* Período de tiempo de las horas de la mañana: **Todos los días recibimos el periódico *matutino*.**

melancólica [me·lan·có·li·ca] *adj.* Cuando una persona está triste y deprimida: **Mi primera semana en el campamento me sentí *melancólica*.**

mercancía [mer·can·cí·a] *s.* Objeto que se puede vender: **La *mercancía* tiene muy buen precio.**

monumentos [mo·nu·men·tos] *s.* **monumento** Obra de arquitectura o escultura de gran tamaño o valor: **Cuando vaya a Washington voy a visitar todos los *monumentos*.**

monumentos

679

multitud [mul•ti•tud] *s.* Cantidad muy grande de personas o cosas: **En el concierto vimos una *multitud* de muchachas universitarias.** *Sin.* abundancia.

O

obstáculo [obs•tá•cu•lo] *s.* Impedimento, oposición. Lo que dificulta el paso: **Pudo vencer el *obstáculo* que había en su camino.** *Sin.* Estorbo.

ocio [o•cio] *s.* Estar desocupado; tener tiempo libre: **Emplea tu *ocio* leyendo libros.** *Sin.* descanso.

> **Origen**
> **ocio** Proviene de la palabra latina *otium* que significa inacción, desocupación.

olfatear [ol•fa•te•ar] *v.* Oler: **El perro pudo regresar a la casa con sólo *olfatear* el camino.**

ordeñar [or•de•ñar] *v.* Extraer la leche exprimiendo la ubre de la vaca: **En la casa del campo nos levantábamos a *ordeñar* a las 6 de la mañana.**

orfelinato [or•fe•li•na•to] *s.* Lugar donde viven y son cuidados los huérfanos: **Para trabajar en un *orfelinato* hay que ser muy amable y dulce.**

organismos [or•ga•nis•mos] *s.* organismo Dícese de los seres vivos: **Los científicos encontraron nuevos *organismos* marinos.**

P

paisaje [pai•sa•je] *s.* Extensión de terreno visto desde un lugar determinado: **Desde la cima de la montaña podremos observar todo el *paisaje*.** *Sin.* panorama.

paraíso [pa•ra•í•so] *s. Fig.* Lugar ameno y encantador: **Se sentía tan feliz, que le parecía que estaba en el *paraíso*.**

parientes [pa•rien•tes] *s.* pariente Persona que está unida con otra por sangre o afinidad: **Todos los *parientes* nos reunimos los domingos en casa de mi abuelo.** *Sin.* familiares.

parloteo [par•lo•te•o] *s.* Charla: **En esa reunión había demasiado *parloteo*.**

parvada [par•va•da] *s.* Gran cantidad de aves que viven, se transportan o se alimentan en grupos: **Los pájaros emigran al sur en *parvadas*.**

patrimonio [pa•tri•mo•nio] *s.* Bien común de una colectividad considerado herencia transmitida por los ascendientes: **La Ciuda de la Habana en Cuba se considera *patrimonio* nacional.**

penumbra [pe•num•bra] *s.* Área en que se une la luz con la sombra: **En la *penumbra* no podía distinguir si era un perro o un lobo.**

> **Origen**
> **penumbra** Proviene del latín *paene*, casi y *umbra*, sombra.

perseverancia [per•se•ve•ran•cia] *s.* Habilidad de continuar con algo a pesar de los contratiempos: **Si deseas que un sueño se haga realidad, debes tener *perseverancia*.**

piezas [pie•zas] *s.* pieza Cada parte o elemento de un todo: **Le faltan dos *piezas* a mi reloj.**

póngidos [pón•gi•dos] *s.* póngido Familia de primates sin cola que incluye el orangután, el gorila y el chimpancé: **Antes de escribir sobre los *póngidos*, el autor viajó a África para observarlos cuidadosamente.**

póngidos

promesas [pro•me•sas] *s.* promesa *Fig.* Indicio, señal que promete: **Trabajo duro estas tierras porque están llenas de *promesas*.**

propietario [pro•pie•ta•rio] *s.* Que tiene derecho sobre una cosa: **El *propietario* del equipo de béisbol me regaló dos entradas para el juego.** *Sin.* dueño.

protección [pro•tec•ción] *s.* Cosa o persona que protege y defiende: **El cuerpo policial de mi comunidad nos brinda** *protección* **de noche y de día.**

prototipo [pro•to•ti•po] *s.* Original, el ejemplar más perfecto: **José es el** *prototipo* **de alumno ejemplar.**

provincia [pro•vin•cia] *s.* Porción de tierra en la que están divididos algunos países: **España está conformada por varias** *provincias*.

provisiones [pro•vi•sio•nes] *s.* **provisión** Artículo necesario para la alimentación, higiene y demás usos propios de la actividad diaria: **Compremos suficientes** *provisiones* **para que duren hasta después de la tormenta.**

puñado [pu•ña•do] *s.* Porción de una cosa que cabe en el puño (mano cerrada): **Me comí un** *puñado* **de maní.**

puñado

quehaceres [que•ha•ce•res] *s.* **quehacer** Trabajo que se tiene que hacer regularmente: **Lavar platos es uno de mis** *quehaceres*.

reavivar [re•a•vi•var] *v.* Dar vida de nuevo o avivar intensamente: **Tuvo que** *reavivar* **el fuego porque se estaba apagando.**

recaudadores [re•cau•da•do•res] *s.* **recaudador** Persona encargada de juntar cosas: **Los** *recaudadores* **de impuestos revisaron los papeles de nuevo.**

recipiente [re•ci•pien•te] *s.* Vasija que recibe alguna cosa ya sea líquida o sólida: **En el** *recipiente* **de barro se conserva fresca la comida.**

recipiente

reducida [re•du•ci•da] *adj.* Algo muy corto o minimizado: **La cuota de agua estaba** *reducida* **porque había sequía.**

rellenos [re•lle•nos] *adj.* **relleno** Muy lleno: **Los pasteles** *rellenos* **de pollo me gustan más que los de carne.**

remolinos [re•mo•li•nos] *s.* **remolino** Movimiento giratorio y rápido del aire, agua, polvo, humo, etc: **Los** *remolinos* **de polvo me provocan coriza.**

repartió [re•par•tió] *v.* **repartir** Dividir una cosa entre varias personas: **La madre** *repartió* **el pan entre sus hijos.**

repletos [re•ple•tos] *adj.* **repleto** Que está muy lleno, que no tiene espacio para nada más: **Después de las 6 de la tarde, los autobuses van** *repletos* **de gente.**

resbalándose [res•ba•lán•do•se] *v.* **resbalar** Deslizar sobre una superficie mojada: **Caminaba por la nieve, pero iba** *resbalándose*.

riachuelo [ria•chue•lo] *s.* Río pequeño: **A los niños les gusta bañarse en el** *riachuelo*.

681

S

saciados [sa·cia·dos] *adj.* **saciado** Que se llena de comida o bebida hasta quedar satisfecho: **¿No estás *saciado* de comer tantos caramelos?**

santiamén [san·tia·mén] En un instante, rápidamente: **El gorila se comió la banana en un *santiamén*.**

senderos [sen·de·ros] *s.* **sendero** Caminito estrecho: **Mucha gente camina por los *senderos*.**

sigilosamente [si·gi·lo·sa·men·te] *adv.* De manera discreta y prudente: **El ratón se escapó de las garras del gato *sigilosamente*.**

silvestres [sil·ves·tres] *adj.* **silvestre** Que crece o se cría espontáneamente, sin cultivo, en bosques o campos: **Ayer fuimos al campo a recoger flores *silvestres*.**

sobrenombre [so·bre·nom·bre] *s.* Apodo que se utiliza para llamar a una persona a cambio de su nombre: **¿Sabes cuál es el *sobrenombre* de ese pelotero?**

sobrevivir [so·bre·vi·vir] *v.* Seguir viviendo después de determinada fecha o suceso ocurrido: **¡Qué bueno que todos *sobrevivimos* el tornado!**

súbitamente [sú·bi·ta·men·te] *adv.* De manera repentina: **La tormenta cayó *súbitamente*.**

sujetados [su·je·ta·dos] *v.* **sujetar** Sostener: **No se cayeron porque estaban *sujetados* a un barandal.**

sustentaba [sus·ten·ta·ba] *v.* **sustentar** Mantener: **El gato se *sustentaba* con lo que encontraba en la calle.**

T

tallo [ta·llo] *s.* Parte de la planta que sostiene las hojas, las flores y los frutos: **El *tallo* de la rosa tiene espinas.**

tallo

tediosos [te·dio·sos] *adj.* **tedioso** Que es repetitivo y aburridor: **Trabajar en lo que no te gusta puede ser *tedioso*.**

telar [te·lar] *s.* Máquina para tejer: **Hizo la manta en el *telar* de su abuela.**

Datos importantes
telar durante siglos, se hilaban manualmente las telas con las que se confeccionaban las vestimentas. Pero cuando el escocés James Watt inventó la máquina de vapor a fines de 1700, los telares dejaron de ser manuales y nació la industria textil.

textura [tex·tu·ra] *s.* Manera cómo se ven y se sienten las cosas al tocarlas: **La *textura* de esta tela es lisa.**

trasladarse [tras·la·dar·se] *v.* **trasladar** Mudarse, moverse de un lugar a otro: **El jugador de fútbol quiere *trasladarse* a otro equipo.**

tropical [tro·pi·cal] *adj.* Tiene que ver con las áreas extremadamente calientes ubicadas cerca del ecuador: **El mango es una fruta *tropical*.**

Origen
tropical La expresión es de origen latino (*tropicus*) pero basada en el término griego *tropikos* y *tropé* (quieren decir dar vuelta, girar).

tropiezos [tro·pie·zos] *s.* **tropiezo** Hechos que impiden o dificultan una acción: **He tenido muchos *tropiezos* al hacer la tarea que me encomendaste.**

V

vacilar [va·ci·lar] *v.* Estar poco firme o indeciso: **¿Por qué has de *vacilar* tanto antes de tomar una decisión?**

vanguardia [van·guar·dia] *s.* Aquello que se anticipa a su propio tiempo por su audacia, adelantarse a los demás: **En este hospital están a la *vanguardia* de la medicina moderna.**

vecindario [ve•cin•da•rio] *s.* Nombre que se le da al área que queda cerca de la casa en donde vive cada persona: **Yo voy a la escuela de mi** *vecindario*.

vecindario

vestuario [ves•tua•rio] *s.* Lugar en donde se visten los jugadores: **Después del partido todos los jugadores nos dirigimos al** *vestuario*.

vestuario

vigilar [vi•gi•lar] *v.* Cuidar una cosa: **Esta noche el policía va a** *vigilar* **esa casa.**

visible [vi•si•ble] *adj.* Que se puede ver: **La montaña era** *visible* **desde el mar.**

vislumbrar [vis•lum•brar] *v.* Ver algo de una manera confusa o imprecisa, debido a la distancia o falta de luz: **Casi no podía** *vislumbrar* **a la araña, estaba en un rincón del techo.**

voluntarios [vo•lun•ta•rios] *adj.* **voluntario** Que ejecuta un trabajo sin estar obligado o sin recibir remuneración: **Trabaja en el hospital como empleado** *voluntario*.

zanates [za•na•tes] *s.* **zanate** Pájaro de plumaje negro que se alimenta de semillas: **El** *zanate* **no se comió las semillas del campesino.**

> **Datos importantes**
>
> **zanate** El zanate se encuentra sobre todo en México, Costa Rica y Nicaragua. Se comunica por medio de trinos armónicos y melodiosos. El zanate anida en la copa de los árboles y se alimenta de frutos y semillas. Como otras especies de aves, el zanate está en peligro de extinción.

683

Índice de títulos

Los números en color indican la página que contiene más información sobre el autor.

Ada, Alma Flor, 126, 392, 400, **403**, 618
Adler, David A., 97, **108**
Alarcón, Francisco X., 166, 167
Angelou, Maya, 70
Antiguas culturas de las Américas, 618
Arana, Federico, 599
Argüero Tilghman, E., 574
¡Arriba el telón!, 392
Artefactos arqueológicos, 632
Ash, Frank, 337
Berquist, Paul, 321, **335**
Berquist, Shirley, 321, **335**
Beuchat, Cecilia, 74, **90**
Campoy, F. Isabel, 126, 392, 400, **403**, 618
Cancioncita del perro Sonie, 272
Castañeda, Omar S., 171, **181**
Cómo cuidar de un orangután, 212
Corona, Sarah, 472
Darling, Kathy, 212, **227**
Darling, Tara, 212, **227**
DeGross, Monalisa, 50, **69**
Demi, 406, **425**
Dyson, Marianne J., 110
Dos tierras, un corazón: El viaje de un niño americano al Vietnam de su madre, 578

Donavan y su jarrón de palabras, 50
Ecología para niños, 598
El árbol, 614
El asombroso armadillo, 298
El caballo, 126
El cacto saguaro, 320
El caso de la nariz de Pablo, 366
El misterio del tiempo robado, 472
El paraíso de Abuelita, 236
El problema de Lorena, 74
El sauce azul, 492
El tango, 574
El tapiz de Abuela, 170
En los días del rey Adobe, 378
En mi familia, 510
Es simplemente matemáticas, 426
Flor Garduño: Una mujer fotógrafa, 346
Frida María: Un cuento del sudoeste de antes, 114
¡Fuego!, 436
Gates, Doris, 492, **505**
George, Linda O., 426
Goss, Linda, 138, **147**
Goss, Clay, 138, **147**
Hayes, Joe, 378, **387**
He oído hablar de una tierra, 532
Herold, Maggie Rugg, 455, **468**

y autores

Herrera, Nersys Felipe, 316
Jitomates risueños, 166
Juan y Taco, 254
La casa con árboles, 152
La gallina y el manzano, 374
La telaraña de Carlota, 186
La telaraña de Carlota, 204
Lagartija con cuernos, 506
Las alas de la esperanza, 110
Lobel, Arnold, 374
Lomas Garza, Carmen, 511, **520**
López, Berta A.G., 560
López de Mariscal, Blanca, 23, **45**
Los dos hermanos, 400
Los pájaros de la cosecha, 22
Los siete niños, 138
Lou Gehrig: El hombre más afortunado, 96
Loynaz, Dulce María, 272
Mamá Zunzuna, 316
Masoff Joy, 436, **449**
Me encanta el aspecto de las palabras, 70
Mi pueblo, 522
Mora, Pat, 506
Nodar, Carmen Santiago, 236, **249**
Nogués Garrido, Silvia, 614
Nourse Lattimore, Deborah, 114, **125**
Oda al maíz, 167

Olaleye, Isaac, 522
Pepino, 560
Robinette, Joseph, 186
Saguaro, 336
Schmidt, Jeremy, 578, **593**
Selden, George, 276, **293**
Sobol, Donald J., 366, **373**
Stuart, Dee, 298, **315**
Thomas, Joyce Carol, 532, **554**
Tomizza, Fulvio, 152, **164**
Un día muy importante, 454
Un grano de arroz, 406
Un grillo en Times Square, 276
White, E.B., 204, **209**
Wild, Guillermo, 254
Wolf, Silvia, 346
Wood, Ted, 578, **593**

Copyright © 2002 by Harcourt, Inc.

All rights reserved. No part of this publication may be reproduced or transmitted in any form or by any means, electric or mechanical, including photocopy, recording, or any information storage and retrieval system, without permission in writing from the publisher.

Requests for permission to make copies of any part of the work should be mailed to the following address: School Permissions, Harcourt, Inc., 6277 Sea Harbor Drive, Orlando, Florida 32887-6777

HARCOURT and the Harcourt Logo are trademarks of Harcourt, Inc.

Printed in the United States of America

Acknowledgments

For permission to translate/reprint copyrighted material, grateful acknowledgment is made to the following sources:

Agencia Literaria Latinoamericana and Nersys Felipe: "Mamá Zunzuna" from *Prenda* by Nersys Felipe Herrera. Text © 1979 by Nersys Felipe Herrera.

Arte Público Press, University of Houston: "Juan and Taco" by Guillermo Wild from *Tun-ta-ca-tun*, edited by Sylvia Cavazos Peña. Text copyright © 1986 by Arte Público Press.

Rowan Barnes-Murphy: Cover illustration by Rowan Barnes-Murphy from *Cricket* Magazine, September 1996.

Boyds Mills Press, Inc.: "My Village" from *The Distant Talking Drum* by Isaac Olaleye, illustrated by Frané Lessac. Text copyright © 1995 by Isaac Olaleye; illustrations copyright © 1995 by Frané Lessac.

Carolrhoda Books, Inc., Minneapolis, MN: From *El asombroso armadillo* by Dee Stuart. Copyright © 1994 by Carolrhoda Books, Inc. Cover illustration from *Song of the Chirimía/La musica de la Chirimía* by Jane Anne Volkmer. Copyright © 1990 by Carolrhoda Books, Inc.

C.E.L.T.A. Amaquemecan: *El misterio del tiempo robado* by Sarah Corona. Text © 1991 by Sarah Corona.

The Child's World, Inc.: Cover photograph from *El río Amazonas*.

Children's Better Health Institute, Indianapolis, IN: "Wings of Hope" by Marianne J. Dyson from *U. S. Kids*, a *Weekly Reader* Magazine, April/May 1998. Text copyright © 1998 by Children's Better Health Institute, Benjamin Franklin Literary & Medical Society, Inc.

Children's Book Press, San Francisco, CA: "Oda al maíz" and "Jitomates risueños" from *Laughing Tomatoes and Other Spring Poems* by Francisco X. Alarcón. Text copyright © 1997 by Francisco X. Alarcón. Cover illustration by Malaquias Montoya from *The Adventures of Connie and Diego/Las aventuras de Connie y Diego* by Maria Garcia. Original edition copyright © 1978 by Children's Books Press; new edition copyright © 1994 by Children's Book Press. From *In My Family/En mi familia* by Carmen Lomas Garza. Copyright © 1996 by Carmen Lomas Garza. Cover illustration from *Family Pictures/ Cuadros de familia* by Carmen Lomas Garza. Copyright © 1990 by Carmen Lomas Garza. *Los pájaros de la cosecha* from *The Harvest Birds/los pájaros de la cosecha* by Blanca López de Mariscal. Text copyright © 1995 by Blanca López de Mariscal.

Children's Press: *Saguaro Cactus* by Paul and Shirley Berquist. Text copyright © 1997 by Children's Press®, a division of Grolier Publishing Co., Inc.

Cinco Puntos Press: From "In the Days of King Adobe" ("En los días del Rey Adobín") in *Watch Out for Clever Women! (¡Cuidado con las mujeres astutas!)*, folktales told by Joe Hayes, cover illustration by Vicki Trego Hill. Published by Cinco Puntos Press.

Dial Books for Young Readers, a division of Penguin Putnam Inc.: "I Love the Look of Words" by Maya Angelou and illustrations by Tom Feelings from *Soul Looks Back in Wonder* by Tom Feelings. Text copyright © 1993 by Maya Angelou; illustrations copyright © 1993 by Tom Feelings.

Dramatic Publishing: From *Charlotte's Web*, dramatized by Joseph Robinette, adapted from the book by E. B. White. Text copyright MCMLXXXIII by Joseph Robinette. The play printed in this anthology is not to be used as an acting script. All inquiries regarding performance rights should be addressed to Dramatic Publishing, 311 Washington Street, Woodstock, IL 60098. Phone: (815) 338-7170, fax: (815) 338-8981.

Ediciones Ekaré, Caracas, Venezuela: Cover illustration by Vicky Sempere from *Fabula de la ratoncita presumida* by Aquiles Nazoa. Illustration © by Vicky Sempere.

Ediciones Universal: "Cancioncita del perro sonie" by Dulce María Loymaz from *Antologia de poesia infantil* by Ana Rosa Nuñez. Text copyright © 1985 by Ana Rosa Núñez.

Editorial Juventud, Barcelona, Spain: Cover illustration by María Rius from *Cuenta estrellas* by Ricardo Alcántara Sgarb. © 1986 by Ricardo Alcántara. Cover illustration from *Verdi* by Janell Cannon. © 1997 by Janell Carroll. Cover illustration by Fernando Krahn from *El primer pájaro de piko-niko* by María de la Luz Uribe. Illustration © 1987 by Fernando Krahn.

Editorial Luis Vives: Cover illustration by Sofía Balzola from *El cangrejo que tenía la viruela* by José Manuel Souza Sáez. © by José Manuel Souza.

Editorial Planeta Mexicana S.A. de C.V.: From *Ecología para niños* by Federico Arana. Text © 1994 by Federico Arana; text © by Editorial Joaquín Mortiz, S.A. de C.V.

Editorial Sudamericana SA: Cover illustration by Nicolás Rubió from *Marisa que borra* by Gigliola Zecchin de Duhalde. © 1988 by Editorial Sudamericana SA.

Editorial Universitaria SA: "El problema de Lorena" from *Cuentos con algo de mermelada* by Cecilia Beuchat. Text © 1987 by Editorial Universitaria.

Barbara Emmons: Illustrations by Barbara Emmons from "It's Math–Not Magic" (Retitled: "It's Just Math") by Linda O. George in *CRICKET* Magazine, September 1996.

Farrar, Straus & Giroux, Inc.: "Chester" and "Harry Gato" from *Un grillo en Times Square* by George Selden, illustrated by Garth Williams. Copyright © 1960 by George Selden Thompson and Garth Williams; copyright renewed © 1988 by George Selden Thompson; translation copyright © 1998 by Ediciones Rialp, S.A., Madrid.

Fondo de Cultura Económica: Cover illustration by Marisol Fernández from *Manuela color canela* by Elena Dreser. © 1994 by Fondo de Cultura Económica.

Flor Garduño: Cover photograph from *Magia del juego eterno: fotografías de Flor Garduño* by Eraclio Zepeda. Published by Guchachi Reza A.C.

Dra. Silvia Nogués Garrido: "El arbol" from *Cuentos para niños* by Dra. Sylvia Nogués Garrido. Published by Pesce S.R.L. Impresos, 1986.

Linda O. George: From "It's Math-Not Magic" (Retitled: "It's Just Math") by Linda O. George. Text © 1996 by Linda Olsen George.

Grupo Santillana de Ediciones, S.A.: Cover illustration from *Rikki-tikki-tavi y otros relatos* by Rudyard Kipling. © 1995 by Aguilar, S.A. de Ediciones. "La casa con árboles" from *La pulga enjaulada* by Fulvio Tomizza, translated by Esther Benítez. Text © 1979 by Stampatori Torino. Originally published as *La pulce in gabbia*.

Harcourt, Inc.: *Los dos hermanos* and "¡Arriba el telón!" from *Saludos al público* by Alma Flor Ada and Francisca Isabel Campoy. Text copyright © by Alma Flor Ada and Isabel Campoy. "El caballo," "Culturas del antigue México," "Culturas del antigue Perú," "Trabajos de plumas del Amazonas," "Antiguas culturas de Colombia," "La extraordinaria cultura Maya" and "La riqueza del barro" from *Imágenes del pasado* by Alma Flor Ada and Francisca Isabel Campoy. Text copyright © by Alma Flor Ada and Isabel Campoy. *Lou Gehrig, The Luckiest Man* by David A. Adler, illustrated by Terry Widener. Text copyright © 1997 by David A. Adler; illustrations copyright © 1997 by Terry Widener. "Saguaro" from *Cactus Poems* by Frank Asch, photographs by Ted Levin. Text copyright © 1998 by Frank Asch; photographs copyright © 1998 by Ted Levin. From *Frida María: Un cuento del sudoeste de antes* by Deborah Nourse Lattimore, translated by Aída E. Marcuse. Copyright © 1994 by Deborah Nourse Lattimore; Spanish translation copyright © 1997 by Harcourt, Inc.

HarperCollins Publishers: From *Donovan's Word Jar* by Monalisa DeGross, cover illustration by Michael Hayes. Text copyright © 1994 by Monalisa DeGross; cover illustration © 1998 by Michael Hayes. "The Hen and the Apple Tree" from *Fables* by Arnold Lobel. Copyright © 1980 by Arnold Lobel. *I Have Heard of a Land* by Joyce Carol Thomas, illustrated by Floyd Cooper. Text copyright © 1998 by Joyce Carol Thomas; illustrations copyright © 1998 by Floyd Cooper. From *Charlotte's Web* by E. B. White, illustrated by Garth Williams. Copyright 1952 by E. B. White; text copyright renewed © 1980 by E. B. White; illustrations copyright renewed © 1980 by Garth Williams.

Kids Discover: From *Kids Discover: Archaeology* (Retitled: "Some Facts About Artifacts, Arch Enemies, Unsolved Histories"). Text © 1998 by Kids Discover.

Laredo Publishing Company, Inc.: Cover illustration by Pablo Torrecilla from *Barriletes* by Alma Flor Ada. Illustration copyright © 1995 by Laredo Publishing Co. Inc. Cover illustration by Kerry Townsend Smith from *Lucita Comes Home to Oaxaca/Regresa a Oaxaca* by Robin B. Cano, translated by Rafael E. Ricárdez. Copyright © 1998 by Robin B. Cano and Rafael E. Ricárdez.

Lee & Low Books Inc., 95 Madison Avenue, New York, NY 10016: Cover illustration by Enrique O. Sánchez from *El camino de Amelia* by Linda Jacobs Altman. Illustration copyright © 1993 by Enrique O. Sánchez. Cover illustration by Héctor Viveros Lee from *Preparadas… listas…¡YA!* by Jeannine Atkins. Illustration copyright © 1998 by Héctor Viveros Lee. *El Tapiz de Abuela* by Omar S. Castañeda, illustrated by Enrique O. Sánchez, translated by Aída E. Marcuse. Text copyright © 1993 by Omar S. Castañeda; illustrations copyright © 1993 by Enrique O. Sánchez. Cover illustration by René King Moreno from *Bajo la luna de limón* by Edith Hope Fine. Illustration copyright © 1999 by René King Moreno.

McIntosh & Otis, Inc.: From *Fire!* by Joy Masoff. Text copyright © 1998 by Joy Masoff.

William Morrow & Company, Inc.: *A Very Important Day* by Maggie Rugg Herold, illustrated by Catherine Stock. Text copyright © 1995 by Maggie Rugg Herold; illustrations copyright © 1995 by Catherine Stock.

Northland Publishing Company: Cover illustration by Jeanne Arnold from *Carlos and the Skunk/Carlos y el zorrillo* by Jan Romero Stevens. Illustration © 1997 by Jeanne Arnold.

Philomel Books, a division of Penguin Putnam Inc.: "The First Day"("The Seven Children") and cover illustration by Floyd Cooper from *It's Kwanzaa Time!* by Linda and Clay Goss. Text copyright © 1994, 1995 by Linda and Clay Goss; cover illustration © 1995 by Floyd Cooper.

Piñata Books, A Division of Arte Público Press, University of Houston: Cover illustration by Alex Pardo DeLange from *Pepita Talks Twice/ Pepita habla dos veces* by Ofelia Dumas Lachtman. Illustration copyright © 1995 by Alex Pardo DeLange.

Puffin Books, a division of Penguin Putnam Inc.: Cover illustration by Robert Barrett from *Blue Willow* by Doris Gates. Illustration copyright © 1990 by Robert Barrett.

Random House Children's Books, a division of Random House, Inc.: From *Encyclopedia Brown and the Case of Pablo's Nose* by Donald J. Sobol, cover illustration by Eric Velasquez. Text copyright © 1996 by Donald J. Sobol; cover illustration © 1996 by Eric Velasquez.

Santillana USA Publishing Co., Inc., Miami, FL: Cover illustration by Allen Say from *Siesta-de-tres-años* by Dianne Snyder. Illustration copyright © 1988 by Allen Say.

Scholastic Inc.: *One Grain of Rice: A Mathematical Folktale* by Demi. Copyright © 1997 by Demi. Published by Scholastic Press, a division of Scholastic Inc. "Horned Lizards" from *This Big Sky* by Pat Mora, illustrated by Steve Jenkins. Text copyright © 1998 by Pat Mora; illustrations copyright © 1998 by Steve Jenkins. Published by Scholastic Press, a division of Scholastic Inc.

Susaeta Ediciones, S.A., Madrid, Spain: Cover illustration from *Guillermo un ratón de biblioteca* by Asun Balzola. © 1982 by Asun Balzola; © by Susaeta Ediciones, S.A.

Viking Penguin, a division of Penguin Putnam Inc.: From *Blue Willow* by Doris Gates. Text copyright 1940 by Doris Gates, renewed © 1968 by Doris Gates.

Walker and Company, 435 Hudson Street, New York, NY 10014: From *How to Babysit an Orangutan* by Tara Darling and Kathy Darling. Copyright © 1996 by Tara Darling and Kathy Darling. From *Two Lands, One Heart: An American Boy's Journey to His Mother's Vietnam* by Jeremy Schmidt and Ted Wood. Text copyright © 1995 by Jeremy Schmidt and Ted Wood; photographs copyright © 1995 by Ted Wood.

Albert Whitman & Company: *El Paraíso de Abuelita* by Carmen Santiago Nodar. Text © 1992 by Carmen Santiago Nodar.

Sylvia Wolf, Sondra Gilman Curator of Photography, Whitney Museum of American Art: From "Flor Garduño" in *Focus: Five Women Photographers* by Sylvia Wolf. Text copyright 1994 by Sylvia Wolf.

Photo Credits

Key: (t), top; (b), bottom; (c), center; (l), left; (r), right

Page 45, Lisa Quinones / Black Star / Harcourt; 45, Sal DiMarco / Black Star / Harcourt; 69, Dennis Brack / Black Star / Harcourt; 90, Juan Pablo Luis / PhotoStudio 41; 91, Peter Stone / Black Star / Harcourt; 108, Tom Sobolik / Black Star / Harcourt; 109, Marc Perlstein / Black Star / Harcourt; 110-111(background), Superstock; 110-111(all), courtesy, Justin Meyer / Challenge Air; 125, Keith Skelton / Black Star / Harcourt; 126, Tourism Office of Spain, Los Angeles; 127, (t), (b), 128, Museum of America, Madrid, Spain; 129, Tourism Office of Spain, Los Angeles; 149(l), KD Lawson / Black Star / Harcourt; 149(r), Sal DiMarco / Black Star / Harcourt; 164, Dave Wheelock Photography; 181, courtesy, Lee & Low Books, photo by Amy Walthall; 209, The Granger Collection, New York; 212-229, Tara Darling and Kathy Darling; 249, Tim Stamm Photography; 271, Peter Stone / Black Star / Harcourt; 298, Jeff Foott; 299, Jim Dunlap; 300, Jeff Foott; 301, 302, Jim Dunlap; 303, Jeff Foott; 304, 305, 306(both), 307(both), Jim Dunlap; 308, Jeff Foott; 309(t), Texas Highways; 309(bl), (br), Jeff Foott; 310, Stephen Kirkpatrick; 311(t), Jim Dunlap; 311(b), Florida Department of Commerce, Division of Tourism; 312, Jeff Foott; 313(both), Jim Dunlap; 315, A.C. Harrison, Arkansas Department of Parks & Tourism; 316(t), Sanford / Agliolo / The Stock Market; (b), Anthony Mercieca / Photo Researchers; 317(t), Francois Gohier / Photo Researchers; 317(b), John Cancalosi / Natural Selection; 320-321, Ellis Nature Photography; 322-332, 333(t), Paul Berquist; 333(b), Ellis Nature Photography; 334(all), Paul Berquist; 335(background), Ellis Nature Photography; 335(inset), Paul Berquist; 336-337(all), Ted Levin; 346-361, Flor Garduño; 373, Black Star; 387, Steve Northup / Black Star / Harcourt; 392-393(b), Fred J. Maroon / Photo Researchers; 398, Harcourt; 403, (both) Dale Higgins; 425, Joseph Rupp / Black Star / Harcourt; 468, Lisa Quinones / Black Star / Harcourt; 487, John Troha / Black Star / Harcourt; 520-521, Dale Higgins; 554-555, courtesy, Harp Collins; 573, Dale Higgins; 578-595, Ted Wood; 598-599, Darrell Gulin / Stone; 599(inset), Harcourt, 600, Eastcott /Momatiuk / Earth Scenes; 601, 602, Harcourt, 603, Kevin Schafer / Stone; 604, Brian Bailey / Stone; 605, Bruce Coleman, Inc.; 606, Eastcott /Momatiuk / Stone; 607, Rob Talbot / Stone; 607(center), Bates Littlehales / Earth Scenes; 608-609, VCG / FPG; 608(top), Inga Spence / Visuals Unlimited; 609(bottom), NASA; 610-611, Darryl Torckler / Stone; 612-613(background), Darryl Torckler / Stone; 612(tr), Kevin Schafer / Stone; (cr), Bates Littlehales / Earth Scenes; 612-613(b), Eastcott /Momatiuk / Stone; 613(inset), Rob Talbot / Stone; 618-628, Museum of America, Madrid, Spain; 629, Tourism Office of Spain, Los Angeles; 630-631, Museum of America, Madrid, Spain; 632(tl), Scala / Art Resource; (bl), AKG London; (c), Werner Forman Archive / Art Resource; (tr), Scala / Art Resource; (br), Erich Lessing / Art Resource; 633(t), The Newark Museum / Art Resource; (cl), Erich Lessing / Art Resource; (cr), Michael Fogden / Bruce Coleman, Inc.; (bl), Erich Lessing / Art Resource; (br), Yale University, Beineke Rare Book and Manuscript Library (ms. 408, fol.100); 634(tl), The Granger Collection, New York; (bl), Carlos Angel / Liaison; (tr), Donny L. Hamilton / Texas A&M University Nautical Archaeology Program; (cr), Michael Freeman / Bruce Coleman, Inc.; (br), George Holton / Photo Researchers; 635(tl), Lawrence Migdale / Photo Researchers; (bl), PhotoEdit; (tr),The Granger Collection, New York; (cr), Robert W. Madden / National Geographic Society; (br), David Hiser / Stone; 674, James Blank / The Stock Market, 675, Van Bucher / Photo Researchers; 676, Gene Peach / Stone; 677, Ron Chapple / FPG; 679, Frederica Georgia / Photo Researchers; 680(l), Photodisc; 680(r), Bruce Davidson / Animals Animals; 681(l), Ray Ellis / Photo Researchers; 681(r), David Hiser / Stone; 682, Don Mason / The Stock Market, 683(t), David Barnes / The Stock Market, 683(b), Dana Buckley / The Stock Market.

Illustration Credits

Bill Mayer, Cover Art; Margaret Kasahara, 4-5, 18-21, 132-133; Fabian Negrin, 6-7, 134-137, 230-231; Mary GrandPré, 8-9, 232-235, 340-341; Gerard Dubois, 10-11, 342-345, 430-431; Margaret Chodos-Irvine, 12-13, 432-435, 526-527; Frank Ybarra, 14-15, 528-531, 638-639; Ethan Long, 16-17, 94-95, 184-185, 252-253, 364-365, 490-491, 558-559; Linda Cane, 22-43, 46-47; Mary Lynn Blasutta, 48-49; Antonio Cangemi, 50-69, 72-73; Pricilla Burris, 74-93; Cathy Bennett, 252-253; Tom Leonard, 96-109, 112-113; Greg Tucker, 138-149; Francis Livingston, 152-165, 168-169; Rhonda Voo, 167-167; Tom Saecker, 186-203, 210-211; Lori Lohstoeter, 236-251; James Henry, 254-271, 274-275; Deborah Schilling, 272-273; Laura Coyle, 296-297; Héctor Cuencas, 300-301, 303, 305, 306, 308, 311, 314, 318-319; Matthew Archambault, 366-373, 376-377; Gerardo Suzan, 378-389; Stephen Schudlich, 390-391, 452-453; Sally Wern Comport, 472-489; Kelly Kennedy, 490-491; Robert Crawford, 492-505, 508-509; Jane Dill, 506-507; Stéphan Daigle, 522-523; Jennifer Bolten, 560-573, 576-577; Mike Reed, 574-575; Tom Leonard, 581, 592-593, 615; Map Quest.com/Laura Hartwig, 596-597; Susan Tolonen, 614-615